Le
Vocabulaire
philosophique

A LA MÊME LIBRAIRIE

Leçons de Morale, par M. Henri Marion, professeur à l'Université de Paris. Un volume in-18 jésus, broché. . . . . 4 »

Leçons de Psychologie *appliquée à l'éducation*, par M. Henri Marion. Un volume in-18 jésus, broché. 4 50

Psychologie de la Femme, par M. Henri Marion. Un volume in-18 jésus, broché. 3 50

La Nouvelle Monadologie, par MM. Ch. Renouvier, membre de l'Institut, et L. Prat. Un vol. in-8°, de 546 pages, br.. 12 »

Victor Hugo, le Philosophe, par M. Ch. Renouvier. Un volume in-18 jésus, broché. 3 50

Vie et Science, par M. Henri Berr. Un volume in-18 jésus, broché 2 50

Pages choisies des Grands Écrivains :

Diderot (G. Pellissier).   R.-P. Gratry (M. Pichot).
Victor Cousin (T. de Wyzewa).   J.-M. Guyau (A. Fouillée).

Chaque volume in-18 jésus, broché, 3 fr. 50 ; relié toile. 4 »

Revue de Métaphysique et de Morale, paraissant tous les deux mois. Le numéro. . . . . 3 »

Abonnement annuel (du 1ᵉʳ janvier)

France. . . . . 12 » { Colonies et Union postale. 15 »

Congrès International de Philosophie (1900). Numéro spécial de la *Revue de Métaphysique et de Morale*. In-8° de 214 pages. . . . . 5 »

Coulommiers. — Imp. Paul BRODARD. — 1253-1900.

EDMOND GOBLOT
DOCTEUR ÈS LETTRES
CHARGÉ DE COURS A L'UNIVERSITÉ DE CAEN

Le
Vocabulaire
Philosophique

Librairie Armand Colin
Paris, 5, rue de Mézières
1901
Tous droits réservés.

AVERTISSEMENT DES ÉDITEURS

Toutes les sciences ont leur langue technique, tous les arts ont leur jargon, et les spécialistes seuls savent parler et comprendre l'idiome de leur spécialité. On ignore ordinairement ce que c'est qu'éther ou aldéhyde, sublimation ou dialyse, si l'on n'est pas au moins un peu chimiste. Les médecins peuvent causer entre eux d'une maladie sans être compris du malade. On n'entend pas les termes d'architecture si l'on n'est pas « du bâtiment », ni ceux d'autourserie si l'on n'est pas initié à la chasse au faucon. Mais personne ne peut éviter la langue spéciale de la philosophie. On la parle mal, mais tout le monde la parle. C'est que les questions philosophiques sont si générales que nul être pensant ne peut y rester indifférent. Il est impossible de parler de littérature, d'art ou de science sans rencontrer la psychologie, de s'occuper de politique sans entrer dans les discussions de sociologie, de délibérer sur la moindre démarche de la vie sans poser un problème moral. Le philosophe est un spécialiste en ce sens qu'il se livre spécialement à l'étude des questions dont tout le monde parle, et sur lesquelles personne n'échappe à la nécessité de se faire une opinion.

On rencontre donc les questions philosophiques partout, et, avec elles, le langage spécial que les philosophes ont dû créer pour leur usage. Tantôt ce sont des termes techniques, dérivés du grec; tantôt ce sont les mots de la langue commune, *sensation, mémoire, raison, vérité, devoir, liberté,* etc. pris dans un sens déterminé, et ces derniers sont ordinairement les plus embarrassants. Médecins, avocats, artistes, hommes politiques, hommes d'affaires font de la philosophie, même malgré eux, même sans le savoir, et l'on a besoin de comprendre le langage philosophique même pour lire son journal.

Bien que l'auteur de ce livre ait surtout songé aux élèves, aux étudiants, aux écrivains philosophes, son travail peut être utile à tous. Ce n'est donc pas, à proprement parler, un livre de classe. Il s'adresse à un public très étendu, à tous ceux qui parlent ou écrivent, qui écoutent ou qui lisent, à tous ceux qui s'efforcent de n'être pas étrangers au mouvement des idées, et se soucient de vivre en hommes raisonnables.

INTRODUCTION

La langue spéciale que parlent les philosophes n'est pas la moindre difficulté des études et des recherches philosophiques. Difficulté pour le profane, à qui des idées souvent très simples sont rendues inaccessibles par la forme ésotérique dont elles sont enveloppées; difficulté pour l'élève et pour l'étudiant, obligés de subir une sorte d'initiation préalable; difficulté pour l'écrivain, qui n'a à son service qu'une langue pauvre, peu maniable, équivoque et imprécise. Difficulté surtout pour le chercheur, car les idées abstraites se séparent du cadre des mots plus malaisément que les faits, et, parmi les faits, les données de la conscience, plus fuyantes et plus fondues les unes dans les autres que celles des sens, font moins de résistance aux classifications arbitraires et artificielles qu'on leur impose pour les nommer. Les *idoles de théâtre* procèdent le plus souvent des *idoles du forum*. Il serait inexact de dire que toutes les discussions philosophiques sont des querelles de mots; mais il est vrai que les querelles de mots constituent, dans la vie d'un philosophe, une perte considérable de temps et d'efforts.

Dans quelle mesure est-il possible de remédier à

cet état de choses? Les prétentions de ce petit livre sont, comme on va le voir, très modestes; l'auteur s'est efforcé de se rendre bien compte des limites de son droit et de son pouvoir, et de ne rien entreprendre au delà de l'un et de l'autre.

.·.

C'est une utopie de croire qu'on puisse doter la philosophie d'un langage artificiellement composé. L'usage seul est souverain en fait de langage; sur ce point, l'aphorisme d'Horace est encore plus vrai de la langue scientifique ou philosophique que de la langue vulgaire. Car la liberté est le principe même de toute méthode scientifique. Il n'y a pas d'autorité légitime en science, en dehors de la raison, et de la raison individuelle. L'Académie française peut légiférer, et ses lois sont accueillies avec un respect relatif, quand il s'agit de la langue vulgaire; mais on ne saurait admettre un langage officiel en science, pas plus qu'une science officielle. Il n'y a au monde aucune autorité, ni individuelle, ni collective, qui ait ni le pouvoir, ni le droit, d'imposer un vocabulaire.

Et si, par impossible, on y réussissait, il ne faudrait pas s'applaudir d'un tel résultat. On aurait fait ainsi, non une science, mais une scolastique. Quand on étudie d'un peu près le vocabulaire de la Scolastique, on s'aperçoit qu'il était beaucoup plus riche, plus précis et plus systématique que le nôtre. Les philosophes du moyen âge n'observaient guère, mais ils excellaient à faire des classifications de concepts; leur science était vaine, car elle était toute verbale, mais c'était un art ingénieux de manier et de combiner le *genre*, l'*espèce* et la *différence*. Cet exemple montre combien il est imprudent de construire des cadres, avec des dimensions et des formes définies, avant de savoir ce que l'on mettra dedans. La langue scientifique doit se modeler sur les faits et sur les idées à exprimer; elle est un résultat de la science et ne saurait la devancer.

Aussi, quand, au commencement du XVIIe siècle, la science se fonde, la philosophie se renouvelle, Descartes commence par s'affranchir résolument du vocabulaire scolastique; il aime mieux s'exprimer comme il peut dans la langue de tout le monde, et si, dans le *Discours de la méthode*, il se sert parfois des mots de l'École, il s'en excuse. Les mots scolastiques continuèrent cependant à être employés, parce qu'on n'en avait pas d'autres; Descartes lui-même en donna l'exemple dans les *Principes* (voir la fin du premier livre), mais il les manie assez maladroitement. C'est justement aux époques de progrès de la pensée que la plus grande confusion règne dans le vocabulaire, parce que la langue transmise par l'époque antérieure ne convient plus au renouvellement des idées. Lorsqu'une partie de la science se constitue, il y a dans les idées une période d'agitation féconde et de confusion inévitable, et la langue subit parallèlement une sorte de crise : c'est alors qu'elle présente les changements les plus profonds et l'évolution la plus rapide. Elle se fixe quand les idées se fixent. Une fois les faits bien connus, et reconnus, une fois les démonstrations formulées, et acceptées, le vocabulaire demeure invariable et définitif, et il s'immobilise dans l'état où il était au moment où la science s'est établie.

D'ailleurs, il faut à l'esprit qui cherche une langue souple, docile et, pour ainsi dire, élastique. En multipliant les distinctions, on aurait un grand nombre de termes spéciaux, à signification précise, mais restreinte. Or les termes généraux sont aussi nécessaires que les termes spéciaux. Les termes généraux ne suffisent pas; il faut aussi des termes vagues, de ces termes qui, par eux-mêmes, n'ont pas de sens, et ne deviennent significatifs que par le contexte. Si le mot *idée*, par exemple, n'existait pas, il faudrait l'inventer. Si l'écrivain n'avait pas à sa disposition ces mots à faces multiples, qui s'éclairent et se colorent diversement selon ce qu'ils reflètent, s'il ne pouvait user du pouvoir d'un *mot mis en sa place*, il ne pourrait jamais dire que ce qui a été déjà dit.

« Les langues, a dit Renan, se placent dans la catégorie des choses vivantes. » Certes, une langue n'est pas un organisme distinct, doué d'une vie indépendante, mais c'est une manifestation de la vie collective, une fonction sociale. Or il n'appartient à personne de créer la vie. Une langue artificielle, composée de toutes pièces ou systématiquement refaite, ne serait pas plus une vraie langue qu'un automate de Vaucanson n'est un animal. Sans doute, la langue scientifique est, plus que la langue commune, l'œuvre réfléchie de l'esprit humain; mais la pensée réfléchie qui la construit n'est autre chose que la science elle-même.

***

Ces observations nous permettent de déterminer les limites dans lesquelles nous avons cru devoir nous renfermer.

1° Nous nous sommes proposé de faire connaître aux profanes, aux élèves, aux étudiants — peut-être même aux maîtres et aux philosophes, lesquels sont étudiants toute leur vie, — le sens usuel des mots.

Ils devront donc avoir constamment sous la main notre *Vocabulaire*, et le consulter fréquemment, soit en lisant, soit en écrivant. Et nous ne saurions trop leur recommander d'y chercher, non seulement les mots étranges et d'aspect technique, mais surtout les mots les plus familiers de la langue vulgaire, dès que la moindre obscurité se rencontre dans leur emploi; car ces mots usuels reçoivent souvent, en philosophie, une signification toute spéciale, et sont les plus équivoques. Nos propres études philosophiques, et surtout une pratique déjà longue de l'enseignement, nous ont mis à même d'observer quelles confusions naissent le plus naturellement dans l'esprit des élèves, des étudiants, et même des maîtres et des écrivains, à quelles méprises ils sont particulièrement enclins, quelles sont les *idola fori* les plus fréquentes et les plus décevantes. Il nous a semblé que quelques définitions très simples, quelques distinctions précises peuvent leur épargner beaucoup d'erreurs graves, de travail pénible, d'obscurités décourageantes.

2º Nous avons parfois, — prudemment, timidement même, — proposé des réformes du langage reçu. Ainsi on a coutume d'opposer *général* et *particulier*, de confondre *général* avec *universel*, *particulier* avec *individuel* ou *singulier*; tantôt on emploie les mots *mémoire* et *souvenir* pour désigner en général la conservation ou la reproduction d'un fait de conscience, tantôt on en limite le sens au cas où un fait présent est jugé passé; on néglige de distinguer entre la *reconnaissance* et la *localisation* du souvenir. Il y a là des confusions d'idées et des erreurs de fait qui tiennent à un mauvais langage. J'espère que les rectifications que j'ai proposées, en très petit nombre, paraîtront assez justes et assez commodes pour passer facilement dans l'usage.

∴

Il était possible de faire sur le *Vocabulaire philosophique* une étude historique. C'est le parti qu'a pris M. Eisler dans son *Philosophisches Wörterbuch* paru récemment en Allemagne. Pour chaque mot, il a compilé (un peu arbitrairement, semble-t-il) une série de textes de toutes les époques, depuis l'antiquité jusqu'à nos jours. Il serait même excellent de faire, pour chacun des grands philosophes, un lexique analogue à l'*Index Aristotelicus* de Bonitz. Nous ne nous sommes occupé que du langage philosophique contemporain. Nous n'avons mentionné, parmi les mots d'Aristote, de Spinoza, de Kant, que ceux qui sont encore en usage, et si parfois nous avons fait l'historique d'un mot, c'est que ce moyen nous paraissait le meilleur pour bien en faire comprendre la signification présente.

Le travail que nous présentons au public est, à la vérité, fort imparfait. On voudra bien le considérer comme un essai. Il se perfectionnera, s'il a l'heureuse fortune d'avoir des éditions successives. Nous avons mis à profit le *Lexique philosophique* de M. A. Bertrand, qui a rendu déjà de notables services; nous avons essayé d'être moins élémentaire et plus précis. A son tour, notre *Vocabulaire* devra, dans quelques années, être complété, soit par nous-même, soit par un autre. Il est impossible qu'il n'y ait pas des omissions : j'en ai réparé d'importantes jusqu'à la dernière heure. Une difficulté entre autres était de déterminer les limites du vocabulaire philosophique. On ne saurait évidemment lui en assigner de précises. La langue de la philosophie (comme la philosophie elle-même) n'a pas de frontières; elle se continue, sans démarcation possible, d'une part avec la langue vulgaire, d'autre part avec celle de toutes les sciences, même des plus spéciales. Nous avons défini quelques termes scientifiques, empruntés surtout à l'anatomie et à la physiologie du système nerveux, mais en petit nombre, car nous n'avons pas voulu alourdir ce volume, ni l'encombrer.

E. GOBLOT.

Janvier 1901.

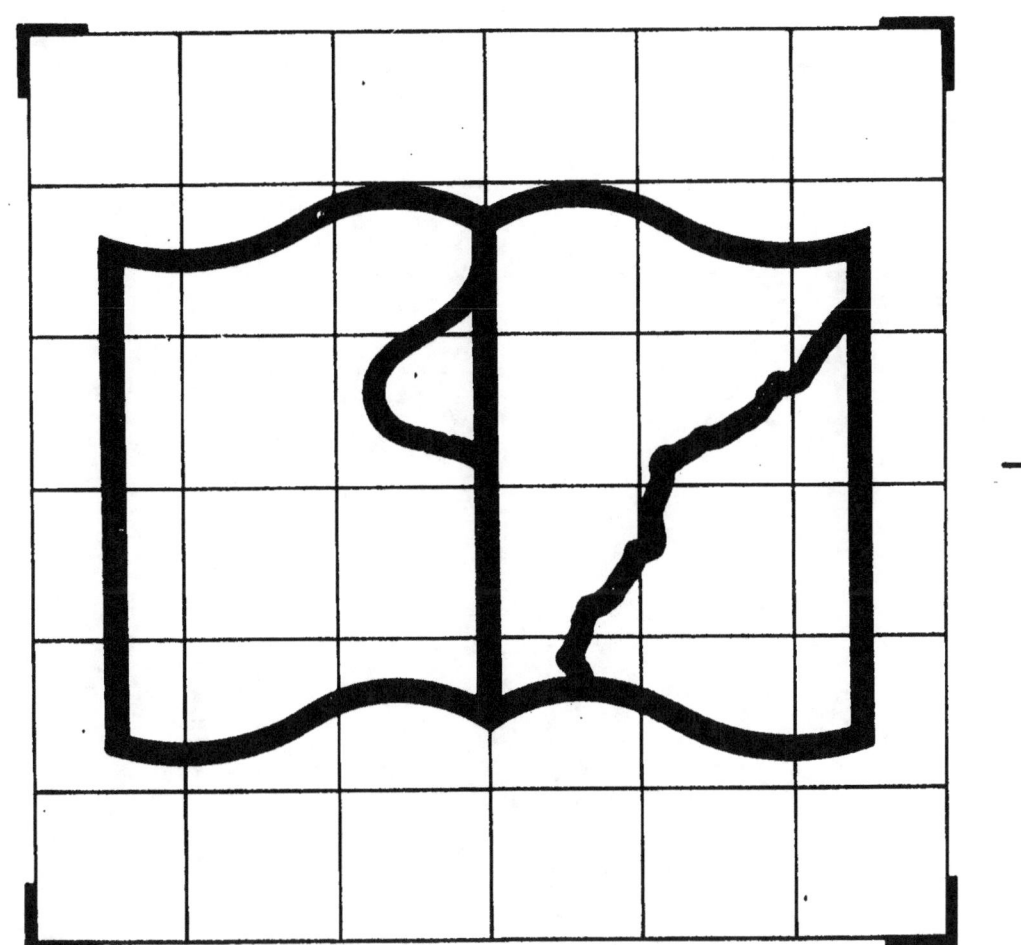

LE VOCABULAIRE
PHILOSOPHIQUE

A

La lettre A désigne, en logique formelle, la proposition universelle affirmative (v. *Barbara*). Dans la logique de Hamilton (v. *Quantification du prédicat*). A désigne la proposition toto-partielle affirmative, et la lettre grecque α la proposition toto-totale affirmative (v. *Définition*).

Abduction (Ἀπαγωγή).

L'abduction est un syllogisme dont la majeure est certaine, la mineure probable seulement; on peut en ~~tire~~r une conclusion qui ne sera que probable, ce qui ~~est pl~~us rapproché de la science qu'une proposition ~~tout~~ à fait incertaine. Exemple : Tout ce qui s'enseigne ~~est s~~cience; il paraît vrai que la justice s'enseigne; ~~do~~nc il est probable que la justice est science. L'abduc~~ti~~on peut présenter un réel avantage, car si la mineure ~~e~~st plus probable que la conclusion, c'est sans doute qu'elle peut être démontrée par une voie plus courte : on cherchera donc la démonstration de la mineure et par elle la conclusion se trouvera démontrée. (Aristote, *Prem. Anal.* II, 25, 69ᵃ20).

Aboulie (de ἀ priv. et βούλομαι, vouloir).

L'aboulie n'est pas une maladie, mais un syndrome très fréquent dans la neurasthénie, l'hystérie, et presque toutes les formes de l'aliénation mentale. On distingue l'*aboulie motrice* et l'*aboulie intellectuelle*.

Aboulie motrice. — Sans présenter aucune paralysie, aucune impossibilité organique de mouvement, le sujet est incapable d'accomplir les actes les plus simples, manger, s'habiller, etc., bien qu'il les juge opportuns et désirables. L'aboulie concerne des actes de toute sorte, et n'est pas limitée à une certaine espèce d'actes, comme les impuissances d'agir qui résultent d'une suggestion ou d'une idée fixe (délire des contacts). *Toute l'activité automatique est conservée*; mais l'aboulique ne peut pas faire un acte *nouveau*, ni *commencer* un acte quelconque. C'est l'*initiative* qui est supprimée en lui.

Il est assez difficile de distinguer l'aboulie de l'*amnésie motrice*. M. Pierre Janet rattache l'une et l'autre à la *désagrégation mentale*, qu'il définit *un affaiblissement de l'esprit caractérisé par la diminution du pouvoir de synthèse*.

Aboulie intellectuelle. — C'est l'incapacité de faire attention; aussi a-t-elle été nommée par Guge, médecin d'Amsterdam, *aprosexie* (ἀ priv. προσέχειν, faire attention). L'effort d'attention est lent, il ne peut être soutenu, il s'accompagne de souffrance. Le sujet peut lire des yeux ou à haute voix, mais il ne se rend pas compte de la suite des idées.

Le *délire du doute* est une idée fixe quand il porte sur des points déterminés toujours les mêmes; il est une forme de l'aboulie quand il est une impuissance générale et constante, sinon à comprendre, du moins à *croire*, à prendre parti; car dans l'aboulie intellectuelle, selon M. Pierre Janet, « l'altération porte moins sur l'intelligence des choses que sur la *conviction* et la *croyance* ». (Voir Pierre Janet, art. ABOULIE, *Dictionnaire de Physiologie* de Ch. Richet).

Absence (Tables d').

Dans Bacon. Voir *Tables*.

Absolu.

Absolutum signifie ce qui est libre et sans lien ; c'est τὸ ἀπόλυτον des Grecs du Bas-Empire, c'est-à-dire ce qui est sans relation, limitation, condition, ni dépendance. *Absolu* s'oppose à *Relatif* dans tous les sens de ce mot. Il se dit 1° de l'Être, 2° des attributs.

1° *Être absolu* signifie ce qui existe en soi et par soi. Une confusion est souvent faite à ce sujet. L'Être absolu peut s'entendre de deux manières :

a) L'Être qui n'a de relation avec aucun autre. En ce sens, l'Être absolu ne saurait être cause, car la cause n'est cause que par relation avec son effet. On en pourrait déduire que l'Être absolu est l'Être unique, et c'est le raisonnement de tous les *monistes* (Parménide, Spinoza) ; à moins qu'on ne considère ce raisonnement comme une réduction à l'absurde, et qu'on ne conclue que l'Être absolu est inintelligible, c'est-à-dire ou bien qu'il n'existe pas (relativisme, phénoménisme), ou bien qu'il est inconnaissable (agnosticisme).

b) L'Être qui, *pour être*, n'a besoin d'aucun autre, qui n'existe pas par une relation avec un autre, mais qui peut bien avoir des relations avec d'autres. Un tel être peut être cause : il est cause première. Il est lui-même indépendant ; mais d'autres dépendent de lui.

2° *Absolu* se dit aussi des attributs. En ce sens, les Cartésiens et Cousin ne semblent faire aucune distinction entre Absolu et Infini. Hamilton, au contraire, fait de l'Absolu et de l'Infini deux espèces antithétiques du genre *inconditionné* : l'Infini, c'est l'inconditionnellement illimité; l'Absolu c'est l'inconditionnellement limité.

Si on l'applique à une chose qui, de sa nature, est une détermination, l'idée d'Absolu exclut l'idée d'Infini; c'est τὸ ὅλον, τὸ τέλειον d'Aristote. Une eau est absolument pure, non infiniment pure (Stuart Mill); on conçoit une justice absolue, une proposition absolument vraie, une démonstration absolument convaincante, mais non une justice infinie, une vérité infinie, une preuve infinie. — Si, au contraire, on l'applique à une chose qui ne comporte pas nécessairement l'idée de limite, l'idée d'Absolu ne s'oppose plus à l'idée d'Infini : la puissance absolue, c'est la toute-puissance, la puissance sans limite, la puissance infinie.

Abstraction, abstrait, abstraire.

Il y a dans la définition usuelle de l'abstraction une confusion grave. Abstraire, c'est, dit-on, séparer par la pensée ce qui, *dans la réalité*, ne peut être séparé. Ainsi les corps sont, à la fois, étendus et pesants; mais, en géométrie, on considère l'étendue en faisant abstraction de la masse; en mécanique, on réduit fréquemment un corps à un *point matériel*, en supposant que toute sa masse est concentrée en un point; on considère donc la masse en faisant abstraction de l'étendue.

Cette définition, dans les termes où elle vient d'être citée, est ontologique; elle est entachée de cette confusion entre l'objectif et le subjectif qui est l'essence même de l'ontologie. Que faut-il entendre par ces mots : *dans la réalité?* La définition d'une opération de l'esprit ne doit rien supposer qui ne soit subjectif.

Nous disons : abstraire, c'est considérer séparément

ce qui ne peut pas être *donné* séparément. Ce n'est pas dans la réalité objective, qui nous est inconnue, que la masse et l'étendue sont nécessairement associées, c'est dans la *notion* de corps. Comme nous faisons consister le corps dans la coexistence de l'étendue et de la masse, l'abstraction qui les sépare fait évanouir le corps.

Je puis concevoir séparément l'aire et la circonférence d'un cercle, et cela par abstraction, car supprimer la circonférence, c'est supprimer l'aire; poser la circonférence, c'est poser l'aire. Cependant il est très possible de songer séparément soit à la *longueur* de la circonférence, soit à la *surface* du cercle. La longueur de la circonférence, considérée à part, est un certain nombre de mètres ou de centimètres, une grandeur linéaire qui n'est pas plus curviligne que rectiligne; la surface du cercle, considérée à part, n'est pas plus circulaire que polygonale. Nous devons donc dire : *Abstraire, c'est décomposer une notion en des éléments qui ne peuvent être séparés sans la faire disparaître.*

Laromiguière disait que les sens sont des *machines à abstraction*, parce qu'ils nous font percevoir séparément des qualités qui ne peuvent exister séparément dans les corps. C'est oublier que notre notion du monde extérieur est construite : c'est nous qui avons assemblé des qualités ou propriétés pour en former des objets; quand nous les dissocions, l'objet, qui n'est que leur assemblage, disparaît en tant qu'objet; mais ces qualités ont pu être données séparément dans notre expérience, puisqu'elles ont été données par des sens différents.

Il est important, en effet, de distinguer deux sortes d'abstractions. Dans la page de ce livre que vous avez sous les yeux, vous pouvez considérer séparément soit la couleur blanche du papier, soit sa forme rectangulaire. Dans ce cas, les éléments sont simplement dissociés, mais ils restent tels qu'ils sont donnés dans la perception; cette dissociation fait évanouir l'objet, mais les éléments n'en sont point altérés. Au contraire, si vous considérez la couleur en général, et non telle couleur, ou spécialement la couleur rouge, mais non telle nuance précise de rouge, la forme en général, et non telle forme, ou spécialement la forme triangulaire, mais non tel triangle, il y a plus qu'une simple dissociation des éléments perçus. L'idée ainsi formée ne peut plus être un objet de perception ni une image. C'est une *idée abstraite*, un *concept*, ou, plus simplement, une *idée*. On pourrait employer le mot *dissociation* dans le premier cas, et réserver le mot *abstraction* pour le second.

Toute idée générale (v. ce m.) est abstraite, car pour qu'une idée puisse être attribuée à un nombre indéfini de sujets différents, il faut qu'elle ne contienne pas les caractères par lesquels ces sujets diffèrent; or, ces caractères ne peuvent être que par abstraction séparés des caractères communs. Quelques-uns refusent d'admettre réciproquement que toute idée abstraite est générale. Je puis considérer séparément la couleur blanche de cette feuille de papier; je fais abstraction de toutes ses autres qualités; cependant c'est la couleur de ce papier que je considère et non d'un autre. Il faut choisir : ou bien cette image de couleur blanche est séparée des autres qualités dont l'assemblage est cette feuille de papier, et alors il est possible de concevoir d'autres corps qui seraient de cette même couleur, et l'idée est générale en même temps qu'abstraite; — ou bien cette couleur est celle de ce papier, et de celui-là seul, ce qui veut dire qu'on ne la sépare pas des autres qualités qui le constituent, et alors l'idée n'est ni générale ni abstraite. On peut bien, il est vrai, sans dissocier les qualités d'un objet, sans cesser de l'envisager *in concreto*, porter plutôt son attention sur telle qualité ou propriété. Est-ce là faire une abstraction ?

Les idées peuvent êtres plus ou moins abstraites,

comme elles peuvent être plus ou moins générales. *Couleur* est plus abstrait que *rouge*, *sensation* plus abstrait que *couleur*, *phénomène* plus abstrait que *sensation*, etc.

Cependant *abstrait* n'est pas tout à fait synonyme de *général*, car en faisant une abstraction, on isole un caractère des autres caractères auxquels il se trouve mêlé dans un objet, sans considérer si le caractère ainsi isolé se trouvera applicable à d'autres objets ; en faisant une généralisation, on rapproche par la pensée des objets qui ont un caractère commun, sans considérer si ce caractère commun est, dans chaque objet, mêlé à d'autres caractères différents ou variables. Herbert Spencer semble exagérer l'importance de cette distinction, quand il admet des vérités abstraites qui ne sont pas générales, et des vérités générales qui ne sont pas abstraites. Il va même jusqu'à dire que les relations idéales des nombres sont les seules vérités qui soient à la fois générales et abstraites (*Classif. des sciences*, trad. Rhétoré, p. 8). Une vérité abstraite, dit-il, ne peut jamais être objet d'expérience : ainsi cette vérité que l'angle inscrit dans un demi-cercle est un angle droit, est abstraite, car il s'agit du demi-cercle et de l'angle parfaits, tandis que tous les demi-cercles et tous les angles réels sont imparfaits ; mais elle n'est pas générale, car « elle consiste dans un rapport de l'espace tout à fait *particulier* » (ce dernier mot est impropre ; v. *Universel*). On peut répondre que cette vérité est applicable à une infinité d'angles et de demi-cercles réels ; que même en restant dans le domaine de la géométrie pure, il y a une infinité de demi-cercles de rayons différents, et que dans chacun d'eux on peut inscrire une infinité d'angles droits différents. En revanche, dit encore Herb. Spencer, une vérité générale est objet d'expérience dans tous les cas possibles : ainsi cette vérité que les planètes tournent autour du soleil de l'ouest à l'est est générale, car nous en avons une centaine d'exemples sous les yeux (c'est plutôt une propriété collective qu'une propriété générale; v. *Collectif* et *Général*); mais elle n'est point abstraite, « puisque, dans tous les cas, elle se réalise pour nous dans un phénomène concret. » On peut répondre que, dans l'objet concret appelé planète, nous n'envisageons ici qu'une seule de ses propriétés, à savoir son mouvement, et cela constitue une abstraction.

On appelle *abstraction matérielle* celle qui crée des idées de qualité, *abstraction formelle* celle qui crée des idées de rapports; dans le premier cas, on considère l'idée abstraite comme l'attribut d'un sujet, c'est-à-dire comme l'un des deux termes dont se compose la *matière* d'un jugement; dans le second cas, l'idée abstraite est une relation entre un attribut et un sujet, or cette relation est ce qu'on appelle la *forme* du jugement.

Un *nom abstrait*, c'est le nom d'une qualité (blancheur, couleur, bonté, etc.) ou d'un rapport (grandeur, distance, nombre, etc.)

Un *nombre abstrait*, c'est un nombre qui n'est pas accompagné de désignation qualitative de la nature de ses unités : 10, 25. Le nombre concret est suivi d'une désignation qualitative : 10 hommes, 25 centimètres.

In abstracto.

S'oppose à *in concreto* ou *in re*, comme l'idéal à la nature ou la théorie à la pratique. Raisonner *in abstracto*, c'est tirer les conséquences de quelques principes accordés ou supposés, sans se préoccuper si, dans la nature, ces conséquences se vérifient, — ce qui peut bien ne pas arriver, alors même qu'elles seraient vraies, car elles peuvent être masquées, dénaturées ou neutralisées, dans la réalité infiniment complexe, par d'autres éléments dont le raisonnement abstrait n'a pas tenu compte.

Abstraites, concrètes (Sciences).

Aug. Comte distingue pour chaque classe de phénomènes une science *abstraite* et une science *concrète*. La science abstraite, ou générale, a pour objet les *lois* qui régissent cette classe de phénomènes dans tous les cas qu'on peut concevoir; la science concrète, à qui on donne plus spécialement le nom de *science naturelle* (v. ce m.), « consiste dans l'application de ces lois à l'histoire effective de différents êtres existants ». Cette terminologie n'ayant guère passé dans l'usage, bien que la distinction soit réelle et profonde, et parce que les mots *abstrait* et *concret* sont employés dans un sens fort différent, j'ai proposé d'appeler sciences *pures* les sciences qui ont pour objet les lois, par exemple la physique, la physiologie, et sciences *appliquées* (ce mot n'étant pas synonyme de sciences *pratiques*), celles qui, sans formuler aucune loi qui n'appartienne aux sciences pures, considèrent les lois dans leur action, et montrent comment, sous l'empire de ces lois, les êtres se rangent en espèces, comment ces espèces se distribuent dans l'espace, comment elles évoluent dans le temps.

Herb. Spencer appelle *sciences abstraites* (logique et mathématiques) celles qui ont pour objet les rapports abstraits sous lesquels les phénomènes se présentent à nous, les formes vides à l'aide desquelles nous les concevons, et *sciences concrètes* celles qui ont pour objet les phénomènes eux-mêmes; et parmi celles-ci il distingue des sciences *abstraites-concrètes* (mécanique, physique, chimie, etc.) et des sciences tout à fait *concrètes* (astronomie, géologie, biologie, psychologie, sociologie, etc.). Chaque phénomène est la manifestation de plusieurs modes distincts de la force; les sciences abstraites-concrètes ont pour objet chacun des modes de la force étudié à part; les sciences concrètes ont pour objet les diverses combinaisons de modes de la force qui donnent lieu à chaque phénomène complexe. Herb. Spencer semble croire que les sciences sont absolument abstraites, ou absolument concrètes, ou absolument abstraites-concrètes. Je crois avoir montré, au contraire, que les sciences sont plus ou moins abstraites, et que leur hiérarchie consiste en ce chacune d'elle ajoute aux notions élaborées dans la précédente une notion fondamentale nouvelle et originale : d'abord la quantité pure, puis la quantité plus l'espace, puis la quantité et l'espace plus le temps, puis la quantité, l'espace et le temps plus la matière, etc. (Voir mon *Essai sur la classification des sciences*, Alcan, 1898.)

Absurde.

Ce qui est très manifestement contraire à la raison. On ne doit pas qualifier d'absurde tout ce qui est faux ; ce qui est contraire aux lois de la nature n'est pas nécessairement absurde : il n'y a pas de gaz permanent, mais un gaz permanent n'est pas en soi une absurdité. L'absurde, c'est ce qui ne peut se concevoir, c'est-à-dire ce qui est contradictoire. Encore faut-il que l'absurdité soit manifeste : une contradiction implicite ne devient une absurdité que par le raisonnement qui dégage les éléments contradictoires, et les fait apparaître tels en les rapprochant. Ainsi l'idée d'une commune mesure entre la diagonale et le côté du carré ne devient absurde que par la démonstration qui en révèle l'impossibilité.

Réduction à l'absurde, preuve, démonstration *par l'absurde*, argument qui consiste à prouver la fausseté de la contradictoire, ce qui établit indirectement la vérité de la proposée. Ainsi, pour démontrer que la perpendiculaire est plus courte que toute oblique, on démontre qu'il est absurde de supposer une oblique plus courte que la perpendiculaire. L'introduction de ce genre de raisonnement dans la géométrie est attribuée à Euclide.

Académie, Académiciens.

Le local où Platon installa son école s'appelait l'Académie, le gymnase ou le jardin d'Académos. Après Platon l'école demeura organisée et eut une succession de *scolarques* jusque vers l'époque de Cicéron. On distingue l'Académie ancienne (Speusippe, neveu de Platon, Xénocrate, Crantor), l'Académie moyenne (Carnéade, Arcésilas), l'Académie nouvelle (Philon de Larisse, Antiochus). On ne donne pas le nom d'académiciens aux néo-platoniciens, qui, plus fidèles à Platon par la doctrine, ne continuent pas la tradition locale dans l'école athénienne.

Accident.

Mot dérivé de la langue d'Aristote : τὸ συμβεβηκός, de συμβαίνει, il arrive. L'accident c'est *ce qui survient*, ce qui n'est ni constant, ni essentiel. L'*accidentel* s'oppose donc au *nécessaire*; le nécessaire peut être démontré, l'accidentel ne peut être que constaté. L'accident s'oppose aussi à l'*essence*. Parmi les qualités ou propriétés d'une chose, les unes peuvent changer ou faire défaut sans que la chose change ou disparaisse (par exemple un homme reste un homme, et le même homme, qu'il soit assis ou debout), ce sont les *accidents*; les autres ne peuvent changer ou faire défaut sans que la chose elle-même soit changée ou détruite; elles la constituent, elles en sont l'*essence* ou les qualités essentielles (par ex. la mémoire est un élément essentiel de la personnalité). On oppose très souvent la *substance* à l'*accident* (οὐσία et συμβεβηκός dans Aristote): c'est que par substance on entend, non pas l'être pur, la substance nue, mais l'être avec sa *nature*, son essence, ses attributs constitutifs et permanents, auxquels s'opposent ses accidents.

Conversion par accident. — Hormis le cas où elle est une définition, l'universelle affirmative doit se convertir en particulière affirmative : A se convertit en I. C'est ce qu'on appelle *conversio per accidens* (v. Conversion).

Sophisme de l'accident, fallacia accidentis : prendre une qualité accidentelle pour une qualité essentielle, définir par une qualité accidentelle. Ex : l'Anglais qui, débarquant à Calais, voit une femme rousse et écrit sur son carnet : « Les Françaises sont rousses ». Les amateurs de voyages circulaires remportent souvent chez eux une ample moisson de sophismes de l'accident.

Accommodation.

Pour que la vision soit distincte, il faut que le point regardé ait son *foyer conjugué* sur la rétine, ni en avant ni en arrière, car alors l'image d'un point serait, non un point, mais un cercle dit *cercle de diffusion*. La réfringence de l'œil doit donc varier selon que les objets regardés sont éloignés ou rapprochés. Cette fonction, dite *accommodation* (et non adaptation ; v. ce m.), consiste en une variation de la courbure du cristallin, et principalement de sa face postérieure, et elle a pour agent le *muscle ciliaire*. L'œil voit distinctement sans accommodation les objets situés à l'infini (ou à plus de 15 mètres) s'il est *emmétrope*, et les objets situés à une distance plus rapprochée dite *punctum remotum* s'il est *myope*. L'œil *hypermétrope* a déjà besoin d'accommodation pour voir à l'infini. Plus l'objet est rapproché, plus la vision distincte exige d'effort d'accommodation. Cet effort a une limite, et la distance qui correspond à cette limite détermine le *punctum proximum*.

Accord (Méthode d').

Voir *Concordance* (*Méthode de*).

Achille.

Argument célèbre dû à Zénon d'Élée. Ce qui est rapide (par exemple Achille aux pieds légers) n'atteindra jamais ce qui est lent (la tortue); car pendant qu'Achille franchit la distance qui le sépare de la tortue, celle-ci franchit une petite distance; le problème se pose donc de nouveau, et ainsi de suite indéfiniment. Zénon concluait que la notion de mouvement, fournie par les sens, implique contradiction, que le mouvement est une illusion des sens.

Ce raisonnement est une *ignoratio elenchi*. Il consiste à considérer constamment autre chose que ce qui est en question. Achille franchit non la distance qui est entre son point de départ et le point de départ de la tortue, mais la distance qui est entre son point de départ et le point de rencontre. Ce point de rencontre, on ne le trouve jamais parce qu'on ne le cherche jamais; on suppose toujours qu'Achille franchit une distance plus petite que celle à laquelle il rencontrera la tortue; il n'est donc pas étonnant qu'il ne la rencontre jamais. Il arrive parfois aux écoliers qui cherchent à résoudre des problèmes analogues, celui des courriers, ou celui des aiguilles d'une montre, de retomber dans le sophisme de l'*Achille*; leur erreur est de mal mettre le problème en équation.

Achromatisme.

Les diverses radiations dont se compose la lumière blanche étant inégalement réfrangibles, tout appareil à réfraction décompose plus ou moins la lumière; les bords des images sont irisés; cet inconvénient, dit *aberration de réfrangibilité*, se corrige en combinant des verres de nature différente; les appareils ainsi obtenus sont dits *achromatiques*. L'appareil optique de l'œil humain n'est pas parfaitement achromatique.

Achromatopsie.

Vice de la vue congénital ou acquis. Le sujet ne voit pas les couleurs, ne perçoit qu'une seule qualité de sensations lumineuses, si bien qu'elles ne diffèrent pour lui qu'en intensité, du clair à l'obscur. Il voit un tableau multicolore comme une photographie.

L'achromatopsie congénitale est très rare, et presque toujours accompagnée d'autres infirmités du sens visuel : acuité visuelle faible, nystagmus, etc. L'achromatopsie acquise se rencontre dans les dégénérescences atrophiques du nerf optique; dans ce cas, elle est une phase intermédiaire entre le daltonisme et la cécité complète : le sujet ne voit plus que deux couleurs, le jaune et le bleu, puis il ne voit plus aucune couleur, puis il ne voit plus du tout.

L'achromatopsie congénitale est ordinairement bilatérale; l'achromatopsie acquise peut être unilatérale, elle peut même n'affecter qu'une moitié de la rétine, et parfois les deux moitiés homonymes (les deux moitiés droites ou les deux moitiés gauches) des deux rétines.

A contrario.

Preuve *a contrario*, celle qui se fait par la considération du cas contraire. On dit aujourd'hui plus ordinairement *contre-épreuve*. (v. ce m.)

Acosmisme (ἀ, priv., κόσμος, monde).

On a dit que le système de Spinoza mérite moins le nom d'*athéisme* que celui d'*acosmisme*, car c'est l'existence du monde qu'il nie, du moins comme réalité indépendante, non l'existence de Dieu.

Acquis.

S'oppose à *inné*, à *congénital*, à *héréditaire*, à *instinctif* (v. ces m.)

Hérédité des caractères acquis. — L'une des plus importantes questions soulevées par le transformisme, c'est si les caractères acquis au cours de la vie individuelle peuvent se transmettre par hérédité. S'il en est ainsi, on conçoit que ces caractères puissent se fixer, constituer une race distincte, et qu'à la longue cette race devienne une espèce.

Acquises (Perceptions). — On oppose les perceptions acquises aux perceptions *naturelles*. On appelle perception naturelle d'un sens une perception qui résulte immédiatement de l'excitation des organes de ce sens; on appelle perception acquise d'un sens une perception qui résulte de l'excitation de l'organe, mais par l'intermédiaire de ses perceptions naturelles. Une perception acquise d'un sens est toujours une perception naturelle d'un autre sens. Une perception acquise n'est donc pas une perception, mais une image suggérée par une perception; quelquefois le phénomène est plus qu'une simple image; c'est une opération plus ou moins complexe, une interprétation savante des perceptions naturelles, par exemple quand nous jugeons de la profondeur et de la distance d'après la perspective, le clair-obscur (perceptions naturelles de la vue), la convergence des rayons visuels (sensations musculaires), et la non-coïncidence des deux images rétiniennes dans la vision binoculaire. Mais ces opérations sont devenues, par l'habitude, par l'*éducation des sens*, si familières, si spontanées que nous croyons percevoir, alors qu'en réalité il y a image, jugement, raisonnement.

Il ne faut pas confondre les perceptions acquises avec les sensations connexes. Ainsi un même corps peut affecter simultanément deux sens, d'une manière presque constante, par exemple le goût et l'odorat, si bien que l'on distingue mal la saveur de l'odeur. Ou bien l'excitation d'un organe peut produire, par une sorte de « rayonnement nerveux » (Bain) l'excitation d'un autre sens; par exemple certains sons stridents provoquent une sensation localisée dans les dents, les lombes, le creux de l'estomac; certains attouchements déterminent un frisson dans des régions éloignées. Il y a, dans ce cas, association entre des excitations organiques, tandis que, dans les perceptions acquises, il y a association entre des représentations mentales.

La perception acquise est donc une image appartenant à un sens, suggérée par une perception d'un autre sens, avec l'illusion que cette image est une perception du sens excité : nous croyons *entendre* la direction et la distance du son; nous croyons *voir* la situation des objets dans l'espace à trois dimensions. Il est à remarquer que les perceptions acquises sont relatives à la notion d'étendue, et sont ce que l'on appelait dans la psychologie scolastique *sensibles communs* (v. ce m.).

Acroamatique.

Simplicius partage les livres d'Aristote en *exotériques*, écrits pour le public, et *acroamatiques*, écrits pour les écoles; acroamatique est donc synonyme d'*ésotérique*, et désigne ce qui est destiné à des initiés, et est traité sous une forme plus concise et plus rigoureuse. — On dit aussi *acroatique*.

Acte.

S'emploie tantôt au sens vulgaire, comme synonyme d'action, tantôt au sens spécial d'Aristote : ἐνέργεια.

Le devenir ou le changement suppose que quelque chose qui était simplement possible devient réel, passe de la puissance (δύναμις) à l'acte (ἐνέργεια). On pourrait être tenté de confondre l'acte avec le mouvement, le changement, le devenir; agir, semble-t-il, c'est changer, c'est devenir. Pour Aristote, l'acte, c'est l'être; le devenir, c'est le *passage* de la puissance à l'acte, du possible à l'être. Le chêne est en puissance dans le gland; la germination et la croissance sont le devenir du chêne; le chêne entièrement développé est vivant et agissant : il étend vigoureusement ses rameaux, se fixe fortement à la terre par ses racines, offre ses feuilles à l'air et à la lumière; sa sève circule, toutes ses fonctions s'accomplissent. La recherche de la vérité est un devenir pour l'intelligence : l'acte de l'intelligence est la contemplation de la vérité; elle ne la reflète pas passivement comme un miroir, elle la saisit, la possède et s'y complaît. Dieu, qui est l'*acte pur*, est *immobile*, mais non *inactif*, car il meut le monde (τὸ κίνουν ἀκίνητον).

Acte réflexe, voir *Réflexe*.

Actif.

1° Opposé à *inactif* ou à *inerte*.
2° Opposé à *passif*.
Un être est actif quand il agit, passif quand un autre

être agit sur lui. On appelle phénomène actif soit l'activité même, soit les modifications que produit l'activité *dans l'être qui agit*. Les phénomènes passifs sont les modifications produites dans un être par un autre être qui agit sur lui. Les fonctions et facultés actives sont celles qui consistent en quelque opération du sujet; les fonctions et facultés passives sont celles qui ne se manifestent que sous l'action d'un excitant extérieur. Ainsi la contraction musculaire est active quand elle résulte d'une innervation centrale, passive quand elle est provoquée par l'électricité. Ainsi la volonté, l'attention sont des facultés actives; la sensation est une faculté passive.

Maine de Biran distingue ainsi l'actif et le passif : je me sens passif « quand je n'exerce aucun pouvoir sur ma modification, quand je n'ai aucun moyen disponible de l'interrompre ou de la changer. » C'est ce qui a lieu dans la sensation, le plaisir et la douleur. Au contraire, dans le cas du mouvement volontaire, je me sens actif, car « c'est bien moi qui crée ma modification; je puis la commencer, la suspendre, la varier de toutes les manières ». (*Mém. sur l'habitude*, Édit. Cousin, I, p. 21.)

Action.

Sens vulgaire : manière d'agir; synonyme d'acte.

Opposée à *passion* (voir *actif* opposé à *passif*; voir aussi *Catégories d'Aristote*.)

Opposée à *réaction*. — L'égalité de l'action et de la réaction est un des principes fondamentaux de la dynamique. Ce principe trouve son application dans le cas de points matériels entre lesquels on suppose des liaisons, c'est-à-dire assujettis à ne se mouvoir que d'une certaine manière. Par exemple, dire qu'un point matériel M ne peut se mouvoir que selon une direction *xy* c'est dire que toute force qui tend à le faire sortir de cette direction (toute force perpendiculaire à xy ou toute composante perpendiculaire à xy d'une force appliquée au point M) est annulée par une force égale et directement opposée, qui est la réaction de la ligne xy sur le point M. Quand une bille roule sur le sol, l'action de la pesanteur tend constamment à la faire pénétrer dans le sol, mais le sol développe constamment une réaction égale et directement opposée. Un cheval tire un chariot : je puis, par la pensée, réduire le cheval à un point, le chariot à un autre point, et supposer invariable la longueur du trait, c'est-à-dire la distance des deux points. Supposer cette distance invariable, c'est supposer que toute force qui tend à la faire varier est équilibrée par une force égale et directement opposée. Or, quand le cheval se déplace, il tend à s'éloigner du chariot, à allonger le trait ou à le rompre. Cette force est, par hypothèse, constamment équilibrée par une force égale et directement opposée, qui maintient invariable la longueur du trait, et qui s'appelle la réaction du chariot sur le cheval.

Principe de moindre action. — Ce prétendu principe peut s'entendre de deux manières : 1° au point de vue de la causalité. Quand divers effets apparaissent comme pouvant indistinctement résulter de certaines conditions données, celui qui se réalise est celui qui exige la moindre dépense d'énergie. Ainsi quand plusieurs corps mis en présence peuvent, sans le secours d'aucune énergie étrangère, donner lieu à plusieurs diverses combinaisons chimiques, la combinaison qui se forme est toujours celle qui dégage le plus de chaleur. Ce principe dit *du travail maximum*, dû à M. Berthelot, est un cas du principe de moindre action, car la combinaison qui dégage le plus de chaleur, c'est-à-dire qui met en liberté la plus grande quantité d'énergie, est celle qui a besoin de la moindre quantité d'énergie pour se produire.

2° Au point de vue de la finalité. La nature réalise

ses fins par les moyens les plus simples, c'est-à-dire par ceux qui exigent le moins de matière, ou le moins d'effort, ou le moins d'initiative. Ce principe, outre qu'il manque de précision, est fort contestable. On l'appelle encore principe d'*économie*, ou de *parcimonie*.

Dans les deux cas, il vaut mieux dire *loi* de moindre action, car ce n'est pas un principe, mais une vue générale qui a besoin d'être prouvée.

Activité.

Se dit soit de la force qui produit les phénomènes actifs, par exemple la *volonté*, la *vie*; — soit des phénomènes actifs eux-mêmes, en tant qu'ils forment un ensemble, par ex : l'*activité volontaire*; — soit même d'un ensemble de phénomènes qui ne sont pas tous actifs, par ex : l'*activité psychologique*.

On appelle *activité immanente* celle qui produit ses effets dans le sujet qui agit; — *activité transitive* celle qui s'exerce sur un autre sujet. Ainsi l'*appétition*, dans la *monade* de Leibnitz (v. *Appétition*, *Monade*), est une activité immanente; il en est de même l'activité du moi, en tant qu'elle ne produit que des modifications internes. Mais la volonté, quand elle produit la contraction musculaire et le mouvement des organes, s'apparaît à elle-même, selon Maine de Biran, comme une activité transitive.

Activité s'oppose d'une part à *inertie*, d'autre part à *passivité*.

Intellect actif, passif, voir *Intellect*.

Actuel, virtuel, potentiel.

Actuel signifie qui est *en acte* (v. ce m.) pour Aristote et les scolastiques. (Ne jamais employer les mots *actuel, actuellement* dans le sens de *présent, présen-*

tement). *Virtuel*, *potentiel* signifient au contraire qui est *en puissance*. Les physiciens ont appliqué les mots *actuel* et *potentiel* à l'*énergie* (v. ce m.) : il est d'usage d'employer *virtuel* et non *potentiel* quand il s'agit d'autre chose que d'énergie. Un souvenir, une fois acquis, est actuel chaque fois qu'on se souvient, il est virtuel dans les intervalles.

Acuité des sens.

On appelle ainsi le degré de finesse dont un sens est capable chez un sujet donné et à un moment donné. L'*acuité auditive*, l'*acuité tactile* ne sont pas aussi nettement définies que l'*acuité visuelle*. Il ne faut pas entendre par là le pouvoir de percevoir un son très faible, des attouchements très légers; de même que l'acuité visuelle n'est pas le pouvoir de percevoir un point très peu lumineux (v. *Seuil*). L'acuité d'un sens est le pouvoir de *distinguer* l'une de l'autre deux sensations très voisines. L'acuité tactile se mesure avec le *compas de Weber* (v. *Esthésiomètre*) : c'est la distance à laquelle, sur une région déterminée de la peau, les deux pointes d'un compas doivent être écartées pour produire deux sensations. L'acuité auditive pourrait être définie la différence de hauteur que doivent avoir deux sons pour paraître différents; mais ainsi entendue elle serait plutôt analogue au pouvoir de discernement des couleurs et des nuances qu'à l'acuité visuelle. Il faut bien remarquer que *distinguer* n'est pas *reconnaître*. Un objet peut être perçu distinctement sans être reconnu, c'est-à-dire identifié avec des connaissances antérieures; comme il peut être reconnu par des signes que la raison interprète, sans être distingué : si un point noir se meut très loin à l'horizon, je puis avoir des raisons de juger que c'est un homme, sans pour cela le distinguer.

On est convenu d'appeler *acuité visuelle normale*, et

de prendre pour unité de mesure, le pouvoir de distinguer deux points qui sont vus sous un angle d'une minute. L'acuité normale ainsi définie n'est pas l'acuité la plus commune; en réalité la majorité des hommes distinguent deux points vus sous un angle sensiblement plus petit; en d'autres termes, l'acuité visuelle de la majorité des hommes est plus grande que l'unité.

L'acuité visuelle n'est pas, comme on est porté à le croire, la plus grande distance à laquelle on peut *reconnaître* un objet donné, car le fait de reconnaître est complexe, et dépend d'autres conditions que l'acuité visuelle. Mais, pratiquement, il est commode d'éprouver le sujet en lui faisant reconnaître des caractères d'imprimerie. Snellen a proposé cette convention, qu'un œil normal (qui distingue deux points vus sous un angle d'une minute) reconnaît aussi des caractères d'imprimerie vus sous un angle de cinq minutes. On peut donc mesurer l'acuité visuelle, soit par la distance à laquelle le sujet reconnaît des caractères de grandeur donnée, soit par la grandeur des caractères qu'il distingue à une distance donnée.

Les échelles de Snellen sont composées de séries de caractères de différentes grosseurs; chaque série porte un numéro d'ordre tel qu'un œil à acuité visuelle normale reconnaît les séries 1, 2, 3... à une distance de 1, 2, 3... mètres.

La mesure de l'acuité visuelle doit être faite dans des conditions différentes suivant l'emmétropie ou l'amétropie (v. ce m.) du sujet. La nature de l'objet n'est pas indifférente; ainsi toutes les lettres de même grandeur ne sont pas reconnues à la même distance. L'éclairage a aussi une importance. Une mesure exacte de l'acuité visuelle doit éliminer ces divers facteurs.

L'acuité visuelle est la mesure du pouvoir de distinction de l'*œil*. Elle est différente du pouvoir de distinction de la *rétine*, qui tient au degré d'indépendance fonctionnelle de ses éléments photesthésiques. Le pouvoir de distinction de la rétine n'a qu'une faible influence sur le pouvoir de distinction de l'œil; la netteté et la grandeur de l'image sont des facteurs beaucoup plus importants de l'acuité visuelle.

Adaptation.

1º *Vision.* — On emploie souvent ce mot pour distinguer la modification de courbure du cristallin par laquelle l'image des objets inégalement distants de l'œil peut être ramenée sur la rétine. Mais les physiologistes se servant dans ce sens du mot *accommodation*, il convient de se conformer à leur usage.

On appelle aussi quelquefois *adaptation* la modification de l'ouverture pupillaire, qui se rétrécit pour un jour brillant et se dilate pour un faible éclairement.

Mais le véritable sens du mot *adaptation* (Nuel, *Dictionn. de physiol.* de Ch. Richet), c'est le changement, encore mal connu, qui se fait dans la rétine quand on passe de l'obscurité à la lumière ou de la lumière à une obscurité relative. Dans les deux cas, la vision, d'abord indistincte, devient bonne quand la rétine s'est *adaptée*.

2º *Évolution.* — L'adaption est la modification lente que subissent les organes des espèces vivantes pour suivre les variations du milieu où elles vivent, et se maintenir d'accord avec leurs conditions d'existence. On peut distinguer l'adaptation d'un organe à sa fonction (les membres antérieurs des Chéiroptères se sont adaptés au vol), l'adaptation d'un organe à l'organisme (un organe qui, dans deux espèces différentes, a la même fonction, est cependant différent, parce qu'il est en corrélation avec tous les autres), enfin l'adaptation de l'organisme avec son milieu (un animal qui vit dans l'eau est adapté pour respirer dans l'eau, se mouvoir dans l'eau, se nourrir dans l'eau, voir, entendre dans l'eau).

Adéquat.

Se dit d'une idée, d'une connaissance, qui est complète, totale, et épuise l'objet à connaître; l'idée *inadéquate*, c'est l'idée incomplète, la connaissance mêlée d'ignorance. Ainsi l'idée du hasard, ou du libre arbitre, est une idée inadéquate : l'*ignorance des causes* qui nécessitent notre vouloir nous le fait paraître contingent (Spinoza). L'idée adéquate est claire, évidente; elle porte en elle sa certitude, comme la lumière se révèle par le seul fait qu'elle est perçue; l'idée inadéquate est obscure et confuse; c'est l'erreur. Pour Spinoza l'erreur est purement négative, elle est privation. Toute vérité revient à l'intelligence de la nécessité; c'est l'idée adéquate. Toute erreur est, au fond, l'illusion de la contingence, et consiste en ce qu'une chose ne nous apparaît pas comme nécessaire, parce qu'elle est incomplètement connue : c'est l'idée inadéquate.

Adéquation.

L'adéquation n'est ni l'égalité ni l'identité, car elle existe entre des choses qui restent distinctes et qui ne conviennent pas en quantité. L'adéquation de la pensée et de l'objet consiste en ce que l'objet est pensé tout entier et tel qu'il est; mais l'objet reste l'objet et la pensée reste la pensée. Le terme adéquation appartient à la langue des scolastiques.

Adiaphorie (ἀδιαφορία).

État de l'esprit qui ne fait pas de différence entre la valeur des choses, et par conséquent ne saurait être ému par rien; cet état est, pour Pyrrhon, le souverain bien. (Voir *Apathie*).

In adjecto.

Contradiction *in adjecto*, contradiction formelle, ou contradiction dans les termes, celle qui consiste en ce que l'attribut est la négation du sujet, ou l'épithète la négation du nom : obscure clarté, un jour qu'il faisait nuit, les aveugles voient, les sourds entendent.

Toute contradiction peut se ramener à une contradiction *in adjecto*; car si la contradiction de deux propositions n'est pas formelle, mais *implicite*, l'une des deux propositions implique une conséquence ou suppose un principe qui est la contradictoire de l'autre.

Adulte.

Une cellule, un tissu, un organe, pendant leur période de développement, peuvent se modifier, acquérir des propriétés et surtout des coordinations nouvelles. Il arrive un moment où la nutrition ne peut plus que les réparer, les renforcer au besoin, mais sans en changer ni la forme ni les connexions; on dit alors qu'ils sont *adultes*. Un organe est adulte quand il a perdu tout pouvoir de s'adapter, toute faculté d'innovation. Les diverses parties d'un même organisme ne deviennent pas adultes en même temps; certaines parties du cerveau ne deviennent jamais tout à fait adultes, car le fonctionnement d'un organe adulte est tout automatique et inconscient.

Adventice.

Descartes distingue trois sortes d'idées : *adventices*, celles qui nous sont fournies par les sens; *factices*, celles qui sont construites par l'esprit avec les idées adventices; *innées*, celles qui ne peuvent ni venir des sens, parce qu'elles sont universelles et nécessaires, ni être construites par l'esprit, parce qu'elles sont simples.

Adynamie.

État pathologique, dans lequel les contractions musculaires sont devenues impossibles ou très difficiles.

Affectifs (Phénomènes).

On oppose les phénomènes *affectifs* et les phénomènes *intellectuels*. Tous les phénomènes psychologiques sont attribués au moi, mais les uns semblent être des manières d'être du moi, des *modes* ou *modifications*, si bien qu'on ne peut les concevoir sans le moi; les autres s'opposent au moi, comme l'objet au sujet. Les premiers sont les phénomènes affectifs, les seconds les phénomènes intellectuels. On ne peut concevoir une douleur que comme quelqu'un qui souffre, un désir que comme quelqu'un qui désire; tandis qu'une idée : homme, cheval — une proposition : la neige est blanche, peuvent se concevoir indépendamment de l'esprit qui les pense.

Lorsqu'un organe des sens est excité, il en résulte un phénomène qui a le double caractère, affectif et intellectuel. En tant qu'affectif, il est une manière d'être, une modification du sujet, et, selon la remarque de Condillac, approuvée par Maine de Biran, il se confond avec lui : le moi est odeur de rose. Ce phénomène affectif est la *sensation*. En tant qu'intellectuel, le phénomène est un objet, qui se distingue du sujet et se pose en face de lui, si bien qu'il semble que l'esprit considère des objets comme l'œil regarde ce qui est devant lui; d'où le mot *intuition*, qui désigne l'acte intellectuel le plus simple, comme *sensation* désigne le fait affectif le plus simple. Le fait intellectuel est un objet par opposition au sujet, le fait affectif est *inhérent* au sujet.

Les modes affectifs sont les uns passifs : sensation, plaisir et douleur; les autres actifs : tendances, inclinations, désirs.

Affection.

Toute manière d'être affecté, tout phénomène *passi*, (v. *Actif*). Ce sens n'est plus guère usité : on emploie de préférence *mode*, *modification*, ou *qualité*. Les affections ou manières d'être s'opposaient à l'être ou au sujet en qui elles sont (*Per modum, intelligo substantiae affectiones*, Spinoza). — On nomme plus spécialement affections les manières d'être qui sont senties par le sujet, et qui ne peuvent se détacher de lui pour être envisagées comme des objets. On dit aujourd'hui de préférence phénomènes *affectifs* (v. ce m.).

Afférent, efférent.

Les nerfs sont de deux sortes : les uns transmettent aux centres nerveux (cerveau, moelle, ganglions) les excitations produites à leur terminaison périphérique (v. ce m.) : ce sont les nerfs *afférents* ou *centripètes;* les autres transmettent une innervation d'origine centrale ou ganglionnaire aux organes dans lesquelles ils se terminent (ces organes sont principalement, et peut-être uniquement, des muscles) : ce sont les nerfs *efférents* ou *centrifuges*.

Affinité.

Les alchimistes ont ainsi nommé la tendance qu'a un corps à se combiner avec un autre corps. On appelle aujourd'hui *affinité* la force ou la résultante des forces qui tiennent unis les éléments des corps composés. L'affinité était, pour les alchimistes, une force quasi psychique, procédant « plutôt de l'amour que de la haine », dit Boerhave. Pour les modernes, au contraire, elle n'a de signification que si l'on considère la chimie comme réductible à une mécanique atomique.

On a parfois nommé *affinité psychologique* la ressemblance en vertu de laquelle les idées s'associent (v. *Association*) ; — et *affinité logique*, une ressemblance telle entre deux concepts que l'esprit ait toujours une tendance à passer de l'un à l'autre.

Affirmatif, négatif.

Affirmatif ne doit s'employer que par opposition à *négatif*. La propriété des jugements ou propositions d'être affirmatifs ou négatifs s'appelle *qualité*. Ne pas confondre jugement affirmatif avec jugement *catégorique* ou avec jugement *assertorique*. Le jugement est affirmatif quand il répond à une question par l'affirmation et non par la négation. Il est catégorique, quand il répond, soit affirmativement soit négativement, mais sans conditions, par exemple sans distinguer plusieurs cas. Il est assertorique quand il répond, soit affirmativement soit négativement, sans faire de réserves relativement à la certitude, sans aucune modification telle que *peut-être*, *il est possible*, *il est probable que*, etc. (voir *Affirmation*).

Syllogismes affirmatifs, modes affirmatifs du syllogisme, ceux dont la conclusion est affirmative, et par conséquent aussi les deux prémisses ; — modes négatifs, ceux dont la conclusion (et par conséquent une des prémisses) est négative.

Affirmation.

Énoncé d'une proposition affirmative. Ne pas confondre *affirmation* avec *assertion*. L'affirmation s'oppose à la négation. Elle ne comporte pas de plus ou de moins ; il n'y a pas de milieu entre affirmer ou nier ; ceci n'est autre chose que le principe de contradiction. L'assertion est l'acte de juger, affirmativement ou négativement ; elle s'oppose au doute, à la suspension du jugement ; entre juger et ne pas juger, il y a une infinité d'intermédiaires, tous les degrés de la probabilité, tous les *peut-être*.

A fortiori.

Forme de raisonnement qui résulte des propriétés des propositions *subalternes* (v. ce m.). La preuve *a fortiori* consiste à établir la vérité de l'*universelle* pour prouver la *particulière*, ex. : Quelque A est B, car tout A est B.

Dans le cas où le raisonnement n'est pas une simple *inférence immédiate* (v. ces m.), mais un syllogisme, la preuve a fortiori consiste à prouver la proposition *générale* pour prouver la proposition *spéciale* ou *singulière* (v. ces m.).

Agent.

En général, ce qui agit. Un *agent physique* n'est pas l'être concret auquel un certain effet est attribuable dans un cas donné ; il est la propriété générale et abstraite par laquelle cet être produit cet effet. On ne donne pas le nom d'agent au fourneau chargé de charbon allumé qui porte un liquide à l'ébullition, mais à la chaleur que dégage ce fourneau. La chaleur, la lumière, l'électricité, etc., sont des agents.

L'agent se distingue aussi de la *force*. La force est un plus haut degré d'abstraction, c'est la simple possibilité d'un effet, lequel est un mouvement. Dire qu'un corps est soumis à une *force* de grandeur et de direction donnée, c'est dire qu'il se meut dans cette direction avec une vitesse donnée, à moins qu'une autre force n'empêche ou ne modifie son mouvement. Dire que ce même corps est soumis à un agent, c'est dire que la force qui le meut consiste en une certaine propriété physique de nature déterminée, la pesanteur ou l'attraction newtonienne, par exemple.

Agent moral. — Les lois morales ne s'appliquent qu'à l'être intelligent et libre et s'appliquent à tout être intelligent et libre en tant que tel. Or on ne peut affirmer ni que tout homme remplisse ces conditions, ni qu'elles ne se trouvent remplies en aucun autre être de la nature. On appelle donc agent moral tout être, quel qu'il soit, qui est soumis à des lois morales.

Agir.

L'*agir*, le *pâtir*, ou bien l'*action* et la *passion*, catégories d'Aristote.

Agnosticisme (ἄγνωστος, inconnaisable).

Toute doctrine qui fait jouer un rôle à l'Inconnaissable est un Agnosticisme. Toutefois l'aveu que notre connaissance est limitée, que nous ne savons pas tout, et ne saurons jamais tout, n'est pas de l'agnosticisme.

Les agnostiques font appel à l'Inconnaissable pour expliquer la nature; ils l'introduisent dans la science; l'univers est pour eux la manifestation d'une puissance, que nous ne pouvons pas connaître, et dont pourtant nous avons besoin pour en rendre compte.

Agoraphobie.

Syndrome de diverses maladies mentales : le sujet redoute les grands espaces vides, fait le tour d'une place publique plutôt que de la traverser. C'est l'opposé de la *claustrophobie*.

Agraphie.

Altération fonctionnelle caractérisée par l'impossibilité d'écrire, sans aucune paralysie motrice. Le sujet ne sait plus passer des images visuelles ou auditives des mots aux mouvements nécessaires pour les écrire. C'est une *amnésie motrice graphique*. On pense que l'agraphie résulte d'une lésion du pied de la deuxième circonvolution frontale.

Agrégat.

Assemblage d'éléments de même nature juxtaposés, et présentant entre eux une certaine cohésion; un corps est un agrégat de molécules. On ne donne plus le nom d'agrégat aux assemblages qui offrent une unité plus profonde, supposant des rapports de finalité. Les vivants inférieurs sont des agrégats de cellules, quand leurs éléments, tous semblables, sont groupés sans dépendre les uns des autres; quand ils sont *différenciés* (v. ce m.) et que leur tout présente quelque harmonie fonctionnelle, ils sont plus que des agrégats; ils sont des organismes.

Aïdéisme.

État où il y a absence complète d'idées.

Alalie (ἀ priv., λαλία, parole, bavardage).

Privation accidentelle, partielle ou complète, de la faculté du langage, en l'absence de lésion motrice. Le mot *aphasie*, qui a le même sens, a prévalu.

Alexie (ἀ priv., λέγω, lire).

Privation accidentelle de la faculté de lire, les sensations visuelles étant conservées; le sujet voit les caractères, mais il n'en comprend plus le sens, il ne les reconnaît pas. L'alexie s'appelle aussi *cécité verbale* ou *amnésie visuelle verbale*.

Algèbre.

La science de la *quantité pure*, c'est-à-dire de la quantité considérée en elle-même, indépendamment de toute qualité à laquelle elle s'applique, prend le nom d'algèbre à partir du moment où elle cesse de considérer des quantités définies, ou nombres, pour considérer des quantités quelconques. L'algèbre est donc une généralisation et un prolongement de l'arithmétique.

Algésimètre.

Instrument pour mesurer l'intensité de l'excitation nécessaire pour produire une sensation douloureuse.

Bjornstrom et Ch. Richet ont construit séparément des instruments analogues, dont le principe est d'exercer avec une pince, sur un pli de la peau, une pression qu'on peut évaluer en poids.

Algorithme.

Ce mot paraît avoir désigné au xiiie siècle le calcul arithmétique pratiqué au moyen des chiffres arabes. On appelle aujourd'hui algorithme tout système de notation symbolique, toute écriture en signes conventionnels très méthodique et très abrégée. La notation algébrique est un algorithme.

Altération (*alteratio*, ἀλλοίωσις).

Changement dans l'ordre de la qualité.

Altérité.

Le fait ou la propriété d'être *autre*.

Alternative.

Une alternative est un système de deux propositions telles que l'une quelconque des deux est vraie si l'autre est fausse. Dans l'ordre pratique, c'est un cas où l'on n'a à choisir qu'entre deux partis tels que renoncer à l'un c'est prendre l'autre. L'alternative s'exprime par une proposition *disjonctive* (v. ce m.).

On distingue quelquefois le *principe de l'alternative* du principe de contradiction :

Principe de contradiction : Deux contradictoires ne peuvent être toutes deux vraies.

Principe de l'alternative : Deux contradictoires ne peuvent être toutes deux fausses.

Altruisme.

Mot forgé par Auguste Comte pour exprimer le contraire de l'égoïsme. Les sentiments altruistes consistent à vouloir du bien à autrui, et peuvent nous pousser à sacrifier notre propre bien à celui d'autrui. Pour Adam Smith, et pour les utilitariens, l'altruisme dérive de l'égoïsme, ou amour de soi, au moyen de la *sympathie* (v. ce m.); pour Littré et l'école positiviste, l'altruisme est primitif au même titre que l'égoïsme, et l'un et l'autre dérivent de deux fonctions également fondamentales de la cellule vivante : l'égoïsme dérive de la *nutrition*, par laquelle le vivant tire du milieu extérieur ce qui est nécessaire à sa subsistance et à son développement; l'altruisme dérive de la *reproduction*, par laquelle le vivant tire de lui-même un autre vivant, et le soutient jusqu'à ce qu'il puisse se suffire. Pour les utilitariens, l'altruisme est l'amour d'autrui pour soi; pour les positivistes, c'est l'amour d'autrui pour autrui.

On peut encore nommer *altruisme* toute manière d'*agir* qui tend au bien d'autrui; dans ce cas, l'altruisme n'est pas nécessairement un sentiment. Le précepte « Soyez justes et même bienfaisants à l'égard de vos ennemis » peut signifier : aimez jusqu'à ceux qui vous nuisent et vous haïssent; mais il peut signifier aussi : faites du bien, même à ceux que vous haïssez. Entendu en ce dernier sens, l'altruisme n'est plus un sentiment, mais une conduite.

Amaurose.

Affaiblissement de l'intensité et de la netteté des sensations visuelles.

Ambiguïté.

Possibilité de choisir entre deux partis.
Ambiguïté des termes, possibilité d'entendre un même terme verbal en deux sens différents. L'ambiguïté des termes n'est pas un paralogisme, mais un défaut de langage favorable aux paralogismes et aux sophismes, propre à rendre les raisonnements *spécieux* (v. ce m.) et à faire illusion à soi-même ou aux autres. Il semble alors qu'il y ait un raisonnement, et il n'y en a pas. Ainsi dans un syllogisme, chaque terme doit être répété deux fois; si le même mot est répété dans deux sens différents, ce n'est plus le même terme; la règle *terminus esto triplex* n'est pas observée; il n'y a donc pas, en réalité, de syllogisme.

Ame.

Le spiritualisme dualiste oppose l'*âme* au *corps organisé*. Cette opposition peut s'entendre de plusieurs manières.
1° Le corps est une machine, pourvue d'organes fort complexes, mais inertes, incapables de fonctionner par eux-mêmes; ils doivent être actionnés par une force. L'âme est un principe actif, qui *anime* le corps. A elle appartiennent toutes les tendances, conscientes ou inconscientes. Sous sa forme consciente, cette activité s'accompagne de plaisir ou de douleur, et est éclairée par l'intelligence. Ainsi le corps est la matière toute *passive*; l'âme est la *force* qui agit en lui. Pour une telle doctrine la volonté se résout dans l'*effort*.
2° Le corps est une machine, mais une machine vivante. Il a son activité propre. A l'âme appartiennent seulement les fonctions supérieures, sensibilité, pensée, inclinations conscientes vers une fin connue. Les incli-

nations inconscientes sont rejetées dans l'organisme. Le corps a une activité *aveugle*; l'âme est un principe *directeur*. Pour une telle doctrine, la volonté se résout dans le *choix*.

3° Selon les cartésiens, l'âme et le corps sont deux *substances* de nature différente. Le corps est la « substance étendue », l'âme est la « substance pensante ». Mais Descartes appelle *pensée* tout ce que nous appelons aujourd'hui *conscience*. Tous les phénomènes inconscients sont des mouvements corporels, et un grand nombre de phénomènes psychologiques s'expliquent par l'organisme (*esprits animaux*, produisant les souvenirs, les images, les passions); l'âme reçoit des impressions du corps et agit sur lui. Ses opérations propres sont le jugement et le raisonnement. La volonté se confond avec l'intelligence.

La métaphysique spiritualiste fonde la distinction de l'âme et du corps sur deux ordres de considérations souvent confondues, mais qu'il est nécessaire de séparer.

1° L'*unité* et l'*identité*. — Le moi est *un*, bien que ses modes soient multiples; il est *identique*, et reste le même bien que ses modes soient variables. L'unité et l'identité du moi font contraste avec la complexité et le continuel renouvellement du corps organisé, et manifestent une substance incorporelle.

Mais l'unité et l'identité n'ont de signification que par opposition à la multiplicité et à la variété des *phénomènes*; elles sont des caractères de la *substance* en général, et de la substance matérielle aussi bien que spirituelle. Un corps a une densité, une couleur, une forme, une température; la substance est le sujet unique auquel nous attribuons ces propriétés multiples. Le même corps s'échauffe et se refroidit, se dilate, se contracte, se liquéfie, se vaporise; la substance est ce qui demeure le même à travers toutes ces modifications. L'unité et l'identité sont donc les caractères de la substance en général, et ne sont pas suffisants pour distinguer la substance spirituelle de la substance corporelle.

2° La *simplicité*. — Le moi est indivisible; le corps est divisible.

L'organisme est un système coordonné, tel que la séparation de ses parties en détruit la vie; cette coordination constitue l'*individualité*; elle est faible chez les êtres inférieurs, qui sont des colonies de cellules faiblement solidaires les unes des autres; elle est de plus en plus forte à mesure que l'organisation est plus *différenciée* et plus *concentrée*. Quand cette individualité devient consciente d'elle-même, elle prend le nom de *personnalité*. Mais on ne saurait soutenir que le sentiment de notre personnalité soit l'aperception immédiate de notre simplicité substantielle; il résulte au contraire d'une *synthèse mentale* (v. ces m.), et peut présenter des altérations comme ces faits de dédoublement de la personnalité et de désagrégation mentale qu'on rencontre dans divers états pathologiques.

Il n'y a donc aucune connaissance directe du moi comme substance, et la notion d'*âme* substance ayant une intuition immédiate d'elle-même est absolument chimérique. Aussi ce mot tend-il à disparaître du langage philosophique. Cependant beaucoup de psychologues l'emploient sans y attacher aucune signification ontologique, pour désigner l'aspect actif et conscient de notre nature.

Ame du monde. — Certains panthéistes, notamment les stoïciens, conçoivent l'univers comme un corps organisé, un grand animal, et lui attribuent un principe d'activité et de direction qui l'anime, comme l'âme anime le corps de l'homme et des animaux. C'est l'*âme du monde* ou Dieu. — Dans Platon, l'âme du monde est distincte de Dieu, et créée par lui; c'est le principe d'ordre et d'harmonie dans lequel le monde sera constitué (v. le *Timée*).

Amétropie (ἀ priv.; μέτρον, mesure; ὄψις, vision).

Contraire de *emmétropie*. On appelle *emmétrope* l'œil constitué de telle sorte que, sans aucune accommodation (v. ce m.), les rayons parallèles, c'est-à-dire, en pratique, les rayons venus d'une source éloignée de plus de 15 mètres, fassent leur foyer conjugué sur la rétine. L'œil est *myope* quand, sans aucune accommodation, les rayons parallèles font leur foyer conjugué *en avant* de la rétine; il est *hypermétrope* quand il le font au-delà de la rétine. L'œil myope est donc un œil trop réfringent, ou trop long, qui ne commence à user de l'accommodation que pour une très petite distance; l'œil hypermétrope est un œil trop peu réfringent, ou trop court, qui a déjà besoin d'accommodation pour voir nettement à l'infini (par ex. les étoiles). L'amétropie comprend la myopie et l'hypermétropie. L'*astigmatisme* (v. ce m.) est une autre anomalie de l'œil qui, au sens rigoureux du mot, ne doit pas être rangée parmi les amétropies. La *presbytie* consiste en ce que, le pouvoir d'accommodation s'affaiblissant avec l'âge, le vieillard ne peut plus ramener sur la rétine, par l'action du muscle ciliaire, les images des objets rapprochés. La presbytie est parfois confondue avec l'hypermétropie, parce que les effets de la diminution de l'accommodation sont plus sensibles chez les hypermétropes; mais la presbytie n'est pas une amétropie.

Amiboïdes (Mouvements).

Les *amibes*, organismes unicellulaires très simples, formés d'une masse de protoplasma et d'un noyau, peuvent se mouvoir de la manière suivante : ils émettent une sorte de bourgeon, ou expansion protoplasmique, dit *pseudopode*, qui se fixe aux corps solides; peu à peu, tout le corps cellulaire coule dans ce pseudopode; la cellule se trouve ainsi déplacée. — Un grand nombre de cellules des organismes pluricellulaires ont des mouvements analogues, qu'on appelle *mouvements amiboïdes* : ainsi les globules blancs cheminent à travers les tissus, traversent les membranes minces telles que les épiploons, les parois des petits vaisseaux, d'où leur nom de *cellules migratrices*. On appelle aussi amiboïdes les mouvements des cellules fixes, par exemple les mouvements d'expansion et de rétraction des « prolongements protoplasmiques » des cellules nerveuses. L'hypothèse de la *continuité* entre les prolongements des diverses cellules nerveuses (hypothèse de Gerlach) ayant été abandonnée après les travaux de Ramon y Cajal, Kölliker, Retzius, van Gehuchten, etc., il est admis que les cylindres-axes viennent se ramifier au voisinage des prolongements protoplasmiques des autres cellules, de façon à se mettre en *contiguïté* avec eux. On a donc été conduit à se demander si, par le fait de la contractilité du protoplasma, les prolongements contigus ne seraient pas susceptibles de s'écarter ou de se rapprocher plus ou moins. Telle est l'hypothèse de l'*amiboïsme* du système nerveux, développée surtout par Mathias Duval et Lépine. Le sommeil et l'anesthésie s'expliqueraient par une rupture temporaire des contacts. Cette hypothèse semble confirmée par des recherches ultérieures de Demoor, de Mlle Stefanowska, de Ramon y Cajal, de Manouélian, etc.

Amnésie.

En général, perte de la mémoire. Le sens précis du mot mémoire étant *faculté de reconnaître*, c'est-à-dire *faculté de penser le passé comme tel* (v. *Mémoire*), on ne devrait rigoureusement donner le nom d'amnésie qu'à l'amnésie de reconnaissance. Mais on désigne d'ordinaire par ce mot la perte non seulement des *souvenirs* proprement dits, mais aussi des *images*. La mémoire ne pourrait être totalement abolie sans que toute l'intelligence disparût avec elle; l'amnésie est donc toujours partielle; il en résulte qu'il y a des amnésies et non une amnésie.

Amnésie systématique (Pierre Janet). — C'est la perte d'un groupe de souvenirs de même espèce, ou formant un même système : les uns perdent la mémoire des noms propres, ou seulement des noms géographiques, les autres ont oublié tout ce qui se rapporte à une personne ou à un événement, ou à un genre d'occupation. Les diverses espèces d'aphasie sont des amnésies systématiques. Tel a oublié une langue étrangère, et une seule; tel ne sait plus passer des mots entendus aux idées correspondantes (surdité verbale) ou des mots écrits ou imprimés aux mots entendus et aux idées (cécité verbale ou *alexie*, v. ce m.) ou des images visuelles ou auditives des mots aux mouvements nécessaires pour les prononcer (aphasie) ou pour les écrire (agraphie).

L'amnésie motrice est la perte des images motrices nécessaires pour exécuter certains mouvements. Elle diffère d'une paralysie en ce que les mêmes muscles qui sont incapables de se contracter pour exécuter un certain acte sont encore capables de se contracter pour exécuter d'autres actes : il n'y a paralysie que pour un acte déterminé, ou une espèce déterminée d'actes.

Amnésie localisée. — Le malade a perdu le souvenir d'un seul événement de sa vie (*amnésie simple* de Sollier), plus souvent de tout ce qui concerne une période limitée de sa vie. Cette amnésie est généralement due à un ébranlement anormal, traumatisme, émotion violente, accès de somnambulisme; le plus souvent elle est *rétrograde*, c'est-à-dire s'étend à une période plus ou moins longue antérieure à l'accident; quelquefois elle est *antérograde*, c'est-à-dire s'étend à la période qui suit l'accident. Le malade n'a pas oublié ses souvenirs antérieurs, mais, depuis l'accident, il a perdu la faculté d'en acquérir de nouveaux. Cette amnésie que Charcot nommait *antérograde,* M. Pierre Janet l'appelle *amnésie continue.*

Amnésie de conservation. — La faculté de *retenir*, de conserver le souvenir des impressions reçues est altérée ou abolie.

Amnésie de reproduction. — Les impressions reçues sont bien conservées, car elles pourront reparaître dans des conditions particulières (délire, ivresse, émotion, associations d'idées spéciales), mais elles ne peuvent reparaître en dehors de ces conditions particulières. L'amnésie est *périodique,* lorsque ces conditions se trouvent tour à tour réalisées ou absentes à des intervalles plus ou moins réguliers.

Amnésie « d'assimilation » (Pierre Janet). — Le sujet a conservé ses souvenirs, il peut les reproduire, et il se comporte d'une manière qui témoigne qu'il les reproduit en effet, mais le souvenir est ici automatique et inconscient. Ces souvenirs conservés et rappelés, ne sont pas *assimilés*, c'est-à-dire rattachés aux autres souvenirs, aux sensations nettes ou confuses, extérieures ou intérieures, dont l'ensemble constitue notre personnalité. Ce phénomène, très étudié par M. Pierre Janet, est fréquent dans les grandes névroses.

Amnésie de reconnaissance. — Un souvenir est conservé, rappelé, et présent à la conscience, mais il n'est pas reconnu. Dès lors il est pris pour un phénomène nouveau; c'est une *réminiscence.* Et si le phénomène est une image, elle est prise pour une perception; c'est une *hallucination.* — Ou bien, au contraire, un phénomène présent, une perception, est rejeté dans le passé et semble un souvenir. Ce fait est appelé aussi *fausse mémoire* ou *paramnésie.*

On donne aussi parfois le nom d'amnésie ou paramnésie à des erreurs de localisation : des souvenirs récents paraissent anciens ou réciproquement. (Voir

Ribot, *Maladies de la mémoire*; Pierre Janet, *Automatisme psychologique, Stigmates mentaux des hystériques*; art. Amnésie dans le *Dict. de physiologie* de Ch. Richet).

Les amnésies sont brusques quand elles sont dues à un traumatisme ou à un accident quelconque; elles sont *progressives* quand elles ont pour cause l'âge, ou quelque lésion qui évolue. L'amnésie *régressive* est le retour graduel de la mémoire perdue; les souvenirs reviennent d'ordinaire dans l'ordre inverse de celui de leur disparition.

Amoral (ἀ priv.)

Se dit de ce qui ne comporte aucun caractère moral ou immoral, de ce qui n'est ni conforme ni contraire à la moralité, de ce que la moralité ne concerne pas.

Amorphe (ἀ priv; μορφή forme).

Signifie non pas ce qui est sans aucune forme, mais ce dont la forme ne présente rien d'ordonné, rien de systématique. En cosmologie, amorphe signifie non cristallisé. En biologie, une substance amorphe est une substance *organique*, mais non *organisée* en cellules. En sociologie on a pu, par analogie, appeler société amorphe une société qui n'est qu'un agrégat d'individus sans différenciation ni organisation intérieure.

Amour.

Maine de Biran distingue l'*amour* du *désir* en ce que le désir a pour objet le bien de l'être, l'amour ce que l'être juge une cause de son bien. L'amour est défini à peu près dans le même sens par M. Rauh (*Psych. des sentiments*, p. 57) : « La différence de l'amour et du désir est que dans l'amour entre la pensée de l'objet cause de l'amour, tandis que dans le désir le sujet a seulement ou surtout conscience de soi ».

On dit aussi que le désir est un fait momentané, que l'amour est une tendance prolongée, si bien qu'un seul amour se manifeste par des faits de désirs successifs et plus ou moins espacés. On désire une jouissance déterminée à un moment donné ; on aime telle espèce ou tel genre de jouissance.

Amphibolie.

Les concepts et les principes de l'entendement pur sont nécessaires pour penser les objets de l'expérience, et n'ont de valeur que par rapport à des objets d'expérience ; mais comme il est facile de faire abstraction de la manière dont ces objets nous sont donnés, nous sommes naturellement portés à substituer à l'usage empirique, seul légitime, de l'entendement, un usage transcendental illégitime. La possibilité de ces deux usages, que la *Critique de la raison pure* a pour but principal de bien distinguer, est ce que Kant appelle l'*amphibolie des concepts de l'entendement pur*.

Amphibologie.

Proposition qui peut s'entendre en deux sens différents. L'*équivoque* est un *mot* à double sens, tandis que l'amphibologie est une *proposition* à double sens.

Amputés (Illusions des).

Lorsqu'un nerf sensitif a été coupé, la sensation provoquée par l'excitation du bout central est rapportée à la terminaison périphérique normale, comme si le nerf était intact. Les amputés croient sentir des chatouillements, des piqûres, des brûlures dans le membre qu'ils n'ont plus. Ces sensations ne sont pas hallucinatoires; elles sont provoquées par l'excitation du moignon. Il y a seulement illusion de localisation, ou plutôt persistance des anciennes habitudes de localisation.

Amusie.

Par analogie avec l'aphasie, on a nommé *amusie* certains troubles accidentels de la faculté musicale. — *Amusie auditive* : impuissance d'un musicien à comprendre à l'audition les airs de musique. — *Amusie visuelle* : le musicien ne sait plus lire la musique; il sait encore lire les caractères typographiques. — *Amusie motrice* : le musicien ne sait plus chanter ou jouer de son instrument. — Ces amusies spéciales sont bien rarement isolées; elles sont ordinairement liées à l'aphasie, à l'agraphie ou à l'alexie. Ce sont des amnésies (v. ce m.).

Analgésie.

Perte, dans une partie de l'organisme, ou dans l'organisme tout entier, de la sensibilité à la douleur, la sensibilité tactile étant conservée, ce qui distingue l'analgésie de l'anesthésie. Elle se rencontre dans l'hystérie; elle peut aussi être produite par certaines substances toxiques ou médicamenteuses telles que la morphine. Toutefois la morphine est plutôt hypoalgésique qu'analgésique. Les anesthésiques à une certaine période de leur action sont analgésiques avant d'être anesthésiques. Dans l'action du chloroforme, par exemple, il y a une *analgésie de début* et une *analgésie de retour*.

On dit aussi *analgie*.

Analogie.

Ἀνὰ λόγον signifie, chez les mathématiciens grecs, *dans le même rapport*; l'*analogie* ou *médiété* est pour eux la *proportion*. Ils distinguent: 1° l'analogie *arithmétique* : le grand terme surpasse le moyen et le moyen surpasse le petit d'une même quantité :

$$a + q = m = b - q,$$

ou
$$m = \frac{a + b}{2};$$

2° l'analogie *géométrique* : le grand terme est au moyen comme le moyen est au petit :

$$\frac{a}{m} = \frac{m}{b};$$

3° l'analogie *harmonique* : le grand terme surpasse le moyen et le moyen surpasse le petit d'une même fraction de chacun d'eux :

$$a + \frac{a}{q} = m = b - \frac{b}{q}.$$

Quand on connaît deux termes d'une analogie, on peut déterminer le troisième, autrement dit, étant donnés deux nombres, on peut en trouver un troisième qui présente avec l'un d'eux la même relation arithmétique (somme ou différence), géométrique (produit ou quotient), ou harmonique que celui-ci présente avec l'autre. C'est ce qu'on appelle, au sens primitif de ce mot, raisonner par analogie. L'analogie est donc un raisonnement correct dans l'ordre de la quantité. C'est un procédé de calcul des mathématiciens grecs.

On a transporté ce raisonnement dans l'ordre de la qualité. Mais alors la conclusion n'est plus légitime. La généralisation inductive va du semblable au semblable; l'analogie consiste à passer d'une relation donnée à une relation partiellement semblable et partiellement différente. Telle maladie contagieuse est produite par tel microorganisme; peut-être une *autre* maladie contagieuse est-elle produite aussi par un microorganisme. L'analogie conduit à des conclusions hypothétiques; mais ces hypothèses seront soumises à l'épreuve de l'expérimentation, et pourront devenir des lois; l'analogie est une induction ébauchée; l'analyse expérimentale sépare ce qui est semblable de ce qui est différent, et rend possible l'induction véritable.

Kant appelle *Analogies de l'expérience* l'un des *principes de l'entendement pur*. Il le formule ainsi : « L'expérience n'est possible que par la représentation d'une liaison nécessaire des perceptions »; et il y reconnaît trois lois ou analogies distinctes : 1° Principe de la permanence de la substance : « La substance persiste au milieu du changement de tous les phénomènes, et sa quantité n'augmente ni ne diminue dans la nature ». C'est l'antique adage *Ex nihilo nihil*. — 2° Principe de la succession des phénomènes : « Tous les phénomènes arrivent suivant la loi des effets et des causes. » — 3° Principe de la simultanéité des substances ou principe de la *communauté* (v. ce m.) : « Toutes les substances, en tant qu'elles peuvent être perçues comme simultanées dans l'espace, sont dans une action réciproque générale. »

Analyse, Synthèse.

Au sens le plus usuel, toute décomposition d'un tout en ses éléments est une analyse, toute composition d'un tout avec ses éléments est une synthèse. Ce sens, bien qu'il semble étymologique (ἀνα-λύειν, décomposer; συν-τίθημι, composer), n'est cependant pas le plus ancien. Les Grecs ont appelé analyse une méthode de raisonnement mathématique qui avait pour but de *résoudre* les problèmes (de ἀναλύειν, résoudre; le latin *resolutio* est la transcription littérale du grec ἀνάλυσις). La méthode analytique consiste, dans l'ordre problématique (trouver la solution d'un problème), à supposer le problème résolu, — dans l'ordre théorétique (trouver la démonstration d'un théorème), à supposer vraie la proposition à démontrer ; à chercher ensuite quelle proposition doit être certaine pour que la solution soit juste ou que la proposition en question soit certaine, à remonter encore de cette proposition à une autre, et ainsi de suite, jusqu'à ce qu'on arrive à une proposition admise. En ce sens, le contraire de l'analyse, qui va de l'inconnu au connu, n'était pas la synthèse, mais la *démonstration* (ἀπόδειξις)[1], qui va du connu à l'inconnu. « La démonstration, dit Pappus, se fait en sens inverse de l'analyse. » Dans Aristote, le contraire de σύνθεσις n'est pas ἀνάλυσις, mais διαίρεσις. Alexandre d'Aphrodisias oppose cependant ἀνάλυσις à σύνθεσις, mais nullement dans le sens moderne : « La synthèse va des principes à ce qui résulte des principes, l'analyse est un retour vers les principes. »

C'est dans le sens antique que Descartes emploie le mot *analyse*, quand il rapproche (*Méthode*, 2ᵉ partie) « l'*Analyse des Anciens* (*alias*, l'Analyse des Géomètres) et l'Algèbre des Modernes ». L'Algèbre est, en effet, — étendue à tous les problèmes mathématiques et facilitée par un système de notation, — la méthode d'analyse que les Anciens n'avaient employée qu'en Géométrie. Mettre un problème en équation, c'est en écrire l'énoncé en traitant l'inconnue comme une quantité connue ; résoudre l'équation, c'est transformer les opérations indiquées en d'autres plus simples, jusqu'à ce qu'on n'ait plus que des opérations qu'on sait effectuer. On appelle *analyse mathématique* tantôt l'algèbre tout entière, tantôt seulement l'algèbre supérieure (calcul des fonctions, calcul infinitésimal).

Chez les modernes, le mot *analyse* a été employé dans le sens très général de décomposition d'un tout en ses éléments ; il s'est alors opposé à *synthèse*, com-

---

1. Cf. Clément d'Alexandrie, *Stromates*, p. 918.

position d'un tout à l'aide de ses éléments. Ex. : analyse et synthèse chimiques. L'analyse chimique est *qualitative* quand elle se borne à déterminer la nature des composants; *quantitative* quand elle en détermine de plus les proportions en poids. L'analyse *immédiate* est une simple décomposition d'un composé en d'autres corps qui peuvent être eux-mêmes composés; ex. : séparer l'acide et la base d'un sel; l'analyse *élémentaire* est la recherche des corps simples dont le composé est formé.

L'analyse *grammaticale* est l'étude des éléments du langage. (Pour ses espèces, voir Littré, *Analyse*).

L'analyse *réelle* consiste à isoler effectivement les les éléments les uns des autres, comme on le fait en chimie; l'analyse *idéale* ou *abstraction* (v. ce m.) consiste à les isoler par la pensée, à les distinguer. La synthèse également peut-être réelle ou idéale.

On appelle aussi *synthèses* les systèmes de philosophie générale qui tendent à rassembler en une conception d'ensemble, aussi cohérente et aussi probable que possible, tout ce qu'on sait de la nature, en comblant au besoin à l'aide d'hypothèses les lacunes du savoir présent. Au contraire, la recherche scientifique du détail des lois naturelles est une *analyse*. De là vient qu'on donne souvent le nom d'analyse à toutes les méthodes de recherche, et en particulier à la recherche expérimentale.

Esprit d'analyse, esprit de synthèse. — L'esprit d'analyse est celui dans lequel dominent les qualités de pénétration, de sagacité, de soin des détails, d'exactitude dans l'observation des faits, qualités nécessaires pour débrouiller l'enchevêtrement des phénomènes naturels. L'esprit de synthèse est celui dans lequel dominent la rigueur dans le raisonnement abstrait, le goût de l'unité et de la cohérence. L'esprit scientifique peut se contenter de l'esprit d'analyse; il faut y joindre l'esprit de synthèse pour former l'esprit philosophique. L'esprit d'analyse peut être rapproché de ce que Pascal appelle *esprit de finesse*; l'esprit de synthèse, de ce qu'il nomme *esprit de géométrie*.

Méthodes analytiques, synthétiques. — 1° Dans l'ordre concret, la méthode analytique est la réduction d'un tout donné à ses éléments composants; la méthode synthétique est une méthode de construction ou de composition. Ex. : on peut montrer que l'eau est formée d'un volume d'oxygène et de deux volumes d'hydrogène, soit en décomposant de l'eau, recueillant, reconnaissant et dosant les gaz obtenus (voltamètre); soit en combinant des quantités connues d'oxygène et d'hydrogène, et en s'assurant que le produit est de l'eau (eudiomètre).

2° Dans l'ordre abstrait, la méthode analytique consiste à ramener la proposition en question (problème à résoudre ou théorème à démontrer) aux principes d'où elle dépend; la méthode synthétique, à déduire les conséquences de principes admis. Toute méthode de recherche est analytique, car on est bien obligé de prendre pour point de départ ce qui est en question. On a raison de dire : l'analyse expérimentale, l'analyse algébrique. Mais on a tort d'identifier, comme on le fait quelquefois, la méthode synthétique, soit avec la méthode de démonstration ou d'enseignement, soit avec la déduction. On peut exposer et démontrer la vérité analytiquement, en faisant connaître la voie par laquelle on y est soi-même parvenu. L'ordre suivi communément, par exemple dans l'exposé de la géométrie élémentaire, est bien, il est vrai, synthétique; mais il est plutôt analytique dans l'algèbre supérieure; on peut suivre une même série de raisonnements soit en partant des principes et en déduisant successivement les conséquences (méthode synthétique), soit en partant des conséquences, en montrant qu'elles supposent tels principes, ceux-ci tels autres, jusqu'à ce qu'on arrive à des principes admis (méthode analytique). Dans les deux cas, la liaison des propositions est toujours déductive. (Voir Duhamel, *Des méthodes* dans les sciences de raisonnement; — Goblot, *Essai sur la classification des sciences*, 1re partie, ch. IV.)

Jugements analytiques, synthétiques. — Kant appelle jugements analytiques ceux dans lesquels l'idée de l'attribut est nécessairement contenue dans l'idée du sujet; ex. : *Tout corps est étendu*; — jugements synthétiques, ceux par lesquels l'attribut est ajouté aux éléments contenus dans l'idée du sujet; ex. : *Tout corps est pesant*. C'est ordinairement sur l'expérience que se fondent les jugements synthétiques. Pourtant Kant s'est demandé s'il n'y a pas des *jugements synthétiques a priori*. C'est ainsi qu'il pose le problème principal de la *Critique de la raison pure* (v. *A priori*).

Langues analytiques, synthétiques. — Pour exprimer notre pensée, nous la décomposons en éléments que nous exprimons chacun par un mot. Dans les langues dites synthétiques, la pensée est décomposée en éléments peu nombreux, et les mots qui expriment chaque élément se modifient, selon le besoin, par des flexions, des préfixes, des suffixes. Les langues dites analytiques expriment par des mots séparés les relations et modifications que les autres rendent par la variété des formes d'un même mot. Ainsi les langues à déclinaisons sont plus synthétiques que celles où les cas sont formés à l'aide de prépositions; les conjugaisons avec *auxiliaires* sont plus analytiques que les conjugaisons à flexions. — Les langues ne sont que *plus ou moins* analytiques ou synthétiques. — Certains linguistes disent qu'elles ont une tendance générale à devenir de plus en plus analytiques. Ainsi les langues néo-latines sont plus analytiques que le latin.

Analytique transcendentale.

Kant divise la Logique transcendentale en *Analytique* et en *Dialectique transcendentales*. La première a pour objet « de décomposer notre faculté totale de connaître *a priori* en les concepts élémentaires de la connaissance pure. »

Anarchie.

État de quelque fonction, organique ou sociale, qui n'est pas encore organisée, et s'accomplit mal, avec des tendances qui se contrarient, et d'une manière fragmentée et incohérente. On a parlé de l'anarchie des sciences, de l'anarchie du langage ; ce mot est surtout employé par les comtistes, les évolutionnistes, les socialistes.

Anéantissement.

Passage de l'Être au Non-Être. C'est le contraire du *commencement absolu* ou de la *création*, qui est le passage du Non-Être à l'Être.

Anesthésie.

Disparition de la sensibilité consciente. — Anesthésie *partielle*, ou *hypoesthésie*, diminution de la sensibilité ; — *locale*, disparition de la sensibilité d'une région ; — *spéciale*, disparition d'une seule sorte de sensibilité. Anesthésie se dit surtout de la disparition de la sensibilité générale ou cutanée, les anesthésies spéciales de la vue et de l'ouïe s'appellent cécité, surdité, amaurose, scotome, dyschromatopsie, achromatopsie, hémianopsie, etc. (v. ces m.).

Anesthésies *périphériques*. — On appelle ainsi toutes celles qui sont dues à une altération soit des organes terminaux, soit des conducteurs nerveux : ainsi les anesthésies dues à des lésions du faisceau sensitif de la moelle sont périphériques, et comme ce faisceau se prolonge à travers la substance blanche du cerveau jusqu'à la substance grise corticale, les lésions qui siègent dans le pied du pédoncule cérébral ou dans la région postérieure de la capsule interne déterminent encore des anesthésies périphériques. Dans les anesthésies périphériques, la sensibilité est perdue, mais les images et les souvenirs se rapportant à cette sensibilité perdue sont conservés.

Anesthésies *centrales*. — L'excitation est transmise à l'écorce cérébrale par un conducteur intact, mais la sensation ne peut avoir lieu, soit à cause de l'anémie totale de cette région, soit par suite d'une intoxication, soit pour tout autre motif. Dans ce cas, avec la sensibilité, disparaissent aussi les images et souvenirs correspondant au même sens. En un mot « l'amnésie accompagne l'anesthésie centrale, et n'accompagne pas l'anesthésie périphérique » (Pierre Janet). Les substances dites *anesthésiques* abolissent, avec toute sensibilité, toute manifestation de l'activité mentale.

L'anesthésie centrale peut aussi être le fait d'une *dissolution mentale* (Pierre Janet.) Dans la *distraction*, dans certaines intoxications légères, dans les névroses, dans l'hystérie surtout, il y a des anesthésies qui viennent de ce que le sujet ne rassemble pas et ne rattache pas les unes aux autres les impressions qu'il reçoit. Ces anesthésies sont *systématiques* : le sujet est incapable de percevoir les sensations qui se rapportent à un certain objet, ou bien il ne perçoit que les sensations qui se rapportent à un certain objet. Cependant les sens auxquels appartiennent ces sensations qui ne sont pas perçues sont intacts, et actuellement excités, et les excitations peuvent déterminer des réactions. Il en résulte que ces anesthésies sont souvent *contradictoires* (Pierre Janet); ces sensations que le sujet déclare ne pas sentir, déterminent, précisément au moment où il le déclare, des mouvements et des actions qui prouvent qu'elles existent.

Animisme.

Doctrine qui fait de l'âme le principe qui anime le corps, en sorte qu'elle est la cause des faits vitaux aussi bien que des faits psychiques. Les organes ne sont alors que des instruments dont l'âme se sert, et qu'elle fait agir.

Quelquefois, on appelle *animisme* la croyance aux esprits, qui est une forme de la religion primitive.

Anomalie (ἀ priv.; νόμος, loi).

L'adjectif *anomal* est peu employé; on dit de préférence *anormal* (ἀ priv.; *norma*, règle), adjectif qui, à son tour, n'a pas de substantif correspondant.

Cas exceptionnel. — Il ne peut y avoir d'exception à une loi, car une loi, par définition, est une relation *constante*, et une prétendue loi se réfute suffisamment par un cas unique où elle ne se vérifie pas. Dans la nature inorganique, où il n'y a rien de plus à considérer que le déterminisme des phénomènes, il ne saurait donc y avoir que des anomalies apparentes. Ou bien la prétendue loi est fausse, ou bien le fait qui semblait anormal s'y ramène après un examen plus attentif.

Chez les êtres vivants, outre le déterminisme des phénomènes, il y a aussi à considérer le groupement en genres et en espèces; certains caractères sont absolument généraux, d'autres sont plus ou moins fréquents, d'autres rares. Un caractère très rare, ou l'absence d'un caractère très fréquent, constitue une anomalie. Ce n'est pas une infraction aux lois naturelles : il arrive qu'un individu s'écarte du type le plus fréquent de son espèce, mais il ne s'en écarte pas sans cause déterminante.

Les anomalies sont congénitales ou acquises. L'anomalie congénitale résulte ordinairement du développement incomplet d'un organe qui, arrêté dans son évolution, reproduit quelque forme ancestrale plus ou moins éloignée. Le bec-de-lièvre est un développement incomplet du maxillaire supérieur, la cécité pour les couleurs est un développement incomplet de la rétine; le criminel-né est resté, à certains égards, au niveau de l'homme primitif ou de l'homme sauvage. Les anomalies congénitales se ramènent donc aux anomalies acquises: ou elles sont héréditaires, c'est-à-dire acquises par un ascendant, ou elles sont un arrêt de développement, et résultent de quelque circonstance accidentelle survenue au cours de la période embryogénique.

Toutes les maladies sont des anomalies : aussi oppose-t-on souvent le *normal* et le *pathologique* ; mais toutes les anomalies ne sont pas des maladies. Il existe par exemple des dispositions anormales du réseau vasculaire qui passent inaperçues pendant toute la vie et ne se révèlent qu'à la dissection : l'atrophie d'une artère est compensée par le développement insolite d'une autre. L'anomalie n'est pathologique que si l'altération organique entraîne un trouble fonctionnel.

Anorexie (ἀ priv., ὄρεξις, désir).

Absence de sensation de la faim; c'est une sorte d'anesthésie. Elle s'accompagne ordinairement de répugnance pour les aliments. L'anorexie est constante dans toutes les fièvres ; elle est fréquente dans l'hystérie. L'anorexie hystérique s'accompagne ordinairement d'un ralentissement fort étonnant de la désassimilation, si bien que ces malades peuvent rester des mois, et même des années à manger fort peu, sans maigrir sensiblement.

Anosmie.

Anesthésie de l'odorat.

Antagonisme.

Opposé à *Synergie* (v. ce m.). Deux forces sont antagonistes quand le moment de leur résultante est égal à la différence des moments de leurs composantes. Muscles antagonistes, ceux qui, en se contractant successivement, produisent des mouvements inverses. En se contractant simultanément, ils maintiennent un membre dans une position déterminée.

Antécédent.

Opposé à *conséquent*. Ces mots s'appliquent à tout système de deux éléments dont l'un est, soit logiquement, soit chronologiquement, antérieur à l'autre. La cause est à la fois antécédent chronologique, car l'effet lui succède, et antécédent logique, car l'effet en dépend. Dans une proposition *hypothétique*, on nomme *antécédent* la partie qui exprime la condition ou l'hypothèse.

Antérieur, antériorité.

On distingue ce qui est *logiquement* antérieur et ce qui est *chronologiquement* antérieur. Est chronologiquement antérieur le terme qui est premier dans l'ordre du temps ; est logiquement antérieur le terme dont un autre dépend : les principes sont logiquement antérieurs aux conséquences.

Jugement d'antériorité. — J'ai proposé d'appeler ainsi, par analogie avec le jugement d'extériorité qui constitue la perception externe, un des éléments, l'élément caractéristique du *souvenir*. Ce jugement, qui consiste à attribuer au passé un état de conscience présent, est distinct de la *localisation*, qui consiste à déterminer l'époque du passé à laquelle on rapporte l'événement. La *reconnaissance* est un phénomène plus complexe, qui paraît supposer le jugement d'antériorité (v. *Reconnaissance, Localisation, Souvenir*).

Anthropocentrique.

Un système est dit anthropocentrique, quand il fait de l'homme le centre du monde, c'est-à-dire la fin à laquelle tout serait subordonné. Le soleil n'existerait que pour l'éclairer, les végétaux et les animaux que pour le nourrir et le servir, etc.

Anthropologie.

Science de l'homme. Broca la définit « l'étude du groupe humain envisagé dans son ensemble, dans ses détails, et dans ses rapports avec le reste de la nature ». Ainsi entendue, l'anthropologie comprendrait *omnem rem scilicet et quasdam alias*. Mais Broca lui-même, en créant la *Société d'anthropologie*, avait un but beaucoup plus restreint : l'étude des *races humaines*. L'anatomie comparée, la physiologie et la psychologie comparées des races humaines, et en outre des recherches sur les origines de la civilisation, tel est aujourd'hui l'objet de l'anthropologie. Ce n'est pas, à proprement parler, une science, car il n'y a pas de science d'une espèce ; c'est une *monographie* de l'homme, envisagé surtout au point de vue de la diversité des races.

Anthropomorphisme.

L'anthropomorphisme consiste à concevoir Dieu à notre image. Il peut être plus ou moins grossier, mais il est inévitable. Descartes (*Méth.*, *IV*) détermine les attributs de Dieu d'après notre nature, en excluant tout ce qui est imperfection, limitation, dépendance, et en supposant infini tout ce qui est perfection, réalité positive. Nous ne pouvons nous faire aucune idée de Dieu, nous ne pouvons, en parlant de lui, employer aucun mot, qui ne soient de l'anthropomorphisme. Mais on désigne plus spécialement ainsi des erreurs de doctrine, des incorrections de langage qui consistent à attribuer à Dieu des manières de penser, d'agir et de sentir que la perfection ne saurait admettre. Toutes les représentations figurées de Dieu sont de l'anthropomorphisme ; c'en est encore que de considérer la pensée divine comme discursive, ou sa volonté comme un acte délibéré, puis résolu, ou de dire que Dieu voit, entend, s'irrite ou s'apaise.

Anticipation.

Anticiper sur l'expérience, c'est se représenter *a priori* ce qui sera ensuite donné *a posteriori*. Ainsi on appelle anticipation de l'expérience l'hypothèse, considérée comme un des moments de la méthode expérimentale, hypothèse qui sera ensuite soumise à l'épreuve des faits par l'opération que les savants appellent expérience.

Les *anticipations de la perception* sont, dans la *Critique de la raison pure* de Kant, le second des « principes de l'entendement pur » ; il se formule ainsi : *Tout phénomène a une quantité intensive, c'est-à-dire un degré.*

Antilogie (ἀντιλογία).

L'un des *tropes* des sceptiques. A tout jugement on peut opposer un jugement contradictoire d'égale valeur; le sceptique n'admet pas plus l'un que l'autre : οὐ μᾶλλον.

Antinomie.

Ensemble de deux propositions, appelées l'une *thèse*, l'autre *antithèse*, qui, bien que contradictoires, peuvent être appuyées l'une et l'autre d'arguments d'égale puissance. Les « Antinomies de la Raison pure », de Kant, ont leur origine dans l'amphibolie des concepts de l'entendement pur; elles appartiennent à la cosmologie rationnelle, et sont au nombre de quatre :
A. Antinomies mathématiques :
1. Le monde a un commencement dans le temps et dans l'espace.
Le monde est infini en durée et en étendue.
2. Toute substance composée l'est de parties simples, et il n'y a pas de divisibilité indéfinie.
Nulle substance n'est absolument simple, mais toute substance est indéfiniment divisible.
B. Antinomies dynamiques :
3. Le déterminisme des phénomènes de la nature n'est pas absolu, et il y a des causes libres.
Il n'y a pas de liberté : tout arrive selon des lois naturelles.
4. Il existe, soit comme partie, soit comme cause du monde, un être nécessaire.
Il n'existe aucun être nécessaire, ni comme partie, ni comme cause du monde.

Antipathie.

Opposé à sympathie. L'antipathie est une tendance à éprouver des sentiments contraires à ceux qu'éprouve une personne déterminée, ou qu'on lui suppose. Selon Adam Smith, l'antipathie dérive de la sympathie. Si l'on partage les peines d'une personne, on a de l'antipathie pour le sentiment qui pousse son ennemi à lui nuire.

Antithèse.

Se dit : 1° de l'opposition de deux termes; 2° de l'opposition de deux propositions. Deux *thèses* opposées formant une *antithèse*, on donne plus spécialement le nom de *thèse* à l'affirmative, d'*antithèse* à la négative; quand l'opposition peut se résoudre, on appelle *synthèse* la proposition de conciliation. Une *antinomie* est une espèce d'antithèse.

Antitypie.

Mot de Leibnitz, par lequel il désigne une propriété fondamentale de la matière, la résistance ou l'impénétrabilité. Descartes avait défini la matière : la *substance étendue*. Leibnitz montre que l'étendue seule ne suffit pas à constituer la substance matérielle : il faut y joindre la résistance, ou *antitypie*.

Apagogique (Raisonnement).

La démonstration *par l'absurde* (v. ce m.) est parfois nommée ἀπαγωγή, ou raisonnement *apagogique*. Toutefois ἀπαγωγή signifie, dans Aristote, la réduction d'un problème à un autre.

Apathie (ἀ priv., πάθος, manière d'être affecté).

État d'une âme indifférente à tout, sur laquelle rien n'a de prise; en quoi Pyrrhon faisait consister le souverain bien. Les stoïciens se servent aussi du mot ἀπαθεία, mais ils préfèrent ἀταραξία. L'apathie consiste à n'éprouver aucun sentiment (Pyrrho autem ea ne sentire quidem sapientem, quæ ἀπαθεία nominantur. *Cicéron*, Acad. II, 42); tandis que l'ataraxie consiste à n'être troublé par aucun sentiment.

Aperception.

Ce mot a été employé dans des sens très différents, mais il désigne toujours un degré de connaissance plus élevé, plus complexe que la simple perception. — Pour Leibnitz, les perceptions comportent une infinité de degrés; quand elles sont vives et claires, Leibnitz dit qu'elles sont *aperçues;* mais elles peuvent être « sourdes », « obscures », « petites », c'est-à-dire inconscientes, ou du moins subconscientes : il y a des « perceptions dont on ne s'aperçoit pas », des « perceptions inaperçues ». — Kant, Herbart appellent *aperception* une perception accompagnée de réflexion, de mémoire, et *rapportée au moi,* c'est-à-dire rattachée aux systèmes d'états de conscience antérieurement formés. Ce qui caractérise l'aperception, c'est donc cette synthèse mentale, cette assimilation psychologique, par laquelle la personne consciente se constitue et s'enrichit sans cesse. — Maine de Biran appelle *aperception immédiate* l'acte par lequel le moi se connaît comme réalité agissante dans le fait de l'effort. — Wundt distingue des *liaisons associatives* d'idées, qui se font machinalement, et des *liaisons aperceptives* qui résultent d'une activité mentale consciente et réfléchie. Cette distinction correspond assez bien à celle des « opérations sensitives » et des « opérations intellectuelles » des cartésiens.

Aphasie.

L'aphasie est la perte de la faculté du langage en l'absence de toute paralysie des organes de la phonation. Broca a démontré que l'aphasie est due à une lésion du tiers postérieur (ou *pied*) de la troisième circonvolution frontale gauche (1861). Mais on a découvert depuis qu'il y a diverses espèces d'aphasies, correspondant à des lésions différentes.

Lichtheim et Wernicke distiguent 4 classes d'aphasies :

1° *Aphasies corticales.* — *a*) *Aphasie corticale sensorielle* : les images auditives des mots font défaut. On l'appelle plus ordinairement *surdité verbale* ou *surdité psychique verbale*. Il n'y a pas *surdité corticale*, les sons et les bruits continuent à être perçus; mais le malade ne sait plus passer des sons entendus aux idées (il ne comprend plus), ou aux mouvements vocaux (il ne parle plus). La surdité verbale peut être incomplète, limitée à certains mots, à une seule langue par exemple. Elle peut être séparée de la surdité musicale ou associée avec elle.

Dans la surdité psychique verbale, il y a abolition complète de la parole (malgré une impulsion très forte à parler) chez les « auditifs » : mais chez les « moteurs » la parole est conservée; elle est généralement altérée. (Voir *Paraphasie.*)

La surdité psychique verbale est constamment accompagnée d'*alexie* et d'*agraphie* (v. ces m.), les images auditives étant nécessaires pour passer des mots vus aux idées, ou des idées aux mouvements graphiques. Cependant, d'après Wernicke, Charcot, chez les « visuels » instruits, ayant une grande habitude de lire des yeux, la surdité psychique verbale peut bien ne pas entraîner l'alexie et l'agraphie.

La surdité psychique verbale dépend d'une lésion de la première circonvolution temporale gauche (Wernicke 1874).

Quand la surdité verbale est incomplète et légère, elle s'appelle *amnésie verbale auditive*. Certains malades ne peuvent nommer des objets que si on leur en dit le nom ou s'ils le voient écrit. L'idée ne suffit plus à réveiller le souvenir verbal auditif.

b) Aphasie corticale motrice (Aphasie de Broca, aphasie *ataxique* de Küssmaul, aphasie motrice de Charcot) : le malade entend et comprend, ses organes vocaux ne sont pas paralysés, mais il ne peut plus parler; les images motrices des mots font défaut. Parfois l'aphasie est complète; plus souvent elle est partielle : le malade ne peut plus prononcer certains mots, une langue étrangère par exemple.

D'après Charcot, l'alexie et l'agraphie sont séparables de l'aphasie motrice; mais elles l'accompagnent ordinairement à cause du voisinage des centres, qui se trouvent presque toujours lésés ensemble.

La circonvolution de Broca est à droite chez les gauchers, à gauche chez les droitiers.

2° *Aphasies subcorticales.* — *a) motrice*. On peut suivre dans le pédoncule cérébral et dans la capsule interne le faisceau de fibres blanches qui part de la circonvolution de Broca. L'aphasie motrice peut être produite par une lésion qui interrompt, en un point quelconque de son trajet, le *faisceau de l'aphasie*. Dans ce cas, la faculté de lire et d'écrire est conservée, et le sujet a des images auditives.

b) sensorielle. Abolition de la *parole en écho* : le malade ne peut plus répéter ni écrire sous la dictée. Il entend les mots, mais ne les comprend plus. L'intelligence, l'écriture, la lecture, sont intactes. La parole est conservée; mais un enfant qui n'a pas encore appris à parler reste muet. Cette aphasie, admise par

Wernicke, suppose qu'il existe dans le nerf auditif des filets spéciaux pour les sons verbaux, ce qui est contesté. Beaucoup d'auteurs n'admettent pas l'aphasie subcorticale sensorielle.

3° *Aphasies transcorticales*. — *a) motrice* : l'idée ne peut plus déterminer les mouvements vocaux ni les mouvements graphiques. Mais le sujet peut encore copier, écrire sous la dictée, répéter la parole, lire et comprendre la parole d'autrui.

b) sensorielle. Le malade entend, peut répéter les mots entendus, mais ne les comprend plus; l'image verbale n'éveille plus l'idée.

4° *Aphasie de conductibilité*. — Les mots sont entendus et compris; il y a aphasie ou paraphasie. Les images verbales auditives ne déterminent plus les images motrices verbales; mais les deux sortes d'images peuvent subsister. La lésion a été localisée par Wernicke dans l'*Insula de Reil*.

Aphémie.

Comme *Aphasie*. Ce mot est tombé hors d'usage.

Aphorisme (ἀφορίζω définir, déterminer).

Sentence courte et profonde, résumant toute une doctrine.

Apodictique.

Démonstratif (de ἀπόδειξις, démonstration). Une proposition apodictique est une proposition nécessairement vraie, soit évidente par elle-même, soit démontrée par un raisonnement déductif. Toutes les vérités mathématiques sont des propositions apodictiques; les vérités qui se prouvent par l'expérience sont des propositions *assertoriques*. (Voir *Modalité*.)

Appétit.

Parmi les inclinations, on nomme *appétits* celles qui ont pour objet immédiat le bien-être de l'organisme, et sont étroitement liées à une fonction : la faim, la soif, l'envie de dormir, le besoin de mouvement, etc. sont des appétits.

Appétition.

La monade leibnitzienne est essentiellement active; la substance n'est pas un simple sujet supportant les qualités, elle est force, tendance, action. L'*appétition* est ce caractère actif de la substance. Objectivement, l'appétition est ce que nous nommons force naturelle; subjectivement elle est la tendance, le désir, la volonté. Ses effets sont les changements de la substance, c'est-à-dire les perceptions. Leibnitz la définit : « l'action du principe interne qui fait le changement ou le passage d'une perception à une autre » (*Monadologie*, 15).

Appréhension (*Simplex* ou *prima apprehensio objecti*).

C'est l'acte le plus simple de la connaissance, celui qui a pour résultat la simple notion sans aucun jugement. On n'admet plus aujourd'hui qu'il y ait des actes de connaissance aussi simples. La plus élémentaire perception suppose au moins le jugement d'extériorité, la simple appréhension de nos états intérieurs suppose quelque opération de synthèse mentale; connaître, c'est toujours, même au plus bas degré, discerner, assimiler, c'est-à-dire juger. Aucune idée ne consiste à saisir simplement, à appréhender un objet; toute idée est une construction de l'esprit.

Approprier.

Exprime tout acte par lequel un objet qui n'était à personne devient la propriété de quelqu'un. Malgré un adage célèbre, l'appropriation n'est pas un vol, car voler c'est s'approprier ce qui était la propriété d'un autre; l'appropriation consiste à conquérir ce qui n'était la propriété de personne; c'est presque toujours un travail pénible, dangereux, héroïque même et bienfaisant pour la postérité. — Beaucoup de biens naturels ne sont pas, en général, appropriés : l'air atmosphérique, la lumière du jour, l'eau de la mer, les terres inexplorées.

Apraxie.

Cas pathologique très rare : la vision et l'intelligence étant normales, le sujet reconnaît à la vue les couleurs des objets, mais il n'en reconnaît plus les formes. La lésion paraît être dans le centre des images musculaires se rapportant aux mouvements des yeux.

A priori, a posteriori.

Logiquement antérieur, postérieur à l'expérience (v. ce m.). Les *idées a priori* sont celles qui ne peuvent avoir été acquises par l'expérience; les *idées a posteriori* sont celles qui n'ont pu être fournies que par l'expérience. Il peut d'ailleurs se faire que la réflexion, l'analyse, ne mettent en lumière que postérieurement à l'expérience des éléments de la pensée qui sont *a priori*, c'est-à-dire que l'expérience n'explique pas, et qui sont eux-mêmes nécessaires à la possibilité de l'expérience. Un argument, un raisonnement est dit *a priori* ou *a posteriori* suivant qu'il se fonde ou ne se fonde pas sur des faits. La preuve ontologique de l'existence de Dieu est *a priori*, car elle consiste à dire qu'il est contradictoire d'affirmer, impossible de concevoir une perfection qui n'existerait pas; la preuve téléologique est *a posteriori*, car elle se fonde sur la constatation de relations de finalité dans la nature.

A priorique.

Qui est *a priori*; s'oppose à *empirique*.

Arbitraire.

Un pouvoir *arbitraire* est celui qui n'est pas limité par des lois. Un pouvoir *absolu* n'a aucune limite, il est absolument arbitraire; un pouvoir peut-être relativement arbitraire, c'est-à-dire arbitraire dans des limites déterminées. Ainsi le pouvoir d'un gouvernement est arbitraire quand il ne s'exerce pas en vertu d'une constitution ou d'une tradition constitutionnelle; celui d'un juge, quand il ne juge pas par application d'une loi ou d'une coutume; or cela peut arriver, soit en l'absence de toute constitution ou de toute loi, soit dans le silence de la constitution ou des lois. On appelle aussi arbitraire gouvernemental, arbitraire judiciaire, le fait de gouverner ou de juger en violation de la constitution ou des lois.

En logique, on dit qu'une proposition est arbitraire, quand l'esprit n'y est pas contraint par les lois logiques, c'est-à-dire quand la proposition contradictoire ou contraire serait tout aussi bien possible.

Arbitre.

Le *libre arbitre* ou *franc arbitre* est primitivement le pouvoir d'agir de soi-même, de sa propre initiative, sans être contraint ni par la violence des hommes ni par celle des choses, ni par la sanction des lois. En psychologie, on appelle *libre arbitre* la condition d'une volonté qui ne serait pas déterminée *dans ses décisions* par des influences internes (v. *Motifs*, *Mobiles*), quand même elle serait contrainte ou entravée *dans son exercice* par des forces extérieures.

Le libre arbitre suppose que la volition est restée *contingente* (v. ce m.) jusqu'au moment où elle a lieu, c'est-à-dire que, jusqu'à ce moment, la volition contraire est également possible. Cette égale possibilité de deux volitions contraires s'appelait autrefois *indifférence*, et on disait *liberté* ou *libre arbitre d'indifférence*, *liberum arbitrium indifferentiæ*. (On appelle aujourd'hui liberté d'indifférence (v. ce m.) un cas spécial de libre arbitre, vrai ou prétendu).

L'indifférence ou contingence de la volition peut être entendue soit d'une manière purement négative, soit d'une manière plus ou moins positive. On peut se borner à dire que l'acte volontaire *n'est pas déterminé* par ses antécédents, que le principe de causalité ou le déterminisme des phénomènes naturels souffrent ici une exception. Cette manière de concevoir les choses est plutôt l'*indéterminisme* que le libre arbitre. — On peut soutenir, au contraire, que la volonté *se détermine elle-même* (v. *Autonomie*), qu'elle est une cause qui dispose de soi, c'est-à-dire une *cause première*. C'est cette manière de concevoir les choses qui s'appelle, au sens précis du mot, le libre arbitre. Cependant l'exercice du pouvoir volontaire, la volition, est un fait qui reconnaît une cause étrangère à la série des faits, et capable de l'y insérer, de telle sorte qu'il y détermine des conséquents sans y être déterminé par des antécédents. Il n'est donc pas bien sûr que le libre arbitre puisse être réellement distingué de l'indéterminisme.

Arc réflexe.

Voir *Réflexe*.

Archée (*Archaeus* ou *Archeus*, de ἀρχή, source, principe).

Mot créé par Paracelse, qui entend par là la puissance formative de la nature. Basile Valentin et Van Helmont essaient d'expliquer par des *archées* les phénomènes de la vie : « L'Archée est formé de la connexion de l'*aura vitalis* comme matière avec l'*image séminale*, qui est le noyau spirituel intérieur contenant la fécondité de la semence. » (Van Helmont.)

Archétype (Ἀρχή, τύπος.)

Modèle primordial, principe éternel et parfait, sur le modèle duquel seraient faites les choses passagères et imparfaites. Ainsi les « idées » de Platon seraient les archétypes des choses sensibles.

Architectonique.

Kant nomme ainsi l'*art du système*, l'art d'organiser méthodiquement la connaissance de façon à en faire la science. Le reste de la Logique ne concerne que la distinction du vrai et du faux ; mais toute science étant un *système de vérités*, l'architectonique fait nécessairement partie de la Logique.

Argument.

Raisonnement formant un tout distinct. On distingue des arguments *a priori, a posteriori, ad hominem*, etc. (v. ces m.).

Argument ontologique, téléologique, (v. ces m.).

L'*Argumentum baculinum* consiste à prouver la réalité du monde extérieur en frappant la terre avec un bâton, c'est-à-dire à faire appel au témoignage immédiat des sens. C'est un bel exemple d'*ignoratio elenchi* (v. ces m.).

Aristocratie.

État social dans lequel le pouvoir politique est exercé par une *classe* ou une *caste* à l'exclusion des autres.

Arithmétique.

La science de la *quantité pure* prend le nom d'arithmétique tant qu'elle ne s'occupe que de quantités définies ou *nombres*. (Voir *Algèbre*.)

Arrêt.

Voir *Inhibition*.

Arts libéraux.

Pendant tout le moyen âge, les études ont compris sept arts, dits *arts libéraux*, divisés en deux groupes :
1° *Trivium* : grammaire, rhétorique, logique.
2° *Quadrivium* : arithmétique, géométrie, astronomie, musique.
La théologie n'est pas au rang des arts libéraux, elle les domine. La physique n'y est pas mentionnée, car les auteurs de cette division, Marcianus Capella, Boèce, sont des néo-pythagoriciens, qui ne distinguent pas la physique des mathématiques. L'astronomie enveloppe toute l'optique; la musique, toute l'acoustique.

Articulaire (Sens).

Longtemps confondues avec les sensations tactiles, les sensations de résistance et de mouvement en ont été d'abord séparées sous le nom de *sens musculaire* ou *sens kinesthésique*; le sens kinesthésique a été ensuite dédoublé lui-même en : sens *musculaire*, ayant pour organe des terminaisons nerveuses situées au point de jonction de la fibre musculaire et de la fibre tendineuse; et sens *articulaire*, ayant pour organe des terminaisons nerveuses spéciales, les corpuscules de Krause, situés au voisinage des articulations, dans les ligaments et dans les synoviales.

Ascète, Ascétisme.

Ἀσκητής, celui qui s'exerce; se dit fréquemment des athlètes. Les stoïciens aimaient à comparer le sage, qui s'exerce pour remporter la victoire morale, à l'athlète qui s'exerce pour remporter la victoire aux jeux Olympiques. Chez les Pères de l'Église grecque, ἄσκησις signifie l'application de l'âme qui s'exerce à méditer les choses divines, d'où ἀσκητικὸς βίος, vie consacrée à la méditation solitaire; ἀσκητήριον signifie ermitage. Ascétisme s'emploie souvent dans le sens d'austérité. Plus précisément, l'ascétisme consiste à prendre pour fin de la conduite l'effort moral et le mérite qui s'y attache, en négligeant les œuvres; la vertu se trouve ainsi indépendante de toute action sociale bienfaisante, et peut demeurer inactive ou se dépenser en œuvres stériles sans rien perdre de sa valeur.

Aséité (*Aseitas*, de *a se esse*, être par soi).

Attribut de Dieu qui est *par soi*, dont l'être ne suppose aucune condition en dehors de lui-même. Schopenhauer a parlé de « l'*aséité* de la volonté ».

Assentiment.

Acte de l'esprit qui se range à une opinion déjà exprimée par un autre. On traduit aussi par ce mot le grec συνκαταθέσις, qui chez les stoïciens signifie toute adhésion ferme ou faible à une idée. L'assentiment comporte des degrés, depuis la simple opinion jusqu'à la conviction inébranlable.

Assertion.

N'est pas synonyme d'*affirmation*, car une assertion peut être négative. L'assertion est l'énoncé d'un jugement qui est donné comme une vérité de fait. (Voir *Assertorique*.)

Assertorique.

Un jugement est assertorique quand il est simplement une affirmation ou une négation, sans aucune idée de nécessité ni de possibilité (v. *Modalité*). Un jugement assertorique exprime une *vérité de fait*, tandis qu'une *vérité de droit* s'exprime par un jugement *apodictique*.

Assimilation.

La nutrition d'une cellule se compose de deux opérations : absorption, assimilation. D'abord la cellule ingère des éléments puisés dans le milieu, elle se trouve donc modifiée en quantité et en qualité; ensuite elle récupère sa composition qualitative première, de sorte qu'il ne reste plus qu'un accroissement quantitatif. L'assimilation cellulaire ne peut pas se faire sans le concours du *noyau*. — En psychologie, on appelle assimilation un phénomène encore mal connu : chaque nouvel état de conscience, par exemple chaque perception, vient se joindre au tout systématique, organique, formé des états de conscience antérieurs, qui constitue le moi, la personnalité consciente. Quand cette assimilation ne se fait pas ou se fait mal, on a les phénomènes de *désagrégation mentale* (v. ce m.) — Wundt divise les associations par simultanéité en *assimilations* et *complications*.

Association.

On donne généralement ce nom à un ensemble assez complexe de lois qui régissent le retour des états de conscience en l'absence de la cause qui en avait provoqué la première apparition. Si on adopte la terminologie qui distingue et oppose la *présentation* et la *représentation*, on peut dire que ces lois sont les lois de la représentation. Une seule d'entre elles est proprement la loi d'association.

A. Reviviscence. — 1. *Loi de reviviscence.* Considéré isolément, tout état de conscience passé tend à renaître.

2. *Loi d'intensité.* Toutes choses égales d'ailleurs, la reviviscence d'un état de conscience est plus grande s'il a été plus intense. Cette intensité peut d'ailleurs dépendre soit de l'intensité de l'excitation, soit de l'état de l'organisme, soit de l'attention spontanée, soit de l'attention provoquée.

3. *Loi de fréquence.* Toutes choses égales d'ailleurs, la reviviscence d'un état de conscience est d'autant plus grande qu'il a été plus fréquent.

4. *Loi des intervalles ou de l'oubli.* La reviviscence d'un état de conscience va s'affaiblissant graduellement pendant la durée des intervalles.

B. Retour ou Renaissance. — 1. *Loi d'association.* Le retour d'un état de conscience antérieur ne peut s'effectuer que s'il est *associé* avec l'état de conscience présent.

2. *Loi de simultanéité*. Quand deux présentations ont été simultanées, chacune d'elles tend à provoquer le retour de l'autre.

3. *Loi de succession continue*. Quand deux présentations se sont succédé d'une manière continue, la première tend à provoquer le retour de la seconde, mais non réciproquement.

On réunit souvent ces deux lois en une seule, dite *loi de contiguïté*.

4. *Loi de ressemblance*. Quand deux états de conscience se ressemblent, l'un d'eux peut évoquer l'autre. Cette loi, si on la précise, se ramène aux deux précédentes. Deux états de conscience qui se ressemblent ne sauraient être identiques, car on ne s'apercevrait pas du passage de l'un à l'autre ; il faut qu'ils soient en partie différents et en partie identiques ; on passe de l'un à l'autre au moyen de la partie commune ; or c'est par simultanéité ou par succession continue que les parties différentes sont associées à la partie commune.

5. *Loi de contraste*. Quand deux présentations font contraste, l'une peut évoquer l'autre. Cette loi se ramène aussi aux lois de simultanéité et de succession continue et pour les mêmes raisons ; en effet, comme il n'y a contraste qu'entre des espèces du même genre ou des individus de même espèce, les deux termes du contraste ont nécessairement une partie commune.

Toutes ces lois sont vraies à condition que chacune d'elles soit considérée *toutes choses égales d'ailleurs*. La reviviscence et la renaissance dépendent aussi de beaucoup d'autres conditions, de l'âge, de l'état du cerveau, etc. Il n'est nullement question ici du *rappel* des états de conscience passés ; dans ce cas, le phénomène n'est plus purement automatique, il s'y mêle un effort ou un artifice, une activité intentionnelle de l'esprit.

Associations réfléchies ou rationnelles, et associations

empiriques. — Au XVIII⁵ siècle, alors que les lois de l'association étaient vaguement formulées, on reconnaissait divers *rapports d'association* : la cause fait songer à l'effet, et l'effet à la cause, la fin au moyen et le moyen à la fin, le contenant au contenu et le contenu au contenant, etc. On en vint à distinguer des associations *réfléchies*, où l'esprit passe d'un terme à l'autre en vertu d'un rapport logique, et des associations *empiriques*, qui ne supposent aucune relation logique. Ces derniers rapports d'association se réduisirent à la *contiguïté* et à la *ressemblance*. On ne donne plus aujourd'hui le nom d'association qu'aux associations empiriques ; les autres sont des jugements ou des raisonnements.

Associations inséparables. — Stuart Mill a essayé d'expliquer les principes universels et nécessaires par des associations dont les termes, ne s'étant jamais présentés séparément dans aucune expérience, s'appellent mutuellement d'une manière si irrésistible qu'il est impossible de penser l'un sans penser l'autre. L'inconcevabilité de certaines idées (un carré rond, par exemple), la nécessité de certains jugements (le principe de causalité et même le principe de contradiction) s'expliqueraient ainsi.

Associationisme.

Doctrine qui explique toute l'intelligence par l'association des idées, qui ne voit notamment dans les jugements universels et nécessaires que des associations inséparables. (Voir *Associations inséparables*.)

Astigmatisme.

Pour que la vision soit nette, il faut que chaque point de l'objet ait pour image sur la rétine un point. Il arrive que la réfringence de l'appareil oculaire est inégale dans des plans différents passant par l'axe optique; dans ce cas l'image d'un point est une ligne normale à la rétine. La vision nette est donc impossible; car si l'œil accommode (v. *Accommodation*) de façon que les rayons contenus dans un plan fassent leur foyer conjugué sur la rétine, les rayons situés dans les autres plans font leurs foyers plus ou moins en avant ou en arrière de la membrane sensible.

Ataraxie.

État d'une âme que rien ne trouble. Ce mot se trouve déjà dans Démocrite, qui fait consister l'ataraxie dans la distinction et le discernement des plaisirs, ἐκ τοῦ διορισμοῦ καὶ τῆς διακρίσεως τῶν ἡδονῶν. Pour les sceptiques, elle résulte du doute, qu'elle suit « comme l'ombre ». Les stoïciens emploient communément ce mot pour désigner le calme d'une âme exempte de passions et pleinement maîtresse d'elle-même.

Atavisme.

Particularité que présente souvent l'hérédité, et qui consiste en ce que le descendant reproduit des caractères qui ne se rencontrent pas chez ses ascendants immédiats, mais se trouvaient chez des ascendants plus éloignés. La ressemblance fréquente des enfants à leurs grands-parents est un fait d'atavisme. La ressemblance entre collatéraux s'explique aussi par l'atavisme; on suppose qu'ils reproduisent les caractères d'un ancêtre commun, bien que ces caractères manquent chez les intermédiaires. Beaucoup d'anomalies anatomiques s'expliquent ainsi : on les retrouve chez des espèces plus ou moins voisines; elles proviendraient donc d'un ancêtre commun antérieur à la différenciation des espèces. (Voir *Différenciation* et *Survivance*.)

Atavistique.

Qui concerne l'atavisme ; ex. : théorie atavistique de la criminalité.

Ataxie.

En général, incoordination. Puis on a spécialisé ce mot : incoordination des mouvements musculaires, de sorte que la chorée, les convulsions, tous les tremblements, le nystagmus seraient des ataxies; Bouillaud l'applique au bégaiement. Depuis la découverte de Duchenne de Boulogne (1864), il ne signifie plus que l'*ataxie locomotrice progressive*, qui est un trouble dans la *synergie* et l'*antagonisme* musculaires. — Aujourd'hui on ne considère plus l'ataxie comme étant par elle-même une maladie distincte; c'est un syndrome.

Athée, Athéisme.

Négation de l'existence de Dieu. La nature de Dieu étant fort diversement comprise, il en résulte que le mot athéisme peut être entendu dans un très grand nombre de sens différents. Cependant, d'une manière générale, on peut dire que l'athéisme consiste à nier l'existence d'un être qui serait le principe d'unité de l'Univers. (Voir *Dieu*.)

Atome.

L'adjectif ἄτομος, ος, ον signifie insécable; substantivement, ἡ ἄτομος (latin *atomus*, f.) signifie dans la physique de Démocrite, plus tard dans celle d'Épicure, une particule indivisible de matière. Pour Démocrite les atomes n'ont que des propriétés géométriques et mécaniques, la figure, la grandeur, la situation, le poids et le mouvement. Épicure leur attribue en outre une certaine spontanéité, connue sous le nom de *clinamen* (v. ce m.), par laquelle ils peuvent dévier insensiblement de la verticale. Les atomes sont infinis en nombre, éternels et immuables. Les modernes ont été ramenés à la notion de l'atome par diverses considérations, fondées surtout sur la loi des proportions définies et la loi des proportions multiples, qui sont la base de la chimie. Mais ils s'abstiennent de décrire l'atome, et surtout de le représenter comme un corpuscule étendu et figuré ; en revanche ils lui attribuent une *masse*. Boscovich a construit une théorie où il considère les atomes comme des points mathématiques, qui seraient des centres de forces attractives ou répulsives.

Admettre des atomes, c'est, dans tous les cas, repousser la divisibilité indéfinie de la matière ; mais tandis que les anciens la repoussaient en vertu de raisonnements *a priori*, les modernes se bornent à dire que, d'après les faits et les lois fondamentales de la chimie, la matière ne paraît pas être indéfiniment divisible.

Atomisme.

Doctrine qui consiste à considérer la matière comme composée d'atomes (v. ce m.).

Attention.

L'attention est une concentration de l'activité de l'esprit sur un objet, à l'exclusion de tous les autres. Condillac faisait consister l'attention en l'intensité prédominante d'une sensation. Maine de Biran observe avec raison que plus les causes qui produisent en nous des sensations ou des affections sont intenses, plus nous sommes vivement affectés, plus nous sommes absorbés par notre modification, moins par conséquent nous disposons de nous, moins nous avons l'idée nette de notre moi. L'attention n'est pas l'intensité d'un phénomène passif, mais l'activité de l'esprit s'appliquant à un phénomène : c'est l'effort ; on s'accorde en effet à faire de l'attention une forme de la volonté, et selon W. James, c'en est la forme essentielle et primordiale, d'où dérivent les autres.

L'attention, selon Maine de Biran, n'augmente pas l'*intensité* de la sensation, mais la *netteté* de la perception. Cependant l'effort d'attention agissant sur les muscles de l'organe, le met en état d'être excité plus fortement. Quand on écoute, les muscles auriculaires adaptent les organes de l'oreille moyenne (et ceux de l'oreille externe chez les animaux), et disposent la tête et le corps tout entier de la manière la plus favorable à la perception du son qu'on veut entendre ; l'organe est donc plus fortement excité ; mais il est adapté à une perception déterminée, à l'exclusion des autres. La fonction principale de l'attention est de *distinguer*. Aussi beaucoup de psychologues ont-ils nié que l'attention peut augmenter l'intensité du phénomène. « Cette différence d'intensité, dit Gerdy, n'est qu'une pure illusion,... l'attention ne rend pas la main et les yeux plus sensibles, mais l'intelligence plus puissante et plus juste. »

Attention intellectuelle. — Quelques auteurs soutiennent (Maine de Biran) que l'attention n'est autre chose que l'effort musculaire ; que, dans la perception attentive par exemple, l'attention ne s'exerce que sur les muscles volontaires de l'organe. Cependant il est constaté que si l'attention se porte fortement sur un objet visible, et vu par la vision *directe*, il y a, surtout chez les hystériques, un rétrécissement notable du champ visuel ; l'étendue de la vision indirecte est diminuée, il y a anesthésie véritable de la région périphérique de la rétine (Pierre Janet). Ce fait ne peut s'expliquer, semble-t-il, par aucune action musculaire. L'attention intellectuelle s'accompagne d'actions musculaires (modification de la respiration, de la circulation, attitudes, parole intérieure, etc.), mais elle ne semble pas consister en ces actions musculaires (Helmholtz). Dans la vision *indirecte* (v. ce m.) attentive, l'attention se porte sur l'objet perçu par la région périphérique de la rétine, sans que l'œil fasse aucun mouvement. On peut répondre que, dans ce cas, s'il n'y a pas mouvement, il y a un effort très sensible pour immobiliser l'œil.

Maine de Biran expose deux façons de concevoir l'attention : 1° l'attention est l'effort de la volonté s'exerçant directement sur les phénomènes psychologiques; 2° l'effort d'attention est toujours moteur, la volonté agit sur les muscles. Il préfère nettement la seconde explication. La découverte des nerfs d'arrêt ou d'inhibition donne une valeur nouvelle à cette doctrine. L'effet de l'attention est très souvent l'immobilité. Le promeneur méditatif, qui fixe son attention sur une idée, s'arrête ; l'attitude réfléchie ou attentive est une attitude immobile. Mais cette immobilité, loin d'être un état de résolution musculaire, comme le sommeil ou la rêverie, est un état de tension ou d'inhibition, c'est-à-dire d'innervation efférente. Mais il ne faut pas oublier que la contractilité, qui est la propriété spécifique de la cellule musculaire, dérive d'une propriété générale et fondamentale de la cellule vivante; il est donc possible d'admettre une éréthisme des cellules et tissus non musculaires rendant leur activité plus intense.

D'une manière générale, on peut dire que si une excitation détermine une réponse immédiate, si l'impression reçue s'écoule d'elle-même en réaction motrice, la conscience est faible ou nulle. Il y a conscience quand la réaction est arrêtée, inhibée, suspendue, et l'attention est cet effort suspensif, qui ajourne ou empêche la réaction motrice.

L'attention peut être *volontaire* ou *automatique*. Dans le premier cas, nous faisons effort pour mieux percevoir un objet, pour retenir une image, une idée présentes à notre esprit, pour mieux saisir une relation logique. Dans le second cas, c'est l'objet, qui, par son intérêt, sa nouveauté, l'intensité de la sensation, sollicite ou retient notre attention; il n'y a pas effort de notre part, il faudrait, au contraire, un effort pour détourner son attention.

Attribut.

Le jugement se compose d'un sujet, ὑποκείμενον, dont on affirme ou nie, et d'un *attribut*, ce qu'on affirme ou nie du sujet. Attribuer une qualité à un sujet, se dit en grec κατηγορεῖν τί τινος, qu'on a traduit en latin par *attribuere aliquid alicui*, ou *praedicare aliquid de aliquo*, d'où les noms de *attributum* ou *praedicatum* qui traduisent le τὸ κατηγορούμενον ou κατηγόρημα d'Aristote. Un attribut, c'est donc tout ce qu'on peut affirmer ou nier d'un sujet. Tel est le sens *logique* du mot : l'attribut n'est pas une espèce d'idées, mais une fonction des idées.

En métaphysique, le sujet devient la *substance* ou l'*être*, abstraction faite de ses qualités ou manières d'être, qui sont les attributs de la substance. Puis, parmi les qualités de la substance, on distingue ses *attributs* ou qualités essentielles, sans lesquelles elle ne pourrait pas être, et ses *modes*, ou qualités accidentelles. Ainsi les corps étant, selon Descartes, des substances étendues, les âmes des substances pensantes, l'étendue est l'attribut de la substance matérielle, la pensée est l'attribut de la substance spirituelle ; les diverses figures et mouvements des corps, les diverses manières de penser, de sentir et de vouloir sont des modes et non des attributs. Cette distinction entre l'attribut et le mode est consacrée depuis Spinoza, qui l'a inscrite au début de l'*Éthique*.

On dit *les attributs de Dieu*, car Dieu étant immuable, ses qualités ne sauraient être des modes.

Auditif (Nerf), ou *nerf acoustique*.

Huitième paire des nerfs crâniens. Il sort du bulbe, traverse, en compagnie du nerf *facial* et du nerf *intermédiaire de Wrisberg*, le conduit auditif interne, et se distribue dans l'oreille interne, partie au *vestibule* et partie au *limaçon*.

Images auditives (ou sonores), reproduction des sensations ou perceptions de son, sans excitation périphérique. Elles peuvent être *hallucinatoires* ou *réduites* (v. *Image*).

Type auditif, disposition individuelle à remarquer davantage ses sensations auditives, à penser à l'aide d'images auditives, par exemple à l'aide du son des mots. On l'oppose au type *visuel* et au type *moteur*. Il y a d'ailleurs des intermédiaires : *visuo-auditif*, et surtout *auditivo-moteur*.

Audition colorée.

Phénomène assez rare, ou qui passe inaperçu quand il n'est pas très accentué. Pour certaines personnes, les sons, surtout les sons vocaux, et parmi eux les voyelles, éveillent des images visuelles de couleur, de sorte qu'elles voient colorés soit les objets nommés, soit les caractères de l'écriture. Cette particularité a paru, dans certains cas, héréditaire. Les mêmes sons évoquent d'ailleurs des couleurs différentes chez des personnes différentes.

Automatisme.

On appelle mouvements automatiques des mouvements qui se répètent toujours de la même manière, et qui ne semblent résulter d'aucune impulsion extérieure, mais prendre leur source dans le sujet même qui se meut. Ce n'est là, bien entendu, qu'une apparence, car le mouvement perpétuel est impossible : une montre, une poupée mécanique ont dû être remontées, et se meuvent en vertu d'un ressort, c'est-à-dire d'une énergie emmagasinée en elles, mais qui leur a été communiquée du dehors.

L'automatisme s'oppose à l'activité volontaire ou réfléchie : celle-ci peut varier indéfiniment, celui-là répète un nombre limité d'actes identiques. Il s'oppose d'autre part aux mouvements communiqués du dehors : une pompe actionnée par un moteur ou par un ouvrier n'est pas une machine automatique. Toutefois une activité automatique peut avoir besoin d'une *excitation*, c'est-à-dire d'une action extérieure qui ne communique pas l'énergie qu'elle met en jeu. Un frein automatique est un frein dont l'action est provoquée par la circonstance qui la rend nécessaire ; un réglage automatique est une disposition en vertu de laquelle un appareil est mis en mouvement par l'excès ou le défaut qu'il s'agit d'éviter.

Les cils vibratiles, les mouvements amiboïdes, les mouvements des spermatozoïdes, des bactéries, etc. sont des mouvements automatiques. Il en est de même de tous les réflexes (v. ce m.).

M. Pierre Janet a nommé *automatisme psychologique* les formes les plus simples et les plus rudimentaires de l'activité consciente ; elles présentent ces deux caractères : 1° elles ont, au moins en apparence, quelque chose de spontané, et sont provoquées, mais non créées, par une excitation extérieure ; 2° elles sont régulières, et soumises à un déterminisme rigoureux, sans variations et sans caprices.

Automatisme des bêtes. — Théorie cartésienne d'après laquelle l'animal, qui n'a pas d'âme, ne pense pas, ne sent pas, ne veut pas, mais réagit mécaniquement aux excitations extérieures, par le jeu des *esprits animaux* (v. ce m.).

Autonomie (αὐτός, νόμος).

État d'une personne ou d'une collectivité qui se fait à elle-même sa loi ; s'oppose à *hétéronomie* (ἕτερος, νόμος), état d'une personne ou d'une collectivité qui reçoit des lois d'autrui. Kant a fait consister la moralité dans l'autonomie personnelle, ce qui veut dire que la moralité consiste : 1º à agir d'après une loi ; 2º à se déterminer soi-même à y obéir. Il y a hétéronomie toutes les fois que la personne subit une contrainte ou une influence quelconque. L'influence des choses extérieures s'exerce sur la volonté notamment par l'intermédiaire du désir. Toute inclination, et aussi tout instinct, toute habitude constitue une hétéronomie. L'autonomie, c'est donc la volonté se déterminant elle-même, indépendamment de tout mobile, à agir selon la raison. Toutefois la présence des mobiles ne suffit pas à rendre la volonté hétéronome, car il peut se faire qu'elle se détermine dans le sens de l'inclination sans être déterminée par l'inclination. L'autonomie est la conception la plus précise que l'on ait formulée de la notion de libre arbitre.

Autorité.

Pouvoir de se faire obéir par influence morale plutôt que par contrainte physique. Plus spécialement, pouvoir de se faire croire : l'autorité d'un témoignage, l'autorité des anciens. On oppose l'autorité à la raison ; l'autorité détermine la croyance, non en vertu de l'évidence, mais par la considération de l'auteur de l'assertion.

Auto-suggestion.

Suggestion que l'on se donne à soi-même, volontairement ou involontairement. Par exemple, certaines personnes peuvent s'endormir avec l'intention de se réveiller à une heure déterminée, et se réveillent en effet à cette heure. Certains observateurs commettent des erreurs, parce qu'après s'être persuadé à eux-mêmes qu'un fait arrivera conformément à leur théorie, ils croient réellement l'observer, bien que pourtant il n'ait pas lieu.

Autre.

Voir *Identique*.

Aversion.

Phénomène affectif qui est le contraire du désir. Le désir consiste à tendre vers un objet que l'on se représente comme un bien, l'aversion consiste à tendre à s'éloigner d'un objet que l'on se représente comme un mal. Le désir et l'aversion sont donc deux *tendances* (v. ce m.), mais le mot *tendance*, comme le mot s'*éloigner de* sont ici entendus dans un sens tout psychologique, et ne désignent pas les actes ni les mouvements par lesquels on fuit ou l'on écarte l'objet de l'aversion. On peut avoir de l'aversion pour le danger, et néanmoins l'affronter.

Axiome.

Proposition évidente par elle-même, et qu'il n'est ni utile ni possible de démontrer. Toutes les propositions qu'on appelle axiomes 1° concernent des relations de quantité, 2° ne concernent que des relations absolument générales de quantité. Ainsi cette proposition que la ligne droite est le plus court chemin d'un point à un autre ne doit pas être nommée axiome.

Kant appelle *axiomes de l'intuition* l'un des « principes de l'entendement pur », qu'il formule ainsi : *Toutes les intuitions sont des quantités extensives.* La représentation d'un objet n'est possible que par synthèse des éléments de l'intuition dans l'unité de la conscience ; tout phénomène est donc une *quantité.* Cette synthèse se fait sous la forme de l'espace ou du temps ; tout phénomène est donc une *quantité extensive.*

B

Baralipton.

Nom d'un syllogisme qui est un *mode indirect* de la première figure, et dont la majeure et la mineure sont universelles affirmatives (A), la conclusion particulière affirmative (I). Ce mode est le même que *Barbari*, de la quatrième figure, mais il est ramené à la première par la conversion de la conclusion et l'interversion des prémisses ; car, si on convertit la conclusion, le grand terme devient le petit terme et réciproquement, par suite la majeure devient la mineure et réciproquement : la quatrième figure, où le moyen terme est prédicat dans la majeure et dans la mineure, se trouve ainsi ramenée à la première, où le moyen terme est sujet dans la mineure et prédicat dans la majeure.

Barbara.

Nom d'un syllogisme de la première figure, dont toutes les propositions sont universelles affirmatives

(A). Soit S le petit terme, sujet de la conclusion, P le grand terme, prédicat de la conclusion, M le moyen; on a :

    Bar-   Tout M est P;
    ba-   Tout S est M;
    ra.   Donc tout S est P.

Ce syllogisme consiste à appliquer à un sujet S une qualité P qu'on sait appartenir universellement à un genre M dont ce sujet est individu ou espèce; en d'autres termes, à appliquer un principe général à un cas spécial ou singulier.

Barbari.

Syllogisme de la quatrième figure. (Voir *Baralipton*).

Baroco.

Syllogisme de la seconde figure, dont la majeure est universelle affirmative (A), la mineure, et, par suite, la conclusion, sont particulières négatives (O).

    Ba-   Tout P est M;
    ro-   quelque S n'est pas M;
    co.   donc quelque S n'est pas P.

Ce syllogisme consiste à exclure d'un genre P un ou plusieurs individus d'une espèce S qui n'a pas un caractère M constant dans ce genre : tout poisson respire par des branchies; quelque animal nageant ne respire pas par des branchies; donc quelque animal nageant n'est pas poisson.

Bâtonnet.

La terminaison périphérique des fibres nerveuses de la sensibilité spéciale, est, dans beaucoup de cas, un « bâtonnet », corpuscule cylindrique qui est soit une modification du cylindre axe, soit un organe s'ajoutant au cylindre axe. Notamment, l'avant-dernière couche (en partant du centre de l'œil) de la rétine est formée de *bâtonnets* et de *cônes*, disposés dans le sens des rayons de la sphère oculaire; leur extrémité libre est comme coiffée par les cellules de la couche pigmentaire, qui contient le rouge rétinien; par l'autre extrémité, chacun d'eux se rattache à une fibre nerveuse. Les bâtonnets font défaut au fond de la *fovea centralis*; en revanche les cônes y sont beaucoup plus allongés et fortement tassés les uns contre les autres.

Béatitude.

On réserve ordinairement le nom de béatitude à un bonheur conçu comme un état continu, qui ne varie ni en quantité ni en qualité, qui n'est pas un devenir, qui consiste même à se soustraire aux lois du devenir, par exemple le plaisir *en repos* chez les épicuriens, la pleine possession de soi chez les stoïciens. Aussi divers philosophes ont-ils placé la béatitude dans la contemplation des choses éternelles : l'ἀρέτη θεωρητική d'Aristote, la *felicitas* de Spinoza. Pour les chrétiens, la béatitude des élus sera de voir Dieu.

Beau.

Définir le beau et en déterminer les conditions est l'objet de toute esthétique. Nous ne pouvons donc songer à donner ici cette définition. Mentionnons seulement la distinction, communément admise depuis Kant, entre le Beau et le Sublime. Le Sublime n'est pas une espèce de beauté; il est d'une autre nature que la beauté. Le Beau est ordonné, proportionné, et nous satisfait; le Sublime est démesuré, soit en grandeur, soit en puissance; il nous confond, nous écrase et parfois nous effraie.

Besoin.

Distinction entre *nécessité, besoin, désir*. — La *nécessité* de boire et de manger consiste en ce que boire et manger sont nécessaires pour vivre ; nécessité n'est qu'une relation abstraite, une loi, ce n'est pas un phénomène psychologique. — Le *besoin* de boire et de manger est le *sentiment* de cette nécessité, c'est un phénomène psychologique. Le besoin se compose de deux éléments distincts, qui peuvent être séparés, qui peuvent être unis en proportions diverses : 1° un état pénible, une douleur qui résulte de la privation de la chose nécessaire : la *faim* et la *soif* sont des sensations pénibles résultant de la nécessité de la nourriture et de la boisson ; 2° une impulsion à l'acte approprié. On peut avoir besoin de manger sans avoir aucunement l'idée de manger, sans avoir la volonté ou le mouvement instinctif de manger. On peut aussi avoir cette impulsion sans qu'il y ait nécessité, ni peine résultant d'une nécessité. — Le besoin est distinct du *désir*. Le désir résulte d'un jugement. Le désir de manger consiste à se rendre compte du besoin (peine ou impulsion), et de l'objet ou de l'acte propres à le satisfaire ou jugés tels.

Distinction entre *besoin* et *appétit* ou *tendance*. — La plante séchée a besoin d'eau ; cela veut dire simplement que de l'eau est nécessaire à sa végétation ; l'appétit ou tendance suppose un sentiment de privation ; le besoin d'eau serait un appétit pour la plante, si elle souffrait de la sécheresse. La tendance est quelque chose de plus que l'appétit ; elle est un principe de mouvement ; on peut la concevoir soit comme une force, qui n'agit pas parce qu'elle est équilibrée par des forces antagonistes, soit comme une volonté qui ne s'exerce pas, parce qu'elle n'a pas à sa disposition d'organes dociles. Le besoin, l'appétit et la tendance sont des phénomènes purement organiques ou purement affectifs; il ne s'y mêle aucun élément intellectuel. Dès qu'il s'y ajoute la représentation d'un objet, ils prennent le nom de *désir*, ou d'*amour*. « L'animal appète ce qu'il ne connaît pas : il a besoin; l'homme aime ce qu'il connaît ou ce qu'il croit : il le désire. » (Maine de Biran, Fond. psych. part. II. sec. II, ch. 4, 2). Il y a dans le désir, selon Maine de Biran, trois éléments : une affection ou besoin senti, une image plus ou moins vague qui en est l'objet, et une croyance qui s'y rattache.

Bi-auriculaire.

L'audition bi-auriculaire est la perception d'un même son par les deux oreilles à la fois. Elle joue un rôle important dans la perception de la direction du son, laquelle a pour signe la différence d'intensité des impressions produites sur les deux oreilles.

Bien.

On distingue le *bien naturel* et le *bien moral*. Le bien naturel ou *bien physique*, ou encore *bien sensible*, est le plaisir ou le bonheur; pareillement le mal physique, c'est la douleur. Toutefois on a souvent distingué, même en dehors de toute considération morale, le bien du plaisir. Ainsi, pour Aristote, le bien d'un être, c'est sa *fin* ou son *acte*. Le plaisir ne constitue pas le bien, mais l'accompagne, il est le sentiment du passage de la puissance à l'acte. Pour Descartes aussi le plaisir accompagne le passage d'une moindre perfection à une plus grande. Quand on distingue ainsi le bien du plaisir, on est conduit à l'identifier avec l'Être. L'Acte pour Aristote, la Perfection pour Descartes, c'est l'Être; la Puissance, l'Imperfection sont le non-être ou la limitation de l'Être.

Le bien moral c'est la bonne action, ou la vertu; le mal moral, c'est la faute, ou le vice.

Le bien moral et le mal moral peuvent s'entendre de deux manières. 1° Objectivement, le mal moral c'est le désordre, le fait déraisonnable et nuisible qui résulte d'une action humaine; en ce sens, le mal moral c'est toujours, en dernière analyse, une souffrance, c'est le mal physique, causé par un agent moral. Pareillement, le bien moral c'est l'ordre, ou le bienfait, c'est-à-dire le bien physique causé par un agent moral. — 2° Subjectivement, le bien moral et le mal moral sont le bien et le mal qui résultent, pour l'agent moral lui-même, de son propre effort volontaire.

Ce bien et ce mal peuvent eux-mêmes s'entendre diversement. 1° Le bien moral, c'est le *mérite*, c'est-à-dire le droit à une récompense, à un bien sensible, à un bonheur qui compense le sacrifice consenti; le mal moral, c'est le *démérite*. — 2° Le bien moral, c'est l'accroissement de dignité; le mal moral, c'est la dégradation qui résulte de la faute. On conçoit très bien qu'en dehors de toute idée de mérite, il y ait des êtres inférieurs et des êtres supérieurs; le chien, capable de dévouement, le cheval capable de bravoure, ont une nature plus noble et plus riche que le loup et l'âne. Pareillement un homme qui a du cœur et de la volonté, le jugement bien droit et le caractère bien franc, est supérieur à l'homme faible et lâche, à l'esprit faux, à l'âme cauteleuse, et si l'on pouvait faire une sélection artificielle dans l'espèce humaine comme on en fait une pour les animaux domestiques et les plantes cultivées, c'est le premier qu'il faudrait garder pour la reproduction, et le second qu'il faudrait éliminer. Enfin, cette supériorité et cette infériorité ne sont pas seulement natives, elles sont acquises : toute bonne action rend meilleur, toute mauvaise action rend pire. Le bien moral, c'est le progrès en perfection ou en dignité, qui résulte de la bonne action; le mal moral, c'est la déchéance qui résulte de la faute. — 3° Le bien moral est l'accroissement, le mal moral est la diminution de la valeur sociale de l'agent. Celui qui a bien fait, a d'une part prouvé aux autres hommes qu'il est capable de bien faire, d'autre part acquis pour lui-même une plus grande capacité de bien faire. A ce double titre, il est devenu plus précieux pour la société dont il fait partie. Celui qui a mal fait a révélé qu'il était nuisible et l'est devenu davantage : ainsi le menteur, chaque fois qu'il ment, augmente et la défiance d'autrui et sa propre fourberie.

Dans les doctrines qui, comme celle de Kant, admettent un libre arbitre véritable et une véritable responsabilité morale, le bien et le mal moraux s'identifient avec le mérite et le démérite. Dans les doctrines qui nient le libre arbitre, comme celle de Platon ou celle de Leibnitz, le bien moral ne peut être que la dignité personnelle de l'agent, ou le prix de l'individu pour la société.

Bilatéral.

Un engagement est réciproque lorsque chacune des deux parties est engagée envers l'autre; c'est un contrat bilatéral, lorsque chacune d'elles n'est obligée par ses engagements que si l'autre s'acquitte des siens.

Biologie.

Nom créé par Treviranus, et employé pour la première fois en français par Lamarck. Il désigne l'ensemble des sciences de la vie organique.

Binoculaire.

La vision binoculaire est la vision d'un même objet par les deux yeux à la fois. Les deux images rétiniennes ne sont pas identiques; car la perspective des objets change avec le point de vue; or les deux yeux sont deux points de vue donnant deux perspectives différentes. Par une opération qu'on ne sait pas encore expliquer, nous fondons les deux images en une seule, et l'impossibilité de les faire coïncider en plus d'un point (le point regardé) est la principale cause de la vision du relief et de la profondeur, comme le prouve le stéréoscope. Deux images plates d'un même objet, par exemple deux photographies, ayant été faites par deux objectifs placés côte à côte, comme sont placés les deux yeux, si l'on s'arrange de manière que celle de droite soit vue par l'œil droit, celle de gauche par l'œil gauche, elles paraissent en relief et en profondeur.

Bocardo.

Syllogisme de la troisième figure, dont la majeure est particulière négative (O), la mineure universelle affirmative (A), la conclusion particulière négative (O).

Bo- Quelque M n'est pas P;
car- Tout M est S;
do. Donc quelque S n'est pas P.

Un sujet M ayant constamment un caractère S, mais n'ayant pas constamment un autre caractère P, ces deux caractères peuvent ne pas se trouver réunis dans un même sujet.

Bonheur.

Il se distingue du plaisir en ce qu'il est prolongé. Le bonheur est, ou un plaisir unique, durable et continu, ou une succession de plaisirs variés, auxquels la douleur ne se mêle pas ou se mêle peu. (Voir *Béatitude*.)

Bon sens.

Pris par Descartes comme synonyme de *raison* : « La puissance de bien juger et de discerner le vrai d'avec le faux, qui est proprement ce qu'on nomme le bon sens ou la raison, est naturellement égale chez tous les hommes » (*Méth.*, début). Tous les hommes sont, et sont également, capables de discerner le vrai du faux ; ce qui veut dire : les mêmes axiomes et les mêmes raisons sont évidents pour tous les esprits. Le bon sens ou la raison, c'est donc ce fond commun à toutes les intelligences, qui fait qu'elles peuvent s'entendre, par quoi il y a une vérité et il peut y avoir une science.

On donne souvent aux mots *bon sens* une signification plus étendue : ce n'est plus seulement l'ensemble des principes d'après lesquels l'esprit juge, c'est aussi une aptitude à *les appliquer bien* : « Ce n'est pas assez, dit Descartes, d'avoir l'esprit bon, mais le principal est de l'appliquer bien. » Quelques uns veulent que cet ensemble de principes s'appellent le *sens commun* : avoir l'esprit bon, ce serait avoir le sens commun ; l'appliquer bien, ce serait avoir du bon sens. Le sens commun serait ce qui, en effet, est commun à toutes les intelligences ; le bon sens, plus rare, serait la justesse de l'esprit. (Voir *Sens commun*).

Bon sens s'oppose aussi à raison cultivée, à esprit exercé et discipliné ; il désigne alors une tendance *naturelle* à juger sainement.

Brachycéphale.

Qui a le crâne court, ce qui sert à caractériser certaines races humaines.

Bulbe rachidien.

Les faisceaux de fibres blanches et les noyaux de substance grise dont se compose la moelle épinière, se continuent jusque dans la masse encéphalique, mais, avant d'y pénétrer, plusieurs s'infléchissent vers la droite et vers la gauche, soit en divergeant, soit en se rapprochant jusqu'à s'entrecroiser sur la ligne médiane. Il en résulte un changement de la forme de la moelle et surtout un renflement, que l'on nomme *bulbe*.

C

Calentes.

Syllogisme de la quatrième figure. Voir *Celantes*.

Camestres.

Syllogisme de la seconde figure, dont la majeure est universelle affirmative (A), la mineure universelle négative (E), et la conclusion universelle négative (E).

    Ca-   tout P est M ;
    mes-   nul S n'est M ;
    tres.   donc nul S n'est P.

Ce syllogisme consiste à exclure d'un genre (P) un individu ou une espèce (S) qui a un caractère (M) constamment absent de ce genre : tout poisson a des branchies ; la baleine n'a pas de branchies ; elle n'est donc pas un poisson.

Canon.

Κανών, κανόνος, règle, pour tracer des lignes droites, ou bien règle de bois munie d'une corde tendue et d'un chevalet mobile (ὑπαγωγεύς) destiné à faire varier la longueur de la partie vibrante ; des divisions tracées sur la règle indiquaient où il fallait placer le chevalet pour obtenir l'octave, la quinte, la quarte, etc. Cet instrument servait sans doute à accorder les instruments de musique, et il devait être nécessaire pour trouver l'accord de ces genres bizarres tels que l'enharmonique et les divers chromatiques dont les anciens se servirent à certaines époques. Par extension, toute formule indiquant la marche à suivre pour arriver à un résultat déterminé. Les règles de la logique ont été appelées des *canons*, notamment par les épicuriens. Stuart Mill dit encore : les canons de la méthode expérimentale. Kant limite le sens du mot : « J'entends par *canon* l'ensemble des principes *a priori* du légitime usage de certaines facultés de connaître en général ». Il ne s'agit ici que de règles *logiques*, ayant pour but la connaissance générale, et de règles *formelles*, car la logique est indépendante du contenu ou de la matière de la connaissance ; et enfin, il ne s'agit que de règles *pratiques* ; les canons ne se confondent donc pas avec la critique de la raison.

Canonique.

Les épicuriens nommaient ainsi la logique, parce qu'ils la débarrassaient de toutes les spéculations théoriques qui encombraient la logique péripatéticienne, et la réduisaient à un ensemble de règles pratiques ou *canons*, concernant l'usage des trois moyens de connaître, les *sensations*, les *anticipations* et les *passions*.

Capacité.

Quelques psychologues, pour réserver le nom de facultés aux opérations actives dont le sujet dispose, appellent *capacités* les facultés passives : la *capacité* de sentir.

Capsule interne.

Bande de substance cérébrale blanche située entre le Noyau Caudé et la Couche Optique en dedans, le Noyau Lenticulaire en dehors. Malgré sa blancheur parfaitement homogène, dans laquelle le microscope ne révèle pas de divisions anatomiques, on a pu, grâce aux dégénérescences secondaires et au développement embryonnaire, y distinguer cinq faisceaux de fibres nerveuses fonctionnellement indépendants, et qui sont la continuation des cinq faisceaux dont se compose le pédoncule cérébral. Ce sont, d'arrière en avant : 1° le faisceau *sensitif*, voie de transmission de la sensibilité générale et cutanée, qu'on peut suivre jusqu'aux racines postérieures des nerfs rachidiens; 2° le faisceau *pyramidal*, voie de transmission des excitations volontaires aux muscles du tronc et des membres, qu'on peut suivre jusqu'aux racines antérieures; 3° le faisceau *géniculé*, ainsi nommé parce qu'il occupe la région où la capsule se replie en forme de genou, voie de transmission aux muscles de la face et de la langue; 4° le faisceau de l'*aphasie*, conducteur des excitations motrices destinées à produire les mouvements vocaux; 5° le faisceau *psychique*, qui se distribue à la région antérieure du cerveau.

Captieux.

Un argument captieux est un argument incorrect, destiné à surprendre l'assentiment d'un esprit trop peu attentif, trop peu exercé ou trop confiant. Un argument captieux est un sophisme, tandis qu'un argument spécieux n'est qu'un paralogisme.

Caractère.

On appelle rigoureusement *caractère* une qualité *propre*, qui peut servir à définir ou à distinguer. Il arrive souvent que ce qui permet de distinguer un objet, c'est le *concours* de plusieurs qualités qui, séparément, ne sont pas distinctives; chacune de ces qualités pourra néanmoins être nommée un caractère. Souvent même on appelle caractères des qualités qui ne sont pas distinctives du tout. (Voir *Propriété, Différence, Définition.*)

En un autre sens, le *caractère* est l'ensemble des dispositions intellectuelles ou affectives de l'individu, dispositions qui font que, quand même il ressemblerait à d'autres par autant de détails que l'on voudra, néanmoins, pris tout entier, il est différent de tout autre. (Voir *Éthologie.*)

Caractéristique.

Toute définition doit être caractéristique, c'est-à-dire convenir *à tout le défini* (générale), et *au seul défini* (propre). Un signe caractéristique d'un genre est un signe qui appartient universellement et exclusivement à ce genre. L'adjectif *caractéristique* a gardé la précision de sens que le substantif *caractère* a perdue. Il en est de même de l'adjectif *propre* et du substantif *propriété.*

Caractéristique universelle. — La caractéristique universelle, ou *Ars combinatoria*, rêvée par Leibnitz, assez analogue à l'*Ars magna* de Raymond Lulle, est une écriture, imi   la   tation algébrique, qui serait pour toutes les sciences une langue uniforme et rigoureuse : chaque concept serait représenté par un *symbole* graphique, chaque relation, flexion, particule, par un *signe*. Des essais de ce genre ont été faits pour diverses sciences (logique, économie politique, etc.).

Cardinales (Vertus).

Toutes les vertus, selon les anciens, se ramenaient à à quatre principales : la *sagesse* ou science, science morale, et aussi science de la nature, car presque toutes les écoles font de la philosophie soit la condition de la vertu, soit la vertu suprême; — la *justice*, qui enveloppe la bienfaisance et comprend tous les devoirs envers autrui; — le *courage* ou force morale; — la *tempérance*. (Voir ces mots.)

Carrefour sensitif.

Dans la *capsule interne*, le faisceau de fibres blanches, dit *faisceau sensitif*, se compose des fibres de la sensibilité générale, de celles de l'ouïe, du goût, de l'odorat. Au sortir de la capsule interne, il se grossit des fibres provenant de la couche optique et des corps genouillés et appartenant au nerf optique. Ce point de jonction a été appelé par Charcot le *carrefour sensitif*.

Caryocinèse.

(On écrit aussi *Karyokinèse*, de κάρυον, noyau). *Division indirecte*, mode de reproduction le plus ordinaire de la cellule vivante, ainsi nommé à causes des transformations curieuses et complexes que subit le noyau de la cellule-mère pour se dédoubler en les deux noyaux des cellules-filles.

Catalepsie.

État neuropathologique qui se manifeste surtout par la disparition de *l'élasticité musculaire*. Ne pas la confondre avec la *léthargie*. Dans les deux cas, les muscles n'ont plus de contractions actives; mais dans la léthargie, le muscle écarté de sa position de repos y retombe de lui-même comme un corps inerte; dans la catalepsie, le muscle reste dans la position qu'on lui donne, sans effort ni fatigue apparente, si paradoxale que soit cette position. En outre l'état léthargique est un état d'immobilité du corps entier, tandis que la catalepsie peut n'intéresser qu'un nombre plus ou moins grand de muscles. L'état cataleptique des muscles ne doit pas être confondu non plus avec les *contractures*. Le muscle contracturé est rigide, au point que le corps du sujet placé horizontalement, les pieds sur une chaise, la tête sur une autre, peut supporter le poids d'un homme sans fléchir; au contraire, dans l'état cataleptique, le muscle obéit passivement aux mouvements qu'on lui imprime; il ressemble à une cire molle (*flexibilitas cerea* des anciens).

Cataplexie.

Suspension de toute activité sous l'influence de la peur. (Voir Mosso, *La Peur*.)

Cataracte.

Maladie constituée par l'opacité plus ou moins complète du cristallin. Dans le cas de cataracte congénitale, la guérison chirurgicale de cette affection fournit au psychologue un intéressant sujet d'observations, car elle permet d'étudier *sur un adulte* l'éducation du sens visuel. Toutefois les cas instructifs sont rares, car l'opération se fait presque toujours dès le premier âge; ils sont fort difficiles à étudier; enfin l'opacité du cristallin n'est jamais complète chez les sujets opérables. Aussi ces observations n'ont-elles pas donné des résultats aussi importants qu'on l'avait espéré.

Catégorie.

En grec, κατηγορεῖν τι τινός, signifie en général attribuer une qualité à un sujet; le sens spécial *accuser* dérive du sens général, car accuser quelqu'un, c'est lui attribuer la qualité de voleur, d'assassin ou quelque autre semblable. Les *catégories* d'Aristote sont donc les diverses manières d'attribuer une qualité à un sujet; un jugement tel que *Dieu est* appartient à la catégorie de l'οὐσία; un autre tel que *Socrate est fils de Sophronisque*, appartient à la catégorie de la relation, τὸ πρός τι, etc. Aristote a cherché à dresser une liste des diverses relations qui forment les jugements, et il a énuméré dix catégories. Ce ne sont pas, comme on l'a dit, des attributs, ou notions très générales auxquelles toutes les autres notions pourraient être ramenées, mais les diverses formes du jugement. — Kant reproche à la liste aristotélicienne d'être dressée empiriquement; il en dresse une nouvelle liste, méthodiquement, d'après la classification des jugements (v. ce m.), classification éprouvée par une longue pratique. Tout jugement peut être considéré à quatre points de vue : *quantité*, *qualité*, *relation*, *modalité*, et à chacun de ces quatre points de vue, trois sortes de jugements sont possibles; il y a donc quatre catégories, et dans chaque catégorie, trois concepts, impossibles à tirer de l'expérience :

Quantité	Qualité	Relation	Modalité
Unité	Affirmation	Substance	Réalité
Pluralité	Négation	Causalité	Possibilité
Totalité	Limitation	Communauté	Nécessité

Si, dépouillant la connaissance de son contenu empirique, on y découvre ces concepts purs qui en sont les formes, on est conduit à penser que ces concepts sont *a priori*, qu'ils préexistent à la connaissance des objets; mais il est difficile de se représenter en quoi consiste l'existence *a priori* de ces catégories, puisque, de l'aveu même de Kant, il n'y a pas de connaissance tant qu'il n'y a pas d'objets à connaître. Les catégories sont des formes *a priori* de la connaissance, mais elles ne sont pas des connaissances.

Catégorique.

Les jugements ou propositions sont catégoriques quand l'affirmation ou la négation qu'elles expriment n'est point subordonnée à quelque condition ou hypothèse. *Catégorique* s'oppose à *hypothétique* et à *disjonctif*, et la propriété qu'ont les jugements d'être catégoriques, hypothétiques ou disjonctifs s'appelle la *relation*. — Kant a remarqué que le devoir, l'obligation morale est un *impératif catégorique* (v. *Impératif*). — On appelle *syllogisme catégorique* celui qui n'est composé que de propositions catégoriques.

Causal.

Qui concerne la cause. Lois *causales* (v. *Lois*).
Propositions causales. — Sorte de propositions composées (v. ce m.), qui contiennent deux propositions liées par des mots tels que *parce que*, *car*, *afin que*, etc. Dans les propositions causales, il y a lieu de prouver séparément chaque partie, et de plus le rapport de dépendance qu'elles ont entre elles; elles peuvent donc être contestées de trois manières. Ex : *Possunt quia posse videntur*.

Causalgie.

Hyperesthésie de la peau avec sensation de brûlure au plus léger contact, dans le cas de blessures des nerfs.

Causalité.

Rapport de cause à effet. On distingue la *causalité empirique*, où la cause n'est rien de plus que le phénomène sans lequel un autre phénomène ne se produit jamais, ou le concours de phénomènes avec lequel il se produit toujours ; — et la *causalité métaphysique* ou *ontologique*, où la cause n'est pas un phénomène, mais une substance active, une puissance ou un pouvoir, par exemple quand on dit que Dieu est cause du monde, que la volonté est cause des actes.

La causalité métaphysique peut, jusqu'à un certain point, s'accorder avec l'idée de liberté : on peut concevoir qu'une *puissance* produise librement, spontanément, arbitrairement son effet, qu'elle soit une *source* d'énergie, une cause *première*; mais la causalité empirique se résout dans l'idée de nécessité, et la nécessité dans l'ordre des phénomènes s'appelle *Déterminisme* (v. ce m.)

On appelle causalité *transitive* celle qui consiste à concevoir l'action causatrice comme passant d'une substance à une autre; c'est cette causalité que nie Leibniz, quand il expose que nulle monade ne peut agir en dehors d'elle-même. La causalité *immanente* est celle d'une substance qui produit, par son activité, ses propres modes.

Principe de causalité. — « Rien n'est sans cause » (il ne faut pas dire : « Tout effet a une cause », ce qui est une tautologie). On peut entendre par là : 1° Tout fait est déterminé par les circonstances dans lesquelles il se produit. Plus exactement : parmi les antécédents d'un fait, il y a un concours de circonstances tel que ce fait se produit nécessairement si ce concours de circonstances est réalisé, mais ne peut pas se produire s'il en manque une seule. Ainsi entendu, le principe de causalité se confond avec le *Déterminisme* (v. ce m.). — 2° Tout ce qui commence à être, soit substance, soit phénomène, a sa raison d'être dans quelque chose d'antérieur. Le principe prend alors une portée plus générale, car il comprend la causalité ontologique, aussi bien que la causalité empirique. Mais il ne concerne encore que ce qui commence ou ce qui change, dans le *temps*. On peut aussi l'énoncer ainsi : « Il ne peut y avoir de commencement absolu ». — 3° Tout ce qui n'a pas en soi sa raison d'être a sa raison d'être dans quelque chose de distinct de soi et de supérieur à soi. Le principe est, ici, encore plus général, car il admet une causalité indépendante du temps. C'est en ce sens qu'il est invoqué dans la preuve de l'existence de Dieu par la contingence du monde, ou par l'idée de la perfection.

Causation.

Action par laquelle une cause produit ou détermine un effet.

Cause.

Le mot *cause* a des significations fort diverses et prête à de graves équivoques. En général, c'est ce qui produit un être ou un phénomène, ce sans quoi il ne serait pas, ce qui en est la condition nécessaire (v. *Condition*). Il ne faut pas ajouter « ce avec quoi il se produit nécessairement », car la condition nécessaire peut bien n'être pas la condition suffisante. Les scolastiques appelaient *causa per se*, *causa solitaria*, ou *causa sufficiens* la cause totale, la condition suffisante dont la présence est toujours suivie de l'effet : *Quod per se est causa alicujus, in omnibus causat illud* (saint Thomas).

Aristote distingue quatre sortes de causes, la *matière* ou cause *matérielle*, la *forme* ou cause *formelle*, la cause *efficiente* et la cause *finale* (v. ces m.). La matière est assurément une condition : une statue n'existerait pas sans le bronze ou le marbre dont elle est faite ; la forme est aussi une condition, car la statue ne serait pas statue, sans la forme d'Athéna, de Zeus ou quelque autre ; la cause finale est aussi, en quelque sorte, une condition, car il n'y aurait pas de statue si le sculpteur ne s'était proposé d'honorer un Dieu ou un homme, ou de réaliser la beauté. Mais quand le mot cause est employé sans qualificatif, il désigne toujours la cause efficiente, qu'Aristote appelle lui-même αἰτία πρώτως καὶ κυρίως, la cause au sens premier et principal du mot.

La cause efficiente peut être entendue comme cause d'un être ou comme cause d'un phénomène. Dans le premier cas, elle est la puissance créatrice ou l'acte créateur (v. *Création*). A ce propos, remarquons qu'il n'est pas tout à fait exact de définir la cause, comme on le fait souvent, *ce qui produit le changement*, car si la création, c'est-à-dire le passage du non-être à l'être est bien un changement, Descartes pense que l'acte créateur doit être *continué*, l'action créatrice de l'être parfait s'exerce sur l'être imparfait tant qu'il dure, et sans qu'il change. La pesanteur terrestre, agissant d'une manière continue, fixe et maintient dans leur immobilité les pyramides d'Égypte. Il y a des causes de stabilité et de permanence.

La cause d'un phénomène peut s'entendre elle-même soit au sens métaphysique, soit au sens purement empirique. Au sens empirique, la cause d'un phénomène est *un autre phénomène*, ou un concours de phénomènes que l'expérience montre être un antécédent constant. Au sens métaphysique, la cause est un pouvoir générateur, une puissance, une force ou une activité, que l'on conçoit comme résidant dans les antécédents et produisant les conséquents. Cette puissance d'engendrer ou de déterminer l'effet a souvent été nommée l'*efficience* ou l'*efficace* de la cause. C'est en ce sens que Malebranche dit que Dieu seul est cause, qu'à Dieu seul appartient « l'efficace », que les créatures ne sont que des « occasions », ou « causes occasionnelles » (v. ces m.), ce qui veut dire que, dans l'ordre des phénomènes, non seulement nous ne pouvons saisir, mais qu'*il n'y a que* des relations empiriques. Il est à remarquer que, si l'on prend le mot cause au sens métaphysique, la cause étant essentiellement active, les conditions de temps, d'espace et de nombre ne peuvent être nommées des causes, car le temps, l'espace, le nombre ne sont pas des *forces*, et sont essentiellement inactifs (v. *Force*). Au sens empirique, au contraire, le temps, l'espace, le nombre sont couramment considérés comme des causes : l'amplitude des vibrations est la cause de l'intensité du son, leur fréquence est la cause de sa hauteur.

L'efficience de la cause échappe à toute observation, excepté peut-être, — encore ce point est-il controversé, — dans la conscience de l'acte volontaire. Aussi la science ne connaît-elle que le sens empirique du mot cause, la *vera causa* de Bacon.

Au sens empirique, la cause peut être concrète ou abstraite, et plus ou moins abstraite. Un être réel et concret, un corps par exemple, est cause quand sa présence détermine ou contribue à déterminer un phénomène : le foyer placé sous un vase est cause de l'ébullition de l'eau contenue dans ce vase. Mais la cause concrète n'est cause que par quelqu'une de ses propriétés, et non par toutes : le foyer cause l'ébullition par la chaleur qu'il dégage. Cette propriété considérée abstraitement, cette chaleur qui seule est nécessaire, et qui peut être produite aussi bien par un fourneau à charbon, une lampe à alcool, un bec de gaz, etc. est un *agent* (v. ce m.). Il faut encore un plus haut degré d'abstraction pour isoler la véritable cause : la cause de l'ébullition d'un liquide donné, c'est un certain rapport entre sa température et la pression supportée par sa surface.

La cause *première* est celle qui n'est pas elle-même un effet; les causes *secondes* ou *causes-effets* sont celles qui résultent d'une cause antérieure. Dieu serait la cause première; dans l'hypothèse du libre arbitre, la volonté humaine serait aussi une cause première. Concevoir cette cause première au sens métaphysique, c'est l'idée de *liberté*, mais au sens empirique, ce n'est plus que celle de *contingence* (v. ces m.).

Une cause est dite *prochaine* ou *immédiate*, quand il n'y a aucun intermédiaire entre elle et son effet; *éloignée* ou *médiate*, quand il y a un terme ou une série de termes intermédiaires, chacun d'eux étant d'ailleurs effet du précédent et cause du suivant.

Les causes formelle et matérielle ont été quelquefois nommées *intrinsèques;* les causes efficientes et finale, *extrinsèques*. — La cause *exemplaire* est le modèle qu'un artiste s'efforce d'imiter; et, dans le système de Platon et des réalistes, c'est l'Idée, type universel, éternel et suprasensible de tout ce qui, dans la nature, est individuel, périssable et sensible. — La cause *instrumentale* est le moyen dont une cause intelligente se sert pour réaliser sa fin. Ces dernières expressions sont peu usitées aujourd'hui. (Sur les causes finales, v. *Fin* et *Finalité*.)

Cause occasionnelle, v. *Occasionnelle* (cause).

Non causa pro causa. — Paralogisme qui consiste à prendre pour cause ce qui n'est pas cause, c'est-à-dire à prendre l'antécédent accidentel pour l'antécédent constant. On dit aussi dans le même sens : *Post hoc, ergo propter hoc*. Ce paralogisme est, en somme, toute induction illégitime.

Vera causa, vraie cause. — Bacon appelle vraie cause celle qu'on peut observer, le *phénomène* antécédent, par opposition aux causes *occultes*, aux puissances naturelles ou surnaturelles inobservables.

Caverne (Idoles de la).

Voir *Idoles*.

Cécité.

Abolition, ou absence congénitale du sens de la vue. Outre la cécité totale, on distingue diverses sortes de cécité partielle : cécité pour toutes les couleurs, (v. *Achromatopsie*); cécité pour certaines couleurs, (v. *Dyschromatopsie*). On appelle cécité *psychique* ou *corticale*, celle qui provient d'une lésion de l'écorce cérébrale, la rétine, le nerf optique, toutes les voies de conduction des impressions lumineuses à travers le cerveau, ainsi que les régions des noyaux gris intra-cérébraux qui servent à la vision, étant intacts. La *cécité verbale* ou *amnésie visuelle verbale* n'est pas une cécité, puisque le sujet voit normalement ; mais s'il voit les caractères écrits ou imprimés, il ne sait plus les lire ; s'il voit le cadran d'une horloge, il ne sait plus y reconnaître l'heure. Le centre de la cécité verbale se trouve dans la circonvolution pariétale inférieure.

Celantes.

Syllogisme qui est un *mode indirect* de la première figure, et dont la majeure est universelle négative (E), la mineure universelle affirmative (A), la conclusion universelle négative (E). Ce mode est le même que *Calentes*, de la quatrième figure, mais il est ramené à la première par conversion de la conclusion et interversion des prémisses.

Ca-   Tous les maux de cette vie sont passagers ;
len- nul mal passager n'est redoutable ;
tes.   donc nul mal redoutable n'est un mal de cette vie.

Ce- Nul mal passager n'est redoutable ;
lan- tous les maux de cette vie sont passagers ;
tes. donc nul mal de cette vie n'est redoutable.

Celarent.

Syllogisme de la première figure, dont la majeure est universelle négative (E), la mineure universelle affirmative (A), la conclusion universelle négative (E).

Ce-   Nul M n'est P ;
la-   tout S est M ;
rent.   donc nul S n'est P.

M étant le moyen, S le petit terme (sujet de la conclusion), P le grand terme (prédicat de la conclusion). Il consiste à refuser en général à un sujet S une qualité P, parce que ce sujet appartient à un genre M qui ne possède jamais cette qualité. Nul mouvement perpétuel n'est possible ; or l'éternelle durée du système solaire serait un mouvement perpétuel ; dont l'éternelle durée du système solaire n'est pas possible.

Cénesthésie (κοινός, commun, αἴσθησις, sensation).

Le sens de ce mot est très vague. Quelques-uns l'emploient tout simplement pour *sensibilité générale* (v. *Sensibilité*), c'est-à-dire l'ensemble de nos sensations internes ou viscérales et de nos sensations cutanées. Ch. Richet le définit « la sensation de notre propre existence » (Dictionn. de physiol.), ou encore « la notion de notre moi *physique* ». La notion du *moi* ne peut être nommée cénesthésie que s'il s'agit de la *perception* de notre être organique, dans laquelle les sensations internes jouent un rôle prédominant. On peut convenir d'appeler cénesthésie, non telle sensation interne prise séparément, mais les sensations internes en tant que par leur ensemble et leur réunion dans une conscience commune, elles nous font nous connaître nous-mêmes comme un tout organique, comme un individu vivant très complexe et très concentré.

Central.

En anatomie du système nerveux, *central* s'oppose à *périphérique*. Dans un nerf coupé, on appelle *bout central* celui qui reste en connexion avec les centres nerveux; *bout périphérique*, celui qui se rend dans un muscle, dans un organe des sens, ou dans la peau. Une paralysie peut être d'origine centrale (lésion du cerveau), ou d'origine périphérique (lésion des muscles, ou des nerfs qui y aboutissent). Il est à remarquer que ce qui se passe dans les voies de conduction est nommé aussi périphérique. Les voies de conduction se prolongent, dans l'épaisseur du cerveau et de la moelle, jusqu'à des ganglions ou noyaux de substance grise qui sont les *origines réelles* des nerfs; la partie des voies de conduction qui est engagée dans la masse de l'encéphale ou de la moelle est encore considérée comme périphérique.

Centres nerveux.

On appelle centres nerveux l'encéphale, cerveau et cervelet, et la moelle avec le bulbe rachidien. Ces organes se composent de substance blanche, faite de fibres qui ne sont que des voies de conduction, et de substance grise faite de cellules d'où partent et où aboutissent ces fibres. Les parties grises sont donc plus précisément des centres. On distingue des centres principaux et des centres secondaires; ceux-ci sont des *ganglions* ou des *noyaux* que le courant nerveux traverse. On appelle spécialement centre d'une fonction la région de substance grise où aboutissent les excitations et d'où partent les réactions nécessaires à cette fonction. Aussi le centre moteur des membres inférieurs est dans la partie supérieure des circonvolutions frontale ascendante et pariétale ascendante, de part et d'autre de la scissure de Rolando; le centre de la fonction urinaire est dans la région lombaire de la moelle, etc.

Centre ovale. — Sur une coupe horizontale du cerveau, à n'importe quel niveau, on aperçoit une grande étendue de substance blanche, circonscrite par la bande sinueuse et continue de la substance grise corticale. Cette partie blanche s'appelle le *centre ovale de Vieussens*. Suivant les niveaux auxquels la coupe est pratiquée on peut voir au milieu du centre ovale le corps calleux, les ventricules, et les noyaux gris centraux (v. *Couronne rayonnante*).

Centrifuge, centripète.

En neurologie, on appelle phénomène nerveux centrifuge tout phénomène qui a son origine dans un centre nerveux et suppose une transmission continue par des nerfs jusqu'à un organe tel qu'un muscle, une glande, etc. Le phénomène centripète a son origine dans un organe dit périphérique, bien qu'il puisse être logé plus ou moins profondément, et suppose une transmission continue jusqu'à un ganglion, ou une masse de substance grise. On dit dans le même sens *afférent, efférent.*

Cercle vicieux ou simplement cercle.

Souvent confondu avec la *Pétition de Principe* (v. ce m.), dont il est une forme pour ainsi dire redoublée, le cercle vicieux consiste à prouver une proposition en s'appuyant sur une seconde, qu'on prouve à son tour en s'appuyant sur la première. On a donc deux fois supposé ce qui est en question.

Cérébration.

Activité du cerveau, surtout dans les fonctions psychiques. On a appelé *cérébration inconsciente* un travail mental, par exemple un raisonnement, qui se ferait à l'insu du sujet, et n'apparaîtrait que par ses résultats.

Certitude.

Il ne faut employer ce mot que pour désigner l'état de l'esprit qui se croit en possession de la vérité; il faut éviter de parler de la certitude d'une proposition, c'est *vérité* ou *évidence* qu'il faut dire; la certitude est un état mental. Le contraire de la certitude est le *doute*, et non pas l'ignorance, car d'une connaissance absente on ne peut pas se demander si l'on est certain ou si l'on doute. Entre ces deux contraires, certitude et doute, il n'y a ni milieu ni degrés. La certitude est l'affirmation sans réserve; il y a des degrés de probabilité; mais juger une opinion probable, c'est en douter, c'est n'en être pas certain (v. *Opinion, Croyance, Probabilité*).

Bien que toute certitude soit subjective, puisque c'est un état mental, on appelle certitude *subjective* celle que le sujet ne peut communiquer à autrui parce qu'elle n'est pas fondée sur des raisons valables pour tous les esprits; la certitude *objective* est celle qui ne dépend d'aucune circonstance personnelle au sujet, et qui pourrait s'imposer, par les mêmes raisons, à n'importe quel autre. La certitude scientifique est objective; le témoignage de la conscience, qui est irrécusable pour chacun de nous, ne saurait jamais fournir au psychologue qu'une certitude subjective, et c'est pourquoi il ne peut constituer à lui seul une méthode scientifique. La certitude objective, c'est l'*évidence* (v. ce m.).

La certitude objective est nommée par Descartes certitude *métaphysique*, et il l'oppose à l'« assurance morale ».

La certitude *morale* est souvent confondue avec la certitude subjective; c'est l'impossibilité de douter de ce dont pourtant on ne saurait donner la raison démonstrative. Mais plus précisément, la certitude *morale* ou *pratique* consiste à arrêter sa conviction et prendre parti, parce qu'il faut agir, et que l'action suppose un choix.

La certitude est *intuitive* quand l'idée apparaît immédiatement comme évidente; *discursive*, quand elle ne devient évidente qu'à la suite d'autres idées, et par un raisonnement. On dit dans le même sens, *immédiate* ou *médiate*.

La certitude *logique* se fonde sur des raisonnements déductifs; la certitude *expérimentale* ou *empirique* sur l'observation des faits.

Césare.

Syllogisme de la seconde figure, dont la majeure est universelle négative (E), la mineure universelle affirmative (A), et la conclusion universelle négative (E).

Ce-   Nul P n'est M;
sa-   Tout S est M;
re.   Donc nul S n'est P.

Il consiste à exclure d'un genre (P) un individu ou une espèce (S), qui a un caractère (M) constamment absent de ce genre. Nul poisson ne respire par des poumons; la baleine respire par des poumons; la baleine n'est donc pas un poisson.

Champ.

Champ visuel. — L'étendue que l'œil peut voir étant immobile. Certaines maladies nerveuses s'accompagnent d'une diminution de l'étendue du champ visuel. De même que la grandeur apparente d'un objet n'est pas une ligne, ni une surface, mais un angle, de même le champ visuel n'est pas une surface, mais un cône, ou plutôt une figure irrégulière limitée par une surface réglée, dont toutes les droites passeraient par le centre optique et divergeraient à l'infini.

Champ auditif. — On a quelquefois employé ces mots pour désigner l'étendue de l'échelle des sons perceptibles, du plus grave au plus aigu ; l'expression est impropre, car elle n'est pas analogue à celle de champ visuel, dont elle est une imitation.

Champ de la conscience. — La quantité plus ou moins grande de faits psychologiques que la conscience peut embrasser en une fois. L'expression ne saurait se définir avec précision, mais elle répond à une réalité. Certains états pathologiques se caractérisent assez bien, à l'égard de leurs manifestations mentales, par une diminution de l'étendue du champ de la conscience, entr'autres l'hystérie, l'état de sommeil provoqué, peut-être le sommeil naturel.

Changement.

Ce mot (μεταβολή) a un sens spécial dans Aristote : le passage d'un contraire à l'autre ; il y en a trois sortes :

1° Passage du non-être à l'être, naissance (γένεσις).

2° Passage de l'être au non-être mort (φθορά).

3° Passage de l'être à l'être, mouvement (κίνησις). Voir *Mouvement.*

Méthode des changements minima, employée par Wundt pour déterminer le rapport de la sensation à l'excitation et la loi psycho-physique. Elle consiste à chercher quelle est la plus petite quantité dont il faut augmenter l'excitation pour que le sujet accuse une augmentation de sensation. (Voir *Psycho-physique*).

Charité.

On distingue des devoirs de *justice* et des devoirs de *charité*. Mais il ne faut pas croire que les premiers soient seuls impérieux, et que les seconds soient, en quelque sorte, facultatifs ; car *devoir facultatif* est contradictoire. Les devoirs de charité sont ceux auxquels ne correspondent pas chez autrui des droits *exigibles* (v. *Droit* et *Strict*). Tandis que l'agent pourrait être légitimement contraint à accomplir ses devoirs de justice (ex : ne pas tuer, payer ses dettes), les intéressés doivent attendre de sa bonne volonté l'accomplissement de ses devoirs de charité (ex : l'aumône). Ceux-ci sont tout aussi obligatoires que ceux-là, mais ils ne sont pas exigibles, et l'agent a le droit de n'y être obligé que par sa conscience.

Chiasma.

Les fibres des nerfs optiques présentent, dans la cavité crânienne, un entrecroisement partiel appelé *chiasma*. Celles qui viennent de la moitié interne de la rétine droite vont à l'hémisphère gauche du cerveau, et celles de la moitié interne de la rétine gauche à l'hémisphère droit. Quant à celles des moitiés externes des deux rétines, elles vont à l'hémisphère du même côté et ne s'entrecroisent pas. Toutefois, chez les animaux dont les yeux sont placés latéralement, et dont la vision est toujours monoculaire, toutes les fibres s'entrecroisent. Les fibres directes n'existent que chez les animaux à vision binoculaire, et elles sont d'autant plus nombreuses que la partie commune aux deux champs visuels est plus grande.

Il résulte de cette disposition que, si une lésion unilatérale, par exemple de l'hémisphère gauche, intéresse les fibres du nerf optique au delà du chiasma, la vision est abolie sur la moitié gauche de l'une et l'autre rétine, et le sujet ne voit que ce qui est situé à droite d'une ligne verticale passant par le point regardé. C'est ce qu'on appelle *hémiopie* ou *hémianopsie* (v. ce m.).

Les fibres du nerf olfactif présentent, dans leur trajet intracérébral, un entrecroisement analogue, qu'on appelle *chiasma olfactif*.

Chose.

Les anciens employaient substantivement le neutre d'un adjectif pour indiquer qu'ils en faisaient une qualité d'un sujet indéterminé ; nous sommes souvent obligés de remplacer ce substantif indéterminé par le mot *chose*, dont le sens est aussi indéfini que possible ; néanmoins il signifie toujours une existence individuelle et concrète : on ne confond pas *le beau* et la *chose belle*.

Chose est donc synonyme de *substance*, c'est-à-dire sujet réel et concret, considéré indépendamment de toutes les qualités qui le déterminent. Dans ce cas, on dit, plus explicitement, *chose en soi*, expression fréquemment employée par Kant. Comme nous ne nous faisons idée des choses que par leurs déterminations ou qualités, la *chose en soi* ne saurait être un objet de connaissance ; elle ne peut pas être pensée. C'est là un des aspects de la doctrine de la relativité de la connaissance.

Définition de chose. Voir *Définition*.

Cinématique.

Partie élémentaire de la mécanique rationnelle, où l'on ne s'occupe que du mouvement, et non des forces

Cinesthésique.

Les sensations cinesthésiques sont les sensations provoquées par les mouvements, et en particulier par les contractions des muscles volontaires. On n'est pas fixé sur le mode de transmission de ces sensations. Sont-elles musculaires ou articulaires? et par quelles voies nerveuses sont-elles conduites? Des terminaisons nerveuses spéciales ont été décrites par les anatomistes au niveau des articulations, et dans les muscles au point où la fibre musculaire se joint à la fibre tendineuse, mais les fonctions de ces organes sont encore mal connues. — On écrit aussi *kinesthésique*.

Cinétique.

On appelle énergie cinétique, ou énergie actuelle, celle qui se manifeste présentement par du mouvement, par opposition à énergie potentielle (v. *Énergie*).

Théorie cinétique des gaz, théorie dans laquelle on explique toutes les propriétés physiques des gaz en supposant qu'ils sont composés d'atomes, ou de particules *solides* constamment en mouvement dans tous les sens.

Clair.

Facilement intelligible. Dans la langue de Descartes, clair signifie évident, et il fait une différence entre le *clair* et le *distinct*, entre l'*obscur* et le *confus*. « J'appelle claire celle (la connaissance) qui est présente et manifeste à un esprit attentif... et distincte celle qui est tellement précise et différente de toutes les autres, qu'elle *ne comprend en soi que ce qui paraît manifestement à celui qui la considère comme il faut.* » La connaissance distincte est donc celle qui ne contient rien de plus que ce qui est clair ; la confusion consiste à affirmer, en même temps que ce qui est évident, quelque chose qui ne l'est pas. « Ainsi la connaissance peut quelquefois être claire sans être distincte ; mais elle ne peut jamais être distincte qu'elle ne soit claire par même moyen. » (*Princ.* I, 45, 46.)

Clair-obscur.

Le clair-obscur est la répartition des différentes intensités lumineuses dans le champ visuel. Il contribue à nous donner la perception visuelle du relief ; mais il n'en est que le signe, car une différence d'éclairement n'est pas un relief ; c'est pourquoi en disposant convenablement sur une surface unie les blancs, les noirs et les gris, on donne assez bien l'*impression* d'un relief qui n'existe pas. Toutefois l'*illusion* du relief ne peut être parfaite avec les seules ressources du clair-obscur, il y faut la vision binoculaire, et la non-identité des deux images rétiniennes. Voir *Acquises (Perceptions)*

Classe.

En histoire naturelle, on est convenu d'appeler *classes* les divisions des *embranchements*. Les classes se subdivisent en *ordres*. Ainsi la *classe* des mammifères est contenue dans l'embranchement des vertébrés, et contient divers ordres : primates, etc.

En sociologie, on appelle *classes* diverses catégories de personnes entre lesquelles une société est ordinairement divisée, et qui se distinguent par leur genre de vie, leurs mœurs, leurs fonctions sociales, leurs privilèges ou avantages. Une classe est *ouverte* : on y entre et on en sort ; quand elle parvient à se fermer, c'est-à-dire à rendre héréditaires ses avantages ou ses privilèges pour s'affranchir de ses charges et obligations, elle devient une *caste*.

Classification.

Répartition des objets que l'on considère en genres et en espèces. Une bonne classification doit être telle que 1º tous les objets à classer puissent être attribués à une espèce; 2º aucun des objets à classer ne puisse être attribué à deux espèces différentes.

Une classification est *artificielle* quand elle est fondée sur des caractères simplement *communs* et *distinctifs*; les mêmes objets peuvent être classés artificiellement de bien des manières différentes. Mais tout en étant communs et distinctifs, les caractères peuvent être plus ou moins *importants*; un caractère important est un caractère qui en entraine beaucoup d'autres avec lui (A.-L. de Jussieu). Une classification est dite *naturelle* quand elle est fondée sur des caractères importants. Dans ce cas, les objets classés ont toujours des analogies plus nombreuses et plus profondes avec ceux du même genre qu'avec ceux de genres différents; tandis que, dans une classification artificielle, deux objets classés ensemble peuvent n'avoir pas d'autre analogie que le signe d'après lequel on les a classés. En se perfectionnant, en devenant de plus en plus naturelles, les classifications biologiques tendent à exprimer littéralement la *parenté* des espèces : plus elles sont voisines dans la classification, moins haut il faut remonter pour trouver un genre commun dont elles sont issues par *différenciation* évolutive.

Claustrophobie.

État pathologique qui se manifeste par un malaise lorsque le malade se sent enfermé dans un espace clos, soit qu'il éprouve comme une sorte de crainte de n'en pas sortir, soit qu'il se figure manquer d'air. C'est l'inverse de l'*agoraphobie* (v. ce m.).

Clinamen.

Épicure ayant attribué le mouvement des atomes à leur poids, serait conduit à penser qu'ils tombent tous verticalement dans le vide infini, « comme des gouttes de pluie » (Lucrèce). Ils ne pourraient donc se rencontrer. Mais il suffit de supposer la plus légère *déviation* pour que des rencontres, et par suite, des agrégations soient possibles. Or cette déviation, que Lucrèce appelle *clinamen* (on traduit souvent par *déclinaison*), est une hypothèse nécessaire au système; et Épicure croit pouvoir l'avancer sans craindre aucune réfutation, car, ne reconnaissant d'autre critérium de la vérité que la sensation, il repousse d'avance toute objection *a priori*, et il échappe à toute objection *a posteriori* en supposant la déviation assez faible pour échapper toujours à l'observation. Le *clinamen* est donc une sorte de spontanéité de l'atome, une place laissée dans le système à la contingence et au hasard, et, quand il s'agit des atomes de l'âme, au libre arbitre; doctrine d'autant plus curieuse qu'elle se présente dans une philosophie nettement mécaniste.

Cognition.

Voir *Connaissance*.

Cognoscibilité.

Qualité de ce qui réalise les conditions requises pour être connu. L'intelligibilité est beaucoup plus spéciale, car elle exprime la possibilité d'une connaissance rationnelle (v. *Intelligibilité*).

Cohérent.

Se dit d'idées qui s'accordent logiquement entre elles; un système cohérent est un système d'idées qui ne présente ni contradiction, ni hiatus entre ses parties. Stuart Mill dit que la logique formelle est la *théorie de la cohérence.*

Collectif.

S'oppose à *individuel*, mais sans être synonyme de *général*. On appelle général ce qui est commun à une pluralité *indéfinie* d'individus, et appartient à chacun d'eux, tandis que *collectif* signifie ce qui est commun à un nombre fini d'individus et est une propriété du groupe. Cette distinction est importante, car, en logique, les termes collectifs jouent le rôle de termes singuliers : ce ne sont pas les individus que l'on considère, mais le groupe. Certaines expressions verbales sont tantôt des termes collectifs, tantôt des termes généraux pris universellement : des termes collectifs quand on leur attribue une propriété qui ne peut appartenir aux individus, ex. : *Nos conseillers municipaux délibèrent*; on ne peut pas dire d'un conseiller municipal qu'il délibère; — des termes généraux quand on attribue au groupe entier une qualité qui se rencontre dans chacun des individus, ex. : *Nos conseillers municipaux sont d'honnêtes gens.*

Psychologie collective. — Les faits de conscience sont essentiellement individuels, et les groupes humains n'ont point de conscience commune, de moi collectif. Mais dans un groupe humain, par exemple une foule, un public, les individus réagissent les uns sur les autres, et il en résulte des manières de penser, de sentir et de vouloir qui appartiennent au groupe comme tel, et peuvent quelquefois n'être semblables aux manières de penser, de sentir et de vouloir d'aucun des individus du groupe. Une assemblée délibérante peut prendre une résolution qu'aucun de ses membres n'a positivement voulue, les conditions d'exercice de la volonté commune étant différentes de celles de la volonté individuelle. Il y a une *individualité collective*, non dans une foule, ni dans un public, mais dans une cité ou une nation, où il existe une solidarité telle que les individus périraient, ou seraient profondément transformés, s'ils étaient séparés; il y a même une *personnalité collective*, lorsque les individus ont une conscience nette de cette solidarité, et s'apparaissent à eux-mêmes comme des parties d'un tout.

Collectivisme.

Système politique qui tend à abolir la propriété individuelle et à la remplacer par la propriété collective.

Commensalisme.

Condition de deux vivants dont l'un vit aux dépens de l'autre. Le commensalisme se distingue du *parasitisme*, en ce que le parasite prend sa nourriture dans les tissus même de l'autre vivant, dont il pénètre les téguments (le gui est un parasite), tandis que le commensal s'installe en dehors des téguments, par exemple dans les cavités naturelles, et se nourrit de la nourriture appréhendée, mastiquée, déglutie ou même digérée par son hôte, mais non *absorbée* (les vers intestinaux sont des commensaux).

Commensurable.

Qui peut-être mesuré avec la même unité. Deux grandeurs sont commensurables quand il existe une troisième grandeur qui soit comprise un nombre entier de fois dans chacune d'elles.

Commissure.

Jonction médiate ou immédiate de deux organes de même nature : la commissure des lèvres. Le *chiasma* des nerfs optiques contient des fibres allant d'un hémisphère à l'autre sans s'entrecroiser; elles forment la *commissure de Gudden*, et n'appartiennent pas à la vision. Dans la substance blanche sous-corticale, on trouve des *fibres commissurales interhémisphériques*, reliant les parties homologues de l'écorce des deux hémisphères, et des *fibres commissurales intrahémisphériques*, dites aussi *fibres d'association*, reliant les diverses régions de l'écorce d'un même hémisphère.

Commun.

Nom commun, idée ou notion commune, parfois employés dans le même sens que terme général, idée ou notion générale. Aristote oppose τὸ κοινόν à τὸ ἴδιον. Il appelle τὰ κοινά les principes communs à toutes les sciences (p. ex. le principe de contradiction), τὰ ἴδια les principes spéciaux à une science ou à une partie d'une science (p. ex. les définitions).

Notions communes se dit aussi des notions qui se trouvent dans tous les esprits, et semblent, par suite, indépendantes de l'expérience (v. Descartes, *Princ.*, I, 49-50). Cependant les épicuriens et les stoïciens expliquaient les notions communes (κοιναὶ ἔννοιαι) par la répétition d'impressions (ἐκτυπώσεις) identiques.

Sensibles communs, terme scolastique, encore très usité au XVIIᵉ siècle. Les sensibles communs sont les notions que nous recevons de plusieurs sens : forme, grandeur, situation, qui sont perçues par la vue et par le toucher. Les *sensibles propres* sont les notions qui ne peuvent être données que par un seul sens : couleur, saveur, etc. Voir *Acquises* (*Perceptions*). Le traité de Berkeley intitulé *Nouvelle théorie de la Vision*, a pour objet principal de démontrer qu'il n'y a pas de sensibles communs.

Sens commun, l'ensemble des principes communs à toutes les intelligences, et en vertu desquels l'esprit juge et raisonne. Le sens commun est donc ce que Descartes appelle le *bon sens* (v. ce m.) ou la Raison. Reid et les Écossais ont entendu les mots *sens commun* dans une acception plus large. Pour eux le sens commun n'est pas seulement l'ensemble des formes et des lois d'après lesquelles tout esprit juge et raisonne; il se compose de jugements tout faits, que tous les hommes font naturellement et nécessairement, si bien que le philosophe qui, après examen, s'efforce de les rejeter parce qu'il ne les trouve pas fondés, ne réussit que verbalement à les mettre en doute : il a beau les rejeter en paroles, il en reste intérieurement convaincu. De tels jugements, il ne faut guère espérer découvrir le fondement logique; quelques-uns même, comme l'affirmation de la réalité objective du monde sensible, celle de l'identité personnelle, etc., semblent tout à fait inexplicables; mais cette recherche même est inutile, puisqu'ils s'imposent invinciblement à la conviction de tous les esprits, même à ceux qui professent, en paroles, le scepticisme le plus hardi. Le principal objet de la philosophie est de découvrir ces jugements, et, sans les mettre en question, de les poser comme les fondements de nos autres connaissances. Chez les Écossais du xix⁰ siècle, la signification du mot tend à s'élargir et à se confondre avec *consentement universel*, et, dans l'école éclectique (Victor Cousin), le sens commun devient l'opinion commune, la croyance spontanée de la foule, croyance vague, mais instinctivement juste, et qu'on invoque comme criterium pour résoudre les contradictions entre les opinions plus précises, mais artificielles et étroitement systématiques, des philosophes.

Communauté.

Ou *réciprocité*, l'un des termes de la catégorie de Relation, d'après Kant. La communauté est l'action de deux substances l'une sur l'autre. Et Kant en dérive la troisième des *analogies de l'expérience* : « Toutes les substances, en tant qu'elles peuvent être perçues comme simultanées dans l'espace, sont dans une action réciproque générale. »

Communisme.

État d'une société où il n'y a pas de propriété individuelle. Toute propriété est alors indivise et commune. Cependant, le plus souvent, la propriété du sol et des troupeaux est seule commune et maints objets d'usage personnel sont individuellement possédés. On appelle encore communisme toute doctrine tendant à établir un système social fondé sur la communauté des biens. Le socialisme, le collectivisme, la république de Platon sont des formes de communisme.

Commutatif.

La *justice commutative* consiste dans l'équivalence des biens échangés; c'est la justice dans les échanges et les contrats bilatéraux. Elle est indépendante de la valeur des personnes entre qui ont lieu ces contrats ou ces échanges. On l'oppose à la justice *distributive*.

Compas de Weber.

Voir *Esthésiomètre*.

Comparaison, jugements comparatifs.

Quelques psychologues ont voulu faire de la comparaison une opération psychologique distincte, qui précéderait le jugement : on ferait une comparaison entre deux termes, avant de reconnaître que l'un convient ou ne convient pas à l'autre. On ajoutait d'ailleurs que les jugements qui énoncent les données mêmes de la conscience font exception, car s'il était nécessaire d'avoir d'abord l'idée du moi, puis l'idée abstraite de pensée pour former par synthèse le jugement *je pense*, la conscience serait impossible. On a donc admis deux sortes de jugements : les jugements *comparatifs* ou *dérivés*, qui sont formés par synthèse de deux termes préalablement pensés séparément, puis rapprochés (comparaison), enfin unis (jugement), ex. : *le chien est fidèle*, et les jugements *intuitifs* ou *primitifs*, qui ne supposent point de comparaison préalable. Ces derniers sont ceux qui énoncent la simple constatation d'un fait de conscience, et ont toujours pour sujet *Je*.

En logique, on appelle propositions *comparatives* une espèce de propositions *composées dans le sens* ou *exponibles* (v. ce m). Elles équivalent à deux propositions. Ainsi *L'absence est le plus grand des maux* signifie 1° l'absence est un mal, 2° ce mal est plus grand que tous les autres. Ces deux propositions doivent être prouvées séparément. Ainsi cette maxime d'Épicure : *La douleur est le plus grand des maux*, était contredite par les Péripatéticiens disant que la douleur est un mal, mais non le plus grand, — et par les Stoïciens, disant que la douleur n'est pas un mal.

Complexe.

Composé d'éléments qui s'enchevêtrent les uns dans les autres. — En logique, on appelle *terme complexe* un sujet ou un attribut formé de l'assemblage de plusieurs idées, mais ne faisant néanmoins, dans la proposition, qu'un seul terme. Ex. : *Un homme prudent*. L'addition qui se fait ainsi au terme simple peut être soit une *explication* (le triangle, qui est un polygone de trois côtés), soit une *détermination* (le triangle qui est inscrit dans une demi-circonférence). L'addition déterminative est souvent sous-entendue; on dit alors que le terme est complexe *dans le sens*. Quand nous disons : *le président de la république*, nous voulons dire ordinairement l'homme qui est *présentement* président de la république *française*. Il faut donc faire attention si les termes sont pris dans le sens *divisé* ou dans le sens *entier*, et éviter les paralogismes *a diviso ad integrum* et *ab integro ad divisum*.

Les *propositions complexes* sont de deux sortes :

1° *Complexes dans les termes*; ce sont celles dont le sujet, ou l'attribut, ou l'un et l'autre, sont des termes complexes.

2° *Complexes dans la forme*; celles-ci s'appellent propositions *modales* (v. ce m.).

Les *syllogismes complexes* ne doivent pas être confondus avec les syllogismes *composés*. Ils sont de deux sortes :

1° Ceux dans lesquels le grand ou le petit terme est un terme complexe. Dans ce cas, si l'addition est explicative, comme elle ne limite pas l'extension du terme, elle n'a pas besoin d'être répétée dans la conclusion; mais il faut la répéter si c'est une addition déterminative.

2° Ceux dans lesquels la conclusion est une proposition *modale*. Dans ce cas, il est nécessaire, pour appliquer les règles du syllogisme, de mettre à part l'expression modale, afin d'obtenir un syllogisme *incomplexe*.

Ex. : Syllogisme complexe :

La loi divine commande d'honorer les rois;
Louis XIV est roi;
Donc la loi divine commande d'honorer Louis XIV.

Syllogisme incomplexe :
  Les rois doivent être honorés ;
  Louis XIV est roi ;
  Donc Louis XIV doit être honoré.
« La loi divine commande... » est ici une expression modale.

Complication.

Les Scolastiques disaient que toutes choses étaient en Dieu *complicitement*, et dans le monde *explicitement*, en sorte que Dieu est la *complication* du monde, et que le monde est l'*explication* de Dieu. — Wundt divise les « associations simultanées » en « assimilations » et « complications ». Il y a assimilation « lorsqu'une nouvelle représentation entrant dans la conscience, en évoque une plus ancienne, de sorte que toutes deux s'unissent en une seule représentation simultanée. La complication est la liaison entre des images d'espèces différentes. »

Composé

Formé de plusieurs éléments.

En logique : *propositions composées*, celles qui ont plus d'un sujet ou plus d'un attribut. Les Scolastiques en distinguaient deux sortes : celles qui sont expressément composées, les *copulatives*, les *disjonctives*, les *conditionnelles*, les *causales*, les *relatives*, les *discrétives*; et celles dites *exponibles*, où la composition est plus cachée ; ce sont les *exclusives*, les *exceptives*, les *comparatives*, et les *inceptives* ou *désitives* (v. ces mots).

Un syllogisme *composé* est un argument formé de plusieurs syllogismes, la conclusion de l'un servant de prémisse au suivant (Voir *Sorite*, *Dilemme*, *Épichérème*).

Compossible.

Mot de Leibnitz. Un événement qui, pris séparément, est possible, peut n'être pas *compossible* avec le reste de l'univers. Dieu conçoit « tous les mondes possibles », des systèmes d'êtres et d'événements qui sont cohérents en eux-mêmes, mais dont chacun exclut tous les autres. Chacun d'eux est donc un système complet de compossibles, et Dieu, qui les connaît tous, choisit *le meilleur*.

Compréhension.

La compréhension d'un terme est le nombre des qualités communes à tous les objets auxquels il peut être attribué. Comme ces qualités ne sont séparées les unes des autres que par un acte arbitraire de l'esprit, qui peut les analyser plus ou moins, le nombre n'en saurait être défini; la compréhension ne peut donc se considérer dans un seul terme pris absolument, ni dans plusieurs termes qui n'ont point de rapport. Mais quand deux termes s'enveloppent mutuellement, comme *homme* et *nègre*, de quelque manière qu'on divise les qualités communes, le terme contenu en a toujours un plus grand nombre que le terme contenant, car il a toutes les qualités de celui-ci (qualités générales ou communes), plus ses qualités propres (qualités ou caractères spéciaux ou spécifiques, ou distinctifs). La compréhension est en raison inverse de l'*extension* (v. ce m.). Le terme *singulier* a pour extension l'unité, sa compréhension est *indéfinie*.

Il ne faut pas employer compréhension dans le sens de l'acte ou la faculté de comprendre : il faut dire *intelligence*.

Concept.

Le mot *concept* a un sens plus restreint que celui du verbe *concevoir* (v. ce m.).

Idée abstraite et générale ; ce mot s'oppose à *perception* et à *image*. Les deux mots *genre* et *concept* se distinguent par une nuance assez délicate, mais presque toujours observée : le genre est l'idée générale envisagée surtout au point de vue de son extension ; le concept, l'idée générale envisagée surtout au point de vue de sa compréhension. Ainsi on dit plutôt le *genre homme*, si on songe aux individus en nombre indéfini auxquels ce mot peut être attribué ; on dit plutôt le *concept d'homme*, si on songe aux qualités qui sont communes à tous les hommes. Le *contenu* d'un concept est l'ensemble des qualités qui en forment la compréhension. *Analyser* un concept, c'est énumérer et distinguer ces qualités. Le mot *concept* se dit plus fréquemment des idées les plus générales (être, qualité, quantité, absolu, etc.) parce que l'esprit songe plus aisément aux qualités qu'ils désignent qu'il n'imagine des individus à qui les appliquer. Le mot *genre* se dit de préférence des idées les plus spéciales, parce qu'il est alors plus facile de songer aux objets individuels que d'entrer dans le dénombrement des qualités.

Kant dit que l'espace et le temps ne sont pas des *concepts*, mais des *intuitions pures*. Car un concept est « une représentation contenue elle-même dans une multitude infinie de représentations diverses possibles », tandis que l'espace et le temps contiennent en eux une multitude infinie de représentations. Ainsi le concept d'*homme* est contenu dans tous les hommes, tandis que l'espace en général contient en lui toutes les figures possibles, comme le temps contient toutes les durées ; aucune figure ne peut être conçue que comme circonscrite dans l'espace unique et infini, de même que toute durée est une limitation du temps infini. En d'autres termes, tout concept est *discursif* c'est-à-dire peut être successivement attribué à une infinité de sujets nouveaux; l'espace et le temps sont des *intuitions*.

Conceptionnisme.

On a quelquefois divisé en *conceptionnisme* et *perceptionnisme* l'ensemble des doctrines sur la perception extérieure. Le perceptionnisme consiste à croire que nous avons une perception immédiate des objets extérieurs comme tels; le conceptionnisme, à considérer le monde extérieur comme conçu par nous en vertu d'un processus qu'on explique d'ailleurs de manières diverses.

Conceptualisme.

Abélard crut trouver une conciliation entre le *Nominalisme* et le *Réalisme* (v. ces mots), en soutenant que les idées générales ou *universaux*, étaient bien des noms communs désignant des qualités qui n'existent que dans les individus, mais avaient aussi d'autre part une existence réelle, à titre de *concepts*, dans l'esprit de celui qui les pense. La difficulté inhérente au réalisme, c'est qu'on ne saurait admettre la réalité de ce qui est indéterminé, par exemple de l'*homme* qui n'est aucun homme, ni grand ni petit, ni blanc ni noir, etc. Cette même difficulté se retrouve dans le conceptualiste, car l'indéterminé ne peut pas plus être représenté dans l'esprit qu'il ne peut exister objectivement. La couleur qui n'est ni le rouge, ni le bleu, ni aucune autre couleur ne peut pas plus être pensée qu'elle ne peut être réelle. Le conceptualisme est donc une sorte de réalisme, et comme le réalisme n'est plus défendu par personne, le conceptualisme est aujourd'hui la doctrine qui s'oppose au nominalisme. — Le conceptualisme n'est pas seulement, comme on est souvent porté à le croire, la doctrine d'Abélard ; il est au moins implicitement admis par tous les Cartésiens et tous les philosophes des xviie et xviiie siècles sauf Condillac.

Ex concesso (Argument).

Celui qui s'appuie sur une proposition accordée par l'adversaire, et qu'il est par suite inutile de justifier.

Concevable, Concevabilité.

Concevable est plus général qu'*intelligible*. Est intelligible ce qui est saisi par l'entendement pur, et ne peut être ni perçu ni imaginé ; le concevable comprend l'intelligible et le sensible.

Les conditions de concevabilité sont les conditions de possibilité des idées. Elles se résument dans le *principe de contradiction*.

Concevoir.

Le verbe concevoir a un sens plus étendu que le substantif *concept*. Port-Royal (Ire p. ch: I.) oppose *concevoir* à *imaginer*, non comme une espèce à une autre espèce, mais comme le genre à l'espèce. Bossuet (*Conn. de Dieu*, I, 9) oppose *entendre* à *imaginer*, mais *concevoir* se dit également de ce qui *s'entend* (l'intelligible), et de ce qui s'imagine (le sensible).

Dans le langage ordinaire, concevoir a un sens plus étendu encore. On conçoit une idée, un jugement, un raisonnement, une suite de raisonnements. Il se dit aussi d'un sentiment, d'un projet, mais alors il indique la formation, la naissance, l'apparition de ce sentiment ou de ce projet.

Conciliation.

Une doctrine de conciliation est une doctrine qui accepte simultanément deux thèses auparavant antagonistes, en montrant qu'elles ne répondent pas aux mêmes problèmes, ne s'appliquent pas aux mêmes objets, ou représentent deux aspects différents de la réalité. En anglais, on dit *reconciliation*, et le mot a souvent été conservé par les traducteurs français.

Conclusion.

Proposition qui doit nécessairement être admise quand d'autres propositions, dites *prémisses*, sont admises (v. *Syllogisme*).

Concomitant, concomitance.

Deux circonstances sont dites concomitantes quand elles s'accompagnent l'une l'autre, et sont soit simultanées, soit immédiatement successives. La concomitance peut être accidentelle et contingente ou constante et nécessaire.

Méthode des variations concomitantes. Voir *Variations*.

Concordance (Méthode de).

Pour chercher une loi naturelle, c'est-à-dire une relation constante entre deux termes, l'un de ces termes doit être connu, sans quoi l'on ne saurait pas ce qu'on cherche; l'autre inconnu, sans quoi l'on chercherait ce qu'on sait. Le terme cherché est soit la cause, soit l'effet, en général, le concomitant invariable du terme connu. La méthode de concordance consiste à comparer des cas, aussi *nombreux* et aussi *différents* que possible, qui présentent le terme connu; ils doivent présenter aussi le terme cherché, puisque, par hypothèse, il lui est invariablement lié, et ce terme est d'autant plus facile à isoler qu'il est commun à des cas plus différents et plus nombreux.

Concret.

Voir *Abstrait*.

Concupiscence.

Faculté de désirer. Les Scolastiques distinguaient dans la *partie sensitive* de l'âme deux appétits, le *concupiscible* et l'*irascible*, et ramenaient toutes les passions au désir et à la colère.

Concurrence.

La concurrence est le conflit entre des tendances qui concourent à une même fin. De même que des *forces* de direction différente, mais appliquées à un même point ou à un même corps, se *composent* et ont une *résultante*, de même des *tendances* ayant même direction, mais émanant de sujets différents, peuvent se résumer en une tendance unique. La concurrence est donc, dans l'ordre de la finalité, l'analogue de ce qu'est la composition des forces dans l'ordre de la causalité. Seulement, tandis que, dans la composition des forces, on ne tient pas compte de la différence entre les cas où leurs effets s'ajoutent et ceux où ils se retranchent, cette différence se réduisant à une simple question de signe, on ne donne ordinairement le nom de concurrence qu'aux cas où il s'agit de tendances *antagonistes*. Cependant, des tendances peuvent être *synergiques*. Quand plusieurs poursuivent une même fin, il peut arriver qu'elle soit plus sûrement et plus complètement réalisée, comme il peut arriver qu'elle le soit moins bien ou ne le soit plus du tout. Les deux cas doivent obéir aux mêmes lois, et si l'on parvient à appliquer le calcul aux lois de la concurrence, la différence entre les cas de synergie et les cas d'antagonisme se réduira de même à une différence de signe. La concurrence a aussi sa résultante. Ainsi, sur le *marché*, tous les vendeurs de produits similaires tendent à vendre le plus cher possible, tous les acheteurs tendent à acheter le moins cher possible ; suivant que l'une ou l'autre de ces deux tendances est la plus forte, le prix a une tendance à s'élever ou à s'abaisser, et cette tendance est la résultante. La concurrence a aussi son *équilibre* : il arrive un moment où la tendance à la hausse est égale à la tendance à la baisse ; la résultante est nulle et le prix est établi, et, comme dans le cas de l'équilibre mécanique, c'est par une série d'oscillations décroissantes au-dessus et au-dessous de la position d'équilibre que le prix s'établit. Cet équilibre est d'ailleurs détruit dès qu'il survient un changement dans le système des tendances dont il résulte, et la nouvelle résultante tend vers un nouvel équilibre. Et si les tendances concurrentes sont constamment variables, il peut en résulter un état d'*équilibre mobile*, comparable à celui qu'on décrit en mécanique.

On nomme *concurrence économique* celle dans laquelle on ne considère que le conflit des *intérêts*, c'est-à-dire des tendances des hommes à obtenir le plus grand avantage pour le moindre sacrifice. On nomme *concurrence vitale* le conflit entre toutes les tendances qui, chez tous les êtres vivants, ont pour fin la conservation et l'accroissement de leur être ou de leur espèce. Ces deux formes de la concurrence ont été jusqu'ici les mieux étudiées, mais l'idée de concurrence doit être généralisée et comprendre la lutte entre l'altruisme et l'égoïsme, entre le devoir et l'intérêt, entre les divers devoirs et les divers intérêts, etc., en un mot entre toutes les formes de l'activité vitale, psychologique, sociale de tous les vivants ; il doit donc y avoir une *dynamique des tendances*, aussi importante pour les sciences bio-psycho-sociologiques que l'est la *dynamique des forces* pour les sciences cosmologiques.

Condition.

Ce sans quoi une chose ne serait pas. La cause d'un fait est l'ensemble de toutes ses conditions. Toutefois on fait souvent une distinction entre une cause et une condition : la cause est active, la condition ne l'est pas; elle est ce sans quoi la cause n'agirait pas; ainsi le soleil qui éclaire une chambre est la cause de la lumière; le fait que les volets sont ouverts en est la condition. Cette distinction n'a d'importance que dans le cas où on prend le mot cause au sens restreint d'*agent* ou de *force*, ou au sens métaphysique de *puissance* qui *produit* l'effet (v. Cause). — L'expression *condition sine qua non* est un pléonasme, les mots *sine qua non* étant la définition du mot *condition*.

Conditionné.

Hamilton appelle conditionné tout ce qui suppose des conditions, et par suite dépend de quelque autre chose : *conditionné* a donc le même sens que *relatif*, et *inconditionné* signifie *absolu*.

Conditionnels.

Jugements ou propositions *conditionnels*; impératifs *conditionnels*, syllogismes *conditionnels*, v. Jugements, Prépositions, Impératifs, Syllogismes *hypothétiques*.

Cône.

Les terminaisons nerveuses de la rétine forment une couche composée de bâtonnets et de cônes, dite membrane de Jacob. Ces éléments sont entremêlés dans la partie sensible de la rétine, sauf au niveau de la *fovea*, où il n'y a que des cônes, d'ailleurs modifiés dans leur forme.

Conflit de devoirs.

Il y a conflit de devoirs dans les cas où il faut nécessairement choisir entre deux devoirs inconciliables. Chacun des deux actes se présente comme obligatoire si on le considère isolément, mais un seul l'est réellement, car l'autre perd tout caractère d'obligation, étant rendu impossible par le choix du premier. Comme il est impossible de réaliser par un acte unique la perfection universelle, la conduite a toujours pour fin, non le bien absolu, mais le mieux, et toute la vie d'un être moral n'est qu'un perpétuel conflit de devoirs.

Confus.

Opposé à *distinct*, comme *clair* à *obscur*. Selon Descartes, les idées *simples* ne peuvent être confuses, car elles ne contiennent pas plusieurs éléments que l'on puisse confondre; mais les idées complexes peuvent être confuses, même si elles sont claires (v. *Clair*).

Confusion.

Elle consiste à prendre deux choses différentes pour une seule et même chose, ou pour deux choses identiques. Le *sophisme de confusion*, l'une des espèces de ce que Bentham appelle *sophismes parlementaires*, consiste à déplacer le débat, à l'amener sur le terrain où on a l'avantage ; ce qui se fait souvent, soit en élargissant le débat, sous prétexte de lui donner plus de portée, soit en le restreignant pour lui donner plus de précision. C'est un moyen d'y introduire le point sur lequel on est fort, ou d'en exclure celui sur lequel on est faible.

Congénital.

Se dit d'un caractère qui existe chez un vivant dès sa naissance : cécité congénitale. *Congénital* s'oppose à *acquis*. Il faut remarquer qu'il y a deux sortes de phénomènes congénitaux ; les uns sont héréditaires, et tout à fait primitifs ; les autres survenus accidentellement au cours de la vie embryonnaire ; ces derniers sont donc acquis avant la naissance, avant l'éclosion de l'œuf, ou avant la parturition.

Conjonctifs (Syllogismes).

Nom générique qui comprend les syllogismes *hypothétiques*, *disjonctifs* et *copulatifs* ; s'opposent aux syllogismes *simples*.

Connaître, connaissance.

Parmi les faits de conscience, les connaissances, ou pensées, se distinguent en ce qu'elles présentent l'opposition d'un sujet qui connaît et d'un objet qui est connu. La connaissance est constituée par l'antithèse en même temps que par l'étroite union de ces deux termes. C'est une question de savoir s'il existe réellement des actes de connaissance qui soient de simples idées ou de simples représentations comme celles qu'on exprime par des noms; mais on donne surtout le nom de connaissance à des *jugements* ou à des combinaisons de jugements, qui sont des affirmations ou des négations, et peuvent être vrais ou faux.

Théorie de la connaissance. — La possibilité de la connaissance, c'est-à-dire de discerner le semblable du dissemblable, le vrai du faux, suppose certains principes ou certaines lois, puisque certains jugements sont impossibles et certains autres nécessaires; l'esprit affirme ou nie en se conformant à certaines exigences fondamentales. Il y a donc lieu de rechercher la nature, l'origine, la valeur et les limites de notre faculté de connaître; tel est l'objet de la *théorie de la connaissance*. Elle ne se confond ni avec la psychologie purement descriptive, qui se borne à distinguer et à décrire les opérations intellectuelles, telles que nous les faisons, sans examiner si elles sont vraies ou fausses, — ni avec la logique, qui se borne à formuler les règles de l'application des principes sans en chercher l'origine ni en discuter la valeur. La théorie de la connaissance est la partie de la psychologie où il est le plus difficile d'éviter la métaphysique, puisqu'il s'agit de rechercher ce que la pensée suppose d'antérieur à la pensée même. — La théorie de la connaissance est encore nommée *critique de notre faculté de connaître*; quelques-uns l'appellent *Gnoséologie*.

Connoter, connotatif.

Les noms qui désignent un sujet par une de ses qualités sont *connotatifs*. Ils ont une double fonction :

ils servent à nommer, ils *dénotent* un sujet ou une classe de sujets, et en même temps ils impliquent, ils *connotent* un attribut. Les noms propres, qui désignent seulement un sujet (Socrate, Paris), les noms communs abstraits, qui désignent seulement une qualité (grandeur, vertu) ne sont pas connotatifs. Mais tous les noms communs concrets, qui désignent une classe par une qualité commune, sont connotatifs. Cette distinction scolastique est considérée par Stuart Mill, qui l'a tirée de l'oubli, « comme une de celles qui entrent le plus avant dans la nature du langage » (*Log.* I, II, 5). La définition a pour but de fixer la connotation d'un nom. — Les noms connotatifs ont été appelés aussi *dénominatifs* (v. *Dénomination*).

Conscience.

En latin, *conscientia, conscius, conscire* signifient la solidarité qui s'établit entre des personnes parce qu'elles connaissent les mêmes faits, sont dans la même confidence. Puis le mot s'est employé en parlant d'une seule personne; il signifie encore une solidarité due à une connaissance : la solidarité du présent et du passé d'une même personne, par le souvenir.

I. *La conscience en morale.* — L'un des faits les plus frappants se rapportant à cette solidarité d'une personne avec elle-même est le *remords*. C'est l'impossibilité d'échapper au souvenir de sa faute, de rejeter de soi son passé. C'est l'importunité d'un souvenir d'autant plus obsédant qu'on fait plus d'effort pour le chasser. Si le coupable vient à comprendre que le remords est un châtiment juste, s'il se rend compte qu'il peut lui être salutaire, en le détournant de commettre de nouveau la même faute, s'il accueille ce souvenir pénible au lieu de le repousser, ce n'est plus le remords, c'est le *repentir*.

A ces notions de remords et de repentir, il faut

joindre les notions opposées : d'abord le calme d'une conscience que des souvenirs importuns ne troublent pas; comme c'est un état de calme, il est naturel qu'on l'ait moins remarqué que l'état de trouble, et que la langue populaire ne le nomme pas; les moralistes l'appellent la *satisfaction morale*. On peut se complaire dans ce souvenir du bien qu'on a fait, et en savourer la joie intérieure. Mais si l'on se relève en acceptant, comme juste et bienfaisant, le souvenir pénible de ses fautes, on se diminue à se complaire dans le souvenir de ses bonnes actions : l'*orgueil moral* répond au repentir, comme la satisfaction morale au remords.

Dans ces quatre notions sont réunis deux sortes d'éléments : l'idée de la solidarité de la personne avec elle-même, et il ne semble pas que le mot *conscientia* ait eu un autre sens en latin; puis l'idée de jugement, d'appréciation morale de la conduite passée. Cet élément adventice devient prépondérant dans les langues modernes; la conscience est surtout la faculté de juger de la valeur morale de ses propres actes, et ce jugement ne concerne plus seulement les actes passés, mais aussi les actes à faire. La conscience est donc la faculté de discerner le bien du mal.

Toutefois la conscience ne se confond pas avec la *raison pratique* de Kant. Le discernement du bien et du mal peut être le fait de la raison, de la pensée réfléchie; mais ce qu'on appelle conscience, c'est un discernement plus ou moins *instinctif* et *spontané*, soit qu'il y ait, comme quelques écoles l'ont soutenu, une sorte de révélation intérieure, naturelle et immédiate (Écossais), soit que ce discernement résulte d'habitudes intellectuelles acquises par l'influence de l'éducation et du milieu, soit enfin que les jugements moraux soient influencés par les sentiments et dictés par le cœur, plutôt que raisonnés et déduits de principes. On dit souvent que la conscience est un *juge intérieur*, ce qui indique qu'il ne semble pas que ce soit nous qui jugions, mais un juge indépendant de nous, dont nous devons subir les arrêts; — ou une *lumière qui nous éclaire*, ce qui implique une certaine révélation immédiate de lois que nous ne faisons pas, que nous ne découvrons pas, et qui parfois semblent au contraire s'obscurcir par la réflexion.

II. *La conscience en psychologie.* — « La conscience, dit Hamilton, est la reconnaissance par l'esprit ou Ego de ses propres actes ou affections. » Il ajoute que, sur ce point, tous les philosophes sont d'accord. La conscience serait donc une *connaissance*, et de plus une connaissance *immédiate*; c'est la connaissance de phénomènes intérieurs, ou psychologiques, — nos manières d'être affectés et nos manières d'agir, — et ces phénomènes sont *rapportés au moi*. C'est par cette idée d'un moi identique, auquel sont attribuées des modifications diverses et successives immédiatement connues, que le sens psychologique du mot conscience se rattache au sens étymologique. Il y a donc dans toute conscience, comme dans toute connaissance, un sujet qui connaît, et un objet qui est connu; seulement ici la connaissance est immédiate, car l'objet n'est autre chose que les propres modifications du sujet.

Quoi qu'en dise Hamilton, les philosophes sont loin de s'entendre sur ce point. Pour les uns (Hamilton, Stuart Mill, etc.), le fait de conscience et la conscience que nous en avons ne sont qu'un seul phénomène : sentir et ignorer sa propre sensation, ce serait ne pas sentir. D'autres, au contraire (Descartes), admettent que la modification du moi et l'acte par lequel il en prend connaissance sont choses distinctes et même séparables. « L'action par laquelle on croit une chose étant différente de celle par laquelle on connaît qu'on la croit, elles sont souvent l'une sans l'autre. » (*Méthode*, III).

C'est surtout quand il s'agit des faits de sensibilité que l'acte de la conscience peut-être distingué de la modification consciente, car l'un est un fait intellectuel, l'autre un fait affectif. On peut concevoir qu'un sujet sentant soit affecté et ne soit pas capable de faire ou ne fasse pas actuellement le jugement *Je sens*. Ce jugement ne suppose pas nécessairement un *moi* distingué de ce qui n'est pas lui, mais il suppose une modification actuelle distincte de modifications antérieures, distincte d'autres modifications possibles toutes rapportées à un même moi. La conscience est un mode de connaissance; or connaître, c'est discerner; c'est faire usage du principe de contradiction. « Deux faits, dit Stuart Mill, sont le minimum nécessaire pour constituer la conscience..... Toute perception est la perception d'une différence. » Chacun de ces deux faits existe par lui-même, à titre d'état affectif, par exemple, indépendamment de l'acte par lequel le sujet le distingue. Le fait de sentir consiste seulement en ce que le sujet est affecté, et il peut l'être d'une manière unique, ou bien, tout entier à sa modification présente, ne pas la distinguer d'une autre, ne pas la connaître. La conscience est un jugement qui se superpose au sentir; on peut l'appeler *jugement d'intériorité* (v. *Intériorité*). Il consiste à reconnaître mon sentir comme mien, à reconnaître l'identité du moi qui sent actuellement d'une certaine manière et qui a senti antérieurement d'une autre manière.

Ce qui précède suppose que la conscience est un mode de connaissance, un jugement. Quelques-uns donnent au mot conscience un sens plus étendu : toute connaissance est fait de conscience, mais tout acte de conscience n'est pas connaissance. La conscience serait donc le *sentiment* de nos propres modifications, et, quand ces modifications sont elles-mêmes des sentiments, elle se confondrait avec elles. Dans le cas où nos sentiments sont objet de connaissance, ce n'est pas conscience qu'il faudrait dire, mais *réflexion* (v. ce m.). On peut entrer dans ces vues, si l'on veut; mais il en résulte qu'on pourrait avoir conscience d'un sentiment et ne pas le connaître, ce qui n'est guère conforme à l'usage des mots.

Conscience de soi. — Connaissance immédiate ou sentiment que nous avons de notre *moi*. Cette connaissance peut s'entendre de deux manières. Pour Descartes, par exemple, l'âme se connait elle-même comme substance pensante. Kant montre que le *moi* ne se connait lui-même que comme *sujet* et non comme *substance* (v. ces m.). Le moi n'est que le terme commun à tous les faits de conscience; séparé de ses modifications, ce n'est plus qu'une abstraction; le concret, c'est-à-dire le réel, le donné, c'est la série des modifications, la trame complète de la vie psychologique, avec toute la richesse de sa broderie.

Maine de Biran dit que l'âme ne se connait elle-même en aucune façon, ni comme substance, ni comme sujet, si ce n'est dans le fait de l'effort. Le moi ne s'atteint que dans une expérience spéciale; il ne se connait pas indépendamment de tout acte, indépendamment de son corps, comme le voulait Descartes; l'effort n'est possible que par la résistance (ou l'inertie?) de l'organisme; le moi ne se connait que parce qu'il se distingue de ce qui lui résiste, se sent autre que le terme sur lequel il réagit; et il ne peut se connaître en s'isolant de ce terme, car l'action devenant alors impossible, la conscience disparaitrait avec elle. Toute tentative pour se représenter le moi comme une substance pure, comme une force pure, n'aboutit qu'à une abstraction, si bien que la substance ainsi conçue et le moi « se fuient et demeurent toujours à distance, sans pouvoir jamais s'identifier ni se pénétrer. »

Seuil de la conscience. Voir *Seuil*.

États de conscience. — Nos phénomènes conscients sont presque toujours simultanément multiples : nous percevons par plusieurs sens à la fois, nous raisonnons, voulons, désirons, etc., au même instant. On appelle état de conscience l'ensemble complexe des phénomènes simultanés existant à un moment donné. Il est abusif d'employer l'expression *état de conscience* comme synonyme de *fait de conscience*; cette méprise est très fréquente.

Les Anglais appellent *consciousness*, ce que nous appelons état de conscience, le moi tel qu'il se manifeste à lui-même en un moment présent; et ils nomment *états de conscience (states of consciousness)* les divers aspects que peut présenter la vie psychologique, comme l'état de veille, l'état de rêve, l'état hypnotique, etc.

Consécution.

Mot par lequel Leibnitz désigne les associations d'idées. « La mémoire fournit une espèce de *consécution* aux âmes, qui imite la raison, mais qui en doit être distinguée » (*Monad.* 26). Cette consécution est une sorte d'automatisme psychologique : une image appelle une autre image; on pourrait croire à un raisonnement, mais il n'y a pas de liaison *logique* entre elles, et elles ne sont pas rapportées à un terme général qui les enveloppe, comme dans le raisonnement. Les animaux n'ont que des consécutions, et « les hommes agissent comme les bêtes, autant que les consécutions de leurs perceptions ne se font que par le principe de la mémoire, ressemblant aux médecins empiriques, qui ont une simple pratique sans théorie; et nous ne sommes qu'empiriques dans les trois quarts de nos actions » (*ibid.* 28.)

Consécutives (Sensations, images).

On appelle sensations *consécutives*, ou *rémanentes* de la vue, du toucher, des sensations qui continuent à être perçues quand la cause extérieure a cessé d'agir sur l'organe. Celles de la vue ont surtout été étudiées. Elles sont *positives* quand les clairs de l'image correspondent aux clairs de l'objet, les noirs de l'image aux noirs de l'objet : ainsi quand on ferme les yeux après avoir fixé un objet brillant, on continue quelques secondes à le voir; — *négatives* quand aux clairs de l'objet correspondent les noirs de l'image et réciproquement : ainsi, après avoir fixé un objet brillant, si on porte les regards sur un écran blanc, on a une image consécutive négative. Quand l'objet est coloré, les couleurs de l'image consécutive négative sont complémentaires de celles de l'objet.

Consensus, consentement universel.

On invoque parfois, sinon comme preuve, du moins comme présomption de vérité, la commune croyance, alléguant que si tous les hommes se trompaient, il serait étrange qu'ils se trompassent de la même manière. Le prétendu consentement universel n'est jamais que l'opinion de la majorité; s'il était vraiment universel, on n'aurait pas à l'invoquer, puisqu'on n'aurait pas d'adversaire. Or « la pluralité des voix, dit avec raison Descartes (*Méth.* II), n'est pas une preuve qui vaille rien pour les vérités un peu malaisées à découvrir, à cause qu'il est plus vraisemblable qu'un seul homme les ait rencontrées que tout un peuple ».

Conséquence.

Proposition qu'on ne peut rejeter sans contradiction, une fois qu'on a admis une ou plusieurs autres propositions, dites *principes* ou *hypothèses*. En général toute conséquence peut se formuler en une proposition *hypothétique* (v. ce m.). La conséquence est *immédiate* quand elle a un terme commun avec l'hypothèse : Si deux angles sont opposés par le sommet, ils sont égaux; elle est *médiate* quand ses deux termes sont différents : Si la terre est immobile, le soleil tourne. Il faut remarquer qu'une conséquence immédiate peut se démontrer par une inférence médiate (v. *Inférence.*) — Les deux parties d'une proposition hypothétique s'appellent aussi *antécédent* et *conséquent.*

Conséquent. Voir *Antécédent.*

Contact.

Le toucher est un sens complexe qu'on s'efforce aujourd'hui de dissocier. On en distingue aisément le sens du froid et du chaud (sens thermique), le sens du mouvement et de l'effort (sens cinesthésique), le sens de la pression. Il reste des sensations, qu'on peut appeler *sensations de contact*, et qui doivent être considérées comme les sensations propres du toucher.

Contiguïté.

Ce mot qui, en français, désigne ordinairement le rapprochement de deux objets dans l'espace, a été introduit par les traducteurs des Anglais dans le sens de rapprochement *dans le temps* de deux faits de conscience : « Il y a, dit Stuart Mill, deux espèces de contiguïté, la simultanéité et la succession immédiate. »

Loi de contiguïté, l'une des lois de l'association (v. ce m.). Elle comprend les deux lois suivantes :

1° Quand deux faits de conscience ont été simultanés, chacun d'eux tend à évoquer l'autre.

2° Quand deux faits de conscience ont été immédiatement successifs, le premier tend à évoquer le second.

Contingent, Contingence.

Aristote emploie τὸ συμβεβηκός, participe parfait de συμβαίνειν, *il arrive que...* pour désigner ce qui a lieu, mais pourrait bien très bien ne pas avoir lieu; c'est l'opposé de *nécessaire.* Ce mot a été traduit en latin par *accidens*, l'*accident*, ou par *contingens*, le *contingent* (*accidit, contingit*, il arrive, il se rencontre que...)

Contingent s'oppose à nécessaire en deux sens, et signifie tantôt ce que l'esprit peut concevoir comme n'étant pas ou étant autrement (par exemple toute donnée de l'expérience), tantôt ce qui pourrait réellement ne pas être ou être autrement. Dans le premier sens, le contingent, c'est ce qui n'est pas exigé par une loi de l'esprit; dans le second sens, c'est ce qui n'est pas exigé par une loi de la nature (v. *Nécessaire*).

Contingence des futurs. — S'il existe des faits qui résultent d'une intervention expresse de la Providence ou de la volonté libre de l'homme, ils n'ont point leur raison d'être dans les faits antécédents, et ne sont pas régis par les lois de la nature : avant l'acte qui les produit, ils ne sont donc nullement nécessaires; ce sont des *futurs contingents*, au second sens du mot.

Preuve de l'existence de Dieu par la contingence du monde. — Le monde pourrait ne pas être ou être autrement; il n'a pas en lui sa raison d'être; il faut donc la chercher dans un être distinct du monde. En général le contingent suppose le nécessaire, car ce que l'on peut concevoir comme n'étant pas doit avoir sa raison dans ce qui précède, et si ce qui précède est encore contingent, il faut encore remonter à ce qui précède; pour éviter la *régression à l'infini*, il faut supposer un terme *premier* n'ayant pas sa raison dans un terme antérieur, c'est-à-dire nécessaire. Ici le mot contingent est pris dans le premier sens.

Cette preuve donne lieu à une *antinomie*; car si la régression à l'infini répugne à la raison, le terme premier est également inintelligible.

Continu.

Qui ne présente point d'intervalles. L'espace et le temps sont continus. Le nombre est la quantité *discontinue* ou *discrète*. La mesure de la quantité continue peut être exprimée par le nombre, parce qu'on la suppose divisée en parties égales qu'on peut compter, mais la grandeur de ces parties est arbitraire, la quantité continue n'ayant pas de parties *réelles* (v. ce m.).

Continuée (Création).

Voir *Création*.

Continuité (Principe ou loi de).

Formulée par Leibnitz (*lex continui in natura*) : *Natura non facit saltus*. Elle signifie deux choses distinctes :

1° Au cours de tout *changement*, entre deux états quelconques de ce qui change, il y a toujours des états intermédiaires; le nombre des intermédiaires est donc infini. Ce principe est évident dans le cas du mouvement, car il y a une infinité de points entre deux points quelconques de l'espace parcouru, et une infinité d'instants entre deux instants quelconques du temps employé à le parcourir. Il est donc vrai dans sa généralité si l'on accepte l'hypothèse du mécanisme. Mais on peut contester que le changement qualitatif passe par une infinité d'intermédiaires.

2° Aucune *diversité* n'existe sans qu'il existe aussi ou sans qu'il ait existé une infinité d'intermédiaires. En ce sens, le principe de continuité ne saurait être soutenu, à moins d'admettre que ces intermédiaires sans nombre font partie de ces *mondes possibles* que le Créateur n'a pas réalisés, parce qu'il a choisi *le meilleur*.

La doctrine de l'*évolution* rétablit la continuité entre les espèces vivantes qui semblaient autrefois n'admettre aucune transition. Elle tend donc à confirmer le principe de continuité en ce qui concerne la nature vivante.

Pour Kant la *loi de continuité* est, avec la *loi de parcimonie*, une partie du principe de la finalité de la nature.

Contracture.

Voir *Catalepsie*.

Contradiction.

Le fait d'affirmer et de nier la même chose. Contradiction *formelle*, celle où les deux jugements contradictoires sont exprimés ; — *implicite*, celle où l'un des deux jugements n'est pas exprimé, mais doit être supposé soit comme principe, soit comme conséquence de ce qu'on avance. Contradiction *in adjecto*, celle qui consiste à attribuer à un sujet une qualité qui en est exclue par sa définition.

Principe de contradiction. — La possibilité du jugement, et par conséquent de la pensée, suppose que *la même chose ne peut pas être à la fois vraie et fausse* (on ajoute souvent : *sous le même rapport* ; mais si ce n'est pas sous le même rapport, ce n'est pas *la même chose*. Une opinion peut contenir du vrai et du faux, parce qu'elle peut se décomposer en plusieurs jugements). *Le contradictoire ne peut pas être pensé* ; la pensée doit être d'accord avec elle-même, cohérente. On peut faire successivement des jugements qui se contredisent, mais on rejette l'un en faisant l'autre. Cependant, comme l'esprit, absorbé par son opération présente, peut perdre de vue ses opérations antérieures, il arrive qu'on se contredise, surtout lorsque les contradictions sont implicites ; mais il suffit de rapprocher les deux jugements pour faire éclater la nécessité de choisir. Voir *Identité* (principe d'), *Milieu exclu* (principe du).

Contradictoires.

Deux propositions sont dites contradictoires quand elles ont même sujet et même attribut, mais diffèrent à la fois en *qualité* et en *quantité*. Ainsi A et O, l'universelle affirmative et la particulière négative, E et I, l'universelle négative et la particulière affirmative, sont contradictoires deux à deux. — Les contradictoires ne peuvent être *ni toutes deux vraies, ni toutes deux fausses*.

Contraires.

Deux propositions ayant même sujet et même attribut sont dites contraires quand, étant toutes deux universelles, l'une est affirmative, l'autre négative. A et E sont les propositions contraires. Elles ne peuvent être toutes deux vraies; on peut donc réfuter une assertion en prouvant le contraire; mais elles peuvent être toutes deux fausses; on ne peut donc prouver une assertion par la fausseté du contraire. Il ne faut pas confondre *contraire* avec *contradictoire*.

Contrariété.

Propriété des propositions contraires.

Contraposition.

On peut affecter d'une négation l'attribut d'une proposition affirmative universelle, puis la rendre négative. On a ainsi une proposition négative, *Nul A n'est non-B*, identique quant au sens à la proposition affirmative donnée, *Tout A est B*. Cette proposition négative peut se *convertir simplement*, tandis que l'affirmative ne se convertit que *par accident*. Ce mode de conversion de l'universelle affirmative s'appelle *contraposition* ou *conversion par négation*. *Tout A est B* équivaut à *Nul Non-B n'est A*.

Contraste.

Opposition tranchée. Deux choses *hétérogènes* sont seulement *différentes*; il ne peut y avoir *contraste* qu'entre deux espèces du même genre. Le contraste est parfait quand deux espèces, d'ailleurs tout à fait identiques, diffèrent seulement par la présence et l'absence d'un même caractère. Deux couleurs font d'autant plus de contraste qu'elles sont plus près d'être *complémentaires*, mais le contraste parfait, pour le sens de la vue, est celui du blanc et du noir. — Deux termes qui ne présentent qu'une différence de degré ne forment un contraste que si l'on imagine un degré moyen ou normal, dont ils s'éloignent en sens inverse; ainsi une voix faible et une voix forte contrastent parce qu'il y a une intensité moyenne de la voix humaine, le froid et le chaud parce qu'il y a une température moyenne de l'air et une température normale du corps, la rougeur et la pâleur parce qu'il y a un teint moyen, normal ou habituel.

Loi de contraste. — Le rapprochement dans la conscience de deux phénomènes qui font contraste fait qu'ils sont plus *vivement sentis* ou plus *nettement perçus*. La loi paraît s'appliquer non seulement aux sensations, perceptions et images, mais à tous les faits de conscience en général (contraste de la joie et de la peine, de l'effort et du repos, etc.; une idée paraît plus claire quand on l'oppose à l'idée contraire, d'où les effets d'*antithèse* dans le style). On distingue le *contraste successif* et le *contraste simultané*. Chevreul a minutieusement étudié le contraste simultané des couleurs.

Associations par contraste. — Souvent une chose fait songer à une autre à cause de l'opposition qui est entre elles : le blanc peut faire penser au noir, le froid au chaud, le bien au mal. La *loi de contraste* se ramène à la loi de ressemblance (v. *Association*).

Contrat.

Toute convention par laquelle une personne s'engage envers une autre. Un contrat peut être *unilatéral*, s'il n'engage qu'une personne ; *bilatéral*, si chacune des deux personnes est engagée envers l'autre, surtout si chacune d'elles n'est tenue par ses engagements qu'autant que l'autre s'acquitte des siens ; — *formel*, s'il a été formulé verbalement ou par écrit ; *tacite*, si les engagements, sans avoir été formulés, se doivent conclure de certaines démarches faites par les parties. C'est ainsi que des relations d'amitié équivalent tacitement à des promesses mutuelles de fidélité et de discrétion. Le contrat est une forme très fréquente de toutes les sortes de phénomènes sociaux, et sans doute la forme parfaite et définitive, la forme d'équilibre, à laquelle ils tendent sans cesse.

Contre-épreuve.

Dans la méthode expérimentale, la contre-épreuve est une seconde opération, inverse de la première, et qui la confirme. Ex. : Pasteur a montré que du bouillon placé dans un flacon et stérilisé ne fermente pas si on a la précaution de boucher le flacon avec un tampon d'ouate : l'ouate arrête au passage les germes atmosphériques. Contre-épreuve : si on introduit un fragment du tampon d'ouate dans le flacon, la fermentation se produit. La première opération consiste à arrêter les germes, la seconde à les introduire. C'est cette méthode que Bacon avait décrite sous le nom d'*inversio experimenti*. C'est une application de la *méthode de différence*.

Contreposition.

Comme *Contraposition*.

Conversion.

Convertir une proposition, c'est former une seconde proposition, qui résulte de la première, et qui ait pour sujet et pour attribut respectivement l'attribut et le sujet de la première. — *Conversion simple*, celle qui se fait par simple transposition des termes, sans altérer la quantité ni la qualité de la proposition. I et E se convertissent simplement. — *Conversion par accident*, celle de l'universelle affirmative, qui devient particulière : A se convertit en I. On dit encore *conversion par limitation*. — *Conversion par négation*. Voir *Contraposition*.

Convertible.

Une proposition est dite *convertible* si elle peut être convertie *simplement* ; telles sont l'universelle négative et la particulière affirmative. L'universelle affirmative n'est convertible que dans le cas où elle est une *définition* (v. ce m.). La *quantification du prédicat* a pour but de faire que toutes les propositions soient convertibles.

Des *termes* pris deux à deux sont convertibles quand ils peuvent former une universelle affirmative convertible, c'est-à-dire quand l'un est la définition de l'autre ; ils ont alors même extension et même compréhension. Ce qui ne veut pas dire qu'ils ont même signification, car un même objet peut être caractérisé par des propriétés différentes, et si chacune d'elles lui appartient universellement et en propre, elles sont convertibles bien que différentes.

Copulatives (Propositions).

Celles qui ont deux ou plusieurs sujets ou attributs. Ex. : Les biens et les maux viennent de Dieu ; — Ni l'or ni la grandeur ne nous rendent heureux. — Ne pas les confondre avec les propositions qui ont un sujet ou un attribut *complexes*, mais n'ont cependant qu'un sujet ou qu'un attribut ; car le terme double peut n'être pas l'équivalent de deux termes, mais un seul terme formé de l'assemblage de deux notions. Ex. : *Amare et sapere vix Deo conceditur. Être à la fois amoureux et sage* n'est qu'un seul terme, et la proposition n'est pas copulative. Les copulatives équivalent à autant de propositions qu'elles ont de sujets ou d'attributs, et chacune de ces propositions doit être prouvée séparément.

Syllogismes copulatifs, ceux dont la majeure est une proposition copulative. Ils ne peuvent être que négatifs :

Tel sujet ne peut être à la fois A et B ;
Or il est A ;
Donc il n'est pas B.

Ils ne peuvent avoir de majeure affirmative, ni, ayant une majeure négative, de conclusion affirmative :

Tel sujet ne peut être à la fois A et B ;
Or il n'est pas A ;
Il n'en résulte pas qu'il soit B.

Copule.

Le lien entre l'attribut et le sujet, dans le jugement, le rapport d'attribution, et particulièrement le verbe être, qui exprime ce rapport, est appelé par les logiciens *copule*.

Corporel.

Qui est de la nature des corps. Mais qu'est-ce que la nature des corps ? *Corporel* s'oppose à *spirituel*. On oppose souvent dans le même sens *matériel* et *immatériel*; mais ces mots ne sont pas toujours synonymes deux à deux ; par exemple, Platon fait l'âme incorporelle et pourtant matérielle; la matière, ὕλη, ne devient corps, σῶμα, qu'après avoir été enfermée entre des surfaces limitantes. En général, on appelle *corporelle* toute substance *étendue*, occupant un espace *fermé*, et susceptible d'agir sur nos organes pour provoquer des sensations.

Corps.

Un corps est une substance ayant une figure et une situation, et occupant un espace qu'aucun autre corps ne peut occuper en même temps : l'*étendue* et l'*impénétrabilité* sont les deux éléments essentiels de la notion de corps. A ces deux éléments, il est indispensable de joindre la *masse*, mais non le poids, car les physiciens sont arrivés à admettre l'existence d'un corps impondérable, l'éther.

Corruption.

La philosophie grecque a été fort préoccupée de concilier le *devenir*, que l'expérience manifeste, avec l'indestructibilité de l'être, que la raison exige. Après le conflit entre l'école d'Héraclite (universel devenir) et celle de Parménide (unité et immutabilité de l'être), ils s'accordèrent généralement à penser que le naître et le périr, la génération (γένεσις) et la corruption (φθορά) sont des apparences : les éléments des choses ne naissent pas, ne changent pas de nature, ne périssent pas; ils s'agrègent et se désagrègent.

Cortical.

Se rapportant à l'écorce cérébrale, région dans laquelle semblent se localiser toutes les fonctions conscientes. Il résulte de la terminologie adoptée que l'écorce cérébrale, bien qu'elle soit la partie la plus externe du cerveau, est néanmoins la partie la plus *centrale* des centres nerveux, car, dans les processus les plus complets, elle est le lieu où aboutissent les voies afférentes et d'où partent les voies efférentes.

Cosmogonie.

Théorie de la formation du monde.

Cosmologie.

La science ou l'ensemble des sciences qui traitent des lois ou propriétés de la matière en général, c'est-à-dire de toutes les propriétés de la matière inorganique, et, parmi les propriétés de la matière organisée, de celles qui ne sont pas proprement des propriétés vitales.

Cosmologiques (Preuves) de l'existence de Dieu.

On les appelle aussi preuves physiques. Elles sont fondées sur la considération du monde sensible, et se ramènent à deux : la preuve *a contingentia mundi*, et la preuve *téléologique* ou par les causes finales (v. *Contingence* et *Téléologique*).

Cosmopolitisme.

Les Stoïciens attribuaient à Socrate, à qui on demandait de quelle cité il était citoyen, cette réponse : « Je suis citoyen du monde » (κόσμου πολίτης). Le cosmopolitisme consiste à ne reconnaître aucune patrie, à repousser comme contraire à la justice et à la fraternité humaine le morcellement de l'humanité en nations hostiles, rivales, ou simplement indifférentes les unes aux autres. — Ce n'est pas du cosmopolitisme que de placer au-dessus de tout sentiment patriotique certaines choses trop universellement humaines pour être nationales : la justice, la science, l'art. Certaines religions sont nationales ou ethniques; certaines autres sont naturellement cosmopolites.

Couche optique.

On appelle *couches optiques* ou *thalami* deux gros noyaux de substance grise situés, dans le cerveau, de chaque côté du ventricule moyen. Ces organes jouent un rôle dans la vision, principalement leur renflement postérieur, appelé *pulvinar*.

Courage.

L'une des quatre *vertus cardinales* des anciens. Le courage ou force d'âme est la possession de soi, l'empire de la volonté raisonnable sur les instincts et les passions.

Couronne rayonnante.

Les fibres de substance cérébrale blanche qui composent la *capsule interne* (v. ce m.), se dégageant de l'étroit espace compris entre les noyaux centraux, se distribuent en rayonnant vers toutes les parties de la substance corticale. C'est ce qu'on nomme la *couronne rayonnante*. Mêlée à d'autres fibres, dites *fibres d'association*, elle constitue cette masse de substance blanche qu'on appelle le *centre ovale*.

Créateur, création, créationnisme.

Dieu peut être conçu comme identique au monde (panthéisme) ou comme distinct du monde. S'il est distinct du monde, il exerce sa puissance soit au cours des événements du monde (providence), soit à l'origine du monde, en ordonnant et façonnant comme un artiste (démiurge) une matière préexistante, soit en créant le monde, c'est-à-dire en lui donnant l'être. Le créationnisme consiste donc à dire que Dieu est l'auteur non seulement de l'ordre des choses, c'est-à-dire de leur forme, mais encore de leur matière. Par un acte de sa toute-puissance, ce qui n'était en aucune manière a été. On dit souvent *Création ex nihilo*.

Création continuée. — Selon Descartes, l'imparfait, c'est-à-dire le monde, n'a pas en lui-même sa raison d'être : pour qu'il soit, il faut que l'être parfait veuille qu'il soit; pour qu'il subsiste, il faut que l'être parfait continue à vouloir qu'il soit. L'acte créateur n'est pas un *fiat* instantané, accompli à l'origine une fois pour toutes, c'est un acte permanent. Et pour que le monde cessât d'être, il ne faudrait pas que Dieu voulût l'anéantir, il suffirait qu'il cessât de le créer. Le monde retomberait dans le néant, si Dieu cessait seulement de le soutenir. L'acte créateur n'est pas seulement, pour l'être créé, la raison de *commencer*, c'est la raison d'*être*.

Criminalité.

Proportion dans laquelle se rencontrent le crime en général, et chaque espèce de crime, dans une société donnée et pendant une période donnée.

Criminel-né.

Certains criminologistes croient reconnaître à certains signes ou *stigmates* de dégénérescence les hommes prédisposés au crime. Ces stigmates seraient, pour la plupart, des phénomènes d'atavisme, et constitueraient un retour accidentel à des formes inférieures de l'humanité; ils sont soit organiques, soit psychiques. Le criminel-né n'est pas fatalement voué au crime, mais il présente des dispositions qui se révéleront dans des circonstances favorables.

Criminologie.

Science de la criminalité; c'est une branche de la sociologie, une partie de la pathologie des sociétés.

Critériologie.

Partie de la logique où l'on discute du critérium de la vérité, et du débat entre les sceptiques et les dogmatiques.

Critérium, κριτήριον, de κρίνω, juger.

Le critérium de la vérité est le signe auquel elle se reconnait. Il faut dire *critérium de la vérité*, et non pas *critérium de la certitude*.

Critique, criticisme, néo-criticisme.

Critique signifie examen d'une chose au point de vue de sa *valeur*. La critique de la connaissance a pour but de déterminer, par des analyses psychologiques, si la connaissance est possible, dans quelles conditions et dans quelles limites. La critique de la raison pure est l'examen de la valeur de la raison, considérée dans son usage spéculatif, qui a pour fin la vérité; la critique de la raison pratique est l'examen de la valeur de la raison, considérée comme directrice de l'action, et ayant pour fin la moralité.

Cet usage du mot *critique* a été introduit par Kant. On appelle donc *Criticisme* la philosophie de Kant et de son école. Essentiellement, le criticisme consiste à admettre qu'il y a un *usage légitime* des concepts et des principes de l'entendement pur, lequel consiste à penser, selon les formes que l'esprit leur impose nécessairement, les objets donnés dans l'expérience, — et un *usage illégitime*, qui consiste à considérer ces mêmes concepts comme étant eux-mêmes des objets, et ces principes comme étant des vérités objectives.

Les conséquences auxquelles on est conduit par l'usage illégitime de la raison sont théoriquement injustifiées, et, bien qu'il s'y laisse entraîner comme par un penchant naturel, l'esprit n'y parvient néanmoins que par des paralogismes. Mais, sur les problèmes que la raison *spéculative* ne peut résoudre, la raison *pratique* peut fournir des motifs de préférer certaines croyances à certaines autres. En d'autres termes, il peut y avoir des motifs moraux de se déterminer en faveur de certaines solutions qu'il est impossible d'établir théoriquement. Cette attitude, poussée à ses dernières conséquences, est devenue la caractéristique de l'école néo-kantienne, ou *néo-criticiste*, qui demande à la raison pratique les motifs de se confier à la raison spéculative en général, et dans son usage total, faisant ainsi de la morale le fondement de la science elle-même et de toute certitude. L'école néo-criticiste a pour chef M. Renouvier.

Croyance.

En général, la croyance est l'adhésion à une idée, la persuasion qu'elle est vraie. La *conviction* est une croyance particulièrement ferme; la *certitude* est une conviction dont on pense pouvoir donner les raisons.

On donne souvent au mot *croyance* un sens plus spécial, et on l'oppose à *connaissance*. La croyance consiste à juger sans pouvoir dire pourquoi on juge ainsi; quand on peut rendre raison de son jugement, on ne dit pas *je crois*, mais *je sais*. Un jugement est une croyance quand il a des causes qui ne sont pas des raisons. Le jugement est un acte, et, comme tout acte, il résulte de *motifs* et de *mobiles* : la connaissance est déterminée par des motifs suffisants; la croyance par des mobiles, ou par des motifs insuffisants, plus des mobiles.

Le jugement peut aussi être considéré comme un acte volontaire et libre : il y a croyance quand, en l'absence de motifs suffisants, on se détermine, ou on achève de se déterminer par un acte de libre arbitre. Ainsi entendue, la croyance pourrait être désignée par le mot *foi*.

Pour les Écossais, les principes fondamentaux de la connaissance sont des croyances qui s'imposent nécessairement à tout esprit, et dont on ne peut donner la raison, puisqu'elles sont elles-mêmes la raison. Il ne faut donc pas dire avec Abélard : *Intellige ut credas*, mais avec saint Anselme : *Crede ut intelligas* (Stuart Mill, *Ham.*, p. 70).

Maine de Biran appelle croyance une persuasion qui n'est pas un acte, qui ne dépend ni de la réflexion ni de l'attention, et il oppose la croyance au jugement. La croyance est instinctive, et se rencontre dans le *système affectif*.

Crucial.

Experimentum crucis, expérience cruciale; *instantiæ crucis*, faits cruciaux. Lorsque deux hypothèses sont également possibles, et que le savant se trouve comme à un carrefour, et hésite entre deux chemins, il peut se présenter un fait décisif, qui condamne l'une des deux hypothèses, et contraint d'accepter l'autre. Ainsi, jusqu'à l'époque de Fresnel, l'hypothèse de l'*émission* et celle des *ondulations* rendaient également compte de tous les faits connus en optique. Fresnel découvrit le phénomène des *interférences*, qui s'expliquait par la théorie des ondulations, tandis qu'il ne s'expliquait pas par l'hypothèse de l'émission.

Cylindre-axe.

Le cylindre-axe est la partie essentielle, conductrice de la fibre nerveuse. Il est nu dans les régions grises; mais en entrant dans la région blanche, il se recouvre d'une matière grasse blanche, dite *myéline*, laquelle est elle-même enveloppée d'une membrane ténue dite *gaine de Schwann*. Celle-ci présente de distance en distance des étranglements, qui divisent la fibre nerveuse en autant de cellules, car chacune d'elles contient, outre la myéline, du protoplasma et des noyaux; mais le cylindre est continu à travers le chapelet de cellules qu'il traverse. Le cylindre-axe sort d'une cellule nerveuse; il se termine par des arborisations au voisinage d'une autre cellule nerveuse. L'ensemble de cette disposition forme un *neurone* (v. ce m.).

Cyniques.

Nom donné à l'école d'Antisthène, de Diogène de Sinope, et de Cratès, précurseurs du stoïcisme, non pas à cause du genre de vie et du mépris de toutes les conventions sociales qu'affectaient ces philosophes (κύων, chien), mais parce qu'Antisthène enseignait dans un gymnase appelé *Cynosarge*.

Cyrénaïques.

École d'Aristippe de Cyrène, qui enseignait qu'il n'y a pas d'autre bien que le plaisir (v. *Hédonisme*).

D

Dabitis.

Syllogisme qui est un *mode indirect* de la première figure, et dont la majeure est universelle affirmative (A), la mineure particulière affirmative (I), la conlusion particulière affirmative (I). Ce mode est le même que *Dibatis*, de la quatrième figure; mais il est ramené à la première par conversion de la conclusion et interversion des prémisses. Ex. :

Di- Quelque fou dit vrai ;
ba- Qui dit vrai doit être écouté ;
tis. Donc tel qui doit être écouté, est fou.
Da- Qui est vrai doit être écouté ;
bi- Quelque fou dit vrai ;
tis. Donc quelque fou doit être écouté.

Daltonisme.

Voir *Dyschromatopsie*.

Darapti.

Syllogisme de la troisième figure, dont la majeure et la mineure sont universelles affirmatives, la conclusion particulière affirmative.

Da- Tout M est P ;
rap- Tout M est S ;
ti. Donc qq S est P.

Un sujet (M) ayant d'une part un caractère constant (P), d'autre part un autre caractère constant (S), les deux caractères peuvent quelquefois être réunis.

Darii.

Syllogisme de la première figure, où la majeure est universelle affirmative (A), la mineure et la conclusion particulière affirmative (I). Soit S le petit terme, sujet de la conclusion, P le grand terme, prédicat de la conclusion, M le moyen.

Da- Tout M est P ;
ri- Quelque S est M ;
i.   Donc qq S est P.

Il consiste à appliquer un principe général à quelque cas spécial ou singulier, qui demeure d'ailleurs incomplètement déterminé.

Darwinisme.

Voir *Transformisme*.

Décision.

L'acte qui met fin à la délibération, et qu'on appelle aussi *détermination*, *résolution*, ou *choix*. (Voir *Délibération*.)

Déclinaison (Table de).

Tabula declinationis, sive absentiæ in proximo (Bacon). Voir *Tables*.

Déclinaison (des atomes).

Voir *Clinamen*.

Déduction.

Le raisonnement déductif consiste à juger qu'une certaine proposition, appelée *conséquence*, est *nécessai-*

rement vraie si une ou plusieurs autres propositions, appelées *principes,* sont vraies. Ce qui caractérise la déduction, c'est donc l'impossibilité de contester la conséquence sans se contredire, une fois qu'on admet les principes. On considère ordinairement la déduction comme identique au syllogisme, ou comme réductible à des combinaisons de syllogismes. Dans le syllogisme la conséquence (ou conclusion) est *contenue dans* les principes (ou prémisses) ; or il n'est pas certain que dans toute déduction, la relation nécessaire entre la conséquence et les principes soit un rapport d'inclusion. La démonstration mathématique, qui est déductive, paraît contenir autre chose que des syllogismes, sans quoi elle ne saurait passer, comme elle le fait presque toujours, du spécial au général.

On oppose ordinairement à la déduction l'*induction,* dans laquelle la conséquence (loi générale) dépasse en extension les principes (faits observés). Descartes oppose la déduction à l'*intuition.* L'intuition est l'aperception immédiate, en un seul acte de l'esprit, de la relation entre la conséquence et le principe. Une intelligence parfaite voit les conséquences dans les principes ; une intelligence finie ne peut considérer à la fois qu'un petit nombre de vérités, et ne peut passer à des conséquences ultérieures qu'en perdant de vue les principes antérieurs. D'où la nécessité d'avoir recours à la mémoire. C'est ce procédé de l'intelligence *discursive* que Descartes appelle déduction.

Dedans, dehors.

Voir *Interne, Externe.*

Défini.

1. Qui est l'objet d'une *définition* (v. ce m.).
2. Le contraire de *indéfini* (v. ce m.). On devrait n'employer les mots *défini* et *indéfini* que dans l'ordre

de la quantité, et les mots *déterminé* et *indéterminé* que dans l'ordre de la qualité; mais cette distinction n'est pas toujours observée. — *Fini* signifie : qui a des limites; *défini* signifie : dont les limites sont ou peuvent être données.

Définition.

La définition est une proposition affirmative dont l'attribut convient universellement au sujet et au seul sujet. C'est donc une universelle affirmative qui a la propriété d'être *convertible simplement* (v. *Conversion*), c'est-à-dire une *toto-totale* (v. ce m.) : Tout triangle est un polygone de trois côtés. — Tout polygone de trois côtés est un triangle. La définition doit convenir à tout le défini, et au seul défini, *omni et soli*. On définit par le *genre prochain* et la *différence spécifique*. En effet : 1° la définition conviendra à tout le défini si on nomme un *genre* dont le défini est une espèce; 2° elle conviendra au seul défini si on y ajoute un caractère (différence spécifique) par lequel cette espèce se distingue de toutes les autres espèces du même genre; 3° en choisissant le genre *prochain*, c'est-à-dire le plus petit en extension qui contienne le défini, la différence sera plus facile à découvrir et plus courte à énoncer; dans le cas contraire, en effet, elle devrait contenir le caractère spécifique du genre prochain.

La *définition de mot* ou *de nom*, ou définition *verbale* ou *nominale*, est une convention de langage par laquelle on lie à un signe vocal ou graphique une idée que l'on détermine. Chaque signe étant par lui-même indifférent à signifier toute sorte d'idées, les définitions de mots sont *arbitraires*, et ne peuvent être contestées. — Les définitions des géomètres sont des définitions de noms.

Un mot étant pris avec sa signification usuelle, on appelle *définition de chose*, ou définition *réelle*, une formule exprimant ce qu'est la chose qu'il signifie. La définition de chose peut être fausse.

Ainsi, quand je dis : *J'appelle* parallélogramme une figure qui, etc., je fais une définition de nom; mais quand je dis : La figure *que les géomètres appellent* parallélogramme est, etc., je fais une définition de chose.

Les définitions des dictionnaires sont des définitions de choses, et non pas de mots, comme on pourrait le croire. Car, dans ce cas, un mot est une chose, un phénomène naturel.

Définition *essentielle*. On peut définir par des caractères accidentels, pourvus qu'ils soient *propres* : L'homme est *un animal qui rit*. La définition essentielle se fait par des caractères tels que sans eux le défini ne serait pas. La définition par l'accident, qui donne l'idée d'une chose par une énumération de qualités dont l'ensemble, convenant à tout le sujet et à lui seul, permet de le distinguer de tout autre, est une *description* plutôt qu'une vraie définition, même si le sujet est caractérisé par deux accidents seulement, dont l'un est genre et l'autre différence. Bacon citait plaisamment : L'homme est un animal qui fait des souliers, — ou qui laboure les vignes. Les caractères essentiels sont constants, tandis que les caractères accidentels ne le sont pas. Aussi les Scolastiques disaient-ils que la définition doit convenir *omni et soli et semper*.

Degrés (Table des).

Tabula graduum sive comparationis. Voir *Tables de Bacon*.

Déisme ou Théisme.

Doctrine qui admet l'existence de Dieu, et d'un Dieu personnel, intelligent et distinct du monde.

Ordinairement on entend par déisme une doctrine purement philosophique, qui ne se fonde pas sur la révélation.

Délibération.

La volonté réfléchie est précédée d'une période plus ou moins longue d'examen et de combat intérieur appelée *délibération*. La délibération suppose une alternative, la notion de deux partis à prendre, dont l'un exclut l'autre, et la croyance que le sujet peut choisir. Elle se compose de deux sortes d'éléments : des idées, jugements, raisonnements, opérations intellectuelles qu'on appelle des *motifs*; des sentiments, instincts, tendances, qu'on appelle des *mobiles*. Les motifs et les mobiles ne peuvent pas d'ailleurs être isolés les uns des autres, tout état de conscience étant intellectuel par l'un de ses aspects et affectif par l'autre; mais le conflit des motifs dépend de lois logiques, tandis que les mobiles sont des forces synergiques ou antagonistes. La délibération se termine par la *résolution*, *décision*, *détermination* ou *choix*.

Démérite.

Voir *Mérite* et *Responsabilité*.

Démiurge.

Δημιουργός, ouvrier. Le *démiurge*, dans le *Timée* de Platon, est Dieu, le suprême artiste, faisant le monde en introduisant la détermination, l'ordre et le bien dans une matière par elle-même indéterminée et fuyante. Le démiurge n'est pas *créateur*, car il ne fait pas le monde *ex nihilo*, il ne crée pas la matière.

Démocratie.

État social dans lequel le pouvoir politique est exercé par le corps social tout entier, sans distinction de caste ni de classe. En fait, la démocratie, la *souveraineté nationale*, est la souveraineté de la majorité, ce qui semble entraîner l'oppression de la minorité; les théoriciens du Blanquisme sont allés jusque-là. Mais la démocratie est essentiellement le *gouvernement de la loi*, tandis que la tyrannie de la majorité serait l'absence de lois, et le *bon plaisir* des gouvernements qui sont momentanément soutenus par la majorité.

Démonstration.

Ἀπόδειξις, raisonnement qui consiste à passer de propositions admises à une proposition qui en résulte nécessairement. Les anciens opposaient ce mot à ἀνάλυσις, qui consiste à partir de ce qui est en question, pour remonter à des principes admis (v. *Analyse*). Aujourd'hui on distingue une démonstration *analytique*, qui consiste à remonter des conséquences aux principes, et une démonstration *synthétique*, qui consiste à descendre des principes aux conséquences. Dans les deux cas, la série des propositions qui s'enchaînent nécessairement est la même, mais on la parcourt en sens inverse.

Le mot démonstration ne s'appliquait d'abord qu'au raisonnement déductif; on dit aujourd'hui démonstration *expérimentale*, en parlant des expériences qui ont pour but non la recherche, comme celles que fait un savant dans son laboratoire, mais la preuve, comme celles que fait un professeur dans son cours.

Dénombrement imparfait.

Paralogisme qui concerne l'*induction formelle* (v. ce m.). Ce raisonnement consistant à affirmer d'un genre ce qu'on a reconnu vrai de chacune des espèces de ce genre, il importe que toutes les espèces aient été examinées. Le genre peut être une propriété abstraite que l'on divise en ses espèces, c'est-à-dire en tous les cas possibles; le dénombrement imparfait consiste à omettre quelqu'un des cas possibles. Ainsi les Cartésiens reprochaient à Gassendi sa démonstration de l'existence du vide par le fait du mouvement : Dans l'hypothèse du plein, disait-il, il n'y a que deux cas possibles : l'immobilité universelle, ou la transmission de chaque mouvement en série linéaire allant à l'infini. Les Cartésiens répondaient : Il y a une troisième hypothèse, celle de la transmission du mouvement selon des courbes fermées (v. *Tourbillons*).

Dénomination.

« J'appelle *manière de chose*, ou *mode*, ou *attribut*, ou *qualité*, ce qui, étant conçu dans la chose et comme ne pouvant subsister sans elle, la détermine à être d'une certaine façon, et *la fait nommer telle* » (Port-Royal.) Les dénominations sont *internes* ou *intrinsèques* quand on les conçoit dans une substance toute seule, comme *rond*, *carré* ; *externes* ou *extrinsèques*, quand elles consistent en des relations de la substance avec autre chose qu'elle-même, comme *aimé*, *vu*, *désiré*. Leibnitz dit que deux substances ne peuvent être entièrement semblables (indiscernables), et, comme elles n'ont point d'action l'une sur l'autre, doivent différer par des « dénominations intrinsèques » (*Monad.*, 9).

Dénotatif, dénoter.

Voir *Connoter, connotatif*.

Déontologie.

Τὸ δέον, ce qu'il faut faire, le devoir. Nom donné par Bentham à son traité de morale. Le *calcul déontologique* de Bentham est l'appréciation de la quantité de plaisir et de peine qui doit être la conséquence de chaque manière d'agir.

Dépersonnalisation.

Illusion qui consiste en ce que le sujet, dans les faits de *fausse reconnaissance*, a conscience de « devenir autre », se sent « rester le même en devenant deux » (Voir *Mémoire* [fausse]).

Dernier.

Fin dernière, celle qui n'est pas le moyen d'une fin ultérieure ; — raison dernière, celle dont il n'y a pas lieu de chercher la raison (v. *Ultime*) ; — dernière espèce, *infima species* (v. *Espèce*).

Désagrégation mentale.

État pathologique bien étudié par Pierre Janet ; il consiste en une difficulté anormale de faire cette synthèse mentale qui constitue la personnalité. On dit aussi *dissolution mentale*, ou *désintégration mentale*.

Description.

Voir *Définition*.

Désir.

Le désir est une inclination, ou tendance qui s'accompagne de la représentation d'un objet, fin de la tendance. Maine de Biran dit que le désir se distingue de l'*appétit* en ce que la *croyance* s'y ajoute ; la croyance n'est pas encore la connaissance réfléchie, mais c'est déjà un élément intellectuel. Kant définit la *faculté de désirer* « la faculté d'être par ses représentations cause de la réalité des objets de ces représentations » (*Crit. du jugement*, Introd.). Le *souhait* est un désir dans lequel l'homme tend par sa représentation *seule* à réaliser l'objet représenté, et ne peut y tendre autrement parce qu'il rencontre une impossibilité ; par exemple, on souhaite de changer le passé (*O mihi præteritos*, etc.), ou, dans l'impatience de l'attente, d'anéantir un intervalle de temps. Les prières et les moyens superstitieux employés pour réaliser des fins impossibles « démontrent la relation causale des représentations à leurs objets, puisque cette causalité ne peut pas même être arrêtée par la conscience de son impuissance à produire l'effet » (*ibid.*). En somme, on s'accorde généralement à distinguer le désir de la tendance en général par les modifications qu'apporte à celle-ci la représentation de la fin.

La distinction du désir et de la volonté est plus embarrassante. Aristote dit que nous désirons même l'impossible, mais que nous ne saurions le vouloir. Cela est contestable ; mais quand même il en serait ainsi, la nature des deux phénomènes serait la même : la volonté prendrait le nom de désir dans le cas où l'effort pour agir serait suspendu, à cause de la persuasion qu'il est inutile. On dit encore que le désir a pour objet la fin, tandis que l'on ne peut vouloir que les moyens. Mais la distinction n'est pas plus profonde. Tant que l'on désire une fin qu'on ne sait réaliser d'aucune manière, le désir ne détermine aucun acte ; dès qu'un acte du sujet lui apparaît comme un moyen de réaliser la fin qu'il désire, cet acte devient pour lui un bien, à cause de la fin dont il est le moyen, et, par suite, il est désiré ou voulu. La plupart des psychologues distinguent la volonté du désir, non par des différences dans la nature intime des deux phénomènes, mais par la diversité des circonstances dans lesquelles ils s'accomplissent.

Si les deux faits sont réellement distincts, le désir est un attrait que l'on subit, la volonté un pouvoir que l'on exerce. Désirer, c'est subir l'empire des choses ; vouloir, c'est être maître de soi. Le désir est, selon Kant, une *hétéronomie*, tandis que toute volonté véritable est une *autonomie*. La distinction de la volonté et du désir n'est pas autre chose, au fond, que la question du *libre arbitre*.

Désitive (Proposition).

Sorte de proposition modale, qui exprime qu'une chose a cessé d'être, ou d'être telle ou telle, à tel moment. C'est l'opposé des propositions *inceptives*.

Destin.

Voir *Fatalisme*.

Destinée.

La destinée d'un être, c'est d'abord l'avenir qui lui est réservé. Plus spécialement, c'est un avenir en vue duquel il a été fait, et qui explique sa nature. Ainsi le contraste, si puissamment dépeint par Pascal, entre la grandeur de l'homme et sa faiblesse, ferait de lui un être inexplicable sans sa destinée morale et religieuse.

Résoudre *le problème de la destinée humaine*, c'était, dans la philosophie spiritualiste, démontrer, par l'étude de la nature de l'homme, qu'il est appelé à conquérir et à mériter par la vertu la vie éternelle et bienheureuse.

Déterminant.

Le jugement est *déterminant* quand, le général étant donné, on y retrouve le spécial ou l'individuel. Il est *réfléchissant* quand, au contraire, l'individuel ou le spécial étant donné, on y découvre le général. Ce jugement : *Socrate est homme*, est déterminant si, partant de l'idée *d'homme*, je juge que je puis l'attribuer à Socrate ; il est réfléchissant si, partant du sujet *Socrate*, je découvre en lui la qualité *d'homme*.

Déterminatif.

En logique formelle, dans un terme complexe, l'addition qui se fait au terme simple est *déterminative* ou *explicative*. Elle est déterminative quand elle augmente la compréhension du terme simple et, par suite, en restreint l'extension. Dans ce terme : *Les rois qui doivent être respectés*, l'addition est déterminative si l'on veut dire : Ceux d'entre les rois qui doivent être respectés ; elle est explicative si l'on veut dire : Les rois, lesquels doivent tous être respectés.

Détermination.

1. L'acte qui met fin à la *délibération*, et qui consiste à prendre parti ; on l'appelle aussi *décision*, *résolution* ou *choix*.

2. Qualité par laquelle une chose, ou la notion d'une chose, se distingue de ce qui n'est pas elle.

Déterminé.

Voir *Défini* et *Indéterminé*.

Déterminisme.

Doctrine d'après laquelle tout phénomène est déterminé par les circonstances dans lesquelles il se produit, de sorte que, un état de choses étant donné, l'état de choses qui le suit en résulte nécessairement.

Le déterminisme est bien différent du fatalisme. Tandis que, pour les fatalistes, la nécessité est *transcendante*, la nature obéissant à une puissance plus forte qu'elle, Destin ou Dieu, les déterministes ne parlent que d'une nécessité *immanente*, qui se confond avec la nature. Le déterminisme n'est autre chose que le principe de l'universalité des lois naturelles : il n'y a pas de contingence, pas de hasard, pas de miracle; ou encore : il n'y a pas — dans la nature — de cause première ni de commencement absolu. C'est le postulat sur lequel repose toute induction, et, par suite, toute science de la nature.

Dans l'ordre des faits psychologiques, le déterminisme exclut le libre arbitre; on peut sans doute réussir à concilier le déterminisme avec une certaine spontanéité de l'être intelligent, ou même plus généralement de l'être vivant. Mais c'est abuser des mots que de donner à cette spontanéité le nom de libre arbitre; car libre arbitre se dit, soit en un sens négatif: indétermination et contingence dans la succession des phénomènes; et c'est alors la *négation* du déterminisme; — soit en un sens positif: pouvoir de se déterminer soi-même, la volonté étant une cause première et son acte un commencement absolu; et c'est alors le *contraire* du déterminisme.

Déterminisme psychologique ou *idéo-moteur*. Voir *Idées-forces*.

Développement.

En biologie, le développement d'un vivant est le processus par lequel, partant d'une cellule primitive, il s'accroît en volume et acquiert une structure de plus en plus complexe, jusqu'à ce qu'il arrive à l'état adulte. La durée du développement est variable pour les divers organes d'un même vivant, et tous ne deviennent pas adultes en même temps. Un organe est adulte quand il est devenu incapable d'acquérir aucune modification de structure ni aucune fonction nouvelle; la nutrition n'a plus alors pour effet que de l'entretenir et au besoin de le renforcer.

Devenir.

On oppose souvent l'Être et le Devenir, *Esse* et *Fieri*. Rien n'est, disait Héraclite, puisque tout devient. Ce qui est ne saurait devenir, disait Parménide; le devenir est donc une illusion. Ainsi se trouva posé le *problème du devenir*.

Devoir.

Tout être dont l'activité est éclairée par une intelligence conçoit d'avance des actes *possibles*, qui s'accompliront s'il le veut; et, parmi ces actes, certains lui apparaissent en même temps comme *nécessaires*; un acte ne saurait évidemment être possible et nécessaire sous le même rapport. Il est possible *en fait* : on peut l'accomplir ou ne pas l'accomplir; il est nécessaire *en droit* : il fait partie d'un ordre idéal de perfection que la raison conçoit. Cette alliance du possible et du nécessaire constitue l'obligation ou le devoir. Le devoir consiste à faire passer l'*idéal* dans le *réel*, la *raison* dans la *nature*.

On appelle *matière* ou *contenu* du devoir l'acte qu'on doit accomplir; et *forme*, le caractère de nécessité pratique que cet acte revêt dans notre conscience. Selon Kant, la matière du devoir se déduit de sa forme; le devoir est un *impératif catégorique* (v. *Impératif*), c'est-à-dire une loi à laquelle on obéit sans y être déterminé par aucun autre motif que le respect de la loi. Les actes sont bons ou mauvais selon qu'ils peuvent, sans contradiction, être commandés ou défendus par un impératif catégorique. On appelle *morale du Devoir*, la doctrine qui définit ainsi le Bien par le Devoir.

D'autres doctrines morales, au contraire, définissent d'abord le Bien par le plaisir, l'intérêt, le sentiment, etc., et s'efforcent ensuite d'expliquer le caractère de nécessité pratique que prennent pour nous certaines manières d'agir, soit par la forme de nécessité que notre raison aime à imposer à tous ses objets, soit par l'influence que la société exerce sur l'individu. Dès lors, il n'y a plus d'Impératif catégorique; les devoirs sont des impératifs *hypothétiques* d'une certaine espèce; et, de plus, le Devoir ne coïncide plus avec le Bien.

Devoirs *positifs*, actes qu'on doit faire.
Devoirs *négatifs*, actes dont on doit s'abstenir.
Devoirs *stricts*, *larges* (v. *Strict*).
Devoirs de *justice*, de *charité* (v. ces m.).
Conflit de devoirs (v. *Conflit*).

Dialectique.

La dialectique, c'est d'abord la méthode qui procède par dialogues. « Celui qui sait interroger et répondre, comment l'appellerons-nous, sinon dialecticien? » (Platon, *Cratyle*, 390 c.) Ainsi faisait Socrate; persuadé que la science ne s'enseigne pas, c'est-à-dire ne se communique pas d'un esprit à un autre, mais que chacun la découvre en soi-même, qu'elle ne saurait s'écrire, et s'enfermer dans des livres, mais qu'elle est une chose active et vivante, il ne la conçoit pas autrement que sous la forme du dialogue, et Platon lui-même conservera cette forme à ses écrits. On ne saurait légitimement tirer une conséquence sans s'être mis d'accord sur le principe, faire un pas en avant sans être assuré qu'on est suivi. Ainsi entendue, la dialectique tend à se confondre avec l'art de la discussion, et c'est en ce sens que les anciens ont pu dire que Zénon d'Élée en était l'inventeur, et qu'ensuite les Mégariques y avaient excellé (v. *Éristique*).

Mais le dialogue n'est que la forme de la méthode socratique, et cette forme n'est pas nécessaire. Socrate cherche toujours à établir et à définir une idée générale pour chaque pluralité : la Beauté par laquelle toutes les choses belles sont belles, la Justice par laquelle tous les justes sont justes, en un mot à faire des classifications et des définitions qui permettent de dire, pour chaque chose, ce qu'elle est. Ce qui caractérise la dialectique, c'est le sens que Socrate, et surtout Platon, ont attribué aux classifications et aux idées générales. Pour nous, le genre est un concept, dont la compréhension est d'autant moindre que son extension est plus grande; à mesure qu'on s'élève dans l'échelle des genres, les concepts s'appauvrissent et se vident, si bien que le genre suprême, qui serait, par exemple, *l'être*, est absolument indéterminé. Pour les dialecticiens, au contraire, le genre n'est pas un simple concept; il ne se forme pas par abstraction, par élimination des caractères différentiels des espèces; il se forme par la synthèse des espèces; il les contient et les dépasse; et comme il les contient toutes, il est plus riche, plus déterminé que chacune d'elles. Aussi le genre suprême n'est-il pas l'*Être*, indéterminé et sans qualités, mais la *Perfection* ou le *Bien*, c'est-à-dire la synthèse de toutes les déterminations et de toutes les qualités. La généralisation ne conduit donc pas à des abstractions toutes subjectives ; le genre contient les espèces, non seulement en extension, mais aussi en compréhension, et on peut les y apercevoir, avec leurs différences et leurs rapports, dans leur ordre et leur unité.

La théorie des Idées de Platon est la plus parfaite expression de la méthode dialectique. Le genre est plus réel que l'espèce, et il est la raison de l'espèce ; le genre suprême est la réalité suprême, qui contient et explique toutes les autres. Toutes les métaphysiques retombent plus ou moins dans l'illusion dialectique. Les Cartésiens étaient dialecticiens quand ils disaient que l'idée d'infini est positive, et que c'est l'idée de fini ou de limitation qui est négative, et quand ils prétendaient trouver dans l'idée de l'être parfait, et l'existence de cet être, et une infinité d'attributs infinis. Kant a raison de donner le nom de *dialectique* aux raisonnements de la « métaphysique dogmatique », non seulement parce que « la dialectique est la logique de l'apparence », mais parce que ces raisonnements tendent tous à attribuer une valeur objective à des concepts abstraits, et à méconnaître que plus on abstrait, plus on généralise, et plus on s'éloigne du réel. L'*argument ontologique*, ou le passage de l'idée à l'être, peut être considéré comme le type du raisonnement dialectique.

Diallèle.

Les Sceptiques anciens appelaient *diallèle* tout raisonnement par lequel les dogmatiques prétendent démontrer la valeur de la raison humaine. Un tel raisonnement est, en effet, un cercle vicieux (δι' ἀλλήλων, choses qui se démontrent les unes par les autres), car toute démonstration suppose admise la valeur de la raison humaine.

Dibatis.

Syllogisme de la quatrième figure. Voir *Dabitis*.

Dichotomie.

Les anciens appelaient ainsi l'argument par lequel Zénon démontre que si l'être est multiple, il doit être infini en grandeur, et infini en nombre. Car les parties de l'être doivent avoir une grandeur et être séparées; or, le vide n'existant pas, il faut entre elles d'autres parties pour les séparer; celles-ci à leur tour doivent être séparées des premières par d'autres parties et ainsi de suite à l'infini. D'où il résulte que le multiple est infiniment grand et composé d'un nombre infini de parties. Cet argument est appelé dichotomie parce qu'il revient à dire que toute division *en deux* parties suppose une troisième partie pour les séparer.

Dichotomique (Division ou Classification).

Celle dans laquelle chaque genre se divise en deux espèces qui l'épuisent. C'est ce qui arrive lorsque ces deux espèces se distinguent par la présence dans l'une et l'absence dans l'autre d'un seul et même caractère. Les classifications dichotomiques ont l'avantage de comprendre tous les cas possibles, et de ne laisser aucun résidu, mais elles ne sont guère applicables qu'à des idées abstraites.

Dictum de omni, dictum de nullo.

Principes fondamentaux de tous les syllogismes : ce qui est affirmé de tout un genre, peut-être affirmé de toute espèce ou de tout individu du genre; ce qui est nié de tout un genre, peut être nié de toute espèce ou de tout individu du genre.

A dicto secundum quid ad dictum simpliciter, paralogisme qui consiste à passer du sens relatif d'un terme ou d'une proposition au sens absolu : *On doit obéir aux lois*; il est évident qu'il ne s'agit pas de toutes les lois, mais de celles de son pays, et pendant le temps qu'elles sont en vigueur.

Diététique.

Chez les Anciens, art de prescrire le régime qui conserve ou qui rend la santé.

Dieu.

Dieu, c'est l'*Être suprême*. Mais cet Être suprême est conçu de façons bien différentes dans les divers systèmes philosophiques. Il est *transcendant*, c'est-à-dire substantiellement distinct du monde et supérieur à lui, ou *immanent*, c'est-à-dire substantiellement identique au monde (panthéisme); mais dans ce dernier cas il se distingue du monde, en ce que le monde est un total d'éléments multiples, et que Dieu est un; ainsi, dans le spinozisme, Dieu est la *nature naturante*, le monde la *nature naturée*; chez les Stoïciens, Dieu est l'âme du monde, le principe doué de sentiment et de raison qui l'anime et le dirige. En sorte qu'on pourrait dire d'une manière générale et pour tous les systèmes, que Dieu est l'Être qui est le principe d'unité de l'univers. L'athéisme reviendrait à dire ou qu'il n'y a aucun principe d'unité de l'univers, ou que ce principe n'est pas un être, mais une abstraction.

Différence *spécifique*, ou simplement *différence*.

Caractère par lequel une espèce se distingue des autres espèces du même genre. C'est l'un des cinq *universaux* (v. ce m.). Toute différence doit être un caractère *propre*; cependant on distingue la *différence propre*, qui est un caractère accidentel, et la différence *essentielle*. L'homme est un animal *qui rit*; rire est le propre de l'homme, mais ce n'est pas l'essence de l'homme (Voir *Propre*, *Essence*, et *Définition*.)

Différence (Méthode de).

Pour chercher une loi naturelle, c'est-à-dire une relation constante entre deux termes, l'un de ces termes doit être connu, sans quoi on ne saurait pas ce qu'on cherche, l'autre inconnu. La méthode de différence consiste à comparer deux cas, *aussi semblables que possible*, mais dont l'un présente, l'autre ne présente pas le terme connu. Ils doivent différer aussi par la présence ou l'absence du terme cherché, et ce terme sera d'autant plus sûrement isolé que les deux cas seront plus semblables.

Différenciation.

Évolution par laquelle des organes similaires, influencés dans leur développement par des circonstances différentes, deviennent des organes différents. Par suite, une espèce primitivement unique se différencie en plusieurs espèces. C'est par différenciation que se fait le passage de l'homogène à l'hétérogène, qui est le caractère le plus frappant de l'évolution. La différenciation des organes concorde avec la spécialisation des fonctions.

Différentiel (Calcul).

Voir *Infinitésimal*.

Dilemme.

Sorte de syllogisme composé. C'est une alternative, c'est-à-dire une proposition disjonctive, dont les deux membres étant pris successivement comme principes, on en tire une seule et même conséquence. Cette conséquence est nécessairement vraie à condition que la proposition initiale soit rigoureusement disjonctive, et n'admette pas la possibilité d'une troisième hypothèse.

Dilettantisme.

Il consiste à prendre un plaisir d'artiste à suivre la lutte des idées, et à s'intéresser à la philosophie en se désintéressant de la vérité.

Diplopie.

Anomalie de la vision, qui consiste à voir les objets doubles. C'est ce qui a lieu lorsque l'image qui se fait sur le centre de la tache jaune des deux rétines n'est pas celle d'un même point de l'objet.

Disamis.

Syllogisme de la troisième figure, dont la majeure est particulière affirmative (I), la mineure universelle affirmative (A), la conclusion particulière affirmative (I).

Di-   Quelque M est P ;
sa-   Tout M est S ;
mis.   Donc qq S est P.

Un sujet M ayant d'une part un caractère constant S, pouvant d'autre part avoir accidentellement un autre caractère P, ces deux caractères peuvent quelquefois au moins se trouver réunis.

On peut intervertir l'ordre des prémisses et convertir la conclusion; on a alors un argument en Datisi, qui est tout à fait équivalent.

Discret.

S'emploie parfois dans le sens de discontinu. Le nombre est la *quantité discrète*.

Discrétives.

Sorte de propositions composées exprimant une distinction : Je perdrai la vie, mais non l'honneur; — *Et mihi res, non me rebus subjungere conor.*

Discrimination.

Opération par laquelle l'esprit discerne les objets les uns des autres. Des expériences ont été faites pour déterminer quelle est la plus petite différence de poids, de température, de coloration ou d'intensité lumineuse, de hauteur ou d'intensité du son, etc., que les sens peuvent discerner.

Discursif.

La pensée discursive (διάνοια) est celle qui passe d'un objet à un autre, par exemple, du principe à la conséquence. On l'oppose à la pensée intuitive (νόησις), qui aperçoit les conséquences dans les principes, et contemple tous ses objets, pour ainsi dire d'un seul regard, sans avoir besoin de les parcourir. La pensée divine serait purement intuitive, celle de l'homme est discursive.

Toutefois si l'esprit cessait d'apercevoir le principe

quand il passe à la conséquence, il serait incapable d'en saisir la liaison. La pensée discursive suppose donc le pouvoir de réunir plusieurs intuitions en une seule. Juger, ce n'est pas passer du sujet à l'attribut, c'est apercevoir, par une intuition unique, le rapport de l'attribut au sujet ; raisonner, c'est apercevoir, par une intuition unique, les principes et la conséquence. Et la faculté d'embrasser en un seul regard de l'esprit une suite plus ou moins longue de conséquences est sans doute l'une des principales causes de l'inégalité des intelligences.

Disjonction.

Proposition disjonctive. — Les jugements ou propositions sont disjonctifs quand ils se composent de deux relations, dont chacune n'est affirmée que si l'autre est niée. Ils équivalent, en réalité, à deux jugements hypothétiques. Ainsi A est B ou C équivaut à :

    Si A n'est pas C, il est B ;
    Si A n'est pas B, il est C.

Ces deux propositions doivent être prouvées séparément. Leur ensemble forme une alternative.

Syllogisme disjonctif, celui qui a pour majeure une proposition disjonctive. Il a deux modes, *modus ponendo tollens*, et *modus tollendo ponens*.

Dissociation.

L'analyse des agrégats donnés par l'expérience ou formés par association est une fonction psychologique trop peu connue, et aussi importante que l'association elle-même. Cette dissociation, qui n'altère pas le caractère des éléments qu'elle sépare, doit être distinguée de l'*abstraction* (v. ce m.).

Distance (perception visuelle de la).

Les perceptions naturelles de la vue s'ordonnent dans un espace à deux dimensions, puisque l'image rétinienne est une surface. La perception de la distance est donc acquise pour le sens de la vue ; et cela est vrai non seulement pour l'appréciation des distances relatives des objets, mais pour la perception de la distance elle-même. Les objets ne sont pas vus primitivement sur un même plan, ou sur une sphère, c'est-à-dire tous à la même distance. Ils ne sont vus à aucune distance.

Distinct.

Opposé à *Confus*. Voir *Clair* et *Confus*.

Distinction.

Différence, ce qui permet de distinguer. Descartes compte trois sortes de distinctions :

1° Distinction *réelle*, celle qui est entre deux substances. Deux substances sont distinctes quand on peut concevoir clairement et distinctement l'une sans l'autre.

2° Distinction *modale*, a) entre le mode et la substance, b) entre les divers modes d'une même substance.

3° Distinction *de raison*, qui ne se fait que par la pensée ; comme distinguer une substance de quelqu'un de ses attributs sans lequel il est impossible de la concevoir distinctement (ex. la durée n'est distincte de la substance que pour la pensée, car il n'y a pas de substance qui ne cesse d'être en cessant de durer), et aussi distinguer deux attributs qui sont impossibles l'un sans l'autre (ex. l'étendue et la divisibilité) (*Princ.*, I, 62).

Distraction.

C'est, en général, l'absence de l'attention. La distraction a pour effet de supprimer certains faits qui exigent l'attention ; par exemple, des perceptions n'ont pas lieu, ou bien elles ne laissent pas de souvenir, ou bien des perceptions différentes sont confondues ; ou bien des mouvements se font automatiquement, et ne sont pas réprimés, inhibés ; ou bien des mouvements ne sont pas coordonnés. On a distingué une distraction *primitive*, qui n'est que l'absence d'attention ; et une distraction *secondaire*, qui provient de ce que l'attention, concentrée sur un objet, ne peut pas s'appliquer en même temps à d'autres.

Distributif.

Qui concerne tous les individus d'un groupe pris un par un ; tandis que collectif est ce qui concerne le groupe pris comme tout.

Justice distributive. — C'est la répartition des biens et des maux proportionnellement au mérite et au démérite des personnes. On l'oppose à la justice *commutative* (v. ce m.).

Divisibilité.

On distingue la divisibilité mathématique et la divisibilité physique. La première est nécessairement indéfinie : on ne peut concevoir que les parties d'une grandeur soient sans grandeur, ni que ce qui a une grandeur soit indivisible. La divisibilité physique peut avoir une limite ; car on peut arriver à des éléments tels que, si on peut les concevoir divisés, la division en est impraticable, par exemple s'il n'existe aucune force capable de vaincre la cohésion de leurs parties.

Descartes a considéré la matière comme divisible

à l'infini; c'est qu'ayant identifié la matière avec l'étendue, la distinction du physique et du mathématique ne lui est plus possible.

Division, propositions divisives.

Les Scolastiques distinguaient la *division*, qui partage un genre (*omne*) en ses *inférieurs*, de la *partition*, qui partage un tout (*totum*) en *parties intégrantes*. Il y a quatre sortes de propositions divisives :

1° Diviser le genre en ses espèces : Les courbes du 2ᵉ degré sont le cercle, l'ellipse, la parabole et l'hyperbole ;

2° Diviser le genre par ses différences : Les polygones sont réguliers ou non réguliers ;

3° Diviser un sujet par les accidents opposés qu'il comporte : L'homme est endormi ou éveillé ;

4° Diviser un accident en ses divers sujets : La respiration peut être considérée dans les animaux et dans les végétaux.

On voit que la proposition divisive est, quant à la forme, une proposition disjonctive.

La division rigoureuse : 1° doit être *entière*, embrasser toute l'extension du terme à diviser ; 2° ses membres doivent être *opposés*. Ce double résultat est atteint le plus parfaitement dans la division *dichotomique* (v. ce m.). Il faut prendre garde qu'aucun objet ne puisse être rangé à la fois dans deux termes d'une même division. Ainsi il ne faut pas diviser les opinions en vraies, fausses et douteuses, car toutes les opinions, même les douteuses, sont vraies ou fausses. En ce cas, il faut faire deux divisions : 1° toutes les opinions sont vraies ou fausses ; 2° toutes les opinions sont certaines ou douteuses.

Fallacia divisionis, — *a diviso ad integrum* (v. Fallacia.)

Dolichocéphale.

Qui a le crâne allongé, ce qui sert à caractériser certaines races humaines. On l'oppose à *Brachycéphale* (v. ce m.).

Dogmatisme.

On oppose le *dogmatisme*, qui affirme la possibilité de la science, au *scepticisme* qui la met en doute. Mais ces deux mots ne désignent que deux opinions extrêmes. Le dogmatisme considère la science comme la connaissance de la réalité telle qu'elle est, comme la prise de possession par l'esprit de l'objet qui est en dehors de lui.

Le débat entre les sceptiques et les dogmatiques s'est naturellement porté surtout sur les principes de la connaissance. En ce qui concerne les données de la connaissance, les dogmatiques ont soutenu que nous percevons certaines qualités des corps dites *qualités primaires* (étendue et résistance) telles qu'elles sont. En ce qui concerne les « notions et vérités premières », les dogmatiques les considèrent comme des lois des choses aussi bien que de la pensée. Le *criticisme* est une attitude intermédiaire entre le dogmatisme et le scepticisme : les principes à priori de la connaissance sont les lois de l'esprit, lois d'après lesquelles il pense les données de l'expérience; c'est faire un *usage illégitime* de ces principes que de les appliquer à des *choses en soi*; et Kant, dans la *Dialectique trancendantale* montre que tous les raisonnements de la « métaphysique dogmatique » sont des paralogismes.

Dogme (opinion, objet de croyance.)

On n'emploie ordinairement le mot *dogme* que pour désigner une opinion imposée par une autorité, et placée au-dessus de l'examen et de la critique.

Données.

Les données d'un problème sont les éléments connus à l'aide desquels il s'agit de déterminer l'inconnue. Les données s'appelaient chez les anciens, et s'appellent encore souvent, ὑποθέσεις, les *hypothèses*.

Les données de la connaissance sont les matériaux sur lesquels l'esprit opère, qu'il ne peut pas inventer ni changer. Ce sont toujours des modifications produites en nous soit par l'excitation des organes des sens, soit par notre propre activité interne. La faculté d'éprouver ces modifications s'appelle *expérience* (v. ce m.).

Douleur (v. *Plaisir*).

On distingue la douleur physique et la douleur morale, ou peine. Le plaisir physique est une qualité qui s'ajoute à une sensation; une sensation agréable est toujours déterminée à la fois comme sensation et comme agréable. Il ne semble pas en être de même de la douleur, que quelques physiologistes considèrent comme une sensation spécifiquement distincte. Il y aurait même des nerfs *dolorifères*, distincts des nerfs de la sensibilité spéciale, et des agents dits *analgésiques*, capables de paralyser ces nerfs en respectant les autres (v. *Analgésie*).

Doute.

État de l'esprit qui reste en suspens sans affirmer ni nier. Le doute suppose que l'esprit conçoit un jugement comme possible, et le jugement contradictoire comme possible aussi; douter, c'est donc *penser* sans *juger*. Les anciens appelaient le doute ἐποχή, de ἐπέχω, ou ἐπέχομαι, se retenir; les modernes diraient que le doute est une *inhibition* (v. ce m.).

Doute méthodique.

Procédé logique de Descartes, qui consiste à rejeter toute opinion antérieurement acceptée, et à n'en admettre aucune nouvelle sans y être contraint par une évidence irrésistible. Le doute méthodique est resté le principe fondamental de la méthode scientifique.

Droit.

Le droit et le devoir sont une seule et même relation ; elle est un devoir pour l'agent, un droit pour l'*agi* ; par exemple, la *dette* et la *créance*, qui en sont des espèces, sont une seule somme d'argent, que le débiteur a le devoir de payer, que le créancier a le droit de recevoir. — Cependant on objecte ordinairement que le droit est plus limité que le devoir : le riche a le devoir de faire l'aumône, mais le pauvre n'a pas le droit de l'exiger. Pour lever cette difficulté il suffit de tenir compte de la distinction entre les devoirs *stricts* et les devoirs *larges* (v. *Strict*). Aux devoirs stricts correspondent des droits exigibles ; aux devoirs larges correspondent des droits tout aussi réels, mais non exigibles, parce que l'acte obligatoire n'est pas complètement déterminé. En même temps qu'il a le devoir absolu de faire l'aumône, le riche a le droit de choisir, par son initiative et sous sa responsabilité, les pauvres qu'il convient de secourir et les secours qu'il convient de leur donner. En même temps qu'il a le droit absolu d'être secouru, le pauvre a le devoir de respecter l'initiative du riche. Ces droits non exigibles sont souvent méconnus ; ils sont pourtant de vrais droits ; pareillement les devoirs larges sont souvent considérés comme un surcroît, et il semble qu'en les accomplissant on fasse *plus que son* devoir, ce qui est impossible, car on doit faire de son mieux; notre devoir n'a pas d'autre limite que celle de notre pouvoir.

On appelle *droit naturel*, l'ensemble des droits et devoirs que la raison prescrit; *droit positif*, l'ensemble des droits et devoirs formulés et sanctionnés par les lois écrites. — Le *Droit* est la science des lois. Le *Droit des gens* (*gentes*, les nations) est le droit international; on le divise en *privé* et *public*, selon qu'il règle des rapports entre individus de nationalités différentes, ou des rapports entre des nations.

Dualisme.

Toute doctrine qui explique soit un ordre de choses, soit tout l'Univers, par l'action combinée de deux principes opposés et irréductibles.

La métaphysique de Descartes, qui admet deux sortes de substances, la substance étendue ou corps, et la substance pensante ou esprit, est un dualisme. Celle de Spinoza, qui ne reconnaît qu'une seule substance est un *monisme*, mais le dualisme reparaît dans la doctrine des attributs, car la substance a deux attributs à nous connus, l'étendue et la pensée, et tous les phénomènes sont soit des modes de l'étendue, soit des modes de la pensée. — Mais on ne donne pas le nom de dualisme aux doctrines qui admettent deux principes dont l'un est subordonné à l'autre : ainsi l'opposition du monde sensible et du monde intelligible, de la *matière* et de l'*idée* dans Platon, celle de la *puissance* et de l'*acte* dans Aristote, celle du *noumène* et du *phénomène* dans Kant, ne constituent pas des doctrines dualistiques.

J'ai nommé *dualisme logique* la division des sciences en abstraites ou purement déductives, et en concrètes ou expérimentales et inductives.

Dualisme oriental, v. *Manichéisme*.

Durée.

Descartes distingue le *temps* de la *durée* : « Le temps, que nous distinguons de la durée prise en général, et que nous disons être *le nombre du mouvement*, n'est rien qu'une certaine façon dont nous pensons à cette durée. » (*Princ.*, I, 57.) Ainsi le temps serait la partie de la durée pendant laquelle un phénomène s'accomplit; la durée serait infinie, le temps serait une quantité; la durée existerait objectivement, non qu'elle soit une réalité par elle-même, mais en ce sens que les choses durent réellement; le temps n'existerait que dans l'esprit qui le mesure. — Cette distinction n'est pas consacrée. Même on dirait plutôt aujourd'hui le *temps*, au sens abstrait et général, et la *durée* d'un phénomène. — On peut faire les mêmes remarques au sujet de l'*étendue* et de l'*espace*.

Dynamique.

On donne en mécanique rationnelle deux sens un peu différents à ce mot : 1° la *cinématique* est l'étude du mouvement considéré en lui-même; la *dynamique*, celle des forces qui produisent le mouvement; 2° pour démontrer les théorèmes généraux relatifs aux forces, on commence par démontrer des théorèmes relatifs au cas spécial où leur résultante est nulle, et l'on oppose la *statique*, qui conduit aux équations d'équilibre, à la *dynamique*, qui conduit aux équations de mouvement.

Ainsi la mécanique rationnelle prend le nom de dynamique soit à partir du moment où l'on introduit la notion de force (la dynamique s'oppose alors à la cinématique, et comprend la statique), soit à partir du moment où on considère les forces produisant du mouvement (elle s'oppose alors à la statique).

Dynamique mentale, dynamique sociale. — On peut considérer les motifs et les mobiles de l'activité volontaire, les tendances, les habitudes, les instincts de l'activité involontaire, comme des forces qui se combinent diversement entre elles d'après des lois. Il y aurait donc une dynamique de la vie morale et sociale de l'homme comme il y a une dynamique des forces qui constituent le monde physique.

Dynamisme.

S'oppose à *mécanisme* (v. ce m.). Tandis que, pour le mécanisme, l'être est inerte, incapable de se mouvoir, ni de produire aucune modification de lui-même, par conséquent distinct de la force, et passif à l'égard de la force, pour le dynamisme, au contraire, l'être est identique à la force; il est essentiellement agissant, et ses modifications sont ses actes.

Dynamogénèse.

Génération de la force. D'après le principe de la conservation de l'énergie, il n'y a pas de génération de force, mais on nomme dynamogénèse le passage de l'énergie de l'état latent ou *potentiel* à l'état *actuel*. En psychologie, on a appelé *loi de dynamogénèse* la loi suivante : toute sensation ou représentation tend à se réaliser en mouvements et en actions organiques.

Dynamogénie.

Même sens. On dit quelquefois que le plaisir (ou quelque autre cause) est *dynamogénique*, c'est-à-dire qu'il accroît la puissance et le besoin d'agir, tandis que la douleur, par exemple, déprime les facultés actives.

Dyschromatopsie.

Anomalie, congénitale ou acquise, de la vision des couleurs. Le sujet est devenu aveugle relativement à une certaine couleur, à un certain groupe de radiations occupant une région plus ou moins étendue du spectre. Ce que l'on constate, en pareil cas, ce n'est pas l'absence d'une certaine espèce de sensations lumineuses, mais l'incapacité de distinguer certaines couleurs de certaines autres qui sont complémentaires des premières : le plus souvent, le sujet ne distingue pas le rouge du vert (daltonisme); parfois aussi c'est la distinction du jaune et du violet qui fait défaut.

Dysmnésie.

Amnésie partielle. Ce terme est à peu près inutile, car toutes les amnésies sont partielles. La perte totale de la mémoire serait la perte totale des facultés intellectuelles.

E

La lettre E désigne, en logique formelle, la proposition universelle négative. Dans la Logique de Hamilton (v. *Quantification* du prédicat), E désigne la proposition toto-totale négative, et la lettre grecque η la proposition toto-partielle négative.

Eccéité.

Hæcceitas, de *hæcce res*, la chose que voici. Mot forgé par Duns Scot pour traduire τὸ τοδί τι d'Aristote, ce qui est tel qu'on peut dire : le voici, c'est-à-dire l'être individuel (en grec, ὅδε, ἥδε, τόδε est le pronom *démonstratif* proprement dit, et s'emploie quand on désigne du geste l'objet dont on parle). L'eccéité est donc la propriété d'exister individuellement, et de se révéler comme tel à l'expérience. Leibnitz écrit *heccéité*.

Écholalie.

Dans certains états neuropathologiques, le sujet présente un curieux phénomène de suggestion par imitation : les yeux fixés sur la personne qui le suggestionne, il en reproduit tous les mouvements, et notamment les mouvements vocaux : de là *la parole en écho*. Il répète les questions au lieu d'y répondre.

Éclectisme.

De ἐκλέγειν, choisir ; méthode philosophique qui consiste à rassembler des opinions puisées dans des systèmes philosophiques divers et même opposés. L'éclectisme repose ordinairement sur cette opinion que les systèmes sont défectueux parce qu'ils sont étroits et exclusifs, et, en général, vrais par ce qu'ils affirment et faux par ce qu'ils nient. — On donne spécialement le nom d'éclectisme à la philosophie de Victor Cousin, qui prend le *sens commun* pour critérium de ce qu'il y a de vrai et de faux dans chaque système.

École.

Aux XVIᵉ et XVIIᵉ siècles, *l'École* désigne la philosophie qu'on a depuis nommée *scolastique* (v. ce m.).

Économie.

Principe ou loi d'*économie*, ou de *parcimonie*. Voir *Action (principe de moindre)*.

Économie politique.

Science assez mal définie, et encore plus mal nommée, qui traite de la *richesse*. La richesse peut être définie *tout ce qui a une valeur d'échange*. Le *travail* est alors à la fois une richesse, car il se vend et s'échange, et un des facteurs ordinaires de la richesse; de là une certaine obscurité que l'on dissiperait en définissant l'économie politique : la science des *lois de l'échange*. Les économistes ne s'occupent en général que des richesses matérielles, bien que les *richesses immatérielles* s'échangent souvent contre les premières, et selon des lois analogues. L'économie politique n'est en réalité que la partie la mieux connue d'une science plus générale, celle des lois des relations sociales, en tant que ces relations sont des *services* (v. ce m.). — Quelques-uns disent la *Science Économique*, ou l'*Économique*, pour éviter le mot *politique*, assez malencontreux ici.

Écossisme.

Ou *Philosophie Écossaise*, école qui a fleuri à Édimbourg, Glascow et Aberdeen, de Reid à Hamilton. C'est la philosophie du *sens commun*.

Éducation.

Tout être vivant apporte en naissant des tendances à reproduire la structure et les fonctions de ses générateurs; c'est l'*hérédité*. D'autre part, il subit l'influence du milieu, ou s'efforce lui-même de s'adapter aux circonstances dans lesquelles il est obligé de vivre; c'est l'*éducation*, au sens le plus général du mot. L'hérédité et l'éducation sont antagonistes; la première tend à la fixité, la seconde à la variation. — L'adaptation au milieu, en tant qu'elle résulte des efforts et de l'initiative de l'individu, s'appelle *self-education* ou éducation de soi-même. Au sens étroit, l'éducation est une transformation intellectuelle, morale, organique de l'individu par l'influence d'autrui.

Éducation des sens.

Les sens de l'animal et de l'enfant commencent à s'exercer dès la naissance, et même avant la naissance ; c'est en fonctionnant qu'ils se développent, et leurs fonctions ont une influence sur leur développement. L'éducation des sens est cette influence de l'exercice sur le développement des organes des sens (y compris les organes centraux). Les *perceptions acquises* (v. *Acquis*), l'habileté à *reconnaître*, à apprécier, etc., sont des effets remarquables de l'éducation des sens.

Efférent.

Voir *Afférent*.

Effet.

Voir *Cause*.

Efficace.

Adjectif : qui agit véritablement et produit des effets. Substantif : l'*efficace* est le pouvoir qu'a la cause de produire l'effet, et s'oppose à l'*occasion*, circonstance en présence de laquelle la cause agit, — ou à la *condition*, ce sans quoi la cause n'agirait pas (v. *Cause*). Malebranche ne voit dans les antécédents d'un phénomène que des causes occasionnelles ; à Dieu seul appartient l'efficace.

Efficient.

Τὸ ποιητικόν. La cause efficiente, ou cause proprement dite, se distingue de la cause *formelle* et de la cause *matérielle*, et s'oppose à la cause *finale*. Aujourd'hui, nous disons *cause efficiente* dans le même sens que *cause* tout court; un choc sera dit la cause efficiente d'un mouvement. Mais Aristote rangeait les causes purement mécaniques parmi les causes matérielles. Cicéron, qui traduit par *efficiens* le ποιητικόν d'Aristote, et l'oppose à *materia* et à *vis* (*Acad.*, II, 1 ; *De fato*, 9, 10, 20, etc.), reproche aux Atomistes d'avoir nié l'efficience en n'admettant que des causes extérieures, agissant du dehors. La cause efficiente, c'est l'activité qui sort du fond même de l'être et tend à réaliser la fin. L'idéal qui est dans l'esprit du sculpteur est la cause *finale* ou *exemplaire* de la statue, le sculpteur en tant qu'il opère pour réaliser cet idéal en est la cause efficiente. Il serait désirable de rendre au mot efficient toute sa force et sa signification primitive, puisque, sans cela, il n'ajoute rien à la signification du mot cause.

Effort.

L'élément le plus important, l'élément original de l'acte volontaire est l'effort. Tout ce qui le précède ou l'accompagne, délibération, conception d'une fin, est d'ordre intellectuel ou affectif; l'effort est un fait unique qui n'a point d'analogue. Il se distingue de la résolution, qui est, soit un jugement par lequel on reconnaît qu'un parti est préférable, soit la prédominance et la victoire complète de quelque mobile. La résolution clôt la délibération, l'effort commence l'exécution; la résolution prise, l'exécution peut être ajournée, et l'effort se trouve ainsi chronologiquement séparé de la résolution.

Maine de Biran, qui a si profondément analysé l'activité volontaire, attribue à l'effort un rôle fondamental dans sa psychologie; la notion même d'effort n'y est pas exempte d'obscurité : le « sentiment » de l'effort, qui est pour lui le « *fait primitif* du sens intime », est à la fois l'intuition immédiate de l'énergie déployée, et la sensation de résistance. Il identifie et réunit en un seul fait, qui est une « dualité primitive », la conscience de la volition, et la sensation cinesthésique. « Dans l'exercice du toucher actif, le sens de l'effort est le même qui reçoit l'impression et qui contribue à se la donner, en agissant sur l'objet qui presse, comme cet objet agit sur lui. »

Égalité

Deux *quantités* sont dites *égales* quand l'une peut être substituée à l'autre sans qu'il en résulte augmentation ni diminution. L'égalité entre quantités connues s'appelle *identité* : a = b ; $4 \times 3 = 6 \times 2$. L'égalité entre quantités qui contiennent une ou plusieurs inconnues s'appelle *équation*.

En géométrie, deux figures sont égales quand elles sont entièrement identiques et superposables. Si elles sont identiques par leur mesure, mais non par leur forme, on les dit *équivalentes* ; si elles sont identiques par leur forme, mais non par leur mesure, on les dit *semblables*.

En mécanique, deux forces sont égales quand on peut faire équilibre à l'une et à l'autre par une même force.

Ego.

Moi. Voir ce mot.

Égoïsme.

1. Les sentiments qui ont pour fin le plaisir ou le bonheur du sujet, la conduite inspirée par ces sentiments. Dans ce sens, l'égoïsme s'oppose à l'*altruisme* (v. ce m). — 2. L'incapacité d'éprouver aucun sentiment ni d'accomplir aucun acte dont le bien du sujet ne soit, en dernière analyse, la fin plus ou moins dissi-

mulée. Dans ce cas, l'altruisme n'est qu'une forme, un déguisement de l'égoïsme.

Égoïsme métaphysique, v. *Solipsisme*.

Élaboration de la connaissance.

On distingue des facultés d'*acquisition* de la connaissance (expérience externe et interne), et des facultés d'*élaboration*, qui transforment les données de l'expérience (abstraction et généralisation, imagination, etc.).

Élégance.

D'une démonstration, d'une solution, d'une théorie. Quand la vérité est découverte ou démontrée par des moyens plus simples ou plus courts qu'on ne s'y serait attendu, à la satisfaction purement logique de la raison se joint un plaisir esthétique, qui justifie l'expression si heureusement trouvée d'*élégance*.

Élément.

Ce qui est principe d'une chose à titre de partie constitutive. Empédocle reconnaissait quatre éléments, c'est-à-dire quatre substances primordiales dont toutes les autres sont faites : l'air, le feu, l'eau et la terre; et cette doctrine a régné dans la chimie jusqu'à Lavoisier.

Élémentaire.

Qui se rapporte aux éléments. Kant appelle *Doctrine élémentaire* (*Elementarlehre*) la recherche des éléments simples de la pensée pure.

Elenchus, ἔλεγχος.

Argument, raisonnement, et surtout réfutation.

Ignoratio elenchi, paralogisme qui consiste, non à

faire un raisonnement faux, mais à prouver autre chose que ce qui est en question. Par exemple, prouver la contingence, et se figurer qu'on a prouvé par là le libre arbitre, ou réfuter le fatalisme, et croire qu'on a réfuté le déterminisme.

Émanation.

Expression propre au panthéisme alexandrin. Comment les êtres individuels naissent-ils de l'Être un et universel? ils en sont une extension, ils s'écoulent (*emanare*), pour ainsi dire, de son sein.

Émanatisme.

Doctrine de l'émanation.

Éminent, éminemment.

Descartes distingue l'existence *objective*, l'existence *formelle*, et l'existence *éminente*. Exister *objectivement* c'est exister à titre d'objet de la pensée, et dans la pensée : « Par *réalité objective* d'une idée j'entends l'entité ou l'être de la chose représentée par cette idée *en tant que cette entité est dans l'idée*... Car tout ce que nous concevons comme étant dans les objets des idées, tout cela est objectivement ou par représentation *dans les idées mêmes.* » (*Rép. aux 2es obj.*). On voit que ce sens est bien différent de celui que nous attribuons aujourd'hui au mot *objectif*. — Exister *formellement*, c'est exister en soi, en dehors de toute idée. Ainsi Descartes dirait que l'espace existe formellement dans les corps puisqu'il est l'attribut essentiel de la matière et objectivement dans la pensée du géomètre. — Exister *éminemment*, c'est avoir toute la réalité ou toute la « perfection » qui est dans l'existence formelle et au delà.

Ainsi le monde est éminemment en Dieu, car tout ce qu'il y a de réalité dans le monde vient de Dieu ; mais il n'y est pas formellement, car le monde est imparfait, c'est-à-dire fini, et Dieu est parfait. L'existence éminente n'est pas l'existence *virtuelle*, car le passage du *virtuel* à l'*actuel* est une évolution, et va d'une perfection moindre à une plus grande ; c'est, au contraire, par limitation que la réalité formelle sort de la perfection qui la contenait éminemment.

Emmétropie.

Voir *Amétropie*.

Empirique.

Qui appartient à l'*expérience* (v. ce m.).

Empirisme (ἐμπειρία, expérience).

En psychologie, l'empirisme ne reconnaît dans la connaissance aucun élément qui ne vienne de l'*expérience* (v. ce m.). On distingue ordinairement l'*empirisme*, qui fait dériver la connaissance de l'expérience externe et de l'expérience interne (*sensation* et *réflexion* de Locke) — du *sensualisme* qui, ne découvrant dans l'expérience interne que des sensations brutes ou des sensations « transformées » (Condillac), repousse cette division comme inutile et superficielle. — Aristote oppose l'*art*, c'est-à-dire la pratique éclairée par la science, à l'*empirisme*, c'est-à-dire la pratique fondée sur la seule expérience ; l'empirisme ne sait que le fait, τὸ ὅτι, ce qui suffit pour agir, puisque l'action s'exerce toujours dans un cas particulier ; l'homme d'art (ὁ τεχνικός) connaît le pourquoi (τὸ διότι), et le général (τὸ καθόλου) ; seul il peut enseigner.

Endophasie.

Voir *Parole intérieure*.

Énergie.

Dans la langue d'Aristote, ἐνέργεια, l'acte ou l'activité s'oppose à δύναμις, la puissance. Aujourd'hui, le mot *énergie* a pris un sens si différent qu'il se rapproche de son contraire, puissance, force. On dit *énergie potentielle*, tandis que, dans la langue d'Aristote, le potentiel était précisément l'opposé de l'énergie.

Les forces qui agissent sur un système matériel peuvent être divisées en deux groupes: les unes, dites intérieures, sont dues aux actions mutuelles des points du système; les autres résultent d'actions extérieures. On appelle *force vive* d'un point matériel la moitié du produit de sa masse par le carré de sa vitesse, $1/2\, mv^2$. On démontre qu'*un système matériel est en état d'équilibre stable lorsque la fonction des forces qui agissent sur le système est maxima*. On appelle *énergie actuelle* ou *énergie cinétique* du système à un moment donné la somme de ses forces vives à ce moment; — *énergie potentielle* du système dans un état donné, le travail de ses forces intérieures quand il passe de cet état à son état d'équilibre stable; — *énergie totale*, ou simplement *énergie* du système à un moment donné, la somme de son énergie actuelle et de son énergie potentielle.

Principe de la conservation de l'énergie. — On démontre que, *dans un système matériel, l'accroissement de l'énergie est égal au travail des forces extérieures*. Par suite, quand il n'y a pas de forces extérieures, la quantité d'énergie est invariable. L'énergie actuelle et l'énergie potentielle se transforment l'une dans l'autre, de telle sorte que leur somme soit toujours la même. On appelle *système fermé* ou *système conservatif* un système matériel dans lequel il n'y a à considérer que des forces intérieures, qui ne reçoit aucune action du dehors, qui n'agit pas non plus au dehors.

Le principe de la conservation de l'énergie ne saurait être démontré *a priori* que dans l'hypothèse abstraite d'un système fermé. Pour l'appliquer aux faits, il faudrait d'abord établir que le monde est un système fermé. On n'est donc pas fondé à tirer de ce principe un argument contre le libre arbitre, puisque l'hypothèse du libre arbitre consiste justement à contester que le monde soit un système fermé, à considérer la volonté comme une *source* d'énergie et l'effort comme un commencement absolu. Mais les sciences physiques mettent en évidence un grand nombre de cas où l'énergie cinétique se transforme en énergie potentielle, et réciproquement, sans que la quantité d'énergie totale soit changée; on est donc conduit à penser, par induction analogique, qu'il en est ainsi constamment, au moins dans le domaine des forces physiques.

En soi.

Voir *Être*.

Entéléchie.

De ἐντελῶς ἔχειν ou ἔχειν τὸ ἐντελές, être dans son état de perfection. Aristote pense qu'il y a pour chaque être, pour chaque espèce d'être, un état de perfection vers lequel il tend. Il assimile souvent l'entéléchie à l'*acte*; l'entéléchie c'est l'acte complètement réalisé. Toutefois l'acte ou l'activité (ἐνέργεια) est un mouvement, tandis que l'entéléchie est un état (ἐνέργεια... συντείνει πρὸς τὴν ἐντελέχειαν; l'activité tend à la perfection. *Met.* II, 8. 1050ᵇ 23).

Leibnitz appelle *Entéléchies* toutes les substances simples ou monades créées (*Monad.* 18), parce qu'elles ont en elles la source de leurs actions internes et se suffisent à elles-mêmes. La perfection consiste donc, pour Leibnitz, à être complet en soi seul; déjà Descartes opposait la perfection et la *dépendance*.

Entendement (*Intellectus*).

Faculté de comprendre, de se rendre compte, d'apercevoir des relations logiques. L'entendement s'oppose aux sens, à l'expérience, à la mémoire, aux facultés qui n'exigent pas le concours de la raison. Kant distingue entre l'Entendement et la Raison. La raison est l'ensemble des principes; l'entendement est une faculté opérante, la faculté de juger et de raisonner d'après les principes. Cette distinction est assez généralement observée.

L'*entendement pur* est, selon Kant, la « faculté de produire de soi-même des représentations, ou la *spontanéité* de la connaissance », par opposition à la *sensibilité*; il est « le principe formel et synthétique de toute expérience au moyen des catégories ».

Enthymème.

Ἐνθύμημα, de ἐνθυμέομαι, avoir dans l'esprit, sousentendre. Syllogisme dont une des prémisses est sousentendue. La proposition sous-entendue est ordinairement une majeure ayant le caractère d'une sentence universelle. Pour Aristote, l'enthymème est le syllogisme du probable et du vraisemblable : c'est qu'il a en vue ces croyances populaires, qu'on admet sans examen, et d'après lesquelles on raisonne sans les formuler; la majeure est sous-entendue, non parce qu'elle est trop évidente, mais parce que l'esprit ne s'y arrête pas et ne songe pas qu'on puisse la mettre en question. Cette façon rapide et saisissante de raisonner se rencontre surtout dans la discussion et l'éloquence; c'est, dit Aristote, « le syllogisme des orateurs ».

Entier.

La division, pour être rigoureuse, doit être *entière*, c'est-à-dire embrasser toute l'extension du terme à diviser (v. *Division*).

Entité.

Les scolastiques ont forgé le participe présent *ens*, qui manquait au verbe *esse*, pour traduire le grec τὸ ὄν, l'être; puis le substantif *entitas*, pour exprimer la propriété d'être, l'être étant considéré comme un attribut qu'on affirme d'un sujet, p. ex. quand on dit *Dieu est*. Enfin le nom abstrait, l'*entité* est devenu un nom concret, *une entité*. Aujourd'hui on se sert de ce mot pour bien marquer qu'on entend un être substantiellement distinct et indépendant, qui n'est pas une qualité ni un rapport abstrait, et le plus souvent avec une nuance de blâme, comme quand on reproche à son adversaire de prendre des abstractions pour des réalités. On dit même parfois, pour accentuer *entité métaphysique*.

Entoptiques (Images).

Sensations visuelles qui se produisent quand la rétine est excitée par un autre agent que la lumière, par exemple par une pression. On dit aussi *phosphènes*.

Énumération.

L'*induction formelle* (v. ce m.) est un syllogisme dont le moyen terme est l'énumération des espèces d'un genre. Le raisonnement n'est concluant que si l'énumération est complète ou *exhaustive*; autrement, c'est un paralogisme par *énumération imparfaite* (v. *Dénombrement imparfait*).

En jurisprudence, on dit qu'une énumération est *énonciative* ou *limitative*. Dans le premier cas, il est permis d'y ajouter d'autres espèces du même genre, celles qui sont énoncées ne l'étant qu'à titre d'exemples; on ne doit rien ajouter aux énumérations limitatives.

Épagogique (de ἐπαγωγή, induction).

Qui va des faits aux lois, du concret à l'abstrait. Synonyme d'*inductif*, ce mot se rapporte toutefois plutôt à l'induction formelle ou aristotélicienne (v. *Induction formelle*).

Éphectiques (ἐφεκτικοί, de ἐποχή, doute).

Nom donné aux sceptiques chez les Anciens.

Épichérème.

Sorte de syllogisme composé. C'est un syllogisme dont les deux prémisses sont accompagnées de leurs preuves.

 A est B, car...
 B est C, car...
 Donc A est C.

Épigénèse.

Théorie sur la génération des vivants. D'après la théorie de la *préformation des germes*, aujourd'hui abandonnée, le germe serait un individu tout formé, mais extrêmement petit, actuellement existant dans son générateur. En se développant, il ne ferait que grandir. Ce germe contiendrait en lui d'autres germes, encore plus petits, ceux-ci d'autres encore, et ainsi de suite, en sorte qu'un vivant contiendrait actuellement, préformées et enveloppées les unes dans les autres, toutes les générations qui pourront jamais sortir de lui. A cette théorie on oppose celle de l'*épigénèse*, d'après laquelle un nouvel individu se forme au sein de l'organisme générateur.

Épiphénomène.

Selon certains psychologues, les faits de conscience peuvent être tout ce qu'ils sont sans être conscients. La conscience peut s'y ajouter, mais ne les constitue pas. L'activité psychologique est comme une machine qui peut fonctionner indistinctement à la lumière ou dans l'obscurité ; ouvrez les fenêtres, rien n'est changé, sinon qu'on la voit marcher. La conscience consiste à se voir vivre au dedans de soi ; mais on peut vivre, et de la même manière, sans se voir. C'est ce qu'on exprime en disant que la conscience est un *épiphénomène*, c'est-à-dire un phénomène additionnel, mais non constitutif de l'activité mentale. — Les partisans du mécanisme psychologique, considérant les fonctions du cerveau comme l'aspect externe, et les opérations conscientes comme l'aspect interne d'une même activité, en sont arrivés à dire couramment « les épiphénomènes » pour désigner les faits de conscience.

Épistématique.

De ἐπιστήμη, science, surtout science idéale, purement rationnelle et déductive, par opposition à la science expérimentale et inductive. *Épistématique* a été employé par opposition à *épagogique* (v. ce m.), pour désigner une méthode constructive dogmatique, qui va de principes généraux à des conséquences plus spéciales.

Épistémologie.

Théorie des sciences, établissant leurs objets, leurs limites, leurs rapports et les lois de leur développement. Même sens que *philosophie des sciences*.

Épisyllogisme.

Syllogisme additionnel, dont une des prémisses est la conclusion d'un syllogisme précédent.

Époptes.

Ceux qui étaient arrivés au troisième et dernier degré d'initiation dans les mystères d'Éleusis. *Époptique* s'emploie quelquefois dans le sens d'*ésotérique*, pour désigner ce qui appartient à un enseignement tout particulièrement secret.

Époque.

Ἐποχή, de ἐπέχω, s'arrêter, attendre, rester en suspens, par suite douter. Une époque est un moment où on suppose que le cours de la durée s'arrête, pour considérer ce qui s'y passe ; c'est aussi un moment de la durée marqué par un événement saillant, propre à servir de point de repère pour reconnaître et évaluer l'avant et l'après.

Équation.

Égalité dans laquelle se trouve une ou plusieurs quantités non exprimées, dites *inconnues*, et qui ne se vérifie que pour certaines valeurs des inconnues.

Équation personnelle. — Ce n'est pas une *équation*, mais une *correction* qu'il y a lieu de faire aux observations astronomiques, et qui varie avec l'observateur. Celui-ci, pour saisir l'instant du passage d'un astre derrière le fil du réticule, écoute les battements d'une horloge, et cherche à fixer par la pensée le point du ciel qu'occupe l'astre à l'instant de chaque battement. Le plus souvent, la position estimée est différente de la position réelle, et placée soit en arrière (équation personnelle *négative*), soit en avant (éq. pers. *positive*). Le temps qui équivaut à cet écart est une *équation personnelle*. — Arago crut éliminer cette erreur d'observation, en notant le passage de l'astre au moyen d'un chronomètre à pointeur (1842); peu après, des astronomes américains croyaient y parvenir au moyen de l'enregistrement par un signal électrique. L'équation personnelle est diminuée, mais non supprimée. En négligeant le temps que nécessite toujours le fonctionnement de l'appareil le plus parfait, il reste celui qu'exigent les opérations psychiques et physiologiques : *perception* du passage, *intention*, puis *action* de produire le signal. Ce temps explique la nécessité de la correction négative : tel observateur, instinctivement, s'arrange de manière à entendre le signal ou à percevoir la pression qu'il exerce au moment précis du passage, et pour cela il devance l'instant du passage; dans ce cas, la correction peut être négative. — Chaque observateur détermine son équation personnelle au moyen d'appareils spéciaux. Mais elle n'est pas constante pour un même observateur.

Équilibre.

Un point matériel ou un système matériel est en *équilibre* lorsque la résultante des forces qui agissent sur lui est nulle. Dans ce cas, le corps est au repos, ou se meut d'un mouvement uniforme et rectiligne. — L'équilibre est *stable*, quand le point matériel ou le système matériel, écarté de sa position d'équilibre, tend à y revenir; il est instable dans le cas contraire. — La partie de la mécanique qui traite des conditions de l'équilibre s'appelle *Statique*.

Équilibre mobile. — Si deux ou plusieurs corps à la même température sont en présence, on n'observe ni échauffement ni refroidissement résultant d'une action calorifique de l'un sur l'autre. Or les lois de la chaleur rayonnante ne permettent pas de supposer que cette action calorifique mutuelle n'existe pas. On est donc conduit à supposer que chaque élément de surface reçoit autant de chaleur qu'il en émet : c'est ce qu'on nomme *équilibre mobile des températures*. On a généralisé la notion d'équilibre mobile, en l'appliquant à tous les phénomènes physiques ou chimiques où il y a en réalité transport de matière ou d'énergie, mais dans des conditions telles que les quantités de matière ou d'énergie reçues soient égales aux quantités perdues. Par exemple, la composition chimique du protoplasme se maintient constante par des échanges nutritifs incessants ; la température des vertébrés supérieurs se maintient constante parce que les quantités de chaleur qu'ils dépensent ou communiquent au milieu répondent à celles qu'ils en reçoivent ou qu'ils développent intérieurement. Il y a ainsi pour toutes les fonctions, aussi bien psychologiques que physiologiques, un état d'équilibre auquel l'être tend à revenir dès qu'il s'en écarte. Cet état d'équilibre n'est pourtant pas un état de repos ou d'inactivité ; il consiste en des échanges et des compensations, et est heureusement désigné par l'expression d'*équilibre mobile*.

L'expression, assez souvent employée, d'*équilibre mental*, est moins juste, car il ne s'agit pas ici de repos, ni réel ni apparent, mais seulement d'activité régulière. L'équilibre mental est l'état dans lequel l'esprit dispose de lui-même et dirige aisément ses opérations, comme un homme sain se tient debout et marche droit. On dit que la *passion* (v. ce m.) est une *rupture de l'équilibre mental*, parce qu'elle est un état d'activité désordonnée, une sorte d'ivresse qui fait chanceler et tituber la pensée.

Sens de l'équilibre. — Pour que l'homme et l'animal puissent, dans la station, la marche, le vol, etc., conserver à leur corps une orientation convenable, et se garder de choir, il faut qu'ils aient à chaque moment quelque *sentiment* de la position de leur corps et de la manière dont il est sollicité par la pesanteur. Bien que la conscience ne saisisse pas ce sentiment, il semble bien qu'il existe, car il peut être perdu dans certains cas neuropathologiques. On suppose que ce sens a pour organe les *canaux semi-circulaires*.

Liberté d'équilibre. — Lorsque la volonté est sollicitée en sens contraire par des mobiles égaux de part et d'autre, on dit qu'il y a équilibre, et si, en pareil cas, nous choisissons, notre choix ne peut être attribué qu'à la liberté (v. *Indifférence*).

Équivoque, univoque.

Un nom est *univoque* quand il n'a qu'une seule signification et ne désigne que des objets de même genre. Un nom *équivoque* a deux ou plusieurs significations, et désigne des objets de genre différent.

Éristique (de ἔρις, dispute).

La dialectique, qui est l'art de chercher la vérité par le dialogue, en s'interdisant de faire un pas en avant sans s'être assuré qu'on est suivi par son interlocuteur, devint, dans l'école de Mégare, l'art de la discussion et même de la dispute, chacun des interlocuteurs s'efforçant moins de prouver que de réduire son adversaire au silence.

Erreur.

Jugement faux. (Voir *Idoles, Paralogisme*.)
Erreurs des sens. — Un bâton plongé dans l'eau paraît brisé, une tour carrée de loin paraît ronde, etc. Les sens nous trompent quelquefois, leur témoignage doit donc être toujours suspect. — Les Cartésiens répon-

dirent que les sens ne nous trompent jamais, car leurs données sont telles qu'elles peuvent et doivent être ; c'est nous qui nous trompons en interprétant mal les données des sens, par exemple si nous jugeons de la forme du bâton sans tenir compte de la réfraction. Il n'y a donc pas d'erreurs des sens, mais seulement des erreurs de jugement et de raisonnement. — On admet aujourd'hui qu'il y a, non des erreurs, mais des *illusions des sens*, c'est-à-dire de fausses apparences, qui continuent à se produire même après qu'on les a reconnues fausses, et expliqué la cause de leur fausseté. Le stéréoscope donne l'illusion de la profondeur.

Eschatologie.

Toute doctrine relative à la destinée finale de l'homme et de la nature.

Ésotérique.

Aristote traitait, dans sa leçon du matin, de questions difficiles qui ne pouvaient être comprises que des disciples, et, dans sa leçon du soir, de questions morales et politiques accessibles à un auditoire plus étendu et plus varié. L'enseignement *ésotérique* est celui qui est réservé aux disciples ; l'autre est dit *exotérique*. Quelquefois on appelle ésotérique une doctrine secrète, qu'il est défendu de divulguer, ou qu'on enveloppe volontairement d'obscurité pour qu'elle ne soit pas divulguée. On dit dans le même sens *acroamatique* (v. ce m.).

Espace.

Sur l'emploi des mots *Espace* et *Étendue*, voir *Durée*.

Espèce.

Quand deux termes généraux sont contenus en extension l'un dans l'autre, le plus petit s'appelle *espèce*, le plus grand s'appelle *genre*. Ainsi le triangle est une espèce du genre polygone. En compréhension, l'espèce est plus grande que le genre, en sorte que l'espèce *comprend* les attributs du genre, et que le genre *s'étend* à plusieurs espèces. Un même terme peut être genre par rapport à un second, et espèce par rapport à un troisième. L'espèce la plus petite en extension, qui ne contient plus que des termes singuliers, est dite *espèce dernière, ultima* ou *infima species*.

Il n'y a point de véritables espèces dernières, car on peut toujours diviser une espèce en plusieurs autres. Port-Royal cite le cercle, « qui n'a sous soi que des cercles singuliers qui sont tous de même espèce »; mais il y a les grands cercles et les petits cercles (sur la sphère), le cercle inscrit et le cercle circonscrit, etc. Une espèce n'est dernière que relativement au but qu'on s'est proposé en classant, et parce que l'objet considéré n'exige pas qu'on la divise davantage.

En biologie, on est convenu de donner au mot espèce une signification plus définie : sont de la même *espèce* les êtres qui peuvent reproduire indéfiniment entre eux; la reproduction entre individus du même *genre* est souvent possible, mais elle n'est pas indéfinie. Ainsi les différences qui ne mettent point obstacle à la reproduction font des *variétés* ou des *races*, non des espèces.

On appelle *espèce naturelle* (*species naturalis*) l'espèce biologique, constituée non seulement par des ressemblances constantes, héréditaires, mais par le fait que les individus en sont liés par la faculté de se reproduire. L'espèce *logique* (*species artificialis*) est constituée par les êtres qui ont des caractères communs; elle résulte d'une simple comparaison.

Espèce se dit encore dans le sens de cas singulier auquel on doit appliquer un principe général : *en l'espèce*, c'est-à-dire dans le cas considéré.

Espèces sensibles. — Dans l'antiquité et au moyen âge, on expliquait la sensation par des émanations qui sortaient des corps, en en conservant les qualités, et les transféraient dans nos organes. Les impressions faites sur l'âme, ou sur le *sensorium commune*, étaient les *espèces impresses*; ce mot désigne donc toutes les idées qui viennent des sens. Les représentations construites par l'esprit, les notions abstraites par exemple, furent nommées par les Scolastiques *espèces intelligibles* ou *espèces expresses*.

Esprit.

Au sens métaphysique, l'*esprit* s'oppose à la *matière* ou au *corps*, et désigne la substance qui pense, qui sent et qui veut, par opposition à la substance étendue et impénétrable. Un *pur esprit* est un esprit qui n'est pas lié à un corps et assujetti à des organes. — Au sens psychologique, l'esprit est l'ensemble des facultés intellectuelles, par opposition aux facultés affectives et à la volonté. Le mot esprit n'est pas un terme technique, et n'a pas en philosophie d'autre sens que dans la langue vulgaire.

Esprits animaux. — Au commencement du xvii⁰ siècle, lorsqu'on commença à recueillir les gaz, on les nomma des *esprits*. L'acide chlorhydrique fut l'*esprit de sel*, l'acide carbonique l'*esprit silvestre*, l'hydrogène l'*esprit inflammable*; le mot *gaz* serait un mot flamand, introduit par Van Helmont, et équivalent au hollandais *geest*, à l'allemand *geist*, qui signifient *esprit*. Descartes appelle *esprits animaux*, des gaz (une « matière très subtile » et « comme une flamme ») qui se dégageraient du sang, et circuleraient dans les nerfs et dans la substance molle et facilement perméable du cerveau. « Ce que je nomme ici des esprits ne sont que des corps, et ils n'ont point d'autre propriété, sinon que ce sont des corps très petits (alias « les plus petites parties du sang ») et qui se meuvent très vite, ainsi que les parties de la flamme qui sort d'un flambeau »

(*Passions de l'Ame*, I, 10). Ainsi se trouvent expliquées les fonctions afférentes et efférentes des nerfs. Descartes dit esprits *animaux* parce qu'ils animent le corps, et que leurs mouvements constituent la vie.

Essence (*Essentia*, de *esse*).

Mot forgé au moyen âge pour traduire le grec οὐσία. Mais tandis que, pour Aristote, l'οὐσία était avant tout (πρώτως καὶ κυρίως) l'être individuel et concret, et ensuite la substance, c'est-à-dire ce qui pour être n'a pas besoin d'être en autre chose, le mot *essence* a été restreint à désigner ce qui dans l'être est intelligible et peut servir à le définir, ce qui le fait être ce qu'il est, c'est-à-dire ses attributs fondamentaux, dont toutes ses autres qualités dérivent. L'essence n'est ni la substance, ni l'accident; elle n'est pas la substance, car elle est abstraite; elle n'est pas l'accident, car l'être demeure ce qu'il est quand les accidents changent. Le mot *essence* peut traduire l'expression d'Aristote τὸ τί ἐστι ou τὸ τί ἦν εἶναι.

L'*essence* s'oppose à l'*existence*; elle peut être une pure conception de l'esprit, sans se réaliser dans aucun sujet; elle n'est cependant pas constituée par l'acte de l'esprit qui la pense, car étant intelligible, elle est éternellement possible, alors même qu'elle n'est pas actuellement pensée. La théorie des Idées de Platon, le Réalisme du moyen âge consistent précisément à confondre l'essence et l'existence; pour Aristote et pour les Nominalistes, l'essence ne se réalise que dans l'être individuel et concret.

Esthésiomètre.

Instrument, dérivé du *compas de Weber*, qui sert à explorer la sensibilité de la peau. Il se compose de deux pointes mousses fixées à une réglette divisée en millimètres. On cherche l'écartement maximum qu'on peut donner aux deux pointes, appliquées sur une région de la peau, sans que le sujet les distingue l'une de l'autre.

Esthétique (de αἴσθησις, sensation).

Kant appelle *esthétique* l'étude de notre faculté de connaître par les sens, et *esthétique transcendantale* la recherche de ce qui, dans les « intuitions empiriques » ou données de l'expérience, est *a priori*. — Baumgarten a nommé *esthétique* la science des conditions du beau dans l'art et dans la nature. Le sens de Kant n'est pas resté en usage; celui de Baumgarten, au contraire, s'est vulgarisé, bien que le mot soit aussi mal choisi que possible.

Esthétisme philosophique.

Tendance, avouée ou non, à accueillir les doctrines pour leur beauté plutôt que pour leur vérité.

Esthétisme moral, tendance à déterminer sa conduite par des considérations esthétiques plutôt que morales, à rechercher la dignité, la noblesse et la belle ordonnance de la vie plutôt que la justice et la bienfaisance vraiment efficace.

Étendue.

Sur la distinction de l'*Espace* et de l'*Étendue*, voir *Durée*.

Éternité.

L'éternité n'est pas le temps indéfini, sans commencement ni fin. On oppose l'éternité au temps. Tout ce qui devient, toute existence finie est dans le temps ; l'être éternel ne devient pas, n'admet ni avant ni après ; il est en un « éternel présent » (*duratio tota simul* des Scolastiques) ; il est au-dessus du temps.

Éthique.

De ἤθη, les mœurs, synonyme de *Morale*.

Ethnographie.

Géographie des races humaines, ou description de ces races au point de vue de leur distribution géographique.

Ethnologie.

Science des races humaines.

Éthologie.

Science des *caractères*. Bien que le caractère moral de l'homme soit individuel, et qu'il n'y ait pas de science de l'individu, on peut imaginer qu'à cet égard il y a des variétés plus ou moins distinctes, et des *types* de ces variétés ; on peut aussi rechercher comment les éléments du caractère s'allient ou s'excluent.

Étiologie.

Étude des causes. En pathologie, par exemple, on appelle *étiologie* la recherche des causes qui ont déterminé la maladie.

Étroit (Devoir).

Voir *Strict*.

Être.

Mot indéfinissable, car l'opposition de l'être et du non-être n'est autre chose que le principe de contradiction, et on ne définit pas les notions fondamentales. — On distingue l'*être en soi* ou la *substance*, ce qui pour être n'a pas besoin d'être en autre chose, ce qui n'est pas attribut, mais toujours et nécessairement sujet; — l'*être par soi*, ce qui non seulement est en soi, mais ne tient pas son existence d'un autre être. L'opposition, puis la conciliation de l'*Être* et du *Devenir* est la question principale de la philosophie, de Parménide à Aristote. — L'*Être pur* est l'être considéré indépendamment de tous ses modes ou phénomènes. — L'*Être logique* ou l'*Être intelligible*, c'est l'*essence* (v. ce m.); on disait aussi dans le même sens *être de raison*, *ens rationis*. Aujourd'hui, on appelle *être de raison* une idée abstraite considérée à tort comme une chose réelle (v. *Néant*.)

Euclidien.

L'espace euclidien est l'espace à trois dimensions partout identique à lui-même, par opposition aux espaces non-euclidiens ou *hyperespaces*. On dit aussi géométrie euclidienne, et géométries non-euclidiennes.

Eudémonisme.

Doctrine morale qui identifie la vertu avec le bonheur. L'*hédonisme* l'identifie avec le plaisir, et pose en principe qu'il n'y a pas d'autre bien que le plaisir, d'autre mal que la douleur. Dans l'eudémonisme, au contraire, la notion du bien et du mal peut être conçue indépendamment du plaisir et la douleur, mais le bien et le bonheur sont nécessairement liés l'un à l'autre. Ainsi Platon *démontre* que le juste est heureux, que l'injuste est malheureux. Pour Aristote, le bien c'est l'*acte*, le plaisir est un surcroît qui s'y ajoute, mais ne le constitue pas. Dans d'autres doctrines, le Bien c'est la perfection, ou l'Être; le plaisir est un sentiment qui accompagne l'accroissement de notre être ou de notre perfection. Selon l'hédonisme, le bien c'est la jouissance elle-même; selon l'eudémonisme, le plaisir ou le bonheur consiste à jouir du bien.

Evhémérisme.

Evhémère de Cyrène (fin du IVᵉ siècle avant J.-C.) avait écrit un Περὶ θεῶν, où il prétendait que les légendes des dieux sont des traditions amplifiées par les poètes et se rapportant primitivement à des hommes : les dieux ont été autrefois des rois puissants, des guerriers victorieux, des inventeurs des arts, etc. L'*evhémérisme* consiste à voir dans les mythes religieux des traditions populaires ayant à l'origine un fondement historique.

Évidence.

L'évidence ne se confond ni avec la certitude, ni avec la vérité. La *certitude* (v. ce m.) est un état de l'esprit : on peut être certain d'une proposition fausse; la vérité seule peut être évidente. Mais la vérité n'est évidente que quand elle se manifeste et s'impose à l'esprit. L'évidence, c'est donc la *vérité manifeste*. La *croyance*, et la *certitude*, qui est une croyance sans réserves, sont des actes, tantôt irréfléchis, tantôt précédés d'examen, c'est-à-dire de délibération. Les *mobiles*, instincts, habitudes, inclinations, sont toujours personnels, et ne valent que pour le sujet; les *motifs*, quand ils se rapportent à des mobiles, sont aussi et par cela même personnels; mais les motifs *purs*, phénomènes tout intellectuels et non mélangés d'éléments affectifs, ont la même valeur pour tous les esprits. L'évidence est la certitude déterminée par des *motifs purs*, c'est-à-dire par des *raisons*. Il y a donc analogie entre l'évidence et la *moralité*, telle que Kant l'a définie. Agir moralement, c'est être déterminé par des motifs purs, auxquels ne se mêle aucun élément « pathologique »; seulement Kant pense que dans le cas de la moralité, la volonté se détermine elle-même, par un acte libre, à suivre la raison; dans le cas de l'évidence, la volonté est déterminée d'une manière nécessaire, et comme contrainte par la raison. Dans l'hypothèse du libre arbitre, il pourrait arriver que la volonté, n'étant pas déterminée par des mobiles, et n'ayant pas de motifs purs suffisants pour la déterminer, achevât de se déterminer par un acte de libre arbitre. C'est la *foi*. Elle est, dans l'ordre intellectuel, ce qu'est la moralité dans l'ordre pratique.

On distingue l'évidence *rationnelle*, qui résulte d'un raisonnement, et l'évidence *sensible*, ou *expérimentale*, qui résulte de la constatation d'un fait.

Évolution.

En général *développement*, transformation graduelle et continue, qui va du simple au complexe, de l'homogène à l'hétérogène, de l'état anarchique et diffus à l'état organique et concentré. Ce mot s'applique surtout aux vivants, chez qui on distingue l'*évolution ontogénique*, ou développement de l'individu depuis l'unique cellule par laquelle il commence toujours, jusqu'à l'état adulte; et l'*évolution phylogénique*, ou transformation d'une espèce unique en espèces de plus en plus nombreuses et différentes. L'évolution se fait par *différenciation* : la cellule mère se multiple par division, puis les cellules filles se différencient;

l'espèce homogène se multiplie, puis ses individus se différencient en s'adaptant peu à peu à des conditions d'existence différentes. La différenciation va de pair avec la *spécialisation* des fonctions; à mesure qu'elles deviennent plus spéciales, les fonctions deviennent plus étroitement solidaires les unes des autres : la spécialisation va donc de pair avec la *concentration*. Pour la plupart des évolutionnistes, l'évolution se confond avec le *progrès*; mais ils admettent que le progrès n'est pas nécessaire, ni même constant : on oppose à l'évolution et au progrès, la *régression* ou le regrès.

Évolutionnisme.

Philosophie qui fait de l'idée d'évolution un principe d'explication scientifique d'une portée très générale, en sorte qu'il y a une psychologie évolutionniste, une morale évolutionniste, etc.

Exact.

Les connaissances obtenues par le seul raisonnement peuvent être absolument vraies, mais elles ne portent que sur des objets abstraits; les connaissances acquises par l'expérience, et toutes celles qu'on en dérive, sont subordonnées au degré d'acuité de nos sens, ou à la perfection de nos instruments : elles ne sont jamais qu'approximatives, ou *sensiblement* vraies. — On appelle pour cette raison *sciences exactes*, les sciences mathématiques, qui, étant purement abstraites et déductives, ne dépendent pas du degré de perfection de nos sens ni de nos instruments.

Exceptive (Proposition).

Espèce de proposition composée. Elle consiste à affirmer universellement un attribut d'un sujet général, à l'exception d'une ou plusieurs espèces ou individus. Toute exceptive équivaut à deux propositions qui doivent être prouvées séparément.

Excitation.

En général, tout changement qui provoque l'activité *fonctionnelle* d'une cellule, d'un tissu ou d'un organe. — Spécialement, le changement qui provoque l'activité d'un nerf centripète, par exemple dans l'acte réflexe, ou dans la sensation. — L'activité mise en jeu par l'excitation détermine un phénomène observable du dehors, qu'on appelle *réaction* ou *réponse*. Dans l'acte réflexe, l'excitation est la cause qui provoque le phénomène nerveux afférent, la réaction est l'effet produit par le phénomène nerveux efférent.

Excito-moteur (Centre).

Région de l'écorce cérébrale (ou de toute autre partie des centres nerveux) dont l'excitation provoque un mouvement. Dans le cerveau de l'homme et des vertébrés, les deux bords de la scissure de Rolando sont le centre excito-moteur des membres.

Exclusive (Proposition).

Celle qui exprime qu'un attribut convient à un sujet et à ce seul sujet; c'est une proposition *composée*. Elle équivaut à deux propositions, qui doivent être prouvées séparément. *Il n'y a qu'un Dieu* équivaut à : 1° *Il y a un Dieu*; 2° *il n'y en a aucun autre*.

Exemplaire (Cause).

Dans tout cas de finalité *intelligente*, il faut distinguer la cause *exemplaire* ou *fin*, qu'il s'agit de réaliser, et la cause *efficiente* (v. ce m.) ou l'activité qui la réalise. La cause *exemplaire* peut être distinguée de la *fin*. On dit *fin* quand l'œuvre de l'agent est un *moyen*, c'est-à-dire une cause dont la fin préconçue sera l'effet : le laboureur sème pour récolter. On dit cause *exemplaire*, quand l'œuvre de l'agent est elle-même la fin. — Dans le système de Platon, les Idées sont les causes exemplaires plutôt que les causes finales des choses sensibles ; le Démiurge est la cause efficiente souveraine et universelle ; Platon ne nous montre pas, et ne semble pas se soucier de nous montrer le détail des causes efficientes naturelles.

Exertion musculaire ou motrice.

Acte par lequel le sujet met volontairement en jeu la contractilité d'un muscle, *exerce* un effort (v. ce m).

Existence.

Le sens philosophique de ce mot est identique au sens vulgaire. On oppose l'*essence* (v. ce m.). à l'*existence* ; l'essence d'une chose est l'attribut ou l'ensemble d'attributs sans lequel on ne saurait la concevoir ; mais de ce qu'elle est conçue, il ne résulte pas qu'elle soit. Selon Descartes, on ne peut passer de l'essence à l'existence que pour une seule idée, l'idée de la Perfection, ou de Dieu. (Voir *Ontologique*).

Exogamie.

Interdiction, par la loi, par la religion, par la coutume, de l'union sexuelle entre un homme et une femme de même tribu ou de même clan. C'est l'origine du *mariage par capture*, par lequel la *famille* se substitue à la promiscuité primitive.

Exotérique.

Voir *Ésotérique*.

Expectation.

Stuart Mill attache une grande importance à cette faculté par laquelle nous sommes capables de concevoir des sensations possibles après avoir eu des sensations actuelles.

Expérience (ἐμπειρία, d'où *Empirisme*).

En psychologie, faculté de connaître des *phénomènes* (v. ce m.). On distingue l'*expérience externe*, c'est-à-dire les *sens*, et l'*expérience interne*, c'est-à-dire la *conscience*, que Locke nommait la *réflexion*. — En logique, l'expérience est l'opération externe que comporte la méthode expérimentale, et le constat qui la termine.

Expérimentation.

Méthode de recherche des lois naturelles. On distingue communément l'expérimentation de l'observation en disant que celle-ci est l'étude d'un phénomène *spontané*, celle-là d'un phénomène *provoqué*. Le fait qu'on a provoqué dans les conditions les plus favorables est en effet plus instructif, en général, que le fait spontané, qu'il faut prendre tel qu'il se présente et quand il se présente. Claude Bernard (*Introd. à la médecine expérimentale*) a montré que la distinction importante, au point de vue logique, n'est pas celle du fait spontané et du fait provoqué, mais celle du cas où on est simple témoin, attentif d'ailleurs, et compétent, et du cas où on cherche dans les faits la vérification d'une *hypothèse*.

Expérimenter, c'est interroger la nature, et la contraindre à répondre ; c'est lui poser des questions, et la « mettre à la question ». L'hypothèse est donc la partie essentielle de la méthode expérimentale. Comme la nature ne présente que rarement par elle-même le fait décisif, qui infirme ou confirme l'hypothèse, il est le plus souvent nécessaire de le provoquer. Cette intervention du savant dans les faits s'appelle *expérience*.

Explicatives.

Wundt oppose les sciences *explicatives* qui ont pour but de rendre les choses intelligibles, aux sciences *normatives*, qui ont pour but de fournir des règles à la pratique.

Explication.

Dans un terme *complexe*, l'addition qui se fait au terme simple peut être une *détermination* (v. ce m.) ou une *explication*. Elle est explicative quand elle ne change rien à la compréhension de ce terme simple, et ne fait qu'énoncer ce qui y est contenu. — Au sens original du mot, expliquer c'est déployer, c'est-à-dire rendre manifeste ce qui était enveloppé et caché, *explicite* ce qui était *implicite*. Mais ordinairement ce qu'on appelle expliquer, c'est *rendre intelligible*, c'est-à-dire faire que l'esprit se représente un être, un fait ou une relation 1° comme possible, 2° comme nécessaire.

Explicite.

Formellement énoncé (v. *Implicite*).

Exponibles (Propositions).

Sorte de propositions « composées dans le sens », qui peuvent ne pas le paraître dans les mots, et ont besoin d'être expliquées. (Voir *Composées*.)

Extase (ἔκστασις, de ἐξίστημι, sortir de soi-même).

Dans la philosophie de Plotin, et dans plusieurs systèmes mystiques, le souverain bien, c'est-à-dire le souverain bonheur en même temps que la souveraine vertu, consiste à s'unir à Dieu par la pensée jusqu'à s'identifier avec lui. Cette union exige d'abord qu'on se détache du monde sensible et de toute connaissance qui est venue des sens, et, de plus, qu'on se défasse de sa propre personnalité, que le sentiment du moi s'anéantisse et se dissolve, pour ainsi dire, dans la substance infinie. C'est par la raison que l'âme se sépare du monde sensible, c'est par l'amour qu'elle dépouille sa personnalité.

Extensif.

Opposé à *intensif*, signifie qui a une grandeur étendue. *Quantité extensive* signifie, dans Kant, étendue ou durée.

Extension.

1. Qualité de ce qui est étendu. On dit quelquefois *extensivité*; ces mots ne disent rien de plus que le mot *étendue*, qui est plus simple.

2. Opposée à *compréhension* (v. ce m.).

a. *Extension des termes.* — L'extension d'un terme est le nombre des sujets individuels dont il peut être l'attribut. Un terme est *singulier* quand il ne peut être attribué qu'à un seul sujet; *collectif*, quand il peut être attribué à plusieurs sujets en nombre fini; *général*, quand il peut être attribué à un nombre indéfini de sujets. Ne pas confondre l'*extension* des termes, qui est leur propriété d'être singuliers, collectifs ou généraux, avec la *quantité* des termes, qui est leur propriété d'être pris universellement ou particulièrement. L'extension est en raison inverse de la compréhension : le terme singulier, dont l'extension est 1, a une compréhension infinie. Les termes les plus *généraux* sont ceux qui ont le plus d'extension et le moins de compréhension ; les termes les plus *spéciaux* sont ceux qui ont le moins d'extension et le plus de compréhension.

b. *Extension des propositions.* — J'ai proposé de nommer ainsi la propriété qu'ont les propositions d'être *générales*, *spéciales* ou *singulières*. Ne pas confondre l'extension avec la *quantité* des propositions, qui est leur propriété d'être universelles ou particulières.

Extérieur, Intérieur, Externe, Interne.

Outre leur sens propre, qui est une relation dans l'espace, ces mots ont plusieurs acceptions spéciales. 1° En anatomie, chez les animaux symétriques, on suppose un plan antéro-postérieur. On appelle intérieur ce qui regarde ce plan, et extérieur ce qui regarde à l'opposé. 2° En psychologie, on appelle intérieur ce qui est connu par la conscience, extérieur ce qui est connu par les sens ; le *monde extérieur*, c'est le monde sensible. Intérieur veut dire qui appartient au *moi* ; extérieur, qui est attribué au non-moi. La *perception extérieure* est la sensation accompagnée du *jugement d'extériorité*, c'est-à-dire de la croyance à des objets distincts de nous dont nos sensations sont les qualités. Par contre, la conscience est appelée *sens intime*. La *méthode intérieure* en psychologie est l'observation directe de soi-même par la réflexion (on l'appelle aussi méthode *introspective* (v. ce m.) ou *subjective*) ; la *méthode extérieure* (ou *objective*) est l'observation d'autrui. Ces expressions métaphoriques n'ont pas peu contribué à obscurcir les problèmes relatifs au moi et au non-moi. Le monde sensible est distinct de moi, il est le non-moi, mais il n'est pas *hors* de moi, car rien ne peut être hors de ce qui n'est pas étendu. Le monde extérieur est hors de moi, si par moi j'entends, avec le vulgaire, mon individu vivant et concret tout entier, occupant l'espace limité par mon épiderme. Mais si le moi est le sujet pensant, le monde sensible est objectif plutôt qu'extérieur.

Les *sens externes* sont ceux qui nous mettent en relation avec le monde extérieur (à notre individu concret), et s'opposent aux *sensations internes*, comme la faim, la soif, et toutes les sensations viscérales, qui ne nous font connaître que l'état de notre organisme. Les sensations internes sont celles qui sont localisées en deçà de notre épiderme. Quant à celles qui sont localisées au niveau de notre épiderme (toucher), on considère les unes comme externes (tact), les autres comme internes (sensations thermiques, sensations de douleur).

Extériorisation.

(Quelques-uns disent *extérioration*.) Acte de l'esprit qui « projette au dehors » de lui les modifications produites en lui par les sens. Ainsi les couleurs ne nous semblent pas des manières dont nous sommes affectés, mais des qualités des corps placés devant nos yeux.

On a appelé *extériorisation de la sensibilité* de prétendues expériences dans lesquelles la sensibilité d'une personne abandonnait son corps et passait dans un autre corps, même inerte.

Extériorité (Jugement d').

Le jugement spontané par lequel nous détachons de nous les modifications produites en nous par les sens, et les « projetons au dehors », c'est-à-dire les attribuons à des êtres distincts de nous. Il faut remarquer que ces êtres, ces *non-moi*, ne nous apparaissent pas comme des causes dont nos sensations seraient les effets, mais comme des sujets dont nos sensations seraient les qualités. Le jugement d'extériorité ne peut pas être séparé de son corrélatif, le *jugement d'intériorité*, car il n'y a pas de *moi* tant qu'il n'y a pas de *non-moi*, et ces deux jugements consistent à faire un partage de ce qui est mien et de ce qui n'est pas mien. Ils sont aussi en rapport étroit avec le *jugement d'antériorité* (v. ce m.). Le jugement d'extériorité est l'élément essentiel de la *perception extérieure*, comme le jugement d'antériorité est l'élément essentiel du souvenir.

Extrêmes.

Le grand et le petit terme d'un syllogisme, c'est-à-dire les termes de la conclusion, s'appellent les *extrêmes*.

Extrinsèque, Intrinsèque.

Dénomination intrinsèque, v. *Dénomination*. — Une chose bonne par elle-même, et qui par elle-même est une fin (la vertu, le bonheur), a une *valeur intrinsèque*; tout ce qui vaut comme moyen d'autre chose a une *valeur extrinsèque*.

F

Factice.

Descartes appelle *idées factices* (*cogitationes factitiæ*), les idées construites ou élaborées par l'esprit (imagination, abstraction), par opposition aux *idées adven-*

tices, qui sont les données de l'expérience, et aux *idées innées*, qui sont antérieures à l'expérience. On dirait plutôt aujourd'hui que toutes nos idées sont factices, mais, selon les rationalistes, elles contiennent toujours un élément adventice ou *a posteriori*, et un élément inné ou *a priori*.

Facultatif.

Qu'on a le droit de faire ou de ne pas faire; c'est l'opposé d'*obligatoire*. Il est donc contradictoire de parler de *devoirs facultatifs* (v. *Strict*.)

Faculté.

En général, pouvoir de faire ou de ne pas faire. Il est nécessaire d'avoir des mots différents pour désigner les phénomènes que présente un être, et l'aptitude qu'on suppose en cet être à présenter ces phénomènes. Cette aptitude s'appelle *propriété* (v. ce m.) quand il s'agit, soit dans la matière inorganique, soit dans la matière vivante, des phénomènes physiques et chimiques; elle s'appelle ordinairement *fonction* (v. ce m.) quand il s'agit des phénomènes de la vie; elle s'appelle *faculté* quand il s'agit des phénomènes psychologiques. Le mot faculté signifiant primitivement *pouvoir d'agir*, quelques psychologues ont voulu le réserver aux opérations dont le moi dispose, et n'appeler *facultés* que les *facultés actives*; les facultés passives seraient nommées des *capacités*. Mais on dit couramment *faculté de sentir*, *faculté de souffrir*, et en général *facultés passives*. — La psychologie écossaise a pris soin de distinguer et de classer les *facultés de l'âme*; sans doute elle n'entendait classer que les faits psychologiques, sans attribuer aux facultés aucune réalité distincte en dehors de ces faits; néanmoins il en est résulté de fâcheuses habitudes de langage : on parle couramment des facultés comme si elles étaient autant de personnes distinctes, comme si la vie psychologique était un drame dont elles seraient les personnages; on fait de la connaissance une sorte de compromis entre la Raison et l'Expérience, on dit que la Mémoire « intervient », etc. Au XVIIe siècle, on ne parlait que des « opérations » de l'esprit; cela valait mieux.

Fait.

Un fait, c'est tout ce qui a lieu. Il convient de faire une distinction entre *fait* et *phénomène*. Le phénomène est ce qui peut être observé; les faits sont tous les phénomènes, et de plus tout ce qui se passe, mais échappe à la constatation directe. Une onde lumineuse est un fait, non un phénomène. Il faudrait dire *faits* psychologiques inconscients.

Fallacia.

Erreur, illusion, paralogisme.

Fallacia accidentis, affirmer universellement d'une chose ce qui ne lui convient que par accident. C'est le cas de toute généralisation hâtive (v. *Accident*).

Fallacia divisionis, ou raisonnement *ab integro ad divisum*, erreur résultant des propositions *complexes dans le sens*, et consistant à passer du sens composé au sens divisé. Ainsi de cette proposition : La strychnine est un poison, conclure qu'il faut s'en abstenir absolument, c'est une *fallacia divisionis*, car la proposition, incomplexe en apparence, est complexe dans le sens, et signifie : La strychnine, prise hors de propos et à dose excessive, est un poison.

La *fallacia compositionis*, ou raisonnement *a diviso ad integrum*, est l'erreur inverse. Elle se confond avec la *fallacia accidentis*.

Fantaisie.

Au XVIIᵉ siècle, synonyme d'*imagination* : « Les images qui sont peintes en la fantaisie » (Port-Royal).

Fapesmo.

Mode indirect de la 1ʳᵉ figure, équivalent de *Fespamo*, mode de la 4ᵉ figure.

Faradisation.

Électrisation d'un nerf ou d'un muscle par un courant alternatif (bobine d'induction). La faradisation produit une contraction musculaire *continue*, semblable à celle que produit la volonté (v. *Galvanisation*.)

Fatalisme.

Doctrine d'après laquelle tout est *fatal*, c'est-à-dire inévitable; aucun art, aucun effort ne peut empêcher ce qui doit arriver, ni produire ce qui ne doit pas arriver. Le fatalisme est souvent une conséquence de la toute-puissance de Dieu, ou de sa prescience, par exemple chez les mahométans; on l'appelle alors *fatalisme théologique* : si tout est en la puissance de Dieu, aucun événement ne peut arriver autrement qu'il ne l'a voulu; si Dieu connaît l'avenir, il est dès à présent nécessaire que l'avenir soit tel que Dieu le connaît. La nécessité à laquelle toutes choses obéissent est parfois considérée comme supérieure à la divinité même; c'est ce qu'on nomme *fatalisme antique* (*fatum antiquum*). Enfin si Dieu s'identifie avec le monde, la nécessité des événements du monde s'identifie avec la nature de Dieu; c'est le *fatalisme stoïcien* (*fatum stoïcum*).

Le fatalisme est différent du déterminisme. Le fatalisme consiste à concevoir les faits comme nécessaires en vertu d'une puissance qui leur est supérieure et qui en dispose; c'est une nécessité transcendante. Même, dans le panthéisme, le monde en tant qu'il est Dieu, principe un et universel, « nature naturante », impose la nécessité au monde en tant qu'il est multitude indéfinie des phénomènes, « nature naturée ». Aussi les fatalistes admettent-ils presque tous (à l'exception de Spinoza) une liberté du vouloir; seulement elle est impuissante. Laïus peut essayer de faire mourir Œdipe, pour empêcher l'accomplissement de l'oracle : l'oracle s'accomplira, quoi qu'il fasse. Le soldat musulman peut se jeter dans la mêlée ou prendre la fuite; s'il est écrit qu'il doit périr, il périra, quoi qu'il fasse. Le stoïcien se croit libre de consentir ou de résister à sa destinée; il la suivra, quoi qu'il fasse : de bon gré, s'il y consent; de force, s'il y résiste.

Le déterminisme n'est pas autre chose que le principe de causalité : les mêmes causes amènent les mêmes effets; la nécessité ici est immanente, et se confond avec la nature des choses. Spinoza est à la fois fataliste et déterministe.

Quand le fatalisme concerne spécialement la moralité, il s'appelle *prédestination* (v. ce m.).

Fatalité.

Nécessité, loi qui ne résulte pas de la nature des choses, mais leur est imposée par une puissance supérieure à elles (v. *Fatalisme*.)

Faux.

Voir *Vérité*.

Fechner (Loi de).

Ou *loi psycho-physique* (v. ce m.) : *l'intensité des sensations croît comme le logarithme des excitations.*

Felapton.

Syllogisme de la troisième figure, dont la majeure est universelle négative (E), la mineure universelle affirmative (A), la conclusion particulière négative (O).

    Fe- Nul M n'est P;
    lap- Tout M est S;
    ton. Donc quelque S n'est pas P.

Un sujet M, ayant d'une part un caractère constant S, et d'autre part étant constamment dépourvu d'un autre caractère P, ces deux caractères ne se trouvent pas constamment réunis dans un même sujet.

Ferio.

Syllogisme de la première figure, où la majeure est universelle négative (E), la mineure particulière affirmative (I), et, par suite, la conclusion particulière négative (O). Soit S le petit terme, sujet de la conclusion, P le grand terme, prédicat de la conclusion, M le moyen :

    Fe- Nul M n'est P;
    ri- Quelque S est M;
    o. Donc quelque S n'est pas P.

Il consiste à refuser à un sujet S, d'ailleurs incomplètement déterminé, une qualité P, parce que ce sujet est contenu, au moins pour une partie de son extension, dans un genre M qui n'a jamais cette qualité.

Ferison.

Syllogisme de la troisième figure, dont la majeure est universelle négative (E), la mineure particulière affirmative (I), la conclusion particulière négative (O).

    Fe- Nul M n'est P;
    ri- Quelque M est S;
    son. Donc quelque S n'est pas P.

Un sujet M ne présentant jamais un caractère P,

mais pouvant accidentellement présenter un caractère S, il en résulte que ces deux caractères peuvent quelquefois ne pas se trouver réunis dans un même sujet.

Fespamo.

Syllogisme de la quatrième figure (v. *Fapesmo*.)

Festino.

Syllogisme de la seconde figure, dont la majeure est universelle négative (E), la mineure particulière affirmative (I), la conclusion particulière négative (O).

    Fes-   Nul P n'est M ;
    ti-   Quelque S est M ;
    no.   Donc quelque S n'est pas P.

Il consiste à exclure d'un genre P au moins une partie d'une espèce S, parce qu'une partie au moins de cette espèce possède un caractère M, constamment absent de ce genre. Nul poisson n'a de poumons ; quelque animal nageant a des poumons ; donc quelque animal nageant n'est pas poisson.

Fiat.

Mot souvent employé pour désigner l'acte de la volition qui met fin à la délibération, pour indiquer que, dans l'hypothèse du libre arbitre, cet acte est un commencement absolu, une cause première, comme l'acte créateur du Dieu biblique.

Figure.

En géométrie, on distingue trois sortes de déterminations dans l'espace : la *figure*, la *grandeur* et la *situation*. Toute limitation d'un espace, fermé ou non, constitue une figure. Tous les corps, occupant un espace limité, ont nécessairement une figure. Aristote distingue la *figure* (μορφή) de la *forme* (εἶδος) : la figure est ce qu'il y a de plus élémentaire dans la forme, c'est la plus simple des déterminations de la matière ; la forme comporte des déterminations beaucoup plus variées, et se rencontre tout aussi bien dans ce qui n'est pas étendu, et n'a pas de figure. — En logique, on appelle *figure* d'un syllogisme la disposition qu'il présente eu égard à la place du moyen terme dans les deux prémisses. Il y a quatre dispositions possibles : dans la *première figure*, le moyen est sujet dans la majeure et prédicat dans la mineure ; dans la *seconde*, il est prédicat dans les deux prémisses ; dans la *troisième*, il est sujet dans les deux prémisses ; dans la *quatrième*, il est prédicat dans la majeure et sujet dans la mineure. On peut retenir aisément les définitions des quatre figures au moyen du vers mnémotechnique suivant :

Sub præ, tum *præ præ*, tum *sub sub*, denique *præ sub*.

Les trois premières figures représentent trois manières de raisonner essentiellement différentes ; on pourrait les définir par un caractère moins extérieur que la place du moyen terme :

La *première figure* consiste à affirmer une qualité (grand terme) d'un sujet (petit terme), parce qu'elle convient universellement à un genre (moyen terme) où ce sujet est contenu comme espèce ou comme individu ; — ou à nier une qualité d'un sujet, parce qu'elle est exclue universellement d'un genre qui contient ce sujet.

La *seconde figure* consiste à exclure un sujet (petit terme) d'un genre (grand terme), soit parce qu'il a une qualité (moyen terme) exclue universellement du genre, soit parce qu'il n'a pas une qualité affirmée universellement du genre.

La *troisième figure* consiste à affirmer que deux attributs (grand et petit terme) coexistent dans quelque sujet, parce que chacun d'eux est séparément affirmé d'un même genre, et l'un au moins universellement ; — ou que deux attributs ne coexistent pas dans quelque sujet, parce que l'un est affirmé, l'autre est nié d'un même genre, et l'un des deux au moins universellement.

Quant à la *quatrième figure*, elle est théoriquement possible, mais les logiciens s'accordent généralement à la considérer comme artificielle. M. Lachelier a démontré qu'il y a trois manières de tirer une conséquence de deux prémisses, et qu'il ne peut y en avoir davantage.

Fin (τὸ τέλος, τὸ οὗ ἕνεκα.)

Ce en vue de quoi une chose se fait. Une fin est un effet qui est la raison d'être de ses *causes*. La maison est la fin des moellons et des poutres (matière), de leur agencement (forme), du travail de l'architecte et des ouvriers (cause efficiente). Dans un processus de finalité, qui est une série de faits liés entre eux par des rapports de causalité, la *fin* est le terme dernier ; non qu'il n'y ait pas d'effets ultérieurs, mais ces effets ne font plus partie du processus de finalité que l'on considère. La série a aussi un terme premier ; ce n'est pas un commencement au point de vue de la causalité, car tout fait est déterminé par des causes antérieures, mais elles ne font pas partie du processus de finalité que l'on considère. Le terme initial et le terme final ont entre eux une étroite relation, car l'un est le besoin dont l'autre est la satisfaction. Et quand le besoin est conscient, on peut être tenté de prendre pour le terme initial l'*idée*, dont le terme final est la réalisation. Il en est résulté qu'on a souvent confondu, que l'on confond même ordinairement le terme initial et le terme final en une même désignation, et qu'on appelle *fin*, non seulement la fin, mais aussi le commencement : l'idée de la maison, l'intention de la bâtir, le besoin de se loger sont dits la fin du travail de l'architecte et des ouvriers, aussi bien que la maison elle-même. En d'autres termes, par le mot *fin*, on entend le *but*. Et comme ce terme initial détermine, à titre de cause efficiente, la série des faits qui doit aboutir au terme final, on l'appelle *cause finale*. Les intermédiaires entre le terme initial et le terme final s'appellent les *moyens*. La maison est à la fois cause et fin : la maison *projetée* est la cause des moyens, et ceux-ci tendent à la maison *réalisée*.

Les mots *fin* et *cause finale* sont donc équivoques, et il en résulte une grande confusion dans la logique de la finalité. Il serait désirable, si l'on pouvait lutter contre l'usage, de rendre au mot *fin* son sens de terme dernier dans l'ordre chronologique. Il vaut mieux avoir recours aux expressions *terme initial* et *terme final* pour désigner le phénomène qui commence la série, et celui qui l'achève.

On appelle *fin dernière*, ou *fin absolue*, un but qui n'est pas un moyen par rapport à un but ultérieur. En laissant de côté la question de savoir si le bien est fin parce qu'il est bien, ou s'il est bien parce qu'il est fin, on peut dire que la fin dernière s'identifie avec le *souverain bien*.

Finale (Cause).

Voir *Fin*.

Finalisme.

Système philosophique où l'idée de finalité a une place prépondérante.

Finalité.

Toute *finalité* est une série de causes et d'effets dans laquelle on remarque : 1° un terme où elle s'arrête, et c'est pourquoi on le nomme *fin*; 2° un terme intermédiaire, le *moyen*, ou une série de termes intermédiaires, les moyens; 3° un terme où elle commence, car le nom du moyen ne se justifierait pas, s'il ne se plaçait entre le commencement et la fin. On méconnaît ordinairement ce terme initial, ou on le confond avec le terme final; ainsi on définit la finalité « relation de moyen à fin ». Le terme initial est pourtant le plus important, et aussi le plus embarrassant, car c'est en lui que réside la difficulté de toute question de finalité. — Notons que le terme initial n'est que relativement initial, le terme final relativement final. Il y a toujours des causes des causes et des effets des effets; la série des causes et des effets est indéfinie dans les deux sens. Mais un *processus de finalité* est un segment déterminé de cette série, segment dans lequel la relation de finalité est intégralement contenue.

Il y a une relation entre le terme initial et le terme final (v. *Fin*). D'aucuns veulent que le terme initial soit toujours et nécessairement un fait intellectuel, l'idée du terme final, et ainsi la finalité pourrait être définie la *causalité de l'idée*. Cette définition conviendrait tout au plus à cette espèce de finalité qui se rencontre dans l'activité intentionnelle de l'homme. Mais il y a manifestement de la finalité qui n'est point accompagnée d'intelligence; chez les animaux et chez l'homme, on lui donne le nom d'*instinct*. On assimile, il est vrai, l'instinct à l'habitude : l'instinct est une habitude héréditaire; inné chez l'individu, il a été acquis par la race ou par l'espèce; ce qui est *automatisme* (v. ce m.) chez les descendants aurait été spontanéité intelligente chez les ascendants. On arrive ainsi à attribuer une intelligence aux plus rudimentaires d'entre les formes primitives de la vie, tandis qu'au contraire il est manifeste que l'intelligence est le privilège des vivants les plus complexes et les plus élevés.

Le terme initial peut être le *besoin*, qui, même dans la finalité intentionnelle, est antérieur à l'intelligence, et plus profond que la conscience. L'idée n'est jamais le terme initial; elle est toujours un moyen. La finalité a sa source dans des faits *affectifs*, et non dans des faits intellectuels; il y a une finalité aveugle et une finalité éclairée par l'intelligence.

On peut même concevoir la finalité sans aucun élément psychique même inconscient, bien qu'elle ne se rencontre que dans les vivants. On lui donne le nom d'*adaptation*. Le terme final est une certaine structure organique, le terme initial est la *nécessité* ou *privation* de cette structure, ou l'apparition de circonstances qui la rendent nécessaire; les moyens sont la *sélection naturelle* et l'*hérédité*; les individus qui ne présentent pas cette structure sont éliminés, et elle se fixe chez les descendants de ceux qui l'ont présentée.

Cette nécessité, ou privation, devient le *besoin* quand elle s'accompagne de douleur, laquelle peut être consciente ou inconsciente. Le besoin lui-même devient le *désir*, quand l'objet en est conçu par l'esprit. La privation est donc dans tous les cas le terme initial. Et l'on peut distinguer diverses sortes de finalité, selon la nature des moyens :

1° *Adaptation* ou *finalité organique*. Aucun élément psychique ne s'interpose entre le terme initial et le terme final.

2° *Finalité affective*. L'activité de l'être est dirigée vers la fin, parce qu'il est averti par la douleur, consciente ou inconsciente.

3° *Finalité intelligente*. L'activité de l'être se dirige vers une fin connue, par des moyens connus.

Kant a distingué la *finalité interne*, qui peut être considérée dans un seul être : c'est la convenance des parties au tout; — et la *finalité externe*, qui est un rapport entre deux ou plusieurs êtres, dont l'un est moyen par rapport aux fins d'un autre. De cette distinction, il tire celle du beau et de l'utile.

La finalité peut être dite *immanente* quand l'être dans lequel on remarque des rapports de moyens à fin est aussi l'activité qui réalise des fins par ces moyens : tel le vivant qui s'adapte à ses conditions d'existence ou de bien-être; — *transcendante*, quand l'être qui présente cet ordre et cette convenance a été élaboré par une activité extérieure à lui : tels les produits de l'art humain. L'organisation des vivants serait finalité transcendante dans l'hypothèse d'un Dieu créateur ou démiurge, elle est immanente dans la théorie évolutionniste de la vie.

Principe de finalité. — Certains philosophes font du *principe de finalité* le pendant et le complément du *principe de causalité*. Il y a pourtant entre les deux une différence capitale : le principe de causalité est universel : Tout fait a sa cause; — le prétendu principe de finalité serait particulier, car on ne peut pas dire : Tout fait a sa fin, mais seulement : Il y a dans le monde de la finalité. La détermination des faits par leurs causes est rigoureuse. Si une vague de la mer mouille le rivage jusqu'à tel point, et non pas un centimètre plus loin ni moins loin, c'est que l'impulsion qu'elle avait reçue du vent et des autres vagues était suffisante pour la porter jusqu'ici, et ne pouvait pas la porter plus loin. Au contraire, la finalité, outre qu'elle est absente de beaucoup de faits, ne détermine pas complètement ceux qu'elle détermine : je prends la craie pour écrire au tableau, et en même temps je me blanchis les doigts; la craie produit deux effets dont l'un seulement est une fin.

Le principe de finalité n'a de sens que dans la philosophie d'Aristote. Ce principe n'est pas, comme on le dit souvent : *Rien n'est en vain*, οὐδὲ ν μάτην, mais : *La nature ne fait rien en vain*, ἡ φύσις οὐδὲν μάτην ποιεῖ. Et la *nature* est, pour Aristote, un principe *interne* de mouvement, ἀρχὴ κινήσεως ἐν ἑαυτῷ. Il y a des faits qui n'ont point de fin, ceux qui sont des effets de causes extérieures, ou mécaniques, τὸ γινόμενον βίᾳ, causes qui agissent contre la nature, παρὰ φύσιν, et sont des obstacles aux mouvements naturels. En outre, parmi les effets des causes *naturelles*, il en est qui n'ont point de fin, parce que ces causes produisent à la fois l'effet vers lequel elles tendent, et d'autres effets, vers lesquels elles ne tendaient pas. Ce sont ces effets qu'Aristote appelle τὸ αὐτόματον, mot qu'il fait venir de αὐτός et de μάτην. Aristote peut donc dire que la nature ne fait rien en vain, parce que ce qui est l'effet de causes mécaniques (βία) n'a pas pour cause la nature, et que ce qu'il appelle hasard est l'effet accessoire des causes naturelles agissant en vue d'une fin.

Fini.

Voir *Infini*.

Foi.

Voir *Croyance*.

Fonction.

1. En algèbre, deux quantités variables sont dites fonction l'une de l'autre quand à des valeurs déterminées de l'une correspondent des valeurs déterminées de l'autre. Par exemple, dans les expressions : $x = a + y$; $x = a - y$; $x = ay$; $x = \frac{a}{y}$; $x = y^a$; $x = \sqrt[a]{y}$; $a + y$, $a - y$, ay, $\frac{a}{y}$, y^a, $\sqrt[a]{y}$ sont des fonctions de x. L'expression $f(x)$ signifie : fonction de x.

2. En physiologie, parmi les propriétés des cellules, des tissus, des organes, les unes sont, les autres ne sont pas des fonctions. Une propriété est dite fonction quand elle est la fin de l'organisation. Ainsi la *contractilité* est une fonction du muscle, mais la *rétractilité* qu'on observe dans un muscle coupé est une propriété, non une fonction. L'hémoglobine a la propriété de se combiner aisément avec l'oxygène, avec l'oxyde de carbone, et avec le bioxyde d'azote. La première de ces trois propriétés est une fonction, mais non les deux autres.

Par extension, on parle des fonctions des organes sociaux : la fonction de la monnaie, la fonction de l'État, etc.

Fondement.

Principe général qui est la condition de possibilité et la garantie de valeur de tout un ordre de connaissances. Le fondement de l'induction est le principe en vertu auquel le passage des faits aux lois est possible et légitime.

Force.

En mécanique rationnelle, on appelle *force* toute cause capable de modifier l'état de repos ou de mouvement d'un corps. Une telle cause ne doit être envisagée d'ailleurs qu'abstraitement : une force, c'est la *possibilité conditionnelle* d'un mouvement déterminé; dire qu'un corps est soumis à une certaine force, c'est dire qu'il se meut avec une vitesse déterminée, selon une direction et dans un sens déterminés, ou qu'il se mouvrait de cette manière, si son mouvement n'était annulé ou modifié par d'autres forces. En d'autres termes encore, on dit qu'un corps est soumis à une force, soit quand il est en mouvement, soit quand son mouvement pourrait être déterminé ou changé par la seule *suppression* de quelque circonstance. La mécanique rationnelle prend le nom de *cinématique* tant qu'elle ne s'occupe que du mouvement, et le nom de *dynamique*, à partir du moment où s'introduit la notion de force.

Les *forces physiques* sont plutôt des *agents* (v. ce m.) que des forces; elles ne sont pas de simples possibilités abstraites, mais des causes réelles. On emploie l'expression de forces physiques pour exprimer que tous les agents physiques, lumière, chaleur, électricité, sont capables de produire des effets mécaniques.

En psychologie, on dit que la volonté est une force parce qu'elle détermine des mouvements du corps (c'est une question de savoir si l'énergie manifestée par ces mouvements est tout entière ou non empruntée à l'organisme). On appelle *force morale*, celle dont les effets purement intellectuels ou moraux ne semblent pas pouvoir être conçus comme des mouvements. Les idées et les sentiments, en tant qu'ils tendent à déterminer l'activité volontaire ou involontaire, peuvent aussi être appelés des forces (v. *Idées-forces*). — Beaucoup de psychologues pensent que nous avons dans la conscience de l'*effort* une connaissance réelle de la force dans sa nature propre, considérée indépendamment de ses effets, et que c'est là l'origine de la notion de force.

Force fondamentale. — Kant appelle *force fondamentale* une force naturelle qui ne dépendrait plus d'aucune autre. Il faut éviter d'imaginer des forces fondamentales, car on ne produirait ainsi que des notions vaines, sans la moindre assurance qu'un objet quelconque peut y correspondre; et en outre, en procédant ainsi, la raison expliquerait sans peine tout ce qu'elle voudrait, et comme elle voudrait (Kant, *De l'usage des principes téléologiques*).

Forme.

Aristote a distingué le premier, *en toutes choses*, la *forme*, ou *cause formelle*, τὸ εἶδος, de la *matière*, ou *cause matérielle*. Dans une statue, la forme est la figure que lui a donnée le sculpteur, la matière est le marbre ou le bronze. La matière d'un jugement, ce sont les termes ou notions sur lesquelles on juge; sa forme c'est la relation de sujet à attribut. La *qualité* (affirmatifs ou négatifs) et la *quantité* (universels ou particuliers) des jugements sont des propriétés purement formelles. Les jugements à leur tour sont la matière du raisonnement; la forme, c'est la relation de principe à conséquence. En général, la matière, ou le *contenu* de la connaissance, ce sont les *objets*; la forme, ce sont les relations que l'esprit aperçoit ou établit entre ces objets.

Kant distingue la matière et la forme de la loi morale : la matière, ce sont les actions commandées ou défendues ; la forme, c'est la nature de ce commandement ou de cette défense, c'est-à-dire le caractère *impératif*, puis *catégorique* (et par suite universel) de cette loi.

Mettre en forme un raisonnement, c'est l'énoncer de telle sorte qu'il n'y ait rien de sous-entendu, rien de surabondant, et que ses propositions soient dans l'ordre suivant : majeure, mineure, conclusion ; c'est de plus indiquer à quel mode de quelle figure il appartient.

Formel.

Qui concerne la *forme seule*, et est indépendant de la *matière* : les lois *formelles* de la pensée. — *Cause formelle*, v. *Forme*.

La *logique formelle* est l'étude des lois formelles de la pensée, des conditions de possibilité du raisonnement, qui sont indépendantes des objets sur lesquels on raisonne, c'est-à-dire du raisonnement en tant qu'il est concluant par la seule puissance de sa forme, *vi formæ*.

Descartes oppose l'*existence formelle* à l'*existence objective*, et à l'*existence éminente* (v. *Éminent*). Ce que Descartes appelle existence formelle équivaut à ce que nous nommons aujourd'hui *existence objective* (v. *Objet*).

On oppose aussi *formel* à *implicite* et à *tacite*. Une contradiction est formelle quand les propositions contradictoires ont été toutes deux expressément formulées; elle est implicite, quand l'une des deux propositions (ou toutes les deux) peut se déduire de ce qui a été formulé. Une promesse, un engagement, un contrat sont formels quand on a énoncé, soit par écrit, soit verbalement, que l'on s'engageait, et à quoi ; — tacites, si les personnes intéressées peuvent légitimement conclure de certaines démarches qu'on est engagé envers elles ; ainsi accepter une confidence, sans promettre *formellement* le secret, c'est s'engager *tacitement* à la discrétion.

Formule.

Proposition étudiée, qui condense en un petit nombre de termes précis une idée importante. En mathématiques, les formules sont des équations d'un usage très général, qui, démontrées une fois pour toutes, seront d'une application fréquente. Ex. : Surface du cercle $= \pi r^2$.

A fortiori.

Le raisonnement *a fortiori* est celui qui prouve au delà de ce qui était en question. Il repose sur la propriété des propositions *subalternes* (v. ce m.).

Fovea centralis ou simplement fovea.

Fossette ou dépression qui s'observe dans la rétine au milieu de la *tache jaune* (v. ces m.). Au niveau de la fovea, la rétine est modifiée : la couche des fibres nerveuses n'existe pas, les bâtonnets font défaut, les cônes sont très nombreux, très serrés et très allongés. C'est la partie la plus sensible de la rétine, celle où se fait l'image du point de l'objet que l'on regarde, celle où, dans la vision normale, les deux images rétiniennes sont sensiblement identiques et superposables.

Fresisom.

Syllogisme de la quatrième figure. Voir *Friseso-morum*.

Frisesomorum.

Syllogisme qui est un *mode indirect* de la première figure.

Futurs contingents.

Voir *Contingent*.

G

Galvanisation.

Excitation d'un nerf ou d'un muscle par un courant continu (pile électrique). La galvanisation produit une contraction brusque, une *secousse musculaire*, au moment où le courant commence, et une autre au moment où il cesse (v. *Faradisation*).

Général.

Qui appartient à un genre.
1. Terme général, idée ou notion générale. Un terme est général quand il peut être attribué à un nombre indéfini de sujets différents. *Général* s'emploie tantôt absolument, et s'oppose à *singulier* ou à *individuel*, tantôt relativement et s'oppose à *spécial* : terme général et terme spécial équivalent à terme plus général et terme moins général (v. *Extension*). Il ne

faut pas confondre général avec *universel* (v. ce m.) qui s'oppose à *particulier*, et d'ailleurs ne doit pas se dire des termes ou notions, mais des jugements ou propositions. L'usage d'opposer *particulier* (v. ce m.) à général est des plus fâcheux.

2. Proposition générale, se dit absolument d'une proposition universelle dont le sujet est un terme général (et non un terme singulier); — se dit relativement d'une proposition universelle dont le sujet est un terme plus général que celui d'une autre proposition, également universelle, mais *spéciale* ou *singulière*.

Généralisation.

1. Opération par laquelle l'esprit forme des idées générales ou concepts (v. ce m).

2. Tout passage de l'individuel au général, du spécial au plus général. Ex : L'algèbre est une généralisation de l'arithmétique. La loi de la gravitation universelle est une généralisation de la loi de la chute des corps.

Générique.

Se dit d'un caractère qui est commun à tout un genre.

Genèse.

Γένεσις, naissance, origine, formation.

Génétique.

Qui concerne la genèse. La définition génétique consiste à définir une notion par la manière dont elle se construit : Un cercle est la figure *engendrée* par une droite finie qui tourne dans un plan autour d'une de ses extrémités. — Une parabole est la figure *engendrée* par la section d'un cône par un plan parallèle à l'une de ses génératrices.

Genre.

Un genre est un groupe fictif, dans lequel tous les individus, *en nombre indéfini*, ayant certains caractères communs, sont idéalement rassemblés. L'ensemble de ces caractères communs s'appelle *concept* (v. ce m.).

Quand deux termes généraux sont contenus l'un dans l'autre, le plus grand en extension (v. ce m.) s'appelle *genre*, le plus petit s'appelle *espèce* (v. ce m.). En compréhension (v. ce m.), le genre est plus petit que l'espèce. Le genre s'*étend* à plusieurs espèces, tandis que l'espèce *comprend* les attributs du genre.

On nomme *genre suprême, summum genus*, celui qui contient tous les autres. Les métaphysiciens ont discuté si le genre suprême était l'Être ou la Substance, ou l'Unité, ou le Bien, etc. Il n'y a point de genre suprême, car tout dépend du sens vers lequel on dirige la généralisation.

En biologie, on est convenu de nommer *genres* les subdivisions de la *famille* ; le genre se place donc entre la famille et l'espèce.

Géocentrique (Système).

Le système astronomique dans lequel la Terre était considérée comme immobile au centre du monde. C'est le système de Ptolémée.

Géographie.

Description, et explication par les lois des sciences théoriques, de l'état de la terre à une époque donnée. On distingue la géographie physique, la géographie botanique, zoologique, en un mot, biologique, la géographie économique, politique, linguistique, etc., en un mot, sociologique. Par analogie, on dit aussi *géographie du ciel*, pour désigner la partie de l'astronomie qui s'occupe de déterminer les positions des étoiles fixes.

Géologie.

Histoire de la Terre considérée comme une masse matérielle. Comme nous ne pouvons pénétrer profondément dans l'intérieur du globe, la géologie est, en fait, l'histoire de l'écorce terrestre. C'est l'application des lois physiques et chimiques à l'explication des transformations de la terre. Sans doute les êtres vivants jouent un rôle important dans ces transformations, mais seulement par leurs propriétés physiques et chimiques ; la géologie est donc une branche de la cosmologie.

Géométrie.

Science théorique et démonstrative, ayant pour objet les figures, grandeurs et situations que l'on peut concevoir dans l'espace.

Géotropisme.

Propriété que présentent certains organes végétaux, de diriger leur accroissement selon la direction de la pesanteur. Le géotropisme est *positif* quand l'accroissement se fait dans le sens de la pesanteur (racines), et *négatif* quand il se fait en sens contraire (tiges).

Gnomiques.

Nom donné aux Sept Sages de la Grèce, et parfois, en général, à tous ceux dont la sagesse s'exprime en quelques sentences morales.

Gnoséologie.

Mot quelquefois employé, depuis Baumgarten, pour désigner la théorie de la connaissance (v. ce m.)

Gnose (γνῶσις, connaissance), Gnosticisme.

La *gnose* est une connaissance fondée sur la raison, et s'oppose à la *foi* qui est une connaissance fondée sur le témoignage. Les Gnostiques, par exemple Valentinus, s'efforcent de mettre la philosophie grecque, surtout la philosophie platonicienne et néo-platonicienne, au service de la foi chrétienne et de construire un système où la Trinité, l'Incarnation, la Rédemption auraient un rôle.

Goût.

Faculté de percevoir les saveurs. Ce sens a pour organes diverses sortes de papilles situées dans la muqueuse de la langue, où elles sont entremêlées avec les terminaisons nerveuses du toucher et du sens thermique.

Gradation.

Voir *Sorite*.

Graduations moyennes (Méthode des).

Méthode employée par Wundt pour déterminer le rapport de la sensation à l'excitation. Elle consiste, étant données deux sensations d'intensités différentes, à chercher une sensation dont l'intensité paraisse moyenne. D'après la *loi psycho-physique* (v. ce m.), on devrait trouver que cette intensité arithmétiquement moyenne entre les deux sensations correspond à une intensité géométriquement moyenne entre les deux excitations. La loi psycho-physique se vérifie moins bien par cette méthode que par celle des *changements minima* (v. ces mots).

Grammaire.

L'art du langage, tandis que la *philologie* en est la science. La grammaire enseigne comment il faut joindre les mots donnés par le vocabulaire pour en faire un langage *correct* (la *syntaxe*, il est vrai, n'est pas toute la grammaire, mais les *flexions* des mots sont aussi des moyens de les joindre.) La *matière* du langage est le vocabulaire, la grammaire en est la *forme*. La *grammaire comparée* est bien une science, et non un art. C'est l'étude comparative des langues au point de vue grammatical, tandis que la *philologie comparée* est l'étude comparative des vocabulaires, la recherche des étymologies, et par conséquent de la filiation et de l'histoire des langues (toutefois, cette distinction n'est pas toujours observée.) La *grammaire générale* se distingue de la grammaire comparée. Elle a pour objet de dégager de l'étude comparative des langues des lois très générales auxquelles tout langage possible devra nécessairement être assujetti, lois qui sont des conditions de possibilité de l'expression de la pensée, et même des conditions de possibilité de la pensée elle-même. Elle aborde donc, par des méthodes philologiques, des problèmes psychologiques et logiques.

Grandeur.

Synonyme de *quantité* (v. *Quantité*, 1). Comme il y a deux mots pour désigner une seule chose, on pourrait les différencier, appeler *quantité* tout ce qui, en général, comporte les rapports *égal*, *plus grand* ou *plus petit*, et réserver le mot *grandeur* pour la grandeur étendue ou géométrique.

Grand terme.

Dans un syllogisme, on appelle *grand terme* l'attribut de la conclusion.

Il n'est pas exact de dire que le grand terme a plus d'extension que le moyen, et le moyen plus d'extension que le petit. Pour les modes négatifs, comme la conclusion exprime que le grand et le petit terme ne sont pas contenus l'un dans l'autre, on ne peut faire aucune comparaison entre l'extension de l'un et de l'autre ; pour les modes particuliers affirmatifs, comme la conclusion exprime qu'une partie de l'extension du petit terme est contenue dans le grand, il peut se faire que le petit dépasse le grand en extension. Le grand terme n'est donc nécessairement le terme contenant que dans le syllogisme en *barbara* (v. *Petit terme*).

Graphique (Méthode).

On appelle ainsi toute disposition expérimentale dans laquelle le fait à constater sera représenté par un *tracé*, comme cela a lieu dans les appareils *enregistreurs*. Le tracé obtenu s'appelle un *graphique*. On appelle aussi graphique un tracé par lequel, grâce à un système de coordonnées rectangulaires, on représente d'une manière qui *parle aux yeux* un ensemble de résultats obtenus, par exemple dans les statistiques. — Quand un graphique représente les variations d'une quantité, il devrait être une *courbe*, lorsque ces variations sont continues. On dit la « courbe de température » d'un malade, bien que le graphique présente une ligne brisée. C'est que la variation de température a été en réalité continue, et le graphique serait bien une courbe s'il la représentait exactement.

Graphologie.

Chacun de nous a son écriture personnelle, bien que nous ayons tous appris à écrire sur des modèles à peu près semblables. On en a conclu que l'écriture s'est modifiée sous l'influence du caractère individuel, et peut le révéler à qui sait l'y reconnaître. La graphologie pourrait donc être un auxiliaire utile de la psychologie des caractères. Mais le tempérament physique, la main longue ou courte, sèche ou charnue, l'attitude en écrivant, etc., contribuent à modifier l'écriture aussi bien que les éléments intellectuels et moraux du caractère. Surtout, il faut dire que les lois de la graphologie ne sauraient être recherchées ni formulées qu'à l'aide d'une science des caractères qui n'est pas faite. Malgré ces réserves, ces sortes de recherches ne doivent pas être trop légèrement dédaignées ou condamnées.

Grapho-moteur.

Le centre grapho-moteur, dont la lésion produit l'amnésie grapho-motrice, sans paralysie des organes externes, est situé dans le pied de la deuxième circonvolution frontale gauche. — Les sensations grapho-motrices sont les sensations cinesthésiques (v. ce m.) qui accompagnent les mouvements graphiques.

H

Habitude.

Tout acte qui se répète exige chaque fois un effort moindre; telle est la loi de l'habitude. La diminution de l'effort s'explique par une meilleure adaptation de l'organe ; on peut donc dire que l'habitude est une transformation de l'organe par la fonction ; mais la réciproque n'est pas vraie : la transformation de l'organe par la fonction ne s'appelle habitude que quand la fonction s'accompagne primitivement d'un *effort*, que l'habitude tend à faire progressivement disparaître. Ainsi chez les végétaux l'adaptation n'est pas ordinairement nommée habitude.

On oppose l'habitude à l'*instinct* : l'habitude est acquise, l'instinct est inné. Mais on peut concevoir l'instinct comme une habitude héréditaire ; il y a donc deux sortes d'habitude : l'habitude personnelle, acquise au cours de la vie individuelle, et l'habitude de la race ou de l'espèce, transmise des ascendants aux descendants (v. *Instinct*). On appelle souvent *nature* d'un être individuel l'ensemble de ses caractères innés, c'est-à-dire hérités : la nature se confond donc avec l'instinct, et l'habitude s'oppose à la nature ; elle est une *seconde nature*, qui s'ajoute ou se substitue à la *nature première*.

Comme l'habitude diminue l'effort, elle diminue aussi la conscience, qui varie en même temps que l'effort. De là un accroissement de la *spontanéité*, c'est-à-dire de la capacité de produire des actes qui viennent de nous sans nous coûter de peine ; et une diminution de la *réceptivité*, c'est-à-dire de la capacité d'être impressionnés. La limite de l'habitude, c'est l'*automatisme*, dans lequel la spontanéité est complète, et la receptivité nulle. Il faut remarquer que l'habitude tend à effacer les sensations qui accompagnent l'activité sans en être le but ; et à accroître, c'est-à-dire à rendre plus précises et plus distinctes, sinon plus intenses, celles qui sont le but de l'acte ; c'est qu'en ce cas, l'organe devient mieux adapté à distinguer, et que, par suite, on distingue mieux avec le même effort.

N. B. — Le mot *habitude* correspond au mot d'Aristote ἔθος, *coutume, accoutumance*, et non au mot ἕξις, *habitus*, qui signifie *état, manière d'être*, par opposition à *activité, manière de devenir*.

Hallucination.

L'hallucination est une *image* accompagnée du jugement d'*extériorité* (v. ce m.). La *perception* et l'*image* sont des états de conscience identiques, sauf certains caractères : la perception est ordinairement plus intense, et surtout plus précise; elle est cohérente; enfin le sujet n'en dispose pas; l'image est plus faible et plus vague; elle est incohérente; et dans une certaine mesure le sujet peut l'évoquer, la chasser, la changer. La différence principale entre la perception et l'image est extrinsèque : la perception est provoquée par une excitation *périphérique* de l'organe; dans l'image, il y a aussi une excitation de l'organe, mais elle est d'origine *centrale* (v. ce m.). Le plus souvent la perception s'accompagne du jugement d'extériorité, tandis que l'image, en raison de sa faiblesse, de son incohérence, de notre empire sur elle, est *réduite* (v. *Réduction* des images). Mais il arrive parfois (dans le rêve, dans le délire, etc.) que cette réduction ne se fait pas, et que les images sont prises pour des perceptions. Elles sont alors des hallucinations. L'hallucination est une perception fausse, comme la perception est une hallucination vraie. Il y a des hallucinations de la vue, de l'ouïe, du toucher, de tous les sens.

Harmonie.

Les Pythagoriciens appelaient *harmonie* l'octave divisée en quarte supérieure et quinte inférieure, et *analogie harmonique*, les nombres proportionnels, ou longueurs des cordes qui donnent la quarte et l'octave du son fondamental :

3	4	6
mi	si	mi.

Dans cette analogie ou proportion, le moyen dépasse un des termes et est dépassé par l'autre d'une même fraction de chacun d'eux :

$$3 + \frac{3}{3} = 4 = 6 - \frac{6}{3}$$

D'autre part, la longueur de la corde qui divise l'octave en quarte inférieure et quinte supérieure est moyenne arithmétique entre les deux extrêmes :

2	3	4
mi	la	mi

En combinant ces deux relations, on obtient la série

6	8	9	12
mi	la	si	mi

dans laquelle 8 est moyen harmonique, 9 moyen arithmétique entre 6 et 12. Cette série fournit la grandeur du *ton*, que les Pythagoriciens croyaient (faussement) constamment égal à la différence $\frac{9}{8}$ entre la quarte et la quinte. On peut donc diviser les deux *tétracordes* mi-si et la-mi, en prenant, de l'aigu au grave, un ton, un ton, et un « reste » (*limma*). L'échelle diatonique se trouve ainsi construite. La série 6, 8, 9, 12 s'appelle aussi *proportion harmonique* ou *harmonie*, et les Pythagoriciens croyaient la retrouver dans tout système harmonieusement coordonné, notamment dans la constitution du monde sidéral, et dans celle de l'âme, principe de la vie et de la pensée, si bien que l'*Harmonique* est pour eux la partie de la mathématique par laquelle la physique mathématique rend compte de la finalité dans l'univers.

Harmonie préétablie. — Leibnitz, considérant comme impossible toute action des monades les unes sur les autres, représente les rapports des monades entre elles comme une *harmonie préétablie*. La série des changements internes de chacune d'elles est réglée par un déterminisme absolu, et reste perpétuellement en harmonie avec les changements internes de toutes les autres, parce que toutes dépendent du même principe créateur.

Hasard.

1. Quelquefois la *contingence* des faits, qu'on suppose n'être déterminés ni par les faits antécédents, ni par une puissance distincte des faits; par exemple, le *clinamen* des Épicuriens (Il vaut mieux éviter cet emploi et dire *contingence*.) — 2. Ce qui résulte d'un déterminisme si complexe que les effets sont impossibles à prévoir : par exemple, le tirage d'une loterie, la distribution des cartes dans les jeux dits de hasard. — 3. Les effets accessoires que produit une cause en tendant vers une fin, et qui ne sont ni la fin, ni les moyens de la fin. C'est en ce sens qu'Aristote dit que la nature ne fait rien en vain (οὐδὲν μάτην), et que pourtant il y a du hasard (αὐτόματον, qu'il interprète αὐτὸ, μάτην). — 4. Ce qui présente l'apparence de la finalité sans finalité réelle; ce qui semble avoir été concerté et ne l'a pas été. C'est à ce sens qu'il conviendrait de se tenir.

Héautonomie (ἑαυτοῦ, νόμος).

Mot de Kant. Le principe de la finalité de la nature, nécessaire pour que la nature soit intelligible, est une loi que l'esprit se prescrit à lui-même, loi toute subjective, qu'il ne trouve pas dans la nature, car il ne l'aperçoit pas *a priori* dans son unité; qu'il ne saurait non plus lui imposer, car elle ne lui obéit pas. Ce n'est donc ni une loi des choses, ni une loi de l'esprit, mais une loi selon laquelle l'esprit s'impose à lui-même de concevoir les choses, parce que c'est une condition de possibilité de la science. C'est une *héautonomie*.

Hédonisme (ἡδονή, plaisir).

Toute doctrine morale qui pose en principe que tout plaisir est un bien comme tel, et qu'il n'y a pas d'autre bien que le plaisir ; que toute douleur est un mal, et qu'il n'y a pas d'autre mal que la douleur. L'hédonisme est distinct de l'*eudémonisme* (v. ce m.).

Héliocentrique (Système).

Le système astronomique de Copernic et de Galilée, qui place le soleil au centre de notre système planétaire, et fait de la terre une planète qui tourne, comme les autres, sur elle-même, et autour du soleil.

Hémianopsie.

Cécité partielle, dans laquelle la vision est abolie pour la moitié du champ visuel, partagé verticalement. — Les fibres des deux nerfs optiques se comportent, dans leur trajet du globe oculaire au cerveau, de la manière suivante : celles qui proviennent de la moitié gauche de la rétine gauche se rendent au cerveau gauche, celles de la moitié droite de la rétine droite se rendent au cerveau droit. Celles de la moitié gauche de la rétine droite vont au cerveau droit, et celles de la moitié droite de la rétine gauche vont au cerveau gauche.

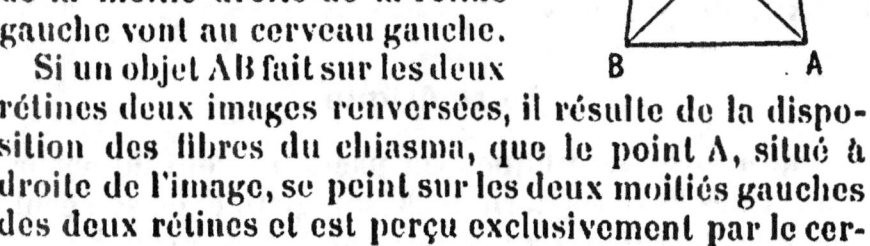

Si un objet AB fait sur les deux rétines deux images renversées, il résulte de la disposition des fibres du chiasma, que le point A, situé à droite de l'image, se peint sur les deux moitiés gauches des deux rétines et est perçu exclusivement par le cerveau gauche ; pareillement le point B est perçu exclusivement par le cerveau droit. Si une lésion quelconque interrompt la communication entre le chiasma et l'écorce cérébrale, il en résulte une cécité partielle des deux rétines, correspondant à la même partie des deux champs visuels. Le sujet ne voit plus que la moitié droite des objets qu'il regarde, si la lésion est à gauche, et la moitié gauche si la lésion est à droite. — Il existe, dans l'écorce du lobe occipital, un *centre de l'hémianopsie*, dont la destruction produit ce phénomène.

Hémiopie, même sens que le précédent, mais moins usité.

Hémiplégie.

Paralysie intéressant un seul côté du corps. L'hémiplégie est dite *croisée* quand une lésion d'un côté de l'encéphale amène, par exemple, une paralysie droite du tronc et une paralysie gauche de la face, ou inversement.

Hérédité.

Chez tous les vivants, c'est la transmission aux descendants des caractères des ascendants. Il faut remarquer que l'hérédité est la transmission des caractères génériques et spécifiques aussi bien que des caractères individuels. Il est incorrect de prendre le mot hérédité au sens étroit d'hérédité des caractères *acquis*. Le transformisme consiste à soutenir que les caractères acquis s'héritent comme les autres, d'où la variabilité des espèces ; nier le transformisme, c'est dire que le vivant ne transmet que les caractères qu'il a lui-même hérités : d'où la fixité des espèces.

Hermétique.

Traditions scientifiques ou pseudo-scientifiques provenant des livres d'Hermès Trismégiste et de son école ; l'hermétique est un autre nom de l'*Alchimie*.

Hétérogène.

Composé de parties de nature différente. Voir *Homogène*.

Hétéronomie.

Voir *Autonomie*.

Hiérarchie.

Une hiérarchie est une série telle que chaque terme dépende de ceux qui précèdent et commande ceux qui suivent.

Hiérarchie des fonctions. — Les fonctions élémentaires (nutrition) peuvent exister seules (végétaux); les fonctions supérieures (fonctions du système nerveux) supposent les inférieures.

Hiérarchie des espèces biologiques (v. *Série bologique*). — Il y a une hiérarchie des espèces considérées dans leur évolution. Mais l'idée d'une hiérarchie des espèces actuellement vivantes n'est pas susceptible d'une interprétation précise, ces espèces étant les termes présents d'évolutions distinctes; il est vrai qu'en gros, certaines espèces représentent une évolution plus avancée, certaines autres une évolution plus tardive.

Hiérarchie des sciences. — Les sciences peuvent se ranger dans un ordre tel que chacune d'elles exige le concours des précédentes et serve à son tour aux suivantes. Chaque science a ainsi la valeur d'une méthode pour les sciences qui viennent après. Ainsi la mécanique fait usage de l'algèbre, la physique fait usage de la mécanique, etc.

On dit quelquefois *hiérarchie des devoirs*, expression assez impropre et dont l'usage est regrettable, car hiérarchie signifie ici classement de termes selon leur ordre d'*importance*, et non de *dépendance* : d'abord les devoirs élémentaires, qui en cas de *conflit de devoirs* ne doivent jamais être sacrifiés, puis les devoirs supérieurs, plus rares, qu'on doit accomplir après avoir satisfait aux autres.

Histogénèse ou histogénie (ἱστός, tissu).

Formation des tissus vivants.

Histologie.

Anatomie fine ou *anatomie microscopique*, étude de la structure des tissus vivants.

Historisme.

Tendance philosophique et scientifique, surtout marquée au commencement du xixe siècle, à interpréter les doctrines et à juger les faits, non plus d'après leur valeur intrinsèque, mais en les replaçant dans leur milieu historique. Telle doctrine qui, prise en elle-même, est fausse, tel acte qui, considéré abstraitement, est condamnable, apparaissent historiquement comme des moments nécessaires, des phases impossibles à supprimer d'une évolution.

Homéoméries.

Anaxagore nomme ὁμοιομέρεια (au sing.) la divisibilité de tout corps en particules simples qualitativement identiques au composé. Plus tard, on a nommé ὁμοιομέρειαι (au pluriel) ces particules elles-mêmes. Les homéoméries se distinguent des atomes en ce qu'elles ont toutes les qualités sensibles des corps, tandis que l'atomisme n'attribue aux particules élémentaires que des propriétés géométriques et mécaniques, et explique par le mouvement où l'arrangement des atomes toutes les autres propriétés sensibles.

Ad hominem (Argument).

Argument qui se fonde sur quelque circonstance personnelle à l'adversaire, et n'aurait pas de valeur contre un autre adversaire.

Homogène.

Dont toutes les parties sont de même nature. L'espace, le temps sont homogènes, car leurs parties peuvent différer en grandeur, non en qualité. Un corps est homogène quand toutes ses parties sont qualitativement identiques. Un organisme, une société sont plus ou moins homogènes, plus ou moins hétérogènes, selon que les organes ou les individus y ont des propriétés et des fonctions plus semblables ou plus différentes.

Homologue.

Qu'on peut désigner par un même mot, et qui a, par conséquent, quelque *dénomination* commune. — En biologie, les organes homologues sont ceux qui, bien que très différents parfois par leur structure et leurs fonctions, n'en proviennent pas moins, par évolution, d'organes primitivement similaires. Ainsi le poumon des mammifères est l'homologue de la vessie natatoire des poissons, la glande pinéale est l'homologue de l'œil impair des lacertiens.

Honnête (*honestum*, τὸ καλόν.)

Les moralistes anciens opposent l'*honnête*, ou le bien moral, à l'*utile* ou à l'intérêt.

Hybride.

Individu (animal ou végétal) né de l'accouplement d'individus d'*espèces* différentes. Les hybrides sont généralement inféconds. Un *métis* est né de l'accouplement d'individus de *races* différentes. Les métis sont féconds.

Hylozoïsme (ὕλη, matière; ζωή, vie).

Les anciens philosophes ioniens, et après eux les Stoïciens, considéraient la matière, non seulement comme active, mais comme vivante, c'est-à-dire douée de spontanéité et de sensibilité. L'hylozoïsme est donc une forme excessive et naïve du dynamisme.

Hyperacousie.

Hyperesthésie de l'ouïe.

Hyperémie.

Afflux anormal du sang dans un organe. C'est le contraire d'*ischémie*.

Hyperespace.

Espace hypothétique dont la constitution serait moins simple que celle de l'espace euclidien. On peut concevoir (sinon imaginer) une infinité d'hyperespaces, espace Riemann, espace Lobatchevski, etc. Voir *Métagéométrie*.

Hyperesthésie.

Augmentation anormale de la sensibilité d'un organe ou d'une région; c'est tantôt l'intensité de la sensation, tantôt la netteté de la perception et le pouvoir de discrimination qui est augmenté.

Hypermétaphysique.

« La véritable métaphysique connaît les bornes de la raison humaine »; elle sait qu'elle ne doit pas imaginer des *forces fondamentales* (v. ce m.); les hypermétaphysiciens sont ceux qui n'ont pas « cette *crainte virile*, qui fait qu'on évite tout ce qui détourne la raison de ses premiers principes et lui permet de vaguer dans des imaginations sans fin » (Kant, *Crit. du jug.*).

Hypermétropie.

Amétropie dans laquelle les rayons venant de l'infini font leur foyer en arrière de la rétine. L'œil hypermétrope est un œil trop peu convergent : la vision distincte exige donc un effort d'accommodation même pour les objets les plus éloignés. C'est le contraire de la *myopie*.

Hyperorganique.

Supérieur à l'organisme. Ainsi l'âme, considérée par les animistes comme mouvant le corps, est un principe hyperorganique. Quelques sociologues, comparant la société au corps vivant, la nomment *hyperorganisme*, ou *superorganisme*.

Hyperosmie.

Hyperesthésie de l'odorat.

Hypnose.

Ce mot, qui désignait d'abord la *maladie du sommeil*, maladie spéciale à la race nègre, désigne aujourd'hui en général tout état de sommeil anormal, soit spontané, soit provoqué.

Hypnotisme.

Ensemble de phénomènes qui se rencontrent ou que l'on peut produire dans le somnambulisme provoqué. Le plus important est la *suggestion* (v. ce m.). — Voir aussi *Léthargie, Catalepsie, Somnambulisme*.

Hypnagogique.

Qui amène le sommeil. L'*état hypnagogique* est la période d'invasion du sommeil; période pendant laquelle ont lieu les *hallucinations hypnagogiques*.

Hypocondrie.

Maladie nerveuse, aujourd'hui confondue avec la neurasthénie, caractérisée par une grande dépression morale et par de la manie sans délire. On l'attribuait aux viscères logés dans les *hypocondres*, c'est-à-dire sous les cartilages costaux : le foie, la rate.

Hypoesthésie.

Diminution de la sensibilité, anesthésie incomplète.

Hypoglosse.

Nerf cranien (douzième paire), qui naît à la face inférieure du bulbe, sort du crâne par le trou condylien antérieur et vient se distribuer aux muscles de la région inférieure de la langue; il est exclusivement moteur, sauf le rameau méningien de Luschka, qui est probablement sensitif.

Hypostase (ὑπόστασις, de ὑπό, sous, et ἵστημι, se tenir).

Terme de la métaphysique alexandrine : l'Être ou la Substance qui est sous les phénomènes, et dont ils sont les manifestations. *Substantia* est la transcription latine d'hypostase. La trinité alexandrine consiste en ce que Dieu est l'unité de trois hypostases distinctes : il y a donc trinité substantielle, unité d'action, et multiplicité infinie de modes ou manifestations. Par contre, la divinité de Jésus-Christ est l'unité hypostasique ou *consubstantialité*, sous la dualité des *natures* divine et humaine. On dit *hypostasier* ou *réaliser* un concept, une abstraction : en faire une substance, une réalité existant en dehors de la pensée.

Hypothèse.

Dans une proposition *hypothétique* (v. ce m.), on appelle *hypothèse* ou *antécédent* la partie à laquelle est subordonnée la *conséquence*. Chez les anciens, les *hypothèses* s'opposaient toujours aux *conséquences*; dans le syllogisme, ce sont les *prémisses*; dans la démonstration, c'est tout ce sur quoi on s'appuie pour en tirer des conséquences, les *axiomes*, les *demandes* (αἰτήματα), les *lemmes*, propositions qu'on tient pour vraies, soit parce qu'elles sont accordées, soit parce qu'on les a antérieurement démontrées, les *définitions* et les *données*.

Les modernes appellent *hypothèse* une proposition ou un système de propositions que l'esprit construit en s'inspirant d'analogies et de vraisemblances, sans avoir le droit de les affirmer. Dans une hypothèse, il y a toujours quelque chose d'arbitraire. On distingue : 1° des hypothèses *spéciales* (improprement dites particulières), qui sont un moment de la méthode expérimentale (v. *Expérimentation*); ce sont des *anticipations* (v. ce m.) des faits : l'*expérience* est destinée à *vérifier* l'hypothèse; 2° des hypothèses *générales* ou *grandes hypothèses*, destinées à coordonner ce qu'on sait sur une question, ou dans une science entière; il faut pour cela combler arbitrairement les lacunes du savoir. Les grandes hypothèses peuvent acquérir un haut degré de probabilité, par le grand nombre et la variété des faits qu'elles expliquent, et par leur propre cohérence.

Hypothétique.

Les jugements ou propositions sont *hypothétiques* ou *conditionnels*, quand une affirmation ou une négation est subordonnée à quelque condition ou hypothèse; par ex. : S'il fait beau, il viendra. On les oppose aux *catégoriques* et aux *disjonctives* (v. *Relation*). Tous les énoncés de théorèmes, toutes les lois de la nature, sont des propositions hypothétiques, car elles expriment toujours que si une chose est donnée, une autre l'est aussi nécessairement ou constamment. Les propositions hypothétiques sont une espèce de propositions *composées*. — Le syllogisme hypothétique ou conditionnel est celui dont la majeure est une proposition hypothétique. Il a deux modes : *modus ponens* et *modus tollens*. — En général, on appelle hypothétique tout ce qui a besoin de preuve, tout ce qui est supposé arbitrairement.

I

Désigne, en logique formelle, la proposition particulière affirmative. Dans la logique de Hamilton (v. *Quantification*), I désigne la parti-particlle affirmative, et la lettre grecque ι, la parti-totale affirmative.

Idéal.

Qui n'existe qu'en *idée* (v. ce m.). On oppose souvent l'idéal au réel. *Idéal* signifie aussi la perfection de la *fin* (v. *Entéléchie*), quand cette fin est telle qu'elle ne se réalisera jamais parfaitement, soit parce qu'elle ne saurait être qu'une abstraction, soit parce que la tendance s'en rapproche indéfiniment sans pouvoir l'atteindre jamais. Dans ce dernier cas, l'idéal est une *limite* (v. ce m.).

Idéalisme.

Mot très vague, qu'on ne doit guère employer sans l'expliquer. Il s'oppose presque dans tous les sens à *réalisme* ; noter que la théorie des *Idées* de Platon, et la doctrine de ceux des Scolastiques qui s'inspirent de Platon, ne s'appellent pas idéalisme, mais réalisme.

En esthétique, le réalisme est la doctrine qui impose à l'art, soit comme fin, soit comme moyen, l'imitation exacte, la copie de la nature, même dans ses laideurs ; l'idéalisme veut, au contraire, que l'artiste corrige la nature, la transfigure, ne se servant d'elle que comme d'un moyen pour exprimer son idéal, ou même qu'il la néglige complètement ; selon les idéalistes, l'art doit chercher la beauté dans le rêve, nous faire oublier le réel et nous en consoler.

Dans la théorie de la connaissance, l'idéalisme consiste à soutenir que la pensée n'atteint pas d'autres réalités que la pensée même. Selon Descartes, Malebranche, Leibnitz, l'existence de réalités véritables correspondant aux objets de notre connaissance nous est garantie par la *véracité divine*, ou par l'*harmonie préétablie*. Selon Kant, le *noumène* existe : « Pour qu'il y ait des apparences, il faut bien qu'il y ait quelque chose qui apparaisse ». Mais le noumène est inconnaissable ; les données de la connaissance, qui sont nos propres modifications ou affections, ne peuvent être pensées que sous certaines formes, et selon certaines lois. Or ces formes et ces lois appartiennent à la nature de l'esprit, non à la nature des choses. Elles sont des conditions de possibilité de l'être. On appelle souvent la doctrine de Kant, à cet égard, l'*idéalisme subjectif*.

En ontologie, l'idéalisme consiste à dire que les choses ne sont rien de plus que nos propres pensées. Il n'y a pas de monde extérieur qui serait représenté en nous ; le monde est cette représentation même qui est en nous : il n'y a de réel que des sujets pensants, et la réalité des objets consiste à être pensés par ces sujets : *esse est percipi* (Berkeley). C'est ce qu'on nomme souvent *idéalisme métaphysique*. En poussant le système à la rigueur, le sujet pensant en vient à se dire que, s'il se représente dans le monde d'autres sujets pensants, ils n'existent, eux aussi, qu'autant qu'ils sont représentés ou représentables en lui, si bien qu'il n'affirme aucune existence en dehors de son existence personnelle : cette attitude métaphysique s'appelle *solipsisme*. Les successeurs de Kant, notamment Fichte, Schelling et Hegel, ont essayé d'éliminer la notion de *noumène*, de *chose en soi* inaccessible, et leurs doctrines ont été nommées *idéalisme absolu*. Malgré leurs différences profondes, elles reviennent toutes les trois à considérer la distinction du sujet et de l'objet, du moi et du non-moi, distinction qui constitue la conscience, comme dérivée et non primordiale. L'être, antérieur à la conscience, l'absolu, antérieur au relatif, est l'identité du sujet et de l'objet.

Idéation.

Activité de l'esprit qui produit des idées.

Idée.

Platon appelle *Idées* (ἰδέα, image, ou εἶδος, forme) les modèles intelligibles, éternels et parfaits à l'imitation desquels sont faites les choses sensibles, passagères et imparfaites. Bien que la méthode dialectique, par laquelle le philosophe parvient à la connaissance des Idées, consiste à définir et à classer, l'*Idée* platonicienne n'est pas le *genre* ou le *concept*. Car le genre s'obtient en éliminant les différences spécifiques; sa compréhension est plus pauvre à mesure que son extension est plus riche, le genre suprême est le plus indéterminé de tous les concepts ; c'est l'être, sans aucun attribut. Au contraire, l'Idée générale enveloppe dans son unité les idées spéciales *avec leurs déterminations*, leurs différences, leurs oppositions. Les espèces, toutes les espèces possibles, sont actuellement présentes dans l'Idée générale, et un entendement qui ne serait pas discursif, mais intuitif, les y apercevrait. L'Idée suprême n'est donc pas un concept indéterminé, mais ce qu'il y a de plus déterminé, de plus riche en attributs ; c'est la Perfection ou le Bien. Il est bon d'écrire Idée avec un grand I quand ce mot est pris dans le sens platonicien.

Idée signifie en général tout objet de la pensée. Les jugements et les raisonnements sont des idées. Mais, plus spécialement, on nomme *idées* ou *notions* les termes des jugements; le jugement consiste donc à unir des idées.

On peut appeler ainsi même les perceptions des sens, soit qu'on les considère comme des représentations internes de ce qui est hors de l'esprit (*idées représentatives*), soit qu'on les considère comme entièrement différentes des qualités dont elles sont la connaissance. Locke distinguait des *idées de sensation* (données des sens) et des *idées de réflexion* (données de la conscience). — Mais le plus souvent on oppose les idées aux perceptions et aux images ; ce sont alors les *concepts*. Quand on emploie le mot *idée*, on entend dire une chose qui n'a de réalité qu'autant qu'elle est pensée : on insiste souvent en disant *idée pure*. Kant appelle *idées transcendentales* les concepts ou formes *a priori* de l'entendement pur, qu'on ne saurait transformer en objets de connaissance sans faire un usage illégitime de la raison.

Idées-images. — L'action à distance des objets sur les organes des sens avait suggéré aux anciens l'hypothèse d'éléments matériels extrêmement ténus, qui, se détachant des corps, et projetés par eux dans toutes les directions, viendraient impressionner nos organes. On nomme surtout idées-images les émanations qui agissent sur notre sens visuel ; mais des hypothèses analogues ont été faites pour expliquer la perception des sons et des odeurs. La théorie de *l'émission* de la lumière (Newton) est une forme moderne des idées-images ; l'hypothèse antique est encore généralement admise pour les odeurs.

Idée fixe. — Sorte de délire, qui est une forme de *l'aboulie* (v. ce m.), et dans lequel le patient est impuissant à se soustraire à l'obsession d'une idée, que l'association ramène sans cesse, et qui a généralement un caractère hallucinatoire.

Idées-forces. — M. Fouillée appelle *philosophie des Idées-forces*, une doctrine qui attribue aux idées, en tant que telles, une influence sur les autres phénomènes, par opposition à la doctrine pour laquelle la conscience n'est qu'un *épiphénomène* (v. ce m.), de sorte que l'idée, en tant qu'idée, est inefficace ; il oppose les *idées-forces* aux *idées-reflets*, aux *idées-ombres*, qui n'exercent d'influence sur les autres phénomènes que par l'activité cérébrale dont elles sont doublées et dont elle ne sont que l'aspect conscient. M. Fouillée s'efforce de montrer que l'idée n'est pas seulement *représentation*, mais qu'elle est aussi *acte*, que le sentiment et l'appétition en sont inséparables, en un mot il se fait le champion de la *causalité du psychique*.

Identique.

Deux choses sont identiques quand il n'existe entre elles aucune différence ; il faut néanmoins qu'elles soient deux, et non une seule et même chose. Leibnitz (v. *Indiscernable*) pense que cela est impossible ; et en effet, pour que deux corps, deux billes de billard par exemple, soient réellement deux, il faut au moins qu'à défaut de toute autre différence, elles soient en dehors l'une de l'autre, c'est-à-dire différemment situées. Il ne peut donc y avoir deux choses absolument identiques, car elles seraient la même chose, mais seulement des choses relativement identiques (v. *Même*), identiques en nombre, en grandeur, en couleur, etc.
Identique s'emploie aussi dans un sens plus rigoureusement étymologique (*idem*, le même), pour désigner ce qui est une seule et même chose, ce qui reste substantiellement un, quelle que soit la variété des attributs, des accidents, des modes. Le *moi* est *identique*. Dans l'*idéalisme absolu*, le sujet et l'objet sont *identiques*, c'est-à-dire ne font qu'un, antérieurement à l'acte qui les distingue et les oppose. On dit que l'espace euclidien est *identique*, c'est-à-dire partout semblable à lui-même, tandis que les hyperespaces, l'espace de Riemann, l'espace de Lobatchevsky ne sont pas identiques.

Identité.

Une *identité* ou *proposition identique* (Locke) est une proposition dont l'attribut est déjà contenu dans l'idée du sujet. En mathématique, une *égalité* s'appelle *identité*, soit quand les termes sont entièrement exprimés : $2 + 3 = 5$, soit quand l'égalité subsiste, quelle que soit la valeur attribuée aux lettres : $n(a+b) = an + bn$. Dans une *équation*, au contraire, les deux membres ne sont égaux que pour certaines valeurs de certaines lettres.

On appelle *identité du moi* le fait que nos états de conscience successifs sont attribués à un seul et même moi (v. *Unité*).

Le *principe d'identité* : Le même est le même, l'autre est l'autre ; — Ce qui est, est ; ce qui n'est pas, n'est pas ; — A est A, et n'est pas non-A, — principe sans lequel il n'y aurait pas de distinction entre le vrai et le faux, et par conséquent pas de jugement, ne se distingue que par l'expression verbale du *principe de contradiction* (v. ce m.).

Idéologie.

Nom donné par Destutt de Tracy à la psychologie qui se propose de rechercher l'origine et les lois de formation des idées.

Idiopathique.

Une affection est dite *idiopathique* quand elle constitue par elle-même une maladie ; ainsi, dans la fièvre typhoïde, l'inflammation des plaques de Peyer est idiopathique ; la fièvre, le délire, l'hémorragie intestinale, etc., sont des *syndromes*.

Idiosyncrasie (ἴδιος, propre, σύγκρασις, mélange).

Tous les individus d'une même espèce ont mêmes organes, mêmes fonctions, mêmes facultés essentielles, mais avec des variétés individuelles ; l'ensemble de ces variétés constitue le tempérament propre, l'idiosyncrasie. On emploie surtout ce mot pour désigner les manières diverses dont divers individus réagissent à une même cause, par exemple à un même médicament.

Idiot, idiotie, idiotisme.

Débilité congénitale de l'intelligence, assez marquée pour être considérée comme un cas tératologique. Il y a eu chez l'idiot arrêt de développement du cerveau. Étymologie : le mot ἰδιώτης, simple particulier, était usité par les Stoïciens pour désigner quiconque n'était pas philosophe.

Idoles (εἴδωλα, fantômes, ombres vaines).

Nom que Bacon donne aux erreurs ; les *idoles* sont, pour l'interprétation de la nature, ce que sont les *sophismes* pour la dialectique vulgaire. Bacon en distingue quatre sortes :
Idola tribus, illusions qui tiennent à la commune nature de l'homme. « L'esprit de l'homme est comme un miroir mal dressé, qui, mêlant sa propre nature à celle des objets, les altère et les déforme. » (*Novum Organum* Aph. I, 41.) Ainsi l'esprit humain a une tendance à supposer dans les choses plus d'ordre et de symétrie qu'il n'en découvre ; d'où, par exemple, l'idée que tous les corps célestes se meuvent selon des cercles parfaits. L'esprit humain, une fois qu'il a admis une loi générale, est frappé de ce qui la confirme, et ne

fait pas attention aux cas contraires; de là viennent la plupart des superstitions. L'esprit humain accepte volontiers ce qui frappe vivement l'imagination ; il répugne à ce qui exige le patient labeur de la méthode scientifique. L'esprit humain est porté à rechercher l'absolu, et s'embarrasse dans les difficultés inhérentes aux idées d'infini, de divisibilité, etc., au lieu de chercher à expliquer un fait par un autre, et de se borner à la considération des causes secondes.

Idola specus, idoles de la caverne, celles qui tiennent à la nature individuelle d'un homme. Chacun de nous est prisonnier dans une sorte de caverne faite de ses préjugés ; son caractère, son tempérament personnel, son éducation et son milieu, les livres qu'il a lus, les maîtres qu'il admire, déterminent ses opinions en dépit de la saine raison et de l'expérience.

Idola fori, erreurs dues au langage. Les mots sont l'œuvre du vulgaire. « Les définitions ou explications, par lesquelles les hommes instruits cherchent à se défendre, sont peu efficaces ; les mots font violence à l'esprit. »

Idola theatri, idoles de théâtre, c'est-à-dire les systèmes philosophiques. Car un système de philosophie est comme une pièce de comédie, où l'auteur a composé une action fictive, qu'il s'est évertué à rendre vraisemblable, mais qui n'est jamais arrivée. Il en sera ainsi de toute philosophie qui ne sera pas constituée par la lente, patiente, méthodique étude des faits observables.

Ad ignorantiam.

Argument qui ne peut convaincre l'adversaire qu'à cause de son ignorance.

Ignoratio elenchi.

Paralogisme qui consiste à prouver autre chose que ce qui est en question, ce qui résulte naturellement de quelque confusion dans la manière de poser la question ou de formuler la réponse.

Illusions des sens.

Jugements faux, appréciations erronées que nous faisons spontanément dans certains cas de l'exercice de nos sens. Toutes les erreurs de jugement et d'appréciation ne sont pas des illusions, mais seulement celles qui continuent à se produire quand on sait que ce sont des erreurs, et même quand on s'en explique le mécanisme. Par exemple, une surface rigoureusement carrée, couverte de hachures parallèles, paraît un rectangle plus ou moins allongé dans le sens perpendiculaire aux hachures.

Illusions des amputés. — Les nerfs coupés peuvent être excités par leur bout central au niveau du moignon. La sensation éprouvée est alors localisée comme elle l'était quand le membre amputé était intact, quoique d'une manière plus vague. Les amputés éprouvent donc des sensations dans le bras ou la jambe qu'ils n'ont plus. Ces illusions sont souvent nommées *sensations subjectives* (v. ce m.).

Image.

1. En optique, si les rayons divergents qui partent de chaque point d'un *objet* sont rendus convergents soit par réfraction, soit par réflexion, leur point de convergence est dit l'*image* du point correspondant de l'objet. L'image de l'objet est l'ensemble des images de tous ses points. Si les rayons sont imparfaitement convergents, l'image d'un point peut être un cercle, une droite, une figure quelconque à deux ou à trois dimensions (v. *Astigmatisme.*) Dans ce cas, l'image de l'objet n'est pas nette, les images de ses points se recouvrent mutuellement. L'image est dite *réelle* quand on peut la recevoir sur un écran, *virtuelle* dans le cas contraire. L'image virtuelle peut être perçue, parce

qu'il existe une image réelle qui lui correspond, et qui peut être reçue sur la rétine.

2. En physiologie, l'*image rétinienne*, projetée sur la rétine par l'appareil convergent de l'œil, est aussi nommée *optogramme*. — On appelle *images entoptiques* les perceptions visuelles qui n'ont pas pour cause *actuelle* et *immédiate* l'excitation du nerf optique par la lumière, par exemple les *phosphènes* (v. ce m.). Parmi les images entoptiques, on appelle *images consécutives* (ou *accidentelles*), les images que l'œil continue à percevoir quand il a cessé de regarder l'objet. Elles sont d'abord *négatives* : les clairs de l'objet deviennent sombres, et inversement, et, en général, chaque couleur de l'objet est remplacée par la couleur complémentaire ; c'est que les parties excitées de la rétine sont devenues moins excitables par des rayons de même nature. Au bout d'un moment, il se produit une image consécutive *positive* : d'après des expériences récentes (A. Broca), elle serait due à ce que le travail de nutrition qui reconstitue les éléments rétiniens altérés, joue le rôle d'un excitant.

3. En psychologie, l'*image* est le retour d'une sensation ou perception, non seulement visuelle, mais quelconque, en l'absence d'une excitation centripète du nerf spécifique. Il faut remarquer : 1° que le mot *image* se dit non seulement des représentations d'origine visuelle, mais des représentations quelconques d'origine sensorielle ; ainsi on dit : images sonores, images tactiles ; — 2° qu'il ne s'emploie pas pour désigner des états de conscience restaurés qui ne sont pas d'origine sensorielle ; on ne dit pas : l'image d'un sentiment, ni d'une idée abstraite. L'image a donc tous les caractères de la sensation, dont elle ne diffère même pas toujours par le degré ; seulement, elle se produit en l'absence d'excitation périphérique de l'organe. On appelle *réduction* des images l'opération par laquelle l'esprit les distingue des sensations. L'hallucination est une image non réduite.

Imagination.

Ce mot, nécessaire à la langue vulgaire, devrait être rayé du vocabulaire de la psychologie, à cause de ses sens multiples, qui tous font double emploi avec d'autres mots plus précis.

L'imagination représentative est la faculté d'avoir des *images* (v. ce m.), c'est-à-dire de se *représenter* des objets qui ne sont pas actuellement perçus, d'avoir dans l'esprit une nouvelle présence, une perception renouvelée d'un objet absent. En ce sens, le mot imagination a l'inconvénient de faire croire qu'il y a dans ce phénomène autre chose que *réviviscence* et *association*, et, comme il ne s'applique qu'à la réviviscence des perceptions, il habitue à penser que la réviviscence et l'association ne sont pas communes à tous les états de conscience, ou présentent quelque chose de spécial quand les états restaurés sont des perceptions.

L'imagination créatrice est la faculté d'innover, ou faculté de combinaison. Ou bien l'innovation se fait automatiquement et sans choix (imagination *automatique* de Baillarger et de Paul Janet); elle se confond alors avec la faculté d'association. Ou bien l'innovation se fait avec discernement (imagination artistique, littéraire, scientifique, invention); le phénomène est alors si complexe que l'intelligence tout entière, plus encore, toute l'activité mentale y est intéressée. Il vaut mieux dire : invention.

Immanent.

Qui réside dans l'être. S'oppose à *transitoire* ou *transitif*, ou bien à *transcendant*. Le panthéisme consiste à considérer Dieu comme immanent au monde, c'est-à-dire se confondant avec la substance du monde; dans la doctrine d'un dieu démiurge ou créateur, Dieu est transcendant au monde. Le dynamisme consiste à considérer la force comme immanente à l'être, ou à identifier l'être et la force ; dans le mécanisme, la force est considérée comme *transitive*, c'est-à-dire passant d'un être à un autre. La pensée est une activité immanente, la volonté une activité transitive, du moins quand elle ment le corps ; les actes immanents de Dieu sont ceux qui ont leur terme en lui, ses actes transitoires sont l'acte créateur et les interventions providentielles.

Immatérialisme.

Doctrine qui considère l'existence matérielle comme une illusion (Berkeley).

Immédiat.

Sans intermédiaire. Ne jamais employer ce mot dans le sens d'*instantané*. — Il y a *contact immédiat* quand deux corps juxtaposés coïncident géométriquement par une surface, une ligne ou un point, — *succession immédiate*, quand l'instant où le premier phénomène se termine est celui où le second commence. — La conscience est la connaissance *immédiate* de nos propres modifications psychologiques, tandis que la perception extérieure et le souvenir sont des connaissances médiates. Une inférence est immédiate quand une proposition se déduit d'une seule autre proposition sans avoir recours à une troisième (v. *Opposition* et *Conversion*) ; le syllogisme, au contraire, est une inférence médiate. — Une pensée absolument parfaite, qui connaîtrait tout par un acte unique, aurait une intuition immédiate de la vérité ; la pensée discursive est médiate.

On appelle *principes immédiats* les éléments les moins complexes que l'on puisse tirer des tissus organisés par des procédés mécaniques et physiques, sans décomposition chimique; l'*analyse immédiate*, qui est la recherche de ces principes, s'oppose à l'*analyse élémentaire* ou *analyse chimique*.

Immédiation.

Connaissance immédiate, identité du sujet et de l'objet, dans certaines métaphysiques.

Immense, immensité.

L'*immensité* est à l'espace ce que l'*éternité* est au temps. Dieu est immense comme il est éternel, ce qui ne veut pas dire qu'il remplit l'espace infini, la durée infinie, mais qu'il est supérieur à l'espace et au temps.

Immoral.

Contraire à la loi morale. — On appelle quelquefois *amoral* ce qui n'est ni contraire ni conforme à la loi morale.

Immortalité de l'âme.

Ce n'est pas une durée qui commencerait après la séparation de l'âme et du corps pour ne jamais finir (on dirait dans ce sens *vie future*); l'immortalité serait pour l'âme une vie intemporelle, qui ne serait plus astreinte aux lois de la durée et ne comporterait ni avant ni après.

Immuable.

Qui ne saurait changer. L'être parfait ne comporte ni le changement ni le temps.

Immutabilité.

Qualité de ce qui est immuable.

Impénétrabilité.

Deux corps ne peuvent occuper en même temps le même espace. Ce n'est pas l'expérience qui nous apprend que l'impénétrabilité est une qualité essentielle de la matière. Nous voyons constamment les corps se pénétrer : les mélanges, dissolutions, combinaisons sont des pénétrations apparentes; mais nous aimons mieux croire que les éléments sont juxtaposés, et demeurent distincts, quand il nous est devenu impossible de les distinguer. La *résistance* est une notion expérimentale; l'impénétrabilité, non. La résistance est une force, elle a une grandeur; l'impénétrabilité n'est pas une force et n'a pas de grandeur; c'est une impossibilité absolue. Les *corps* sont résistants, et, considérés comme des systèmes d'atomes, pénétrables; les *atomes* ne sont pas résistants, mais impénétrables.

Deux êtres, conçus sous la forme de l'étendue, ne sont deux pour l'esprit que si l'esprit peut les distinguer. Leibnitz a raison de penser que toute dualité, toute pluralité est différence. On peut pourtant imaginer deux êtres entièrement identiques à tous égards : au moins faut-il, pour qu'ils soient deux, qu'ils diffèrent de situation, qu'ils soient en dehors l'un de l'autre. Ce principe que l'atome est impénétrable n'est donc au fond que cette proposition identique : deux atomes sont deux atomes.

Les figures inconsistantes que le géomètre construit dans l'espace pur peuvent se pénétrer; mais une fois transportées l'une sur l'autre, elles ne sont plus qu'une figure; et c'est précisément parce qu'on peut les confondre en une seule qu'elles sont égales. Au lieu de deux *figures*, supposons deux *êtres figurés*. Il n'est plus possible de les faire coïncider, parce qu'il n'est pas possible que deux êtres soient un seul être. C'est la propriété la plus fondamentale et la plus générale de l'être de ne pouvoir s'absorber et se fondre en un autre. L'idée d'impénétrabilité n'est autre chose que l'idée d'être réduite à son attribut le plus général et le plus simple.

La matière est donc, *par définition*, l'*étendue impénétrable*, c'est-à-dire l'*être étendu*, tandis que le non-être ou le vide est l'étendue pénétrable. L'impénétrabilité n'est pas une propriété observable des corps; nous ne pouvons savoir si elle est un attribut de la matière en soi; elle est un élément constitutif de la notion de matière (v. *Matière*.)

Impératif.

Une proposition impérative, un jugement impératif, ou simplement un *impératif*, est une proposition qui exprime une détermination de la volonté, soit au moyen du mode impératif d'un verbe, soit par une formule comme : *tu dois*, *il faut*, etc. Kant distingue des impératifs *hypothétiques*, subordonnés à une condition; ils énoncent qu'un acte est un moyen relativement à une certaine fin, — et des impératifs *catégoriques*, où aucune condition n'est ni exprimée ni sous-entendue; ils énoncent qu'un acte est par lui-même une fin, a une valeur *intrinsèque*. Les impératifs hypothétiques se subdivisent eux-mêmes en *problématiques*, s'il s'agit d'une fin qu'on peut se proposer, mais qu'on ne se propose pas nécessairement, — et *assertoriques*, s'il s'agit d'une fin qui n'est pas nécessaire, mais qu'en fait tous se proposent : le *bonheur*. Les premiers sont des *règles*; l'observation de règles vraies constitue l'*habileté*, et le résultat est le *succès* : toutes les recettes, toutes les prescriptions techniques sont des impératifs hypothétiques problématiques. Les seconds sont des *conseils*, car le bonheur ne saurait résulter de l'application d'une règle; la mise en pratique des meilleurs moyens d'être heureux est la *sagesse*, la *prudentia* des anciens. L'impératif catégorique est *apodictique*; il n'est ni une règle ni un conseil, mais un *ordre*; l'obéissance à cet ordre est la *vertu*, dont le résultat est le *mérite*. L'impératif catégorique est la loi d'une volonté autonome, et le principe suprême de la morale.

Les mots *habileté, sagesse, vertu; règle, conseil, ordre* (ou loi morale); *succès, bonheur, mérite*, pris trois à trois, marquent assez bien l'opposition des trois sortes d'impératifs de Kant.

Implicite (opp. à *explicite* ou à *formel*).

Se dit d'une notion ou d'un jugement qui est contenu dans une autre notion ou dans un autre jugement sans être formellement exprimé. Il y a *contradiction implicite* quand on peut déduire des propositions formulées une *contradiction dans les termes*.

Impossibilité.

En mathématiques, on appelle ainsi une proposition dénuée de sens, ou une opération impraticable, parce qu'elles impliquent une contradiction.

Per impossibile (argument) : réfuter son adversaire en montrant que sa thèse est contradictoire.

Impression.

Quelques auteurs appellent *impression* l'excitation d'un organe des sens par un agent extérieur (*excitation* est plus usité.) Quelques autres appellent du même nom l'action d'un objet extérieur sur la faculté de sentir, par l'intermédiaire de l'organe.

On nomme aussi *impression* tout effet produit, soit sur notre cœur, soit sur notre esprit, par un objet extérieur, c'est-à-dire le *sentiment* ou l'*opinion* qui se forme en nous avant toute réflexion. Mais ce sens est de la langue commune.

Hume oppose l'*impression* à l'*idée*. L'impression est tout fait de conscience lors de sa première apparition. L'idée est le retour de ce même fait de conscience. C'est l'opposition entre la *perception* et l'*image*, entre les *présentations* et les *représentations*.

Imputabilité.

Voir *Responsabilité morale*. — Ces deux mots ne diffèrent que par la construction grammaticale. On dit qu'un acte est imputable à un agent, et qu'un agent est responsable de ses actes.

In adjecto (Contradiction).

Celle qui existe entre le substantif et la qualité qu'on lui attribue, par exemple : une île sans bords. — Quelques philosophes pensent qu'un *infini réel* est une contradiction *in adjecto*, parce que l'idée d'infini étant toute négative, l'idée de réalité ne saurait lui être attribuée.

Inaperçu.

Leibnitz appelle *perceptions inaperçues* les faits psychologiques subconscients (v. ce m.).

Inceptive (Proposition).

Espèce de proposition composée dans le sens, qui équivaut à deux propositions devant être prouvées séparément, et signifiant : 1° qu'une chose est telle; 2° qu'elle a commencé d'être telle à tel moment. — On oppose les *Inceptives* aux *Désitives*.

Inclination.

On nomme *inclinations* toutes les espèces et variétés du désir et de l'aversion, de l'amour et de la haine, ces espèces et variétés étant distinguées les unes des autres par leurs objets. Une psychologie plus avancée que la nôtre donnera sans doute aux mots *inclination*, *penchant*, *tendance* des significations distinctes. Ils ne présentent encore que des nuances impossibles à saisir et à fixer.

Incommensurable.

Deux quantités sont dites incommensurables quand elles n'ont pas de commune mesure, quand elles ne peuvent être exprimées en fonction de la même unité, quand il n'existe aucun nombre, ni entier ni fractionnaire, qui, contenu un nombre entier de fois dans l'une, soit aussi contenu un nombre entier de fois dans l'autre. On obtient une mesure d'autant plus approchée des grandeurs incommensurables, qu'on prend une unité plus petite. On peut donc dire que deux grandeurs incommensurables ont pour commune mesure une quantité infiniment petite.

Incomplexes (Propositions).

Celles dont ni le sujet ni l'attribut ne sont des termes complexes. — Syllogismes incomplexes : composés de propositions incomplexes.

Inconcevable.

Ce dont la notion ne peut être formée par l'esprit, ex. : un *carré rond*. L'inconcevable, c'est le contradictoire. — Il ne faut pas confondre l'inconcevable avec ce qui est difficile à concevoir, c'est-à-dire contraire à nos habitudes intellectuelles.

On peut distinguer trois sortes d'inconcevabilité.

1° Une chose est inconcevable en elle-même : le carré rond.

2° Une chose est concevable en elle-même, mais on ne peut concevoir qu'elle existe réellement. C'est qu'elle est en contradiction avec ce que nous savons ou croyons exister réellement. Ainsi les antipodes purent être inconcevables pour ceux qui croyaient que la pesanteur avait une direction absolue, et que l'espace avait un haut et un bas.

3° Hamilton appelle encore inconcevable ce que nous ne pouvons ramener à un genre ou à une loi générale, c'est-à-dire en somme ce qui est exceptionnel. En ce sens, comme le remarque Stuart Mill, inconcevable doit être remplacé par inintelligible.

Inconditionné.

Qui n'a sa raison d'être, et d'être ce qu'il est, en aucune autre chose. Hamilton, qui a introduit ce mot, réunit en lui les deux significations d'Infini et d'Absolu. Il déclare que l'Inconditionné, c'est l'Inintelligible, car penser c'est conditionner. L'Inconditionné est une « notion toute négative », un « faisceau de négations », et il cite le mot de saint Augustin : *Cognoscendo ignoratur, et ignoratione cognoscitur.*

Inconnaissable.

L'Inconnaissable n'est pas ce qui se dérobe à nos recherches, mais ce qui, par nature, ne peut pas être l'objet d'une connaissance. Ainsi l'Absolu est inconnaissable, parce que connaître c'est saisir des relations;

connaître l'Absolu est donc contradictoire. — On donne le nom d'*Agnosticisme* aux doctrines qui considèrent l'Inconnaissable comme une réalité, et en font usage dans un système de l'univers.

Inconscient.

On appelle *faits inconscients* (et non *phénomènes inconscients*, qui est contradictoire) des faits psychologiques dont le sujet n'a pas conscience. La conscience serait donc, non la nature même des faits psychologiques, mais quelque chose qui s'y ajoute, et peut manquer, un *épiphénomène* (v. ce m.). — Il faut distinguer les faits inconscients, qui se passent tout à fait en dehors de la conscience, et les faits *subconscients* (v. ce m.), qui se passent dans les profondeurs obscures de la conscience. Les faits subconscients sont faiblement conscients, ou bien encore ils sont tout-à-fait inaperçus, mais le sujet pourrait, par un effort de réflexion, en prendre conscience.

Quelques métaphysiciens ont appelé l'*Inconscient* l'Être en soi, qui est effort, tendance, ou même idée, mais ne devient conscient que dans quelques-uns de ses modes. Le conscient, c'est le phénomène, l'Inconscient c'est l'Être.

Indéfini.

Ce qu'on est constamment conduit à supposer plus grand est *indéfini*, non *infini*. L'infini n'a pas de limite du tout, l'indéfini n'a pas de limite *assignable*. L'indéfini appartient à la catégorie du possible : la série indéfinie des nombres, c'est la possibilité illimitée de l'accroître; une ligne indéfinie est une ligne qu'on peut toujours prolonger. L'infini appartient à la catégorie du nécessaire : l'espace est infini, car on ne saurait le concevoir comme limité; toute limite géométrique est contenue dans l'espace, aucune n'est la limite de l'espace.

Indéfini se dit surtout de la quantité; quand il s'agit de qualité, il vaut mieux dire indéterminé; mais cette nuance n'est pas toujours observée.

Indéterminé.

Qui peut être de plusieurs manières différentes. C'est une question de métaphysique que de savoir si le *réel* peut être indéterminé en soi. Mais le *donné* est toujours déterminé en qualité et en quantité. La notion d'une chose peut ne comprendre qu'une partie des attributs ou déterminations de cette chose; l'absence des autres attributs constitue l'indétermination de la notion. Ainsi une surface perçue par la vue a toujours une couleur, mais je puis concevoir une surface d'une couleur indéterminée. Un nombre indéterminé est un nombre dont je sais que c'est un nombre, sans savoir quel nombre. L'indéterminé c'est donc la possibilité de plusieurs déterminations différentes; c'est surtout la possibilité d'un nombre indéfini de déterminations. Un problème est indéterminé quand il existe un nombre indéfini de solutions satisfaisant aux conditions de ce problème.

Indéterminisme.

Notion purement négative de la liberté; elle consiste à concevoir un fait comme contingent, non seulement en lui-même, mais relativement aux circonstances et aux antécédents. L'indéterminisme est la négation pure et simple du déterminisme, c'est-à-dire de la liaison d'un fait à ses antécédents par une loi constante et nécessaire. Pour faire de l'indéterminisme la liberté, il faut y ajouter la notion d'une force active et positive, ne relevant que d'elle-même. L'indéterminisme ferait de l'acte volontaire un fait sans cause; la liberté fait de la volonté une cause première.

Indifférence.

Ou *adiaphorie* (v. ce m.). État de l'âme du sage qui n'éprouve ni désir ni aversion. Pour les Pyrrhoniens, le sage est indifférent à toutes choses, puisqu'il ne sait si elles sont bonnes ou mauvaises; pour les Stoïciens, il est indifférent à l'égard de celles qui ne sont ni des biens ni des maux, entre lesquelles ils rangeaient le plaisir et la douleur.

L'*indifférence* en matière de religion ou de philosophie est l'état d'un esprit qui ne se prononce pas, qui n'affirme ni ne nie, soit par *insouciance*, soit par *scepticisme*.

Indifférence de la volonté. — Une condition essentielle du libre arbitre est que la volonté ne soit pas prédéterminée jusqu'au moment où elle s'exerce, que l'acte et son contraire soient également possibles, qu'ils soient des *futurs contingents*. Les Scolastiques et les Cartésiens appelaient *liberté d'indifférence*, cette égale possibilité d'agir ou de ne pas agir. — Aujourd'hui, on appelle liberté d'indifférence, non plus le libre arbitre en général, mais le cas où il s'exerce en l'absence de tout mobile ou motif capable de déterminer la volonté.

Indirecte (Vision).

On voit « directement » le point fixé par le regard, point dont l'image se fait au centre de la tache jaune. On voit « indirectement » les autres parties du champ visuel. La vision indirecte est donc la vision avec une partie de la rétine autre que la « fovea centralis ». Pour voir un objet indirectement, il suffit d'en regarder un autre.

Division indirecte, voir *Caryocinèse*.

Indiscernables (Principe des).

Leibnitz soutient que deux choses ne peuvent être deux que si elles ont quelque différence de qualité, qu'elles doivent différer autrement que *numero*, c'est-à-dire par des « dénominations intrinsèques ». D'où la prodigieuse variété de la nature. Deux choses *indiscernables* n'en feraient qu'une (v. *Identique*). Cicéron avait déjà formulé ce principe : « Singularum rerum singulas proprietates esse » (*Acad.*, I, 2, 18).

Individu.

Ce qu'on ne peut pas diviser sans détruire le caractère par lequel on le désigne, ce dont les parties ne pourraient pas être appelées du même nom que le tout. Une pierre n'est pas un individu, car un fragment de pierre est encore une pierre ; un homme est un individu, car un fragment d'homme n'est pas un homme. Un genre n'est pas un individu, car le genre peut être affirmé de ses espèces.

Quand il s'agit d'objets inanimés, on dit plutôt qu'ils sont des exemplaires d'une espèce, réservant le mot individu aux êtres organisés. Chez eux, l'individualité est plus ou moins profonde selon que leurs organes sont plus différenciés, leurs fonctions plus concentrées. Quand cette individualité est consciente d'elle-même, quand elle est un *moi*, on l'appelle *personnalité* (v. ce m.).

Individualisme.

Mot souvent opposé à *socialisme*, à *collectivisme*, à *communisme*. Il s'oppose très nettement à *communisme*, mais certaines formes modernes du socialisme ou du collectivisme prétendent réserver les droits et la liberté de l'individu, et soutiennent même que l'individu n'est vraiment libre que sous le régime socialiste ou collectiviste. — L'individualisme consiste à limiter l'action de la collectivité comme telle, c'est-à-dire l'action de l'État, à la défense et à la protection de l'individu; il réagit contre l'absorption de l'individu par la collectivité. Les limites de l'individualisme sont très difficiles à fixer, l'action collective pouvant presque toujours être considérée comme défensive.

Individuation (Principe d')

Le caractère *intrinsèque* qui constitue l'existence individuelle, par opposition aux caractères *génériques*. Les caractères extrinsèques, tels que la situation dans l'espace, l'époque de l'existence, l'appellation, etc., étaient appelés par les Scolastiques : caractères *individuants* ou *notæ*. Le principe d'individuation est ce qui fait l'*eccéité* (v. ce m.), le τόδε τι d'Aristote.

Individuel.

Qui appartient à l'individu (v. ce m.).
Terme individuel s'oppose à *terme collectif*. Un terme individuel ne peut être l'attribut que d'un seul sujet; un terme collectif désigne un tout, composé de plusieurs individus en nombre fini, mais que l'on considère comme indivis. Le terme individuel et le terme collectif sont donc l'un et l'autre des termes *singuliers*.

Induction.

Les Socratiques et Aristote ont donné ce nom (ἐπαγωγή, ἐπακτικὸς λόγος) au raisonnement qui consiste à affirmer d'un genre ce que l'on sait appartenir à chacune des espèces de ce genre. Cette induction, dite souvent *formelle*, suppose donc connues déjà des propositions générales, des lois; elle va des lois *spéciales* aux lois *générales*; elle suppose en outre une classification; enfin elle n'est concluante que si l'énumération des espèces du genre est complète; aussi les Scolastiques appelaient-ils le paralogisme d'induction *énumération imparfaite* (v. ce m.).

L'induction scientifique ou *baconienne* va du fait à la loi, de ce qui a été observé en un temps et en un lieu à ce qui est vrai partout et toujours (v. *Concordance, Différence, Variations concomitantes, Résidus*). La légitimité d'une telle inférence a soulevé entre les philosophes une discussion dite du *fondement de l'induction*.

Inertie musculaire.

Maine de Biran appelle *inertie musculaire* la résistance que rencontre l'effort pour contracter le muscle, quand ce muscle se contracte sans obstacle. Il oppose l'*inertie* à la *résistance* pour distinguer le cas où le mouvement est libre, l'effort n'ayant à vaincre que la résistance du muscle, de celui où le mouvement doit déplacer un corps extérieur.

Infantilisme.

Sorte de dégénérescence, dans laquelle le développement des facultés mentales ne dépasse pas celui des enfants.

Inférence.

Raisonnement, passage d'une ou de plusieurs propositions données à une proposition nouvelle qui en résulte. On distingue des inférences *médiates* et *immédiates* (v. ce m.).

Inférieur.

On appelait, dans la philosophie scolastique, *inférieurs* d'une idée générale toutes les espèces et tous les individus qu'elle contient en extension. — *Parties inférieures* (ou encore parties *subjectives*) s'oppose à parties *intégrantes*. La *partition* divise un tout (*totum*) en ses parties intégrantes, la *division* divise un genre (*omne*) en ses parties inférieures.

In fieri (en devenir.)

Signifie le passage de la *puissance* (*in posse*) à l'*acte* ou à l'être (*in esse*).

Infiniment grand, infiniment petit.

Plus grand, plus petit que toute quantité donnée. Une quantité infiniment grande ou petite ne peut donc jamais être donnée. C'est une fiction parfois nécessaire au raisonnement, et légitime pourvu qu'on l'élimine ensuite. Il n'y a de réel que le *très grand* ou le *très petit*, ce qui est bien différent. Il ne faut donc pas dire que le microscope nous fait connaître l'infiniment petit, ni appeler les microbes le monde des infiniments petits.

Infini.

1° Qui n'a point de limite, à un point de vue déterminé. En ce sens, *infini* doit déjà être distingué d'*indéfini* : l'infini n'a pas de limite, l'indéfini a une limite qu'on peut toujours reculer ; une droite indéfinie n'est pas la même chose qu'une droite infinie. — 2° Qui ne peut pas avoir de limite. L'indéfini est la possibilité de toutes les limites, tandis que l'infini est l'impossibilité d'aucune limite. Une grandeur dans l'espace peut être indéfinie, mais l'espace lui-même est infini. — 3° Descartes dit que l'infini est infini à tous les points de vue possibles; il n'est fini en aucun sens; ce qui est fini à un point de vue et n'a pas de limite à un autre point de vue n'est pas infini, mais indéfini. Ainsi, pour Descartes, Dieu seul est infini; il a, dit Spinoza, une infinité d'attributs dont chacun est infini; c'est, dit Malebranche, un infini infiniment infini. D'Alembert dit aussi que, dans l'infini, on fait abstraction de toute borne, et que, dans l'indéfini, on fait abstraction de telle borne en particulier. — Ce sens cartésien du mot infini n'a pas prévalu; d'ailleurs, l'infini ne peut se dire de tous les attributs de Dieu : de la sagesse, de la bonté, de la justice. C'est *absolu* ou *parfait* qui convient en ce cas (v. ces mots).

Infinitésimal (Calcul).

Dans le calcul des fonctions, quand les variables varient d'une manière continue, on ne peut suivre leurs variations qu'en considérant des différences infiniment petites. Le calcul des quantités *incommensurables* n'est possible qu'à l'aide du même artifice : deux quantités incommensurables ne peuvent être mesurées en fonction d'une même unité que si cette unité est infiniment petite. L'introduction de quantités infiniment petites dans l'analyse mathématique constitue le *calcul différentiel*. Mais comme ces quantités ne peuvent jamais être données, les équations qui les contiennent ne seraient d'aucune application, si on ne réussissait ensuite à les en éliminer pour revenir au calcul des quantités finies. Cette élimination est l'objet du *calcul intégral*. Le calcul infinitésimal est la réunion du calcul différentiel et du calcul intégral.

Infinité, Infinitude.

Qualité de ce qui est infini. Infinitude ne se dit guère que de Dieu.

Inhérence.

Rapport du phénomène à la substance, de la qualité au sujet. *Jugement d'inhérence*, celui qui exprime qu'une qualité appartient à un sujet : Socrate est sage. On pourrait y opposer le « jugement d'extension », qui exprime qu'une espèce, ou un individu, est contenu dans un genre : Les baleines sont des mammifères ; — et le « jugement de compréhension », qui exprime qu'une qualité fait partie d'une notion : Tout mammifère est vivipare.

Inhibition (ou Arrêt.)

L'excitation des nerfs qui se rendent d'un centre nerveux dans un organe a pour résultat de faire entrer en activité cet organe (muscle, glande, etc.), et le centre d'où part ce nerf est dit *centre excito-moteur*. Il est d'autres nerfs ou fibres nerveuses qui agissent sur le centre excito-moteur pour le rendre inexcitable. C'est ce qu'on appelle *inhibition* ou *arrêt*. Ainsi après section du pneumogastrique, l'excitation du bout périphérique de ce nerf arrête les contractions du cœur ; c'est que le centre excito-moteur du muscle cardiaque est dans les ganglions contenus dans l'épaisseur même de ce muscle ; le *centre d'inhibition* est dans le bulbe, et agit sur ces ganglions par le pneumo-gastrique. Après section du laryngé supérieur, l'excitation du bout central de ce nerf arrête les mouvements respiratoires ; c'est que le laryngé supérieur agit sur le centre excito-moteur des mouvements respiratoires, qui est dans le bulbe. Certains nerfs (vaso-constricteurs) excitent la tunique musculaire des artères, qui se contracte activement, produisant l'ischémie ; d'autres (vaso-dilatateurs) agissent sur les centres vaso-constricteurs, suppriment ou modèrent leur action, et l'artère paralysée se laisse dilater passivement par le courant sanguin.

L'inhibition joue un rôle important dans toutes les fonctions de régulation et de coordination. Les actions réciproques des diverses parties de l'encéphale paraissent être inhibitrices autant qu'excitatrices. Paulhan a formulé ainsi une loi dite d'*inhibition systématique* : « Un fait psychique tend à empêcher de se produire, à empêcher de se développer, ou à faire disparaître les éléments qui ne sont pas susceptibles de s'unir à lui pour une fin commune » (*L'activité mentale et les lois de l'esprit*). Selon quelques psychologues, la volonté ne serait jamais qu'un pouvoir d'inhibition ou d'arrêt.

Inintelligible.

Ce qui ne satisfait pas la raison. Est inintelligible : 1° ce qui ne satisfait pas au principe de contradiction ; alors la notion ne peut même pas être formée ; c'est l'inconcevable (v. ce m.) ; 2° ce qui ne satisfait pas au principe de nécessité. Un fait sans cause n'est pas inconcevable, mais inintelligible. Le contingent, l'arbitraire, le caprice dans la nature, l'indéterminisme, et par suite le libre arbitre, sont très concevables, mais inintelligibles. (Voir *Inconcevable*.)

Inné.

Ce qui fait partie de la nature d'un être, et est né avec lui. *Inné* s'oppose à *acquis* (v. ce m. et *Instinct*). Spécialement ce qui, dans l'intelligence, est la nature même de l'esprit, par opposition à ce qu'il a reçu du dehors, c'est-à-dire de l'expérience (v. ce m.) ; inné s'oppose alors à *empirique*, dans le même sens que *a priori* et *a posteriori*. Descartes (qui ne semble pas avoir employé le mot *inné*) admet que certaines *idées* sont innées, par exemple l'idée de perfection ; l'esprit les renferme en lui avant toute expérience. Pour Leibnitz, les principes innés, notions et vérités premières, n'existent que virtuellement en l'esprit avant l'expérience; ils sont en nous « quoique nous n'y pensions point ». Pour Kant, ce qui est inné, ce sont des *formes* ou *lois* de la pensée, qui ne sont pas des pensées actuelles tant que l'expérience ne leur a pas fourni une matière.

Innéisme.

Voir *Nativisme*.

Innéité.

Qualité de ce qui est inné.

Innervation.

Mise en activité d'un organe nerveux; il y a une innervation centripète ou sensitive, et une innervation centrifuge ou motrice. — *Sentiment* ou *sensation d'innervation*. Quelques psychologues ont pensé que les sensations cinesthésiques pourraient bien être le sentiment intérieur de la dépense d'influx nerveux; elles n'auraient donc point d'excitant périphérique ni de conducteur centripète ; le sentiment d'innervation serait lié au départ de l'onde efférente.

Inséparable (Association).

Quand deux états de conscience ont été souvent *contigus* (simultanés ou immédiatement successifs), et n'ont jamais été expérimentés ni conçus séparément, ils sont, selon Stuart Mill, associés d'une manière irrésistible; les phénomènes ou les choses qui répondent à ces idées finissent par sembler inséparables dans la réalité; ce que nous sommes incapables de concevoir séparément nous semble incapable d'exister séparément, et notre croyance à la nécessité de leur liaison nous paraît intuitive.

Instance.

Nouvel argument par lequel on insiste, réfutant l'objection faite à un premier argument. Dans Bacon, le mot « instance » (*instantia*) signifie exemple, cas individuel que l'on observe, comme le mot anglais *instance* : *instantiæ crucis* (v. *Crucial*).

Instant.

L'*instant* est pour le temps ce qu'est le *point* pour l'espace ; il n'a pas de dimension, pas de durée, il est la limite commune entre deux durées successives. Le *présent* est toujours un instant.

Instinct.

L'instinct est une activité inconsciente et automatique *innée* ; il s'oppose à l'*habitude*, qui est aussi une activité inconsciente et automatique, mais *acquise*. L'un et l'autre réunis s'opposent à la *volonté*. L'acte réflexe est le type le plus simple et le plus général de l'instinct.

On désigne plus spécialement par le mot instinct des processus très complexes, tels que, chez l'oiseau, l'instinct de faire un nid. En ce sens, l'instinct se distingue de l'acte réflexe, en ce que celui-ci est purement automatique, tandis que l'instinct comprend des actes de discernement. L'oiseau choisit la place de son nid, les matériaux propres à le construire, etc. L'instinct de conservation détermine une activité complexe dans laquelle beaucoup d'actes sont réfléchis. Même on ne désigne guère par le mot instinct les actes mécaniquement enchaînés, où le discernement n'a point de part, de la respiration, de la déglutition, etc. D'ailleurs la plupart des actes réflexes ont leur siège dans quelque centre nerveux secondaire qui est en relation plus ou moins médiate avec l'écorce cérébrale ; quand cette connexion est interrompue, les réflexes sont, dit-on, *exagérés* : la réponse à l'excitation est plus rapide, plus énergique et plus uniforme ; ce qui semble montrer que, tant que la connexion est intacte, l'acte réflexe est encore plus ou moins soumis au contrôle de la volonté intelligente, qui peut y consentir, le réprimer ou le modifier. On appellera donc de préférence « réflexes » les actes où l'automatisme est absolu ; « instincts », ceux où il est relatif.

Le Dantec a donné de l'instinct une définition ingénieuse. Au cours de leur développement, les organes peuvent se modifier de telle sorte que, sous la même excitation, ils réagissent différemment ; puis il arrive un moment où les pièces peuvent bien encore être renforcées ou diminuées, mais leur coordination reste la même, en sorte que l'organe, à la même excitation, réagit de la même manière. Lorsque la coordination des pièces ne peut plus se modifier, on dit que l'organe est *adulte*. Le fonctionnement d'un organe adulte est un *instinct* au sens le plus général du mot. Mais le cerveau est un organe qui ne devient jamais tout à fait adulte ; par suite, quand un système d'organes coordonnés concourant à l'accomplissement d'un acte complexe, comprend quelque partie de l'écorce cérébrale, l'automatisme peut n'être pas absolu, et l'on a un *instinct* au sens spécial du mot ; si le système ne comprend que des organes adultes, on a un pur *réflexe*.

Instrumentale (Cause).

Dans un processus de finalité, la cause qui n'est ni la cause finale ou formelle, ni la cause efficiente (v. ce m.), ni la cause matérielle, mais une condition de l'action de la cause efficiente, a été dite, par les Scolastiques, cause instrumentale; par exemple, la plume avec laquelle on écrit, la main avec laquelle la volonté intelligente exécute. Pour les Péripatéticiens, les causes *mécaniques* ne sont jamais que des causes instrumentales.

Intégral (Calcul).

La seconde partie du calcul infinitésimal, dont le calcul différentiel est la première. Il a pour but d'éliminer les quantités infiniment petites, et de revenir des équations différentielles aux équations entre des quantités finies.

Intégrantes (Parties).

Voir *Inférieur*.

Intégration.

Opération du calcul intégral, par laquelle on passe d'une équation différentielle à une équation entre des quantités finies. — En général, action par laquelle se constitue un tout systématique. L'adaptation des organes aux fonctions, la division du travail et la différenciation des structures, la solidarité organique qui en résulte, enfin la *concentration* des fonctions nécessaires pour la maintenir, tout cela fait du vivant un *individu*, d'autant plus caractérisé qu'il est plus complexe, plus différencié, plus concentré. L'*intégration* est cette constitution de l'unité individuelle du vivant. En sociologie, il y a aussi division du travail, différenciation, solidarité, concentration, et par suite intégration plus ou moins parfaite du groupe social.

Intellect.

Intelligence; spécialement la faculté de juger et de raisonner, de saisir des rapports de convenance et de conséquence. C'est un synonyme d'*entendement* (v. ce m.). — On traduit par *Intellect actif*, *Intellect passif* le νοῦς ποιητικός, le νοῦς παθητικός d'Aristote; l'intellect passif est l'intelligence en tant qu'elle reçoit des connaissances par le moyen des sens; l'intellect actif, l'intelligence en tant qu'elle élabore ces données, juge, discerne, conclut, et construit la science.

Intellection.

Acte de l'intellect; se dit des opérations logiques de la pensée, abstraction, jugement, raisonnement.

Intellectuel.

Qui appartient à l'intellect. Les Cartésiens opposent les opérations *intellectuelles*, ou opérations logiques, qui comportent le vrai et le faux, aux opérations *sensitives*, qui sont toutes mécaniques, sensation, mémoire, imagination.

Mais les opérations de l'esprit ne sont jamais toutes sensitives, ni toutes intellectuelles. On distingue aujourd'hui des *faits intellectuels* et des *faits affectifs*, toujours étroitement unis dans l'activité mentale. Ce qui caractérise le fait intellectuel, c'est l'opposition d'un sujet et d'un objet, de ce qui pense et de ce qui est pensé. Dans le fait affectif, il y a bien aussi un sujet et une modification, et le sujet est, dans les deux cas, *un* et *identique*, tandis que l'autre terme varie; mais la modification affective est *inhérente* au sujet, et ne s'oppose pas à lui comme un objet; ou si elle présente ce caractère, c'est qu'on envisage le fait affectif à titre de fait de conscience, c'est-à-dire de connaissance, de fait intellectuel. Les phénomènes psychologiques provoqués par l'excitation des organes des sens sont des manières d'être affectés, et à ce titre on les nomme *sensations*, et en même temps des connaissances, et à ce titre on les nomme *perceptions*. — On peut encore caractériser les phénomènes intellectuels en disant qu'ils sont des *jugements* (v. ce m.). Dans le cas des opérations les plus élevées de l'esprit, cela est évident; il reste à montrer que c'est encore vrai des phénomènes intellectuels les plus élémentaires. Si une excitation périphérique ne produit rien de plus qu'une modification du moi, le phénomène est purement affectif et, par suite, inconscient : ce n'est pas le lieu de discuter si de tels phénomènes sont possibles. Si un phénomène intellectuel s'y ajoute, c'est ou le jugement d'attribution au *moi* (jugement d'*intériorité*, v. ce m.) : j'éprouve telle modification, — ou le jugement d'*extériorité* (v. ce m.) : je perçois tel objet, — ou le jugement d'*antériorité* (v. ce m.) ou de *reconnaissance* : je me souviens de telle modification. Si la modification éprouvée n'est jugée ni non-mienne, ni mienne et présente, ni mienne mais passée, il faut qu'elle soit inconsciente. Il en est de même si la modification affective n'est pas provoquée par une excitation périphérique; le jugement d'extériorité en fait une image hallucinatoire, le jugement d'antériorité une image réduite (v. *Image*).

Intuition intellectuelle. Voir *Intuition*.

Intellectualisme.

Quelquefois pris pour *idéalisme*, sens à éviter. — Une psychologie intellectualiste est une doctrine qui ne voit dans les faits psychologiques que le *fait intellectuel*, la *représentation*, qui méconnaît, ou renvoie à la vie organique, le fait affectif et la volonté. La philosophie de Platon, celle de Descartes ont une tendance intellectualiste très marquée.

Dans une psychologie intellectualiste, il n'y a point de place pour une activité mentale *efficace*. Le rapport des représentations entre elles ne peut être que la ressemblance et la différence : « une représentation n'agit pas plus sur l'objet que le portrait sur l'original » (Fouillée). La nature de la conscience n'est donc que d'exprimer en soi, de représenter des événements qui ne dépendent point d'elle. Elle est le témoin impuissant d'une activité dans laquelle elle ne saurait intervenir.

Intelligence.

La faculté des faits intellectuels (v. ce m.); — s'oppose à *sensibilité*, faculté des faits affectifs. — L'intelligence peut aussi s'opposer à l'*instinct*.

Intelligibilité.

Caractère de ce qui est intelligible. — On pourrait distinguer *concevoir* et *comprendre*, et par suite *concevabilité* et *intelligibilité*. Le principe de contradiction est la condition de toute concevabilité : un *carré rond* n'est pas concevable. Le principe de nécessité (ou de causalité) est la condition de toute intelligibilité : un fait peut être fort concevable, il n'est intelligible que quand on peut le ramener à une loi, c'est-à-dire se le représenter comme nécessaire; de même une loi ne devient intelligible que quand on l'a ramenée à une loi plus générale : les lois de la pesanteur (Galilée) sont intelligibles parce qu'elles peuvent se déduire de la loi de gravitation universelle (Newton), mais la loi de Newton est, jusqu'à ce jour, inintelligible. L'intelligibilité consiste à se représenter les choses sous la forme de la nécessité. — On nomme *principe d'intelligibilité universelle* cette croyance que toutes choses peuvent être représentées sous la forme de la nécessité, et que, par suite, la science est possible. Ce principe est d'abord un besoin de notre esprit, ce qui ne prouve pas qu'il soit nécessaire, car la nature pourrait bien ne pas se conformer aux exigences de notre pensée; mais la science se fait et progresse chaque jour; la nature est donc intelligible, au moins en partie, et ce que nous ne comprenons pas encore doit être attribué à notre ignorance présente, plutôt qu'à l'existence d'arbitraire et d'indétermination dans les choses. Ainsi le principe d'intelligibilité est un *postulat* de la science. — Le « fondement de l'induction » est contenu dans le principe d'intelligibilité universelle.

Intelligible.

S'oppose ordinairement à *sensible*. Les relations abstraites sont intelligibles. Malebranche distingue l'*étendue intelligible* ou l'idée de l'étendue, dans laquelle nous ordonnons les données des sens, de *l'étendue réelle*, qui est dans les corps et non dans l'esprit, et que nous n'atteignons point. Les réalités intelligibles, pour Platon, sont les Idées; pour les Cartésiens, ce sont les substances que l'esprit conçoit, mais qui ne tombent pas sous les sens : l'âme et Dieu.

Intensif.

Qui a une *intensité* (v. ce m.). On oppose souvent intensif à *extensif*, qui a une *étendue*.

Intensité.

Se dit de toute quantité qui n'est ni la quantité discrète, celle des choses qui *se comptent*, ni la durée, ni l'étendue, quantités qui *se mesurent* au moyen d'unités *homogènes*. — On dit indifféremment la *grandeur* ou l'*intensité* d'une *force*; la grandeur des forces se mesure en vertu de ce principe que des forces sont proportionnelles aux accélérations qu'elles communiquent à une même masse; or l'accélération est une vitesse, c'est-à-dire un espace parcouru. La mesure des forces se ramène donc à la mesure de l'espace. Pour cette raison, il vaut mieux dire la *grandeur* que l'*intensité* d'une force. — Dans l'ordre des faits de conscience, la notion d'intensité est la source des plus graves difficultés. Nous sentons bien que ces phénomènes, une sensation, par exemple, comportent du *plus* et du *moins*, et sont par conséquent *quantitatifs* (sans parler de leur durée et de leur étendue); mais toute mesure de ce *plus* et de ce *moins* semble impossible; nous concevons très bien une douleur plus forte ou plus intense qu'une autre, mais une douleur qui serait double ou triple, ou la moitié d'une autre, cela n'a aucun sens; l'intensité de l'*attention* échappe aussi à toute mesure; celle de l'*effort* n'est saisissable que par la comparaison de ses effets physiques. Il y a, dans cet ordre de phénomènes, un intime mélange de la quantité et de la qualité; ils ne peuvent devenir plus grands ou plus petits sans devenir autres. Aussi toutes les méthodes psychométriques tendent-elles à éluder cette difficulté plutôt qu'à la résoudre : les unes cherchent à obtenir dans des conditions différentes des phénomènes que le sujet juge identiques en intensité aussi bien qu'en qualité; les autres à faire varier les circonstances externes en quantité seulement, et à chercher la plus petite variation pour laquelle le sujet accuse une différence.

Il est aussi faux de considérer l'intensité comme une qualité que de considérer l'espace et le temps comme des quantités. L'espace est une qualité, il se distingue qualitativement de ce qui n'est pas lui; mais c'est la qualité à laquelle la quantité s'applique le plus aisément, parce qu'il se divise en parties homogènes. L'intensité est une quantité, puisqu'elle comporte du plus et du moins, mais c'est une quantité dont les différences sont particulièrement difficiles à isoler des différences qualitatives.

Intention.

Physiologie. — Quand un tissu a été divisé sans perte de substance ni contusion de ses éléments, et que les parties rapprochées se réunissent sans formation d'un tissu cicatriciel intermédiaire (ou avec une cicatrice insignifiante), on dit qu'ils se réunissent par *première intention*.

Scolastique. — Les *premières intentions* sont des qualités, ou *dénominations* internes ou externes, par lesquelles les choses se distinguent, et qui sont tirées d'elles-mêmes ou de leurs rapports. Les *secondes intentions* sont des dénominations externes tirées, non de rapports entre les choses, mais de quelque manière de les concevoir, par exemple l'ordre alphabétique, les relations établies dans une classification. La logique, fondée sur les relations de genre et d'espèce, n'a pour objet que les secondes intentions; les premières intentions sont du domaine de la métaphysique.

Psychologie et morale. — L'intention est la fin vers laquelle tend l'effort, ou, ce qui revient au même, le *motif* qui détermine la résolution. Quand on dit que la moralité réside dans l'intention, il doit être entendu que l'intention n'est pas le simple *projet*, encore moins le *prétexte*. L'intention vraie est toujours suivie d'acte, à moins que l'acte ne soit impossible ou ajourné; en ce dernier cas, pendant l'intervalle entre le projet et l'exécution, une intention contraire peut survenir, qui annule la première. Le prétexte est une intention artificielle et mensongère sous laquelle on colore et dissimule, parfois à ses propres yeux, l'intention véritable.

Intentionnel (Acte).

Celui qui est l'exécution d'une intention; le sujet a prévu et voulu ce qu'il fait. — Maine de Biran dit, dans le même sens, *intentionné*.

Intercentral.

En neurologie, se dit des transmissions qui ne sont ni centrifuges ni centripètes, mais vont d'un centre nerveux à un autre, par exemple d'une cellule corticale à une autre cellule corticale.

Intérêt.

L'intérêt consiste à prendre pour fin de ses actes son bien personnel. L'intérêt est ordinairement distingué du plaisir; cependant la *morale de l'intérêt* n'admet pas que l'agent doive rechercher des biens indépendants de son plaisir; elle admet seulement que tout plaisir ne doit pas être recherché, que toute douleur ne doit pas être évitée, mais qu'il faut savoir se priver et se résigner en vue d'un plaisir plus grand ou d'une douleur moindre. Elle conseille donc une prévision, une appréciation comparative, et, s'il est possible, un calcul, une somme algébrique de toutes les conséquences agréables ou pénibles de chacun des actes entre lesquels il faut choisir; la morale du plaisir conseille de s'abandonner à ses inclinations, de suivre la *nature*; Épicure regarde vers les animaux chez qui le naturel n'est pas altéré par l'artificiel. La morale de l'intérêt discipline l'inclination, et donne une place considérable à l'effort raisonné, au courage et à la sagesse. C'est donc un *hédonisme savant*, parfois voisin de l'*eudémonisme* (v. ce m.), mais qui en reste distinct, même sous ses formes les plus élevées, tant qu'il reste fidèle à ses principes, et n'admet pas que le bien soit essentiellement distinct du plaisir.

Intérieur, interne.

Voir *Extérieur*.

Interprétation.

Opération par laquelle l'esprit passe du signe à la chose signifiée, ou plutôt à l'idée signifiée.

Intra-cortical.

Phénomène qui se passe tout entier dans l'écorce cérébrale. Un réflexe est intra-cortical quand l'excitation et la réponse ont l'une et l'autre leur siège dans la substance grise corticale; la voie de transmission est formée par des fibres de la substance blanche dites fibres *commissurales*.

Intrapersonnelles (Inclinations).

Quelques psychologues nomment ainsi les inclinations *personnelles* ou *égoïstes*, celles qui dérivent de l'instinct de conservation ou de l'amour de soi.

Intrinsèque.

Voir *Extrinsèque*.

Introspection, méthode introspective.

En psychologie, observation de soi-même par la *réflexion* (v. ce m.). Cette méthode, encore appelée méthode *intérieure*, ou *subjective*, ou *directe*, s'oppose à la méthode extérieure, objective ou indirecte, qui est l'observation des phénomènes psychologiques d'autrui au moyen de leurs manifestations extérieures. Ces deux méthodes en réalité n'en font qu'une; car les résultats de l'introspection ne sont ni généraux, ni contrôlables; ils ne sont donc pas scientifiques; et les manifestations extérieures ne peuvent être interprétées qu'avec le concours des résultats de l'introspection. L'observation de soi-même et l'observation d'autrui se complètent l'une par l'autre, et leur réunion est la méthode de la psychologie.

Hamilton appelle méthode *introspective* celle qui consiste à invoquer le témoignage immédiat de la conscience, sans se permettre de remonter au-delà de ce qu'il donne; à quoi Stuart-Mill oppose la méthode *psychologique*, qui cherche à expliquer ce qu'on observe en le considérant comme un résultat d'opérations antérieures.

Intuitif.

Connaissance *intuitive* est synonyme de connaissance immédiate, et s'oppose à connaissance *discursive* (v. ce m.). — Un raisonnement intuitif est un raisonnement rapide, que l'esprit ne formule pas, même pour lui-même, dont il ne distingue pas les diverses propositions, comme quand on sent déjà l'évidence d'un théorème avant de l'avoir démontré. L'erreur peut se glisser aisément dans le raisonnement intuitif, c'est pourquoi les mathématiciens exigent qu'on admette comme axiome, non ce qui n'a pas besoin de démonstration, mais ce qui ne peut pas être démontré, car si la démonstration est possible, il faut qu'elle soit faite explicitement, c'est-à-dire discursivement, au lieu de demeurer intuitive.

Intuition (de *intueri*, regarder).

Ce que l'esprit connaît par un acte unique et non par une succession d'actes. Descartes appelle ainsi tout acte par lequel l'esprit considère une idée, — notion, jugement ou raisonnement, — « en la comprenant tout entière à la fois et non successivement ». Il oppose l'Intuition à la Déduction, qui « ne s'opère pas tout entière à la fois, mais implique un certain mouvement de notre esprit, inférant une chose d'une autre » (*Règles*, XI). — Sens plus spécial : ce que nous apercevons d'un seul coup, c'est, avant tout, ce qui est donnée de l'expérience. Une intuition, c'est donc *une* donnée de l'expérience, soit interne, soit externe, soit simple, soit plus ou moins complexe, en tout cas formant un tout défini. L'intuition sensible, c'est ce qui est donnée immédiate d'un sens. On ne dit pas *intuition* pour exprimer la notion d'un objet fournie par plusieurs sens, vue et toucher par exemple. Intuition n'est pas non plus synonyme de sensation, car l'intuition est un mode de connaissance, et ne comprend pas l'élément affectif de la sensation ; ni de perception, car pour qu'il y ait perception, il faut que le jugement d'extériorité (v. ce m.) s'y ajoute. — On traduit ordinairement par *intuition* le mot allemand *Anschauung*, que Kant définit : « toute connaissance se rapportant *immédiatement* à des objets », c'est-à-dire toute appréhension de quelque chose de donné. Kant oppose l'intuition au *concept*. Il nomme *empirique* « l'intuition qui se rapporte à l'objet par le moyen de la sensation », et *intuition pure* la forme de l'intuition empirique, c'est-à-dire ce qui fait que ce qu'il y a en elle de divers peut être ordonné selon certains rapports. L'espace et le temps sont des intuitions pures, c'est-à-dire qu'ils ne sont ni des sensations, ni, à proprement parler, des concepts.

Kant nie qu'il existe des *intuitions intellectuelles*, c'est-à-dire des connaissances dépourvues de contenu empirique, et néanmoins se rapportant immédiatement à des objets. Les intuitions pures ne sont que des *formes* de la connaissance, les concepts de l'entendement pur ne sont pas des intuitions, et ne peuvent être considérés comme se rapportant à des objets que par ce qu'il appelle l'*illusion dialectique*.

Maine de Biran oppose l'*intuition* à l'*affection*; le phénomène affectif, sans aucun effort, ne s'accompagne d'aucune conscience, tout au plus d'un *sentiment* vague d'existence; l'intuition qui s'y ajoute est le mode le plus élémentaire de la représentation. Sous l'influence de l'habitude, l'élément affectif de la sensation diminue d'intensité, tandis que l'élément intuitif augmente de netteté; toutefois l'*intuition* n'est pas encore la *perception* : dans l'intuition il y a déjà un *effort*, qui fait que l'affection, jusque-là confondue avec le moi, s'en distingue et devient *objet*, mais cet effort n'est pas destiné à la produire, l'organe n'agit pas pour percevoir; il y a vision passive, toucher passif, etc. C'est dans le fait de l'intuition que l'intelligence sort de la sensibilité. Ce sens paraît propre à Maine de Biran.

Intuitionnisme.

Doctrine psychologique qui considère l'espace et le temps comme des intuitions, c'est-à-dire des objets d'expérience.

Invention.

Imagination créatrice (v. ce m.). — Partie de la logique scolastique qui traite de l'art de trouver des arguments (v. *Lieux communs* et *Topique*).

Inverse (Proposition.).

Une proposition hypothétique étant donnée, la proposition inverse est celle qui a pour hypothèse la négation de l'hypothèse de la première et pour conséquence la négation de la conséquence de la première. Ne pas confondre avec la proposition *réciproque*, qui a pour hypothèse la conséquence de la première, et pour conséquence son hypothèse. Ex. :

Proposition directe : Si A est B, C est D;
— inverse : Si A n'est pas B, C n'est pas D;
— réciproque : Si C est D, A est B.

Ironie.

Méthode réfutative de Socrate. Disant toujours qu'il ne savait rien, il interrogeait ceux qui prétendaient savoir; et ayant reçu d'eux une définition de la chose en question, il les félicitait et les remerciait; puis continuant à interroger, comme s'il passait à un sujet différent, il les amenait à contredire leur première réponse. La conclusion était : « Je ne possède pas la science, mais je sais que je ne la possède pas; toi, tu te crois savant, et tu n'en sais pas davantage. » Le principe du procédé d'ironie est la généralisation et la subordination méthodique des genres et des espèces. Socrate semble avoir toujours présent à l'esprit, quand il discute, quelque classification dichotomique de concepts, à l'aide de laquelle il discerne en quoi la définition de son adversaire est trop générale, ou trop spéciale, ou trop générale par un côté et trop spéciale par l'autre.

Irritabilité.

La signification de ce mot a beaucoup varié. Haller (1708-1777), qui l'introduisit en physiologie, ne l'appliquait qu'au tissu musculaire, et longtemps on nomma *irritabilité* ce que nous nommons aujourd'hui *contractilité*.

L'irritabilité, au sens présent de ce mot, est la propriété, commune à toutes les cellules vivantes, de répondre par une *réaction propre* à une *excitation*. On peut exprimer cette propriété par les deux lois suivantes :

1º *L'activité fonctionnelle d'une cellule vivante ne s'exerce jamais sans être provoquée par un agent extérieur.* Cet agent s'appelle *excitant* ou *stimulus*, et son action s'appelle *excitation*; l'activité fonctionnelle provoquée par lui s'appelle *réaction*.

2° *Le mode de réaction d'une cellule dépend de la nature de cette cellule, et non de celle de l'excitant.* Ainsi une cellule musculaire excitée se contracte, une cellule glandulaire sécrète le produit qui lui est propre, etc., quelle que soit la nature de l'excitant : choc, chaleur, secousse ou courant électriques, action chimique, etc.

Il faut bien comprendre que tout ce qui produit sur la cellule un effet quelconque n'est pas un excitant. L'agent qui la transporte, l'échauffe ou la refroidit, en altère chimiquement la substance, en un mot, y produit des effets physiques et chimiques qu'il produirait aussi bien sur une matière non vivante, n'est pas un excitant. Il y a excitation quand l'agent détermine la manifestation d'une propriété vitale, d'une activité fonctionnelle.

Ischémie.

Diminution de la quantité du sang qui circule dans les vaisseaux d'une région. C'est le contraire d'*hyperhémie* ou *congestion*.

J

Joie.

Sentiment de plaisir, qui n'est pas lié à une région déterminée de l'organisme; par opposition à la *sensation* de plaisir, dite quelquefois *plaisir physique*. — Le contraire de la joie est la tristesse.

Jugement.

Ce mot signifie à la fois la faculté de juger et l'acte de cette faculté, en allemand *Urtheilskraft* et *Urtheil*

(Barni, dans sa traduction de Kant, met un grand J à Jugement quand il signifie la faculté de juger.) — Juger s'oppose à *douter*, ou *suspendre son jugement*; il faut se défier de la tendance à ne considérer que le jugement affirmatif, et à opposer à jugement le mot *négation*.

Juger, c'est *affirmer ou nier*. Les autres définitions du jugement sont toutes trop étroites. Ainsi Kant dit que le jugement est « la faculté de concevoir le particulier comme contenu dans le général », ce qui ne convient qu'aux jugements affirmatifs. On dit ordinairement que c'est attribuer une qualité à un sujet ou l'en exclure; cette définition contient l'idée d'affirmer ou de nier, et de plus l'idée du rapport d'*attribut* à *sujet*; or ce rapport caractérise le jugement *d'inhérence*. Au point de vue grammatical, toute proposition contient un sujet et un attribut, et un rapport entre ces deux termes; au point de vue psychologique et logique, il faut distinguer. Dans le *jugement d'inhérence*, le sujet est un vrai sujet, qui ne peut être que sujet, tel que *Socrate, Napoléon, Rome, Paris*, ou encore un nom général employé au pluriel; car si je dis : *toutes les villes de France ont un conseil municipal*, le sujet n'est pas le concept abstrait de *ville*, mais la totalité de ces nombreux sujets auxquels convient le nom de *ville*. — La définition de Kant convient au *jugement d'extension* : *Les cétacés sont des mammifères*. Le sujet est une *espèce*, l'attribut un *genre*, et la copule *est*, qui, dans le cas précédent, signifiait la qualification, signifie ici l'inclusion logique. Il y a encore des *jugements de compréhension* : *L'espace a trois dimensions*; l'espace n'est ni un sujet ni un genre, mais un *concept*. Les termes des jugements peuvent être en effet des *sujets*, des *genres*, ou des *caractères*, et de la nature des termes dépend, non seulement la nature du jugement, mais encore celle du raisonnement (v. *Figures*). — Les jugements qui expriment des rapports de quantité ont peut-être aussi leurs lois spéciales. On peut considérer les rapports *égal à, plus grand que, plus petit que*, et en général *fonction de*, comme des copules. Pour ramener le raisonnement mathématique au syllogisme, il faut en faire des attributs : A = B voudrait dire : le rapport de A et de B est un rapport d'égalité. Et le raisonnement : A = B; B = C; donc A = C devrait être ainsi mis en forme :

Deux quantités égales à une troisième sont égales;
Or les deux quantités A et C sont égales à une troisième B;
Donc elles sont égales.

Le moyen terme ne serait pas *B*, mais *égal à B*. Cette façon d'interpréter les jugements mathématiques en les ramenant à des jugements d'extension est peut-être aussi artificielle que la quantification du prédicat, qui est l'inverse. Elle rend tout à fait impossible de comprendre comment la démonstration mathématique est presque toujours une généralisation.

Enfin l'attribution d'une qualité à un sujet, l'inclusion d'une espèce dans un genre, l'addition d'un caractère à un concept sont des opérations qui supposent des termes donnés d'avance que l'esprit rapproche. Ce n'est pas le cas des jugements qui énoncent les données mêmes de la conscience : *je pense, je vois, je souffre*, lesquels ne sont pas, comme le langage qui les exprime, la liaison de deux idées abstraites préexistantes, celle du moi, et celle d'une modification psychologique.

Il faut donc se borner à définir le jugement *l'acte qui affirme ou nie*, sans parler de la nature de la relation qui est affirmée ou niée.

Tout fait intellectuel est un jugement (v. *Intellectuel*)

Kant distingue les jugements *analytiques* et les jugements *synthétiques* (v. *Analytiques*). Cette distinction ne concerne que les jugements de compréhension, dans lesquels l'attribut peut être, soit un caractère composant nécessairement la compréhension du concept-sujet, soit un caractère qu'on ajoute à la compréhension de ce concept.

Tout jugement peut être considéré au point de vue de la *qualité*, de la *quantité*, de la *relation*, de la *modalité* (v. ces m.).

En qualité, tout jugement est *affirmatif* ou *négatif*. Kant ajoute *indéfini*.

En quantité, tout jugement est *universel* ou *particulier*. Kant ajoute (à tort) *singulier*.

En relation, tout jugement est *catégorique, hypothétique* ou *disjonctif*.

En modalité, tout jugement est *assertorique, problématique* ou *apodictique*.

Voir tous ces mots.

Justice.

La formule antique *suum cuique* est l'expression la plus parfaite de l'idée de justice : à chacun ce qui lui appartient, ce qui lui est dû, ce qui lui revient de droit. La justice est le respect de tous les *droits*, l'accomplissement de tous les *devoirs* de la vie sociale; et comme les devoirs de la vie sociale sont la raison des autres, toute la morale est contenue dans la justice. Cependant on oppose ordinairement la *justice* et la *charité*; la première consisterait à ne pas nuire, la seconde à faire du bien; la première à respecter les droits d'autrui, la seconde à faire du bien à autrui au delà de son droit. C'est mal interpréter les notions de droit et de devoir (v. *Droit, Strict, Charité*). Ce qu'on oppose à la charité c'est le minimum de justice avec lequel on peut être toléré dans la société humaine; la véritable justice est plus exigeante, et s'élargit jusqu'à comprendre la charité.

Aristote remarque que l'idée de justice renferme celle de *partage égal*, ἡ δικαιοσύνη διανεμητικὴ τοῦ ἴσου, mais que ce partage égal peut s'entendre de deux manières : 1° l'égalité pure et simple, ou l'équivalence des biens échangés, des services mutuels; c'est la justice *commutative*; 2° la proportionnalité des bienfaits aux droits, aux mérites, aux besoins des personnes; c'est la justice *distributive*.

K

Kabbale.

Mot hébreu qui signifie *tradition*. C'est une doctrine mystique, juive, qui consiste à interpréter le texte biblique à l'aide d'idées empruntées à la philosophie néo-platonicienne; elle fleurit du IX° au XIII° siècles.

Karyocinèse.

V. *Caryocinèse*.

Kinesthésique.

V. *Cinesthésique*.

L

Langage.

Tout *système de signes* est un langage (v. *Signe*). On distingue des langages *naturels*, dans lesquels la liaison du signe à l'idée n'a été établie par aucune convention expresse : ex. la mimique, les jeux de la physionomie, la mimique vocale ou onomatopée, l'interjection ; — et des langages *conventionnels* ou *artificiels*, comme la notation algébrique et tous les *algorithmes*. Le langage *articulé* tient à la fois du langage naturel et du langage conventionnel.

Larges (Devoirs).

Voir *Stricts*.

Légalité.

Ordinairement, on oppose *légalité* à *moralité*, la légalité étant la conformité de l'action avec la loi écrite, le droit *positif*; la moralité, la conformité de l'action avec la loi morale, le droit *naturel*. C'est en ce sens qu'on a pu dire : « Sortir de la légalité pour rentrer dans le droit. » — C'est relativement à la loi morale seule que Kant oppose légalité à moralité. La légalité est la conformité *objective* de l'acte avec la loi morale, c'est-à-dire que la conduite que l'on a tenue est précisément celle que l'on devait tenir. La moralité est la conformité *subjective* de l'acte avec la loi morale, c'est-à-dire que l'on a voulu se conformer à la loi. Une action peut être légale sans être morale, lorsqu'on a été déterminé à faire ce que la loi commande par un autre motif que le respect de la loi. Une action peut être morale sans être légale, lorsqu'on se trompe de bonne foi au sujet de la loi, et qu'on fait ce qu'elle défend en voulant faire ce qu'elle commande.

Lemme (λῆμμα, de λαμβάνω).

Proposition qu'on prend pour accordée, et sur laquelle on s'appuie pour faire une démonstration. Dans la dialectique des anciens, le lemme était une proposition qu'on n'avait pas à démontrer parce qu'elle était accordée par l'adversaire. Dans la méthode mathématique, la démonstration des lemmes est indispensable; un lemme est donc un théorème qu'on démontre préalablement, parce qu'on en aura besoin pour démontrer le théorème proposé.

Léthargie.

La léthargie est un état de résolution musculaire et d'insensibilité presque complètes. C'est ordinairement le premier état dans lequel tombe le sujet dans les pratiques d'hypnotisme. La léthargie se distingue de la mort apparente, par les *contractures* que provoquent de légères excitations des muscles ou des nerfs moteurs (v. *Catalepsie*).

Liberté.

En général, absence d'entrave, d'obstacle, de lien propres à empêcher une action. Quand il s'agit de la liberté de l'homme on distingue : 1° la *liberté physique*, qui est la possibilité des mouvements du corps : par exemple, n'être point en prison, ou n'être point paralysé; 2° la *liberté civile*, qui consiste à jouir des droits *civils*, c'est-à-dire à n'être contraint qu'en vertu de lois régulières; le contraire de la liberté civile est l'arbitraire gouvernemental et juridique; 3° la *liberté politique*, qui consiste à jouir des droits *civiques*, c'est-à-dire à n'être contraint que par des lois faites par les citoyens eux-mêmes ou leurs mandataires; le contraire est l'arbitraire législatif, et surtout l'absence de loi; 4° la *liberté psychologique* ou *libre arbitre* (v. *Arbitre*).

La *liberté de conscience* ou *liberté de penser* est un état politique dans lequel il n'y a pas de *délit d'opinion*, où l'État n'a pas de doctrine; c'est en particulier la neutralité de l'État en matière de religion. L'État repose cependant sur des principes politiques et juridiques; il a une action directrice qui suppose des doctrines; il ne peut donc être neutre pour lui-même. Mais il admet qu'on discute librement ces doctrines, qu'on exprime, qu'on défende et qu'on propage des doctrines contraires. Sans la liberté de penser, la liberté politique n'existerait que pour la majorité. La *liberté de la presse* est une forme de la liberté de penser.

Libre arbitre.

Voir *Arbitre*.

Libre examen.

Liberté de se faire à soi-même ses croyances au lieu de les recevoir toutes faites d'une *autorité*. Le libre examen n'exclut cependant pas toute autorité; mais il exige que l'autorité ne s'impose par aucune contrainte, même morale, qu'elle n'exerce aucune pression sur les consciences, qu'elle se borne à proposer ses dogmes.

Lieu.

Descartes distingue le « lieu intérieur » du « lieu extérieur »; le lieu intérieur est l'espace occupé par un corps, et cet espace n'est autre chose que le corps lui-même, puisque l'étendue est pour les Cartésiens l'attribut essentiel de la matière; le lieu extérieur est la situation de cet espace déterminée d'après les autres corps environnants. Quand un corps se meut, il nous semble qu'il emporte avec lui son étendue, et que pourtant il laisse derrière lui l'étendue qu'il occupait; cette apparence est due à la distinction, purement abstraite d'ailleurs, entre le lieu extérieur, ou détermination du lieu par des relations extrinsèques, et le lieu intérieur, ou détermination du lieu par des relations intrinsèques. — Le *lieu* ou la *place* se distingue de l'étendue ou de l'espace, parce que par lieu ou place nous entendons ordinairement la situation, déterminée par les seules relations extrinsèques, c'est-à-dire le lieu extérieur.

Lieux communs.

Loci argumentorum, loci communes, ou simplement *loci*, « certains chefs généraux auxquels on peut rapporter toutes les preuves » (Port-Royal). L'énumération et le classement des lieux était la partie de la logique que la scolastique appelait *Invention*; c'est le sujet des *Topiques* d'Aristote (τόποι).

Limitatifs (Jugements).

Kant distingue, *au point de vue de la Logique transcendentale*, les jugements *limitatifs* ou *indéfinis* (A est non-B) des jugements affirmatifs et des jugements négatifs. Au point de vue de la Logique générale, le jugement *L'âme est immortelle* équivaut au jugement *L'âme n'est pas mortelle*; mais ces deux jugements, bien qu'ayant le même sens, ne sont pas une seule et même opération de l'esprit. L'un consiste à exclure l'âme de la classe des choses mortelles, c'est un jugement négatif; l'autre à ranger l'âme dans une classe qui est déterminée par la négation d'un attribut; il revient à dire : L'âme est tout ce que vous voudrez, excepté mortelle; c'est un jugement indéfini ou limitatif.

Limitation.

Un des termes de la catégorie de la *Qualité*, d'après Kant.

Conversion par limitation. Voir *Accident* et *Conversion*.

Limite.

On appelle *limite*, en mathématiques, une grandeur finie dont une grandeur variable peut s'approcher indéfiniment sans jamais pouvoir la dépasser. *A l'infini*, la variable se confond avec sa limite. — On peut transporter cette notion à des objets non mathématiques, et dire, par exemple, que l'idéal est une limite, que la certitude absolue est une limite, etc., c'est-à-dire que, si près qu'on s'en approche, on conçoit toujours qu'on puisse s'en approcher davantage.

Par *limites de la connaissance* on entend la détermination de ce qui est connaissable et de ce qui ne l'est pas.

Linguistique.

L'ensemble des sciences se rapportant au langage.

Localisation.

En général, assignation d'un lieu déterminé à un phénomène, à une propriété, à une faculté. — Les *localisations cérébrales* consistent à attribuer à une région déterminée de l'écorce cérébrale des fonctions correspondant à certaines espèces de phénomènes psychologiques. — La localisation de la sensation ou de la perception consiste soit à rapporter une sensation tactile ou une sensation interne à une certaine partie du corps, soit à rapporter une sensation visuelle à une certaine partie du champ visuel. C'est pour expliquer cette localisation que Wundt et Lotze ont imaginé la théorie des *signes locaux* (v. ce m.). — On appelle aussi localisation l'association par laquelle les sensations qui par elles-mêmes n'ont pas la forme de l'étendue, peuvent néanmoins être situées. Ainsi le son est localisé dans la cloche, le parfum dans la fleur, par association avec les perceptions visuelles ou tactiles qui constituent l'idée de cloche ou de fleur. — Dans tous les cas, il faut bien remarquer que le *jugement de localisation* est distinct du *jugement d'extériorité* (v. ce m.); celui-ci consiste à reconnaître qu'un phénomène est extérieur et non-mien; celui-là à situer un phénomène par rapport à d'autres phénomènes également extérieurs.

On dit aussi, par métaphore, *localisation du souvenir*, bien qu'il s'agisse d'attribuer au souvenir non une situation, mais une époque. Le jugement de localisation du souvenir ne doit pas être confondu avec la *reconnaissance*, ou jugement d'*antériorité* (v. ce m.); celui-ci consiste à reconnaître qu'un état de conscience est passé, celui-là à lui assigner une époque, par rapport à d'autres phénomènes également passés.

Locaux (Signes).

La localisation des perceptions visuelles et tactiles exige un *atlas visuel*, un *atlas tactile*; et pour cela, il faut que chaque point de la peau, chaque point de la rétine ait son caractère propre, et soit qualitativement distinct de chaque autre point. C'est ce caractère propre, qui d'ailleurs échappe à la conscience, et dont la nature nous est tout à fait inconnue, que Lotze et Wundt ont appelé *signe local* de chaque point.

Logique (adjectif).

1° Conforme aux exigences de la raison : une conséquence logique. En ce sens, logique est synonyme de raisonnable. — 2° Relations *logiques*, relations de principe à conséquence (s'opposant à relations empiriques) : ordre de succession, ordre de coexistence, relation de cause à effet. — 3° Opposé à *moral* : la certitude *logique* et la certitude *morale* (v. *Certitude*).

Logique (substantif).

Port-Royal la définit *l'art de penser*. Mais elle est surtout la science des lois de la pensée en tant qu'elle a pour fin la distinction du vrai et du faux, ou la science des conditions de la vérité, d'où l'on peut aisément tirer un ensemble de règles ou *canons* pour diriger l'esprit dans ses recherches. Kant distingue :

1° Une *logique générale pure* ou *élémentaire*, qui étudie les lois de la pensée en général, indépendamment des objets auxquels elle peut s'appliquer.

2° Une logique spéciale, ou plutôt des *logiques spéciales*, qui étudient, pour chaque ordre de connaissances les principes et les méthodes qui lui sont propres. Cette logique spéciale, qui est l'*organum* de telle ou telle science, est généralement considérée comme une *propédeutique* de cette science ; mais dans l'ordre du développement de la connaissance humaine, elle ne saurait la précéder, car il faut avoir déjà une connaissance approfondie de l'objet d'une science pour être en mesure de donner les règles d'après lesquelles on peut constituer une science de cet objet. Les logiques spéciales ont pour but d'élucider les concepts fondamentaux qui font que chaque science est un système distinct : *quantité, espace, mouvement* (et par suite *temps* et *force*), *matière*, etc. (v. *Méthodologie*.)

3° Une logique *générale appliquée*, qui étudie les circonstances psychologiques et autres dans lesquelles s'exerce notre raison : influence des sens et de l'imagination, du souvenir, de l'habitude, des inclinations, et de toutes les causes qui peuvent altérer notre jugement et notre raisonnement.

On appelle *Logique formelle*, cette partie de la logique qui étudie les conditions de la vérité en tant qu'elles dépendent de la seule *forme* de la connaissance, si bien que la valeur des arguments peut être considérée en faisant abstraction des termes et en les remplaçant par des lettres. On identifie ordinairement la logique formelle avec la logique *déductive*, et celle-ci avec la théorie du *syllogisme*; cependant les canons de la méthode expérimentale sont aussi des lois formelles, indépendantes de la matière de la connaissance, et on les formule aussi avec des termes indéterminés. L'expression traditionnelle de logique formelle, dont le sens ne justifie pas l'étymologie, signifie l'étude de la démonstration déductive, en tant que cette démonstration ne fait usage que de l'inclusion et de l'exclusion des termes; ce n'est donc pas toute la logique générale pure, ni même toute la logique déductive, puisque la déduction syllogistique ne suffit pas à rendre compte de la démonstration mathématique.

Loi.

Tout rapport constant est une loi. En mathématiques, la *loi* d'une courbe est la relation constante qui permet de déterminer tous ses points. Une loi naturelle est une relation constante entre deux termes observables. Le mot loi est emprunté à la langue juridique, où il désigne un principe général d'après lequel on juge tous les cas de même espèce.

On distingue des lois *naturelles* et des lois *pratiques*. Tout rapport constant doit être *nécessaire*, car le contingent n'est pas constant; toute loi exprime donc une nécessité. Une loi naturelle exprime une nécessité *immanente*. Une loi pratique exprime une nécessité *transcendante*, c'est-à-dire un ordre idéal, supérieur aux faits, qui *doit être* réalisé, alors même qu'il *n'est pas* réalisé. Kant oppose loi naturelle et loi pratique dans le même sens qu'il oppose *nature* et *liberté*. Les lois naturelles sont des propositions *indicatives hypothétiques* (si A est donné, B est donné) qu'on démontre par induction en s'appuyant sur des faits observés. Les lois pratiques sont des propositions *impératives* (v. ce m.).

Les *lois civiles*, dont l'ensemble constitue le *droit positif*, sont d'institution humaine, et ont commencé d'être par la volonté du législateur; les *lois morales*, dont l'ensemble constitue le *droit naturel*, ont leur principe dans la raison humaine et n'ont point commencé d'être. Parmi les lois morales, on peut encore distinguer celles qui commandent, comme les lois civiles, en vertu d'une *sanction* (v. ce m.), et sont comme elles des impératifs *hypothétiques*, et la loi morale proprement dite, qui, selon la doctrine de Kant, commanderait indépendamment de toute sanction, et serait l'impératif *catégorique*.

Kant distingue encore, parmi les impératifs, ceux qui n'ont pour objet qu'un seul acte, et manquent tout à fait de généralité; il les appelle des *préceptes*; — ceux qui concernent tous les cas semblables de la conduite d'une personne, et sont, par conséquent, généraux relativement à cette personne; il les appelle des *maximes*; — enfin ceux qui concernent tous les cas semblables et toutes les personnes, et sont universels; il les appelle des *lois*.

Lumière.

On désigne sous ce nom deux phénomènes très différents : 1° un phénomène sensible, ou physique, les ondulations de l'éther; 2° un phénomène conscient, ou psychologique, la sensation provoquée par une excitation du nerf optique. Ainsi, en parlant des phosphènes et autres images entoptiques, on pourra dire que la sensation de lumière peut être provoquée par un autre excitant que la lumière.

Lutte pour la vie.

Voir *Concurrence vitale*.

M

Macula lutea.

Ou simplement *macula*, ou *tache jaune*. A l'endroit où l'axe optique rencontre la rétine se trouve une tache plus claire et plus jaune, de forme allongée transversalement, et au milieu de laquelle est la *fovea centralis* (v. ce m.). Il ne faut pas confondre la macula, où la sensibilité de la rétine est maxima, avec la *papille*, ou *punctum cæcum*, ou *tache aveugle*, où la sensibilité est nulle. La tache aveugle, point d'arrivée du nerf optique, est en dedans de la tache jaune.

Magnétisme.

A l'époque où l'on attribuait au *fluide magnétique* l'action à distance exercée par les aimants et les corps électrisés, on crut à l'existence d'un fluide analogue, émanant du système nerveux de certaines personnes et dans de certaines conditions, et capable d'agir sur d'autres personnes et même sur des choses, et on l'appela *magnétisme animal*. Les faits de magnétisme animal, souvent mêlés de supercherie, et presque toujours très imparfaitement décrits, semblent être identiques au fond à ceux que l'on observe dans l'hypnotisme, dans certaines névroses, et surtout à la *suggestion*.

Maïeutique.

Méthode positive de Socrate. Elle repose sur ce principe que la science ne se communique pas, ne passe pas d'un esprit à un autre, mais que chacun la trouve en soi-même pourvu qu'il la cherche méthodiquement. Socrate se disait habile à diriger cette recherche par des questions savamment graduées, c'est ce qu'il appelait *accoucher les esprits* (μαιεύομαι, accoucher). En réalité la méthode repose sur des définitions et des classifications de concepts, que Socrate a présents à l'esprit quand il interroge. Tantôt il passe en revue toutes les espèces possibles et les rassemble en un genre unique, tantôt il divise le genre en toutes les espèces possibles. Comme les genres et les espèces ne sont pas pour lui de simples notions, mais des définitions, c'est-à-dire des propositions, le passage de l'une à l'autre est un raisonnement, tantôt inductif, tantôt déductif, mais toujours fondé sur des relations abstraites d'inclusion et d'exclusion.

Majeur.

On appelle quelquefois ainsi le *grand terme* d'un syllogisme.

Majeure.

La prémisse qui contient le grand terme.

Mal.

Voir *Bien*.
Le *problème du mal* est la difficulté de concilier l'existence du mal dans l'univers avec la toute-puissance et la bonté de Dieu.

Magie naturelle.

Bacon, et avec lui divers écrivains des XVIᵉ et XVIIᵉ siècles (J.-B. Porta, *Magia naturalis*, 1561; Agrippa de Nettesheim, ami de Bacon, La Mothe le Vayer, *Instruction au Dauphin*), appellent magie naturelle, par opposition à la magie superstitieuse, qu'ils réprouvent, un art qui, fondé sur une connaissance profonde et vraiment scientifique des propriétés physiques les plus cachées, produit des effets qui paraissent surnaturels. Bacon distingue deux degrés de la science théorique de la nature, la *physique* et la *métaphysique*, auxquels correspondent deux sciences pratiques ou arts : la *mécanique* et la *magie naturelle*.

Reid dit que la perception extérieure est une sorte de « magie naturelle », c'est-à-dire que l'extériorité de la perception est un fait à la fois naturel et inexplicable, qui semble impossible, et est pourtant réel.

Mancinisme.

Le mancinisme consiste à être gaucher. Il résulte de la prééminence anormale de l'hémisphère droit sur l'hémisphère gauche ; car, par suite de l'entre-croisement des faisceaux moteurs dans le bulbe, c'est le cerveau droit qui commande les mouvements du côté gauche, et réciproquement.

Manichéisme.

Doctrine métaphysique et religieuse, qui attribue les événements du monde à la lutte de deux puissances contraires, également primitives, le principe du Bien et le principe du Mal. C'est une sorte de dualisme.

Manie.

Ce mot a, pour les aliénistes, un sens bien différent du sens vulgaire : il signifie un *délire général*, avec *agitation*.

Masse.

Une même force ne communique pas nécessairement la même accélération à des corps différents ; on dit que la *masse* d'un corps est double, triple, etc., de celle d'un autre, quand une même force lui communique une accélération, 2, 3 fois, etc., plus petite qu'à cet autre. La masse est pour chaque corps un coefficient m, tel qu'on ait la relation constante $f = mg$, g étant l'accélération communiquée par la force f. — La *masse* ne se confond pas avec le *poids*; mais dans le cas où la force considérée est la pesanteur en un lieu déterminé, les poids sont proportionnels aux masses. Le poids des corps change avec les lieux, leur masse reste identique.

On dit en mécanique rationnelle la *masse d'un point*, parce que, faisant abstraction des dimensions du corps, on suppose toute sa masse rassemblée en un point, dit *point matériel*. — On dit parfois que la masse est la *quantité de matière* qui est dans un corps, parce que c'est le seul élément qui demeure constant à travers toutes les transformations que peut présenter la matière, le seul qui ne puisse augmenter ni diminuer sans addition ou soustraction de matière (v. *Matière*).

Mathématiques.

Les Pythagoriciens nommèrent μαθήματα, toutes les sciences à eux connues. C'étaient l'*arithmétique*, la *géométrie* (la géométrie plane d'abord ; Platon y ajoute la géométrie dans l'espace sous le nom de *stéréométrie*), l'*astronomie* et l'*harmonique*; ces deux dernières comprennent toute la science de la nature, l'une rend compte de la *nécessité* des phénomènes, l'autre de leur *finalité*. — Platon appelle encore μαθήματα les sciences pythagoriciennes, et les distingue de l'ἐπιστήμη, qui est la connaissance des Idées. L'objet des mathématiques est pour lui intermédiaire entre le monde sensible et le monde des Idées; il est multiple et divisible comme les choses sensibles; il est homogène et admet l'unité et l'identité comme les Idées. — Les sciences naturelles se constituent avec Aristote d'après des principes tout différents. On a donc par la suite donné le nom de mathématiques aux sciences dont s'étaient occupés les Pythagoriciens, sciences qui pour eux embrassaient la totalité du connaissable, et qui furent ensuite réduites à leurs justes limites.

Les mathématiques sont les sciences qui ont présentement pour caractère d'être abstraites, idéales, indépendantes de la réalité de leurs objets, et par suite de procéder par démonstrations déductives, sans avoir recours à l'observation. Ce sont : 1° la science de la *Quantité pure*, ou de la *mesure* en général, indépendamment de la nature des choses mesurables (arithmétique, algèbre élémentaire, algèbre supérieure); — 2° la *Géométrie*, science des déterminations de l'espace, qui est la seule chose directement mesurable; — 3° La *Mécanique rationnelle*, science du mouvement et des forces, ou plus exactement science des *vitesses*; la vitesse est un espace parcouru, et la seule chose qui puisse se mesurer par le seul intermédiaire de l'espace.

On nomme mathématiques *appliquées*, par opposition aux mathématiques *pures*, un certain nombre d'arts où les connaissances mathématiques jouent un rôle prépondérant, la stéréotomie, la géodésie, etc.

L'astronomie, qui est une science cosmologique, est souvent comptée parmi les sciences mathématiques, à cause de l'usage continuel du calcul. C'est pourtant évidemment une science d'observation.

Matérialisme.

Doctrine qui n'admet pas d'autre substance que les substances matérielles. Le matérialisme nie l'existence de substances spirituelles distinctes des substances matérielles. Toutefois on n'appelle pas matérialisme toute doctrine qui répudie le dualisme, et n'admet qu'une seule sorte de substance : le monadisme de Leibnitz, l'idéalisme de Berkeley sont l'opposé du matérialisme. Le matérialisme consiste à ne pas admettre de substance *inétendue*, à concevoir toute substance à l'image des corps *tels que nous nous les représentons*, et notamment à considérer les phénomènes conscients comme des fonctions des organes nerveux. L'idée de matérialisme est nécessairement très vague, à cause des difficultés inhérentes à l'idée de matière.

Matériel.

Qui est de la nature de la matière.

En mécanique rationnelle, on appelle *point matériel* un corps dont on suppose toute la *masse* rassemblée en un point, afin de faire abstraction des dimensions de ce corps. Un point matériel est donc un point qui a une masse.

Matière.

1. Ce dont une chose est faite, τὸ ἐξ οὗ (Aristote), par opposition à la *forme*. La forme, ce n'est pas seulement la *figure*, mais toutes les qualités ou relations qui déterminent la chose, et la rendent telle ou telle : la matière, c'est ce à quoi on attribue ces déterminations. La matière est insaisissable pour l'esprit, et fuit devant lui à mesure qu'il croit s'en approcher : le marbre est la matière dont cette statue est faite, mais qu'est-ce que le marbre? une pierre blanche, semi-cristalline, à grain très fin; etc.; ce sont là des propriétés, c'est la forme; la matière c'est ce qui a ces propriétés. Ces propriétés caractérisent un état d'une certaine matière qu'on appelle carbonate de chaux; mais qu'est ce que le carbonate de chaux? C'est un corps qui fait effervescence sous l'action d'un acide, qui, à température élevée, se transforme en chaux en

dégageant de l'acide carbonique. Ce sont encore là des propriétés. Nous ne saisissons jamais que la forme : puisque nous appelons *forme* toutes les déterminations, la matière, abstraction faite de la forme, est nécessairement indéterminée. La distinction de la matière et de la forme est tout à fait relative. Si une chose est considérée comme matière par rapport à une certaine forme, il faut encore distinguer, dans cette matière, une matière et une forme, et c'est par la forme seule que nous pouvons la penser.

Les notions de matière et de forme ne s'appliquent pas seulement aux corps, mais à tous les objets de la pensée. La matière de la connaissance, ce sont les choses connues; la forme, c'est la manière dont nous les connaissons. La matière d'un jugement ou d'un raisonnement, ce sont les *termes*; la forme, ce sont les rapports que l'esprit conçoit entre ces termes. La matière d'une action, c'est ce que l'agent exécute; la forme, c'est la manière dont il est déterminé ou se détermine lui-même à l'exécuter. La matière du devoir, c'est l'acte qu'il faut faire ou ne pas faire; la forme, c'est le caractère de la loi qui le commande ou le défend. Dans tous les cas où il ne s'agit pas des corps, matière a pour synonyme *contenu*.

2. Ce dont les *corps* sont faits, l'être ou la substance à quoi nous attribuons les qualités sensibles. La matière est pour Descartes la *substance étendue*, et l'étendue étant pour lui l'attribut essentiel de la matière, il ne saurait y avoir d'étendue sans matière, c'est-à-dire de vide. Mais justement la matière ne saurait se concevoir que par l'opposition du *plein* et du *vide*; c'est le *quelque chose* par opposition au *rien*. Le géomètre ne voit dans les corps que des *figures*; la mécanique y ajoute une notion, celle de *masse*. Tantôt on fait abstraction de la figure pour ne considérer que la masse, et le corps devient un *point matériel*; tantôt on tient compte de la figure, et le corps se définit alors un système de points matériels entre lesquels on ima-

gine des liaisons. La physique y ajoute une notion de plus : l'*impénétrabilité* (v. ce m.). La matière, c'est *l'étendue mobile, ayant une masse, et impénétrable.* Certains philosophes (Leibnitz) n'admettent pas que l'étendue soit un attribut de la matière. C'est qu'ils parlent de la *matière en soi.* Pareillement, dans le système de Leibnitz, la mobilité se résout dans le changement qualificatif, et l'impénétrabilité dans le principe des Indiscernables. Mais s'il s'agit de la matière telle que nous la concevons, de l'objet de la physique, et non d'ontologie, Leibnitz lui-même reconnaîtrait qu'étendue, mobilité, masse et impénétrabilité sont les éléments du concept de *matière.*

Il faut distinguer entre la matière et les corps : la matière est la possibilité indéfinie des corps, comme l'étendue est la possibilité indéfinie des figures.

Maxime.

Voir *Loi.*

Mécanique.

Science du mouvement et des forces. Le mouvement relève de la géométrie quand il est considéré uniquement comme le changement dans l'espace; il devient l'objet d'une science distincte, quand on l'envisage à la fois dans l'espace et dans le temps. La mécanique est donc exactement la science des *vitesses.* On la divise en *cinématique* et *dynamique* (v. ces m.). La mécanique *rationnelle* est la théorie abstraite des lois du mouvement et des forces; la mécanique *appliquée* est la théorie des *machines.*

Mécanisme.

Un mécanisme est un système où n'entrent en jeu que des forces mouvantes; mais, par métaphore, on dit le mécanisme de la mémoire, de l'attention, de la reconnaissance, de la localisation du souvenir, etc. On ne peut employer le mot mécanisme que pour les opérations qui se font sans le concours de la volonté ou de la raison active; ou du moins, dans les opérations volontaires et raisonnées, il ne désignera que la partie non volontaire et non raisonnée de ces opérations : ainsi le mécanisme de l'association des idées joue un rôle dans l'invention.

On appelle *mécanisme* un système philosophique général qui suppose d'abord que l'être et la force sont distincts, que l'être est passif à l'égard de la force, que la force agit sur lui du dehors, c'est-à-dire qu'il est *inerte* et *mobile*. Par suite, le mécanisme est obligé d'expliquer tous les phénomènes en les ramenant à des *mouvements*. — Le *dynamisme* (v. ce m.), au contraire, identifie l'être et la force; pour lui, l'être est essentiellement actif et ses modifications sont ses actes mêmes.

Le mécanisme peut se borner aux phénomènes de la matière en tant que telle; il se confond alors avec la physique. Il peut chercher à réduire tous les phénomènes de la vie aux phénomènes physico-chimiques, lesquels se réduisent eux-mêmes à des mouvements : c'est le *mécanisme vital* ou *mécanisme biologique*. S'il se borne là, c'est une forme du spiritualisme, car il admet, outre l'étendue, et les changements dans l'étendue (mouvements) dont l'ensemble constitue les phénomènes de la matière, des phénomènes inétendus, intensifs et qualitatifs, qui sont les faits de conscience. S'il considère les faits de conscience eux mêmes comme des fonctions de la vie organique, réductibles comme eux au mécanisme, c'est une forme du matérialisme (v. ce m.).

Médiat.

Qui se fait par quelque intermédiaire. Le syllogisme est une inférence médiate, car le rapport du grand terme et du petit terme s'établit par l'intermédiaire du moyen terme.

Médiateur plastique (de Cudworth).

Être intermédiaire, imaginé par ce philosophe, pour expliquer l'action de l'âme sur le corps.

Mélancolie.

Les affections hypocondriaques de l'ancienne médecine étaient attribuées à une *bile noire*, qu'on croyait sécrétée par la rate (χόλη, bile, μέλας, noir). Les aliénistes nomment encore mélancolie (*lypémanie* d'Esquirol) un délire où le sujet est en proie à des tristesses imaginaires.

Mémoire.

Le simple retour d'un état de conscience antérieur n'est pas un *souvenir*; il ne mérite ce nom que quand il est accompagné de *reconnaissance* (v. ce m.), c'està-dire du jugement d'*antériorité* (v. ce m.). La mémoire est la faculté de penser le passé *comme tel*.

L'association des idées est une condition de la mémoire, mais n'est pas toute la mémoire.

Mémoire *visuelle*, *auditive*, etc.; mémoires *spéciales*, aptitude, variable avec les personnes, à garder plus aisément le souvenir de choses vues, entendues, etc., les souvenirs appartenant à une certaine espèce (noms, dates, etc.).

Maladies de la mémoire. Voir *Amnésie.*
Fausse mémoire. Voir *Paramnésie.*

Mental.

Qui concerne l'esprit (*mens*). C'est un synonyme tantôt d'intellectuel, tantôt de psychologique. *Maladie* mentale, *aliénation mentale*, signifient maladie qui apporte du trouble dans les fonctions psychologiques. Examiner l'*état mental* d'un sujet, c'est rechercher s'il est fou et quelle est sa folie. Quelquefois, état mental signifie simplement état de conscience.

Restriction mentale, subterfuge des casuistes pour permettre de tromper sans mentir; il consiste à dire une chose fausse, et à la rendre vraie par une réserve ou restriction qu'on fait mentalement, mais qu'on n'exprime pas.

Mentalité.

Néologisme assez inutile : état mental.

Mérite.

Cette idée est loin d'être claire. Lorsque l'agent moral a renoncé à son intérêt pour accomplir son devoir, la justice exige qu'il reçoive une compensation ou *récompense*; le mérite est le *droit* à une récompense. Lorsqu'il a, au contraire, sacrifié son devoir à son intérêt, la justice exige aussi que le bénéfice de sa mauvaise action ne lui soit pas définitivement acquis, qu'il reçoive une compensation, la *peine* ou le *châtiment*; le *démérite* est, si l'on peut dire, le *droit* à un châtiment. — Mais la justice exige une compensation à toutes les souffrances en général, compensation telle que la somme algébrique des biens et des maux soit égale pour tous les êtres. La précédente définition est donc trop large, car le mérite et le démérite ne concernent que les biens et les maux *imputables* à l'agent. Le mérite est le droit à une compensation, droit acquis non seulement par le fait d'avoir souffert, mais par le fait d'avoir consenti, *par devoir*, à la souffrance ou à la privation. En tenant compte de l'imputabilité, la justice ne doit plus être *commutative*, mais *distributive*.

La compensation ne doit plus être, dans le cas du mérite, égale à la souffrance ou à la privation, mais plus grande, et proportionnelle à l'effort, à la difficulté vaincue, à la quantité d'énergie morale que l'agent a su tirer de lui-même pour lutter contre ses penchants. Dans le cas du démérite, la compensation ne doit pas être une simple restitution ; elle doit aller au delà, et être inversement proportionnelle à la quantité d'énergie morale qu'il aurait fallu à l'agent pour vaincre ses inclinations perverses. (Dans le cas de l'irresponsable, cette quantité est infinie, et le démérite est nul.)

Les idées de mérite et de démérite représentent donc l'altération que subit l'idée de la justice commutative (répartition égale des biens et des maux entre tous les êtres sentants), en se combinant avec l'idée d'imputabilité, c'est-à-dire de libre arbitre.

Le déterminisme n'exclut pas le mérite et le démérite, mais il oblige à les interpréter autrement. Le mérite est l'accroissement de *dignité* que la bonne action confère à l'agent ; le démérite est une sorte de *déchéance* résultant de la mauvaise action. La vertu augmente, le vice diminue la *valeur sociale* de l'individu ; l'une lui confère des droits à une sphère d'activité plus étendue, l'autre légitime une restriction de sa liberté. C'est cette inégalité dans les justes relations entre l'individu et la société qui est, dans l'hypothèse déterministe, le mérite et le démérite.

Mesure.

La mesure d'une grandeur est le rapport de cette grandeur avec une autre grandeur de même espèce, qu'on appelle *unité de mesure*. (Voir *Commensurable* et *Mathématiques*.)

Métagéométrie.

Les géométries *non-euclidiennes*, celles qui supposent soit un espace à plus de trois dimensions, soit un espace dont les dimensions ne seraient pas, comme dans l'espace euclidien, rectilignes, homogènes et identiques entre elles.

Métaphysique.

Nom donné d'abord au plus considérable des ouvrages d'Aristote, parce que, selon la tradition, il venait *après la Physique* (μετὰ τὰ φυσικά) dans l'édition d'Andronicos de Rhodes; — puis aux questions philosophiques du genre de celles qui sont traitées dans cet ouvrage. La métaphysique est donc l'étude des principes premiers de toutes choses, la *philosophie première* d'Aristote. Si par principes des choses on entend *l'être en soi* opposé au phénomène, la métaphysique est la même chose que l'*ontologie*.

Ordinairement, le mot métaphysique s'emploie en un sens assez vague : les plus hautes, les plus difficiles et les plus générales des questions philosophiques. Bacon lui donne un sens très spécial ; il la sépare de la théologie naturelle et de la philosophie première, avec lesquelles, dit-il, on a coutume de l'identifier, et en fait une partie de la science de la nature. Tandis que la physique est la connaissance des causes *matérielles* et *efficientes* (nous dirions causes concrètes), la métaphysique, tout aussi expérimentale, mais plus générale, est la connaissance des *formes* ou *causes formelles* (nous dirions causes abstraites, ou lois). Ainsi la physique nous apprend que le froid est produit par le mélange de neige et de sel (causes matérielles), en telle proportion. Bien que le froid se produise dans des cas très divers, il y a quelque chose de commun à tous ces cas, qui est la cause *formelle* du froid. La physique conduit à la mécanique, la métaphysique à la magie naturelle. La métaphysique a en outre pour objet la recherche des fins, qui doit être tout à fait séparée de la recherche des causes.

Aujourd'hui *métaphysique* s'oppose à *science positive*, ou simplement à *science*. Les problèmes métaphysiques sont ceux qui concernent l'*Absolu* (v. ce m.).

Métempirique.

Mot forgé, comme métagéométrique, par analogie avec métaphysique. Il signifie ce qui est au delà de toute expérience possible.

Métempsycose.

Doctrine pythagoricienne, dite aussi *transmigration des âmes*, d'après laquelle l'âme, après la mort, vient animer un corps nouveau.

Méthode.

Une méthode est une manière raisonnée de conduire sa pensée pour arriver à un résultat déterminé, et notamment pour découvrir la vérité. — Méthode *analytique*, méthode *synthétique* (v. *Analyse*). — Méthode *expérimentale* (v. *Expérimentation*). — Méthode de la *psychologie*. On admet ordinairement deux méthodes en psychologie : l'une, *intérieure, subjective, directe* ou *immédiate*, s'appelle *introspection* ; l'autre, *extérieure, objective, indirecte* ou *médiate*, consiste à observer en autrui et chez les animaux les manifestations extérieures de leurs phénomènes psychologiques. Ces deux méthodes, qui se complètent et sont inséparables, n'en font qu'une seule (v. *Introspection*).

Méthodologie.

Science des méthodes. On la confond souvent avec la logique. Elle n'en est qu'une partie. La logique étudie les conditions de validité du jugement et du raisonnement ; or une méthode n'est pas un seul raisonnement élémentaire, mais une série d'opérations, telle qu'une suite de raisonnements enchaînés. La *méthodologie* est donc la logique *spéciale*, l'étude des divers procédés raisonnés qui conviennent dans les divers ordres de recherches.

Microcosme.

Se dit d'un être individuel complexe qui, considéré isolément, est un tout systématique et comme un *petit univers* ; par exemple, un corps organisé vivant. Leibnitz dit que la *monade* est un microcosme ; en effet, elle se suffit à elle-même, n'exerçant au dehors ni ne recevant du dehors aucune action, et elle a dans son intérieur tout un monde de *perceptions*.

Milieu.

Ce qui est également éloigné de deux extrêmes. Aristote dit que la vertu est un milieu entre deux vices contraires.

Principe du *milieu exclu* (v. *Contradiction*).

On appelle aussi *milieu* l'ensemble de circonstances dans lesquels se trouve un objet : l'*influence du milieu* est l'influence sur un être de tout ce qui l'entoure. Ce sens est assez singulier, car c'est l'être qui est au milieu de ce qui l'entoure, et l'expression de *milieu extérieur* semblerait paradoxale si elle n'était habituelle. Cl. Bernard a dit que le sang est le *milieu intérieur* dans lequel les éléments anatomiques puisent ce qui est nécessaire à leur nutrition, et où ils déversent leurs produits de désassimilation.

Mineur.

On appelle quelquefois ainsi le *petit terme* d'un syllogisme.

Mineure.

Celle des prémisses qui contient le petit terme.

Mnémotechnie.

Procédés artificiels, fondés sur la connaissance des lois de l'association des idées, et destinés à faciliter la mémoire. Ainsi le mot NÉVA aide à se souvenir que, dans le creux poplité, on rencontre les organes dans l'ordre suivant : nerf, veine, artère.

Mobile.

1. Le sujet du mouvement, le corps dans lequel on ne considère que la propriété de se mouvoir.
2. Dans les antécédents de la volition, on distingue des *motifs*, qui sont des phénomènes intellectuels, et des *mobiles*, phénomènes affectifs, instincts et habitudes, qui tendent à déterminer la volonté (v. *Motifs*.)

Modales (Propositions).

Celles qui contiennent une addition qui ne concerne ni le sujet ni l'attribut, mais la forme même de l'affirmation ou de la négation. Les Scolastiques distinguent quatre sortes de propositions modales, répondant aux idées de *possible, contingent, impossible, nécessaire*. Chaque *mode* peut être affirmé ou nié :

Il est possible que...
Il n'est pas possible que...
Il est contingent que...
Il n'est pas contingent que..., etc.

Chaque proposition *modifiée* peut être elle-même affirmative ou négative. Il y a donc seize espèces de propositions modales, toutes contenues dans ces quatre mots : *purpurea, iliace, amabimus, edentuli*, où :

A désigne l'affirmation du mode et celle du *dictum*,
E l'affirm. du mode et la négation du dictum,
I la négation du mode et l'affirm. du dictum,
U la négation du mode et celle du dictum.

Toutes les quatre propositions d'un même mot sont équivalentes et ont la même signification.

Modalité.

La modalité des jugements est la propriété qu'ils ont d'être *assertoriques* (il est vrai que...), *problématiques* (il est possible que...), ou *apodictiques* (il est nécessaire que...). — Les *catégories* de Kant se tirant de la table des jugements, la *modalité* est aussi une catégorie; elle comprend trois notions ou formes a priori : *réalité, possibilité, nécessité*.

Mode.

Manière d'être. Les *qualités* sont des modes de l'*être* ou de la *substance*. Parmi les qualités, on en distingue d'*essentielles* et permanentes, sans lesquelles l'être ne peut se concevoir; on les appelle *attributs* : l'étendue est un attribut de la matière. D'autres sont *accidentelles*, variables et transitoires; on les appelle spécialement *modes* : les *figures* sont des modes de la matière. — Dans les propositions *modales* (v. ce m.) le *mode* est l'addition qui affecte l'affirmation ou la négation : il est possible que..., il est nécessaire que..., etc. — On appelle *mode* d'un syllogisme la forme qu'il présente eu égard à la qualité et à la quantité de ses propositions. En groupant trois à trois les quatre sortes de propositions A, E, I, O, on peut obtenir 64 combinaisons différentes; mais sur ces 64, il y en a 54 qui sont contraires aux règles. Il reste donc dix modes concluants; mais quelques-uns de ces modes peuvent se rencontrer dans des *figures* différentes. On désigne les modes par des mots conventionnels, tels que *Barbara, Baroco*, etc., dont les voyelles indiquent la quantité et la qualité de leurs trois propositions.

Modification.

Ne se prend pas dans le sens de *changement*, mais dans le sens étymologique de mode. Les faits psychologiques et en particulier les phénomènes affectifs sont les modifications du moi, c'est-à-dire ses manières d'être; toutefois une modification est sinon un changement, du moins une qualité variable d'un sujet identique. On dit les modifications de la substance; la substance est ce qui demeure le même, tandis que les modifications changent.

Moi.

L'être auquel nous rapportons tous les faits dont nous avons conscience, et que l'on désigne, dans le langage, par le pronom de la première personne. Le *moi* est donc, dans les faits affectifs, le sujet un et identique qui s'apparaît à lui-même sous des modes variables; dans les faits intellectuels, le sujet un et identique qui s'oppose à l'objet multiple et divers. Il faut prendre garde que le sujet ne peut être qu'abstraitement séparé de ses modes ou de ses objets, et ne pas *réaliser* cette abstraction, en faisant du moi une substance dont l'unité et l'identité seraient les attributs. D'abord l'unité et l'identité sont, par définition, les attributs de toute substance; ils ne peuvent donc être caractéristiques de la substance spirituelle; ensuite, elles n'ont de sens que relativement à la multiplicité et à la diversité des modes et des objets. Un sujet qui ne serait modifié d'aucune manière, un sujet pensant qui ne penserait aucun objet, sont tout à fait inconcevables. Il faut donc bien se garder de considérer le moi comme une entité, et de l'identifier avec l'âme.

Moi *pur*, moi *transcendantal*, moi *empirique* (v. ces m.).

Molécule.

L'atome est absolument simple, — du moins aucune force connue ne le décompose ; la molécule est un système d'atomes, le système élémentaire qui constitue une substance définie. Une quantité donnée d'une substance définie peut théoriquement se diviser en molécules similaires ; la molécule ne peut se diviser qu'en se décomposant, et ses éléments n'ont pas les mêmes propriétés.

Moment.

Le moment d'une force par rapport à un point est le produit de cette force par sa distance à ce point.

Monade (μονάς, άδος).

Ce mot veut dire *unité*. Puisqu'il y a des composés, dit Leibnitz, et que la divisibilité de l'être ne saurait être indéfinie, il y a des substances simples, indivisibles. Ce qui est indivisible ne peut être étendu. L'être simple n'est donc pas l'*atome* ; Leibnitz l'appelle *monade*. La monade étant inétendue ne peut avoir de propriétés mécaniques ; le mécanisme est une conséquence de l'atomisme (et réciproquement) ; le *dynamisme* est la conséquence du monadisme. La monade doit avoir des qualités multiples et variables en restant simple et identique ; or nous ne connaissons que la « perception », c'est-à-dire le fait psychologique, qui « enveloppe une multitude dans le simple » ; les qualités des monades sont donc des *perceptions*. La monade est l'être élémentaire universellement conçu à l'image du sujet, du moi, ou de l'âme; l'atome est l'être élémentaire conçu à l'image de l'objet, du non-moi, ou du corps.

Monadisme.

Voir *Monade*.

Monadologie.

Leibnitz a donné ce nom au traité dans lequel il expose la philosophie des monades.

Monisme (μονός, seul).

Mot inventé par Christian Wolff, qui désignait ainsi toute conception du monde admettant soit l'esprit pur, soit la pure nature comme substratum dernier des choses. — Dans la philosophie hégélienne, le mot prend un autre sens : système général de philosophie qui concilie les antithèses dans une synthèse supérieure. — En Amérique, l'école de Carus, de Chicago, directeur de la revue *The Monist*, appelle *Monisme*, l'unité de la vérité, que les hommes enveloppent de formes infiniment diverses, et qui au fond est toujours la même. — Hamilton appelle *Unitariens* ou *Monistes* ceux qui, n'admettant pas la perception immédiate d'un moi et d'un non-moi simultanément donnés dans la conscience, c'est-à-dire une dualité primitive, dont les deux termes sont connus au même titre, et réels au même titre, admettent une seule espèce de substances, soit le moi (idéalistes), soit le non-moi (matérialistes), soit l'identité de l'Esprit et de la Matière (Schelling, Hegel).

Au sens le plus usuel, monisme est synonyme de panthéisme, doctrine qui revient à dire que Tout est Un; il s'oppose aux différents dualismes.

Monographie.

L'objet d'une science est abstrait, celui d'une monographie est concret. On donne souvent le nom de science à des assemblages de connaissances qui sont en réalité des monographies. Ainsi l'anthropologie est la monographie de l'espèce humaine, et contient des connaissances empruntées aux sciences les plus diverses.

Monoïdéisme.

État de l'esprit où l'on ne peut avoir qu'une idée à la fois.

Monothéisme.

Croyance à un Dieu unique; s'oppose au dualisme oriental et au polythéisme.

Moral.

1. On oppose le *physique* et le *moral*. Le moral est l'ensemble des faits psychologiques, des facultés, des inclinations et des tendances; le physique est l'organisme avec ses fonctions. Les *sciences morales* sont celles où il faut tenir compte du *moral* de l'homme : la linguistique, l'histoire, la politique, l'économie politique, la jurisprudence, en un mot toute la sociologie, — puis la psychologie, la logique, la morale.
2. Qui concerne les *mœurs*.
3. Qui a le caractère de la *moralité* (v. ce m.).

Morale (ou *Éthique*).

Les divers systèmes de morale sont surtout différents par la manière dont ils posent le problème moral;

il est donc difficile de dire en une formule générale, et qui convienne à toutes les doctrines, quel est l'objet de la morale. Les diverses manières de poser le problème peuvent se ramener à deux : 1° *Morale du Devoir* (Kant). Les préceptes de la morale, ou plutôt le précepte fondamental, d'où on tire tous les autres, a une forme propre, qui n'est celle d'aucun autre précepte : c'est l'*impératif catégorique*, ou le *Devoir*. Le bien et le mal ne sont pas les notions fondamentales, on les détermine d'après le principe du Devoir. Est *mal* tout ce qui ne peut pas être l'objet d'un impératif catégorique; est *bien* tout ce qui est nécessairement commandé par un tel impératif. La *matière* de la loi morale se déduit de sa *forme*. — 2° *Morale du Bien*. Toutes les autres doctrines se proposent, au contraire, de déterminer quel est le Bien ou la Fin de l'homme, puis quels sont les moyens de la réaliser. La *conduite*, c'est-à-dire l'activité volontaire et réfléchie, tend naturellement au Bien, quand elle le connaît ainsi que les moyens. Le Bien peut être le *plaisir* (*Hédonisme*), l'*intérêt* (*Utilitarisme*), ou une fin autre que le plaisir, la science, la liberté, la perfection, l'*intégration*, etc., mais que le plaisir ou le bonheur accompagne (*Eudémonisme*). — 3° *Morale sociologique*. Le devoir est une contrainte exercée par le milieu social sur l'individu. Ainsi entendue, la morale n'est plus une science *normative*, dictant à l'homme ce qu'il doit faire ou ne pas faire; elle se borne à rechercher comment il se fait que certains actes, dans une société donnée, paraissent obligatoires, certains autres défendus, même en dehors de toute sanction légale; comment aussi certains actes, sans être obligatoires ni défendus, sont objet d'approbation ou de blâme.

On distingue souvent une morale *théorique* et une morale *pratique*, expressions impropres, car la morale, étant la théorie de l'action, est toujours théorique et pratique à la fois. On dit dans le même sens, et avec plus de justesse, morale *générale*, ou recherche des principes généraux, et morale *spéciale* (ne pas dire *particulière*), application de ces principes généraux à la solution de cas déterminés. La morale spéciale se divise souvent en morale *individuelle* (devoirs envers soi-même), morale *sociale* (devoirs envers autrui), morale *religieuse* (devoirs envers Dieu), division assez discutable d'ailleurs, car ces trois sortes de devoirs sont généralement considérés comme subordonnés les uns aux autres : la morale *théologique*, ou morale de *l'amour de Dieu*, fait rentrer tous les devoirs dans les devoirs envers Dieu. On donne le nom de *moralisme* (v. ce m.) à une morale qui les ramène tous au devoir envers soi-même; une morale rationnelle les déduit tous des devoirs envers autrui.

Moralisme.

Doctrine morale qui fait consister le Bien ou la Fin de l'homme en la perfection morale, en la dignité qu'il acquiert par l'effort moral, quels que soient d'ailleurs les effets extérieurs des actes moraux. C'est la moralité pour la moralité.

Moralité.

En général, caractère moral d'une action ou d'un agent. Spécialement, Kant oppose la *moralité*, qui est la conformité *subjective* avec la loi morale, c'est-à-dire la volonté de s'y conformer, à la *légalité*, qui est la conformité *objective* avec la loi, c'est-à-dire que l'acte accompli est précisément celui qu'on devait accomplir (v. *Légalité*). La moralité réside dans la seule *intention* (v. ce m.), pourvu que par intention on n'entende pas le simple *projet*, et encore moins le *prétexte*.

Moteur.

Sensations motrices, celles qui accompagnent les mouvements de notre corps, et par lesquelles nous les connaissons. Elles sont dues, soit à la contraction musculaire (sensations musculaires), soit aux tractions exercées sur les ligaments articulaires (sensations articulaires). Voir *Cinesthésique*.

Images motrices. — Ce sont ces mêmes sensations se reproduisant en l'absence d'un excitant périphérique.

On appelle *type moteur* une disposition prédominante à remarquer ses sensations motrices, à faire usage d'images motrices, à accompagner ses idées d'une mimique, dont les mouvements, à cause des sensations motrices qu'ils éveillent, facilitent le travail de la pensée. On oppose les *moteurs* aux *visuels* et aux *auditifs*; il y a, d'ailleurs, des intermédiaires, *visuo-moteurs*, *auditivo-moteurs*.

Plaques motrices. — Les nerfs centrifuges se terminent dans les muscles striés des mammifères, des poissons, des oiseaux et des reptiles, par des *plaques motrices*, corpuscules appliqués sur chaque faisceau primitif du muscle, et recouverts par le sarcolemme.

Preuve de l'existence de Dieu par le *premier moteur*, forme aristotélicienne de la preuve par la *contingence* (v. ce m.).

Motif.

Dans la délibération qui précède la volition, les phénomènes *intellectuels*, en tant qu'ils tendent à déterminer la volonté, s'appellent *motifs*, les mobiles sont des phénomènes *affectifs*. Les motifs étant des idées, des jugements, des raisonnements, ne sont pas par eux-mêmes des forces; la volonté se détermine *d'après* eux plutôt qu'ils ne la déterminent. Mais nous ne sommes jamais indifférents à nos idées; elles nous plaisent ou nous déplaisent, éveillent en nous, ou rencontrent des tendances et des répugnances; en un mot tout motif est doublé de mobiles. De plus, il y a peut-être quelque chose d'artificiel à isoler ainsi, par abstraction, le caractère intellectuel du caractère affectif des faits psychiques, à considérer les idées ou motifs comme des *représentations* pures, tandis que ce sont des actes, des moments de l'activité interne. C'est contre cette dissociation de l'intellectuel et de l'affectif que M. Fouillée s'est élevé dans sa théorie des *Idées-forces*.

C'est par ces « motifs » que la logique, la raison passe dans l'ordre de l'action. Les mobiles sont des *causes*, les motifs sont des *raisons*. Les mobiles sont des forces, et, se composant entre eux et avec d'autres forces, ils déterminent des résultantes. Les motifs introduisent des faits d'un autre ordre, relations de ressemblance et de différence, de conséquence, de finalité. C'est à cause du rôle des motifs que le déterminisme psychologique reste irréductible au mécanisme.

Motilité.

Faculté de mouvoir volontairement son corps (Destutt de Tracy). Quelques-uns ont dit, dans le même sens, *motricité*.

Motion.

Action de mouvoir. Maine de Biran parle du « sentiment de la motion ».

Mouvement.

Changement dans l'espace. Tout mouvement s'accomplit en un temps, en vertu de ce principe qu'un même corps ne peut occuper dans le même temps deux espaces différents. Le mouvement a donc toujours une *trajectoire* et une *vitesse*. Considéré indépendamment de sa vitesse, ce n'est pas à la mécanique, mais à la simple géométrie qu'il appartient; dans ce cas, Ampère a proposé de se servir du mot *déplacement*. — On appelle *quantité de mouvement* le produit mv de la masse par la vitesse. Le *principe de la conservation du mouvement*, qui est une erreur des Cartésiens, corrigée plus tard par Leibnitz, consiste à dire que le produit mv est constant, c'est-à-dire que si on ajoute ou si on retranche à la masse d'un mobile, sa vitesse diminue ou augmente de telle façon que le produit mv reste constant, et que si, la masse restant invariable, on augmente ou diminue la vitesse, la quantité de vitesse gagnée ou perdue par cette masse est perdue ou gagnée par quelque autre masse. Leibnitz a fait voir que ce qui est constant, c'est le produit mv^2 de la masse par le carré de la vitesse, et à condition qu'on considère toujours la somme de l'énergie actuelle et de l'énergie potentielle (v. *Énergie*). Il est plus commode d'introduire dans les calculs le demi-produit de la masse par le carré de la vitesse : l'expression $\frac{1}{2} mv^2$ s'appelle *force vive* (v. ce m.).

On dit quelquefois, métaphoriquement, que les passions sont des *mouvements de l'âme*.

Moyen.

En logique formelle, le *moyen terme* ou simplement *moyen*, est le terme commun aux deux prémisses. Voir *Terme*.

Moyen opposé à *fin*, v. *Finalité*.

Musculaires (Sensations).

Sensations qui accompagnent les contractions volontaires des muscles, et nous permettent de coordonner nos mouvements. Le *sens musculaire* est la faculté d'éprouver ces sensations. — Comme les sensations de mouvement sont peut-être articulaires, ou à la fois articulaires et musculaires, il vaut mieux dire sensations cinesthésiques et sens cinesthésique (v. ce m.).

Mutualisme.

En biologie, s'oppose à *parasitisme*. Le parasite emprunte quelque fonction à un autre vivant, et lui est nuisible. Il y a mutualisme quand chacun des deux vivants emprunte quelque fonction à l'autre. Si les deux vivants sont si bien adaptés à ce mode d'existence qu'ils ne puissent plus se passer l'un de l'autre, il y a *symbiose*. Ainsi les lichens sont des algues et des champignons vivant à l'état de symbiose.

Myopie.

Amétropie, consistant en ce que le foyer des rayons parallèles, ou, ce qui revient pratiquement au même, le foyer des rayons venant d'au delà de 15 mètres, se fait en avant de la rétine. L'œil myope est un œil trop convergent ou un œil trop long.

Mystère.

Dogme proposé par une autorité à la foi des fidèles, bien qu'il soit non seulement indémontrable, mais inintelligible et même inconcevable.

Mysticisme.

Le mysticisme consiste à prétendre connaître autrement que par l'intelligence. Il est possible d'affirmer sans raisons valables, parce que l'affirmation est un acte, et relève, par conséquent, du sentiment et de la volonté : aussi y a-t-il deux sortes de mystiques, ceux qui *aiment* et ceux qui *veulent* leur croyance; et l'on peut dire que le mysticisme consiste à franchir, soit par un élan d'amour, soit par un effort de volonté, les bornes où la raison spéculative est contrainte de s'enfermer. Le mysticisme consiste à introduire le mystère dans la science.

N

Nativisme.

Doctrine où l'on admet l'*innéité*, par exemple, des idées d'espace et de temps, des notions et principes fondamentaux de la pensée, de certaines inclinations, etc. On dit aussi *Innéisme*. Nativisme s'oppose à *empirisme*.

Naturalisme.

Toute doctrine qui n'admet rien en dehors de la *nature*, et notamment qui ne fait pas usage, pour expliquer les choses, d'un principe *transcendant*. Le *panthéisme*, qui se résume en cette proposition, que la nature a sa raison d'être et son principe d'unité en elle-même, est un *naturalisme*. Cependant on appelle plus spécialement *panthéisme naturaliste* celui qui se fonde sur des considérations tirées de l'étude de la nature (Stoïciens), par opposition à celui qui s'établit par des raisonnements abstraits, en partant de principes *a priori* (Spinoza).

Nature.

La *nature* d'un être est tout ce qu'il est par lui-même, et s'oppose à ce qu'il devient par l'action de causes extérieures. Le *naturel* s'oppose à l'*artificiel*; l'*état de nature* a été opposé par J.-J. Rousseau à la civilisation ; les théologiens ont opposé la *nature* à la *grâce*, à *Dieu*, à la *Providence*.

La *Nature*, en général, est l'ensemble de tout ce qui est, l'Univers. C'est, plus spécialement, l'Univers considéré comme un tout, et ce qui fait qu'il est un tout, à condition toutefois que ce principe d'unité soit en lui-même. Pour les Panthéistes, c'est la force unique qui anime et pénètre tout (Stoïciens), ou l'Être unique et permanent dont tous les Êtres sont des manifestations partielles et transitoires. En dehors de tout système métaphysique, la Nature est le *système des lois*, l'ordre nécessaire des faits. *Nature* devient ainsi synonyme de *déterminisme*; c'est ainsi que Kant oppose la *liberté* à la *nature*.

Descartes donne à la Physique pour objet la recherche des *natures simples*; Bacon, à peu près dans le même sens, assigne à la *métaphysique* (v. ce m.) la recherche des *formes* ou *natures*, c'est-à-dire de propriétés abstraites, qui, étant simples, sont immédiatement intelligibles, et dont toutes les autres peuvent se déduire.

Nature naturante. — Cette expression désignait, chez les Scolastiques, la nature qui a créé toutes les autres, Dieu : *Ea Natura quæ creavit omnes cæteras instituitque naturas* (Saint Aug., *de Trin.*, 14, 9). Bacon l'emploie une fois : *Datæ naturæ Formam, sive differentiam veram, sive naturam naturantem, sive fontem emanationis* (*Nov. Org.*, Aph. II, 1). Spinoza distingue la *nature naturante*, le monde ou Dieu, en tant qu'il est substance et principe, de la *nature naturée*, c'est-à-dire encore le monde ou Dieu, mais en tant qu'il est manifestation, phénomène; la nature naturante est la substance avec ses attributs; la nature naturée est l'ensemble des modes de la substance.

Naturel

Perceptions naturelles, etc., v. *Acquis*.

Sciences naturelles, expression au sens mal défini, qui désigne tantôt toutes les sciences d'observation, tantôt les sciences d'observation, moins les sciences *morales* (v. ce m.), tantôt les sciences biologiques seulement. Ce dernier sens est le plus fréquent.

Histoire naturelle. — C'est la cosmologie et la biologie « appliquées », c'est-à-dire celles des sciences cosmologiques et biologiques qui ont pour objet, non les lois générales abstraites des phénomènes, mais la répartition des êtres en espèces (cosmologie et biologie *systématiques*, c'est-à-dire minéralogie, botanique, zoologie), leur distribution dans l'espace (géographie) et leur évolution dans le temps (géologie, paléontologie).

Histoire naturelle de l'âme. — On a parfois donné ce nom à la psychologie considérée comme une science de faits et de lois dégagée de toute préoccupation ontologique.

Naturisme.

Doctrine mythologique d'après laquelle la forme primitive des religions consisterait en la divinisation des êtres et des forces de la nature.

Néant (ou *Non-Être*).

Le néant absolu ne peut pas plus être pensé que l'être absolu, et le principe de la relativité de la connaissance est aussi bien applicable à la notion de *rien* qu'à toutes les autres. La notion du néant est une négation ; il faut donc que ce soit la négation de quelque chose, et le sens du mot néant change suivant qu'il est la négation de ceci ou de cela. Kant a classé les *riens* d'après les quatre catégories : *Quantité, Qualité, Relation, Modalité.*

1° Quantité : le contraire de *tous, plusieurs, un,* c'est *aucun.* « Un concept vide et sans objet », un « concept auquel ne peut jamais correspondre aucune intuition », un genre dont jamais aucun individu ne saurait être donné, est à cet égard un *néant* (tel le *Noumène*); c'est ce qu'on nomme *être de raison, ens rationis.*

2° Qualité : le néant, dans l'ordre de la qualité, c'est la *privation,* le *nihil privativum.*

3° Relation : la négation de la substance, l'*intuition pure* sans objet, c'est le *vide* (espace vide ou temps vide), *ens imaginarium.*

4° Modalité : un objet dont le concept est impossible, parce qu'il est contradictoire, par exemple un carré rond, *nihil negativum.*

Ainsi, l'être de raison, la privation, le vide et l'inconcevable sont les quatre espèces du néant.

Nécessaire.

Qui ne peut pas ne pas être.

Vérité nécessaire, proposition dont la contradictoire est non seulement fausse, mais absurde. Les vérités nécessaires sont ou des conséquences, ou des principes premiers. La contradictoire d'une conséquence nécessaire n'est pas absurde en elle-même, mais elle contredirait les principes par lesquels on la démontre. La contradictoire d'un principe est contradictoire en elle-même, c'est-à-dire inconcevable (les *axiomes* et le *principe de contradiction* lui-même). Une proposition qu'il est raisonnable de prendre pour principe, bien qu'on puisse la nier sans contradiction intrinsèque, est un *postulat* (v. ce m.).

La nécessité qui ne relève que du principe de contradiction est dite nécessité *logique,* ou nécessité de *droit;* on appelle nécessité *empirique,* ou nécessité de *fait*, l'impossibilité qu'un fait ne soit pas, une fois données les circonstances dans lesquelles il se produit. Cette nécessité relève du *principe de causalité*, et se confond avec le *déterminisme* (v. ce m.)

Les jugements exprimant qu'une proposition est nécessaire sont dits *apodictiques*. Ce mot s'emploie surtout quand il s'agit de nécessité logique.

On distingue la nécessité *immanente*, résidant dans la nature des choses, et se confondant avec la nature : c'est le déterminisme ; — et la nécessité *transcendante*, celle d'un ordre idéal, qui *doit* être, mais peut ne pas être ; elle s'exprime par un *impératif* (v. ce m.) hypothétique ou catégorique.

Nécessité immanente
- nécessité de droit
  - Principe nécessaire : Le tout est plus grand que la partie.
  - Conséquence nécessaire : La somme des angles d'un triangle est égale à deux angles droits.
- Nécessité de fait : Deux corps s'attirent en raison directe de leurs masses, en raison inverse du carré de leur distance.

Nécessité transcendante
- Impératif hypothétique : *pour* guérir l'impaludisme, *il faut* absorber du sulfate de quinine.
- Impératif catégorique : *il faut* être juste.

L'*Être nécessaire* (Dieu) est l'être qui est par soi, qui a en lui-même sa raison d'être (v. *Perfection*).

Nécessité.

Qualité de ce qui est nécessaire (v. ce m.).

La *nécessité* est une des *catégories* de Kant. Des jugements qui expriment la nécessité sont dits *apodictiques*.

Négatif.

Voir *Affirmatif* et *Positif*.

Négation.

Voir *Affirmation* et *Privation*.

Neurologie ou névrologie.

Étude des organes nerveux et de leurs fonctions.

Neurone.

On croyait autrefois que le système nerveux se composait de deux sortes d'éléments distincts : des cellules dont la réunion en masses constituait la substance grise, et des fibres, jouant le rôle de conducteurs centrifuges ou centripètes, dont la réunion en faisceaux constituait la substance blanche et les nerfs. Les travaux de ces dix dernières années, surtout ceux de Ramon y Cajal, ont établi que le système nerveux tout entier est uniformément constitué d'une seule sorte d'éléments anatomiques, autrement dit, que la cellule et la fibre conductrice sont un seul élément anatomique, auquel on a donné le nom de *neurone*. Un neurone se compose d'un corps cellulaire nucléé, pourvu de deux sortes de *prolongements* : 1° des prolongements *protoplasmiques*, nombreux, courts et très ramifiés; 2° un prolongement *cylindre-axile*, unique, simple et très long. Le cylindre-axe, qui est continu dans toute la longueur d'un filet nerveux, se termine par une arborisation dont les derniers ramuscules sont, non pas en *continuité*, mais en *contiguïté* avec les derniers ramuscules des prolongements protoplasmiques d'un autre neurone. L'arc réflexe le plus simple se compose d'un neurone afférent, qui a son corps cellulaire à la périphérie, et les arborisations terminales de son cylindre-axe dans un ganglion ou noyau gris, et d'un neurone efférent, qui a son corps cellulaire et ses prolongements protoplasmiques dans ce même ganglion, et la terminaison de son cylindre-axe dans un muscle, une glande, ou quelque autre organe périphérique.

Nihilisme.

Doctrine qui refuse d'admettre une réalité substantielle correspondant aux intuitions sensibles. D'après Hamilton, toutes les doctrines sur la perception extérieure peuvent être rangées en deux classes : 1° réalistes ou substantialistes ; — 2° nihilistes ou non-substantialistes (v. *Idéalisme*.)

Nirvana.

Pour les Bouddhistes, le *nirvana*, l'anéantissement de l'existence personnelle, c'est-à-dire non la destruction de l'être, mais la destruction du *moi*, est le souverain bien et la suprême récompense de la vertu. La mort ne détruit pas le moi, elle n'est que le passage à une autre existence personnelle ; le moi ne peut être détruit que par lui-même. C'est par un acte de renoncement, de sacrifice absolu que la personnalité s'abîme et se fond dans l'existence universelle.

Nombre.

Quantité *discrète*, c'est-à-dire composée d'unités telles qu'on passe nécessairement sans transition de l'une à l'autre. Au moyen des fractions, on peut passer d'une unité à la suivante par des intermédiaires aussi nombreux qu'on veut, mais les fractions consistent à prendre pour unités de mesure des grandeurs plus petites (dénominateur), et à les compter (numérateur), et c'est encore sans transition que l'on passe de l'une à l'autre. Pour arriver à la continuité, il faudrait supposer ces unités infiniment petites; c'est l'idée du calcul infinitésimal.

Nominalisme.

Doctrine d'après laquelle les genres n'ont aucune existence, ni en soi (Réalisme), ni dans l'esprit (Conceptualisme), et ne sont que des *noms*, applicables à un nombre indéfini d'objets différents. — Les nominalistes modernes soutiennent, contre les conceptualistes, que la signification du nom général n'est pas un concept actuel, mais un *savoir virtuel*. Parmi les sujets, en nombre indéfini, dont le nom évoque ou peut évoquer l'image, il doit être affirmé des uns, nié des autres; la signification du nom consiste donc en des tendances et des répugnances résultant d'une multitude d'associations antérieures.

Non-être.

Voir *Néant*.

Non-euclidien.

La géométrie *euclidienne* repose sur le postulat des parallèles. Puisqu'il est impossible de démontrer ce postulat, on a eu la pensée de le supposer faux; on est conduit ainsi à concevoir divers espaces possibles qui n'auraient pas les propriétés de l'espace euclidien. Dans l'espace *Riemann*, la somme des angles d'un triangle est plus grande que deux droits; dans l'espace *Lobatchevski*, elle est plus petite. On s'est ainsi aperçu que la géométrie euclidienne contenait d'autres postulats, celui-ci, par exemple, qu'une figure peut être déplacée de n'importe quelle manière sans subir en elle-même aucun changement. Le postulat de l'identité de toutes les parties et de toutes les dimensions de l'espace et le postulat des parallèles définissent l'espace euclidien. On peut concevoir une infinité d'espaces non-euclidiens et de géométries correspondantes. La géométrie euclidienne n'est pas, dit H. Poincaré, plus *vraie*, mais plus *commode* que les autres.

Non-moi.

Le non-moi peut être entendu de deux manières : 1° l'ensemble des êtres qui ne sont pas moi, c'est-à-dire des êtres que je connais par le moyen des sens ; 2° l'ensemble de mes représentations sensibles, extériorisées par moi. La première signification est ontologique, la seconde phénoméniste (v. *Extérieur*).

Noologiques (Sciences).

Ampère appelle sciences noologiques les sciences de l'esprit, et de tout ce qui se rapporte à l'esprit ; il les oppose aux sciences de la matière, dites sciences *cosmologiques*, et il retrouve dans les premières des divisions et subdivisions correspondant exactement aux divisions et subdivisions des secondes.

Normal, anormal, anomalie.

En biologie, on considère certaines structures et certaines fonctions comme normales pour chaque espèce, et tout ce qui s'écarte du type normal est dit *anomalie*. La définition du type normal est assez difficile. Bien que les anomalies soient quelquefois nommées des phénomènes *contre nature*, ce sont pourtant des phénomènes de la nature, produits par des causes naturelles, obéissant à des lois naturelles. On a donc proposé de convenir d'appeler normal ce qui est *le plus fréquent*, et anormal ce qui est *exceptionnel*. Mais un fait anormal, et reconnu tel par tous les savants, peut n'être pas exceptionnel. L'intoxication alcoolique, par suite d'habitudes très générales, puis de transmission héréditaire, peut devenir le cas le plus fréquent dans une population, sans être pour cela un phénomène normal. Les raisons qui font dire à un savant qu'un phénomène est normal ou pathologique sont tout autres. L'*inflammation* a été considérée longtemps comme une maladie; même elle était, pour Broussais, la maladie unique; aujourd'hui on la considère comme un phénomène « physiologique », c'est-à-dire *normal*, parce qu'on a reconnu qu'elle est un *moyen de défense* de l'organisme.

On appelle *normales* la structure, la fonction qui résultent d'une adaptation du vivant à ses conditions d'existence, et sont les plus favorables à la conservation et à l'activité de l'individu et de l'espèce. Au contraire, l'anomalie est une *imperfection*; c'est un caractère que la sélection tend à éliminer, et c'est pourquoi il est rare. Le caractère exceptionnel n'est pas anormal, s'il est un perfectionnement, si la sélection tend à le fixer. Dans ce cas, il n'est pas une altération du type spécifique ou normal, il en est un complément.

On dit souvent *physiologique*, dans le sens de normal, par opposition à *pathologique* ou *anormal*. Ce langage est vicieux, l'anormal est tout aussi physiologique que le normal. La pathologie n'est pas l'opposé de la physiologie; elle en est une subdivision; on devrait dire *physiologie normale* et *physiologie pathologique*.

Normatives.

Nom donné par Wundt aux sciences qui, comme la Logique et la Morale, ont pour but de formuler des règles, par opposition aux sciences *explicatives*.

Notion.

Les éléments qui constituent la matière des jugements sont des *notions*, et s'expriment dans le langage par des *termes*, comme les jugements par des *propositions*. On emploie de préférence le mot *notion* pour les idées abstraites, comme synonyme de *concept*, et surtout pour les idées fondamentales : les *notions premières*.

Noumène (τὸ νούμενον).

L'intelligible, opposé au phénomène ; mot introduit par Kant. C'est ce qui ne peut pas être l'objet d'une connaissance empirique, la réalité, la *chose en soi*, dont le phénomène est la manifestation. Malgré son nom, le noumène ne peut être l'objet d'aucune connaissance, car il est en dehors de la pensée, et s'il se révèle à la pensée, il devient phénomène. Il n'y a ni intuition sensible, ni intuition intellectuelle du noumène. Le moi n'est connu que comme *sujet*, non comme noumène ; le non-moi n'est connu que comme *objet*, non comme noumène.

O

En logique formelle, O désigne la proposition particulière négative. Dans la logique de Hamilton (v. *Quantification*), O désigne la proposition *parti-totale* négative, et la lettre grecque ω, la *parti-partielle* négative.

Objectif.

Qui concerne l'*objet*, qui existe à titre d'objet. Le

sens de ce mot a varié (v. *Objet*) ; le plus souvent on entend par là ce qui est en dehors de la pensée, et indépendant de la pensée : la réalité objective, c'est la réalité telle qu'elle est, et non la connaissance qu'on en peut avoir. La méthode objective, en psychologie, est celle qui consiste en l'observation d'autrui. Objectif signifie aussi ce qui ne dépend d'aucune circonstance propre à un sujet ; ainsi la certitude objective est celle qui a la même valeur pour tout être pensant. *Objectif* s'oppose à *subjectif*, comme *extérieur* à *intérieur*.

Objectivité.

Caractère de ce qui est objectif. L'objectivité de la perception consiste en ce qu'elle paraît saisir des objets en dehors de l'esprit.

Objectiver, Objectivation.

Voir *Extérioriser*. Objectiver la perception, c'est faire le jugement d'extériorité (v. ce m.).

Objection.

Argument destiné à montrer l'impossibilité d'une doctrine.

Objet.

L'usage d'opposer *sujet* à *objet* semble s'être établi en raison de l'analogie de forme de ces deux mots ; primitivement, objet signifie ce qui est représenté *dans l'esprit*. On distingue, dans la pensée, l'acte de celui qui pense, et ce qui est pensé ; c'est ce second terme qu'on a appelé *objet*, et ce sens a été conservé dans le mot allemand *Vorstellung*, qui paraît en être la transcription littérale. Puis, la représentation mentale étant considérée comme l'image, la copie de la chose extérieure, il s'est fait une confusion entre l'objet, phénomène mental, pour qui être, c'est être pensé, et la chose extérieure, qui est en dehors de la pensée et subsiste sans elle. Ainsi, dans la langue de Descartes, *exister objectivement*, c'est exister à titre de représentation mentale, tandis qu'*exister formellement*, c'est exister à titre de réalité indépendante. Il dit dans le même sens *réalité objective, réalité formelle*. Plus tard, et surtout depuis Kant, *existence* ou *réalité objective* a signifié, au contraire, existence ou réalité en dehors de la pensée.

Le mot « sujet », traduction du grec d'Aristote τὸ ὑποκείμενον, est d'abord synonyme de *substance, chose en soi*, l'être un qui se manifeste par des phénomènes multiples, l'être identique qui supporte le changement. La cire est le sujet un, qui a telle couleur, telle forme, telle odeur, le sujet identique, qui peut prendre toutes les formes, passer de l'état solide à l'état liquide, et réciproquement, en restant toujours la même cire. — Puis, entre tous les sujets, on a désigné par ce mot, plus spécialement, et enfin exclusivement, le *moi* un et identique qui se manifeste par des phénomènes multiples et changeants, et on a opposé le *sujet* qui pense, à l'*objet* qui est pensé. Enfin, par suite de la confusion entre la représentation et la chose représentée, on a appelé *subjectif*, tout ce qui, se rapporte au moi, tout ce qui est phénomène psychologique, y compris cette représentation mentale qu'on appelait d'abord objet, — et on a appelé *objectif*, tout ce qui est extérieur à la conscience, tout ce qui, pour être, n'a pas besoin d'être représenté dans une conscience.

Malgré tant de confusion, on se comprenait encore, lorsque M. Renouvier imagina de revenir au sens primitif des mots, qui était oublié. Il appelle *objet* la représentation mentale, et *objectif*, ce qui appartient à cette représentation ; — *sujet*, ce que l'on considère comme existant en dehors de l'esprit qui le pense, et *subjectif*, ce qu'on suppose exister dans un sujet donné. Ainsi la lumière, qui est dans la flamme de la lampe, la lumière qu'étudie le physicien, est, pour M. Renouvier, un phénomène subjectif, mais la perception de lumière, perception qui est en moi quand je regarde la lampe, perception qu'étudie le psychologue, est un phénomène objectif. On le voit, M. Renouvier appelle *subjectif* ce que les autres appellent *objectif* et réciproquement; et, en revenant au sens original des mots, il n'y revient pas très exactement, puisqu'il continue à les opposer l'un à l'autre. Ajoutez que la réforme verbale proposée par lui n'a été acceptée ni en dehors de son école, ni universellement dans son école. La confusion ne saurait être plus grande, et il semble désormais que le seul parti raisonnable soit de renoncer tout à fait à des mots dont on a si étrangement abusé.

Obligation (v. *Devoir*).

L'obligation est la *forme de nécessité* qui caractérise les préceptes moraux. La nécessité des lois naturelles est immanente : c'est un ordre qu'on ne peut pas ne pas rencontrer dans les faits, et qui s'identifie avec leur nature. La nécessité des lois morales est transcendante : c'est un ordre supérieur aux faits, qui n'est pas réel, mais qu'il s'agit de réaliser.

Si l'obligation est considérée comme un absolu (v. *Impératif catégorique*), elle présente une relation étroite avec le libre arbitre. Un impératif catégorique n'aurait pas de sens pour un être dont la conduite serait déterminée par sa nature; — d'autre part, la liberté n'est ni la contrainte, ni l'indifférence (v. ce m.), mais bien l'*autonomie* (v. ce m.); l'obligation est donc la loi de la liberté. — Mais si l'on voit dans l'obligation une forme spéciale de la contrainte exercée par la société sur l'individu, elle est conciliable avec le déterminisme psychologique, et même elle le postule; car elle consiste en l'influence d'une certaine espèce de motifs et de mobiles, qui contribuent, concurremment à d'autres, à déterminer la volonté.

Obscur.

Voir *Clair*.

Obscurum per obscurius, prouver ce qui est incertain, définir ce qui est inconnu, par ce qui est encore moins certain ou moins connu. C'est une forme de la *pétition de principe* (v. ces m.).

Observation.

L'*observation* consiste à faire attention à des phénomènes, à les noter ou à les décrire; l'*expérience* (v. ce m.) consiste à produire des phénomènes pour les observer. L'usage d'instruments tels que le microscope, le télescope, destinés à augmenter la puissance de nos sens, l'emploi de la photographie, des appareils enregistreurs, ne constituent pas une expérience, bien qu'en réalité on observe, au lieu du phénomène spontané qu'on veut connaître, un phénomène provoqué qui le représente. Il y a, dans ce cas, *observation indirecte*, et non *expérience*.

Occasion.

Voir *Cause*. Sens vulgaire : concours accidentel de circonstances favorable pour agir. Malebranche a employé ce mot dans un sens qui lui est propre (v. *Occasionnelle*).

Occasionnalisme.

Doctrine des *causes occasionnelles*.

Occasionnelle (Cause).

Malebranche appelle *occasion* ou *cause occasionnelle* d'un fait, le concours de circonstances qui est l'antécédent constant de ce fait : c'est ce que les savants appellent *cause*. Malebranche n'admet pas d'autre cause que Dieu, ne reconnaît qu'à Dieu seul l'*efficace*, le pouvoir de produire des effets. L'antécédent ne produit pas le conséquent; mais Dieu produit le conséquent quand l'antécédent est présent. C'est ce que Malebranche exprime en disant que l'antécédent est l'occasion, non la cause du conséquent.

Occulte.

Causes occultes, forces ou puissances surnaturelles, ou naturelles, mais *inobservables*, auxquelles Bacon oppose les *veræ causæ* (v. *Cause*). — *Puissances occultes*, êtres inobservables par lesquels on a souvent voulu expliquer des phénomènes naturels; ce sont des hypothèses dont on ne peut démontrer la fausseté, mais qui ont l'inconvénient de rendre la science impossible, ce qui est précisément le contraire de la fonction d'une hypothèse. — *Sciences occultes*, prétendues sciences qui ont pour objet les puissances occultes. C'est une contradiction dans les termes, comme si l'on disait : sciences de ce qui ne peut pas être objet de science.

Omniprésence.

Attribut de Dieu, qui est présent partout à la fois.

Omniscience.

Attribut de Dieu, qui connaît tout.

Ontogénie.

Évolution de l'individu vivant, par opposition à la

phylogénie, qui est l'évolution de l'espèce. Hæckel a montré que le développement *ontogénique* reproduit en abrégé les phases de l'évolution *phylogénique*.

Ontologie.

Science de l'être considéré en lui-même, indépendamment de ses modes ou phénomènes. Voir *Métaphysique*.

Ontologique (Argument).

Preuve de l'existence de Dieu formulée par saint Anselme, puis par Descartes. Saint Anselme dit que l'athée lui-même a l'idée de l'être le plus grand possible (quo nihil majus concipi potest); si cet être n'existait pas, on pourrait en concevoir un qui le surpasserait, à savoir un être tout pareil, qui existerait; il est donc contradictoire que l'être le plus grand possible n'existe pas. — Descartes remarque que l'on tire les propriétés du triangle de l'idée du triangle, mais qu'on ne saurait passer de l'idée du triangle à l'existence d'aucun triangle; il n'en est pas de même de l'idée de perfection : il est contradictoire de concevoir une perfection qui n'existe pas : « l'existence est contenue dans l'idée de la perfection en même façon qu'il est contenu dans l'idée du triangle que la somme de ses angles est égale à deux angles droits. »

Opinion.

L'opinion est un doute avec un penchant plutôt d'un côté que de l'autre; c'est une croyance incomplète, fondée sur des raisons qu'on sait insuffisantes. — On traduit généralement par *opinion* le mot δόξα qui, dans Platon, signifie la connaissance des choses sensibles, laquelle est souvent fausse, et n'est jamais *exacte*.

Opposition (des propositions).

Pour que deux propositions catégoriques soient opposées, il faut qu'elles aient même sujet et même attribut; autrement elles seraient différentes, mais non opposées. Des propositions ne peuvent donc être opposées que dans leur forme. Les propositions catégoriques peuvent être opposées soit à la fois en qualité et en quantité (*contradictoires*), soit en qualité seulement (*contraires, subcontraires*), soit en quantité seulement (*subalternes*). — Les propositions *réciproques* et les propositions *inverses* peuvent être considérées comme des oppositions de propositions hypothétiques. Il ne semble pas qu'on ait étudié l'opposition des propositions disjonctives : A est B ou C; A n'est ni B ni C.

Optimisme.

Cette doctrine ne consiste pas, comme on le croit quelquefois, à nier l'existence du mal, mais à soutenir que le monde, tel qu'il est, est le meilleur des mondes possibles (Leibnitz).

Optogramme.

Nom donné quelquefois à l'image rétinienne.

Organe.

Un ensemble de tissus vivants, de nature différente, mais concourant tous à une même fonction, est un organe. Un système d'organes concourant tous à une fonction très générale est un *appareil* : l'appareil de la digestion.

Organicisme.

Sans aller jusqu'au mécanisme biologique, les organicistes n'admettent ni *principe vital*, ni intervention de l'*âme* dans les fonctions de la vie animale.

Organum.

On a réuni sous le nom d'Ὄργανον (instrument) les livres d'Aristote qui traitent de logique : *Organum* signifie donc *traité de logique*. Kant distingue les *canons* de la pensée en général, et l'*organum* de chaque science en particulier.

Origine.

Origine des idées. — Le problème de l'origine des idées consiste à se demander si les éléments dont la pensée est faite sont tous *acquis*, et proviennent tous de l'expérience, ou si, au contraire, il y a quelque chose dont l'expérience ne peut rendre compte : *idées innées, notions* et *vérités premières, formes* et *lois à priori* de la connaissance.

Origine des espèces. — Le problème de l'origine des espèces consiste à se demander si l'espèce biologique est absolument invariable, et telle aujourd'hui qu'elle a été créée, ou si la diversité des espèces n'est pas le résultat d'une lente évolution (v. *Transformisme*).

Où (*ubi*, τό ποῦ).

Le *lieu*, catégorie d'Aristote.

P

Paléthnologie ou paléoethnologie (παλαί, autrefois; ἔθνος, peuple).

Science des civilisations préhistoriques (v. *Préhistoire*).

Paléontologie (παλαὶ, autrefois; ὄντα, êtres).

Science des espèces biologiques qui n'ont plus de représentants vivants, et qu'on étudie d'après les fossiles.

Panenthéisme.

Nom donné quelquefois à la doctrine de Malebranche, la « vision en Dieu », et aussi à certain panthéisme, d'après lequel le monde est contenu dans la substance divine qui l'enveloppe et le dépasse.

Panthéisme (Πᾶν, l'univers; Θεός, Dieu).

Doctrine métaphysique affirmant l'identité substantielle de Dieu et du monde. On l'oppose à la doctrine du Dieu *créateur*, ou à celle du Dieu *démiurge*, dans lesquelles le monde est une substance distincte de la substance divine. On ne doit opposer à la doctrine du *Dieu personnel* que certaines formes du panthéisme, dans lesquelles la personnalité, étant une limitation, n'existe pas en Dieu; mais certains panthéismes ne repoussent pas la personnalité divine, et font de Dieu l'*âme* ou le *moi* du monde. Selon le panthéisme alexandrin, le monde *procède* ou *émane* de Dieu (v. *Procession*, *Émanation*), qui compte parmi ses attributs essentiels la puissance, la fécondité, mais sans être jamais substantiellement distinct. Selon le panthéisme spinoziste, le monde n'est que l'ensemble des modes multiples et divers dont Dieu est la substance une et identique. De là deux types de panthéisme qu'on désigne quelquefois sous les noms de panthéisme *dynamique* et panthéisme *mathématique*.

Panthélisme.

Doctrine qui identifie l'être avec la force, et conçoit la force à l'image de la volonté humaine (Schopenhauer), si bien que l'être est essentiellement un *vouloir* être.

Papille.

Œil. — La *papille*, ou *punctum cæcum*, ou *tache aveugle*, est la partie de la rétine où aboutit le nerf optique; elle n'est pas excitable par la lumière, comme le prouve l'*expérience de Mariotte*.

Goût et toucher. — On nomme papilles des saillies qui se remarquent à la surface de certains téguments. Les terminaisons périphériques des nerfs du goût et du toucher sont logées dans des replis saillants de la muqueuse de la langue et de la peau qu'on nomme *papilles gustatives*, *papilles tactiles*.

Paracentral.

Le lobule paracentral est la partie postérieure de la circonvolution frontale interne. C'est là que se termine la scissure de Rolando, et que se fusionnent les deux circonvolutions pariétale ascendante et frontale ascendante.

Paradigme (παραδεῖγμα, exemple, modèle).

On appelle souvent ainsi les types immuables et parfaits dont les choses sensibles sont, dans le système de Platon, des imitations imparfaites et transitoires.

Paradoxe.

Opinion contraire à la vraisemblance, ou à ce qu'on croit communément. Une opinion paradoxale n'est pas nécessairement une opinion fausse.

Paragraphie.

Altération de l'écriture due à une lésion partielle du centre de *l'agraphie*.

Paralogisme.

Raisonnement incorrect. La conclusion d'un paralogisme n'est pas nécessairement une erreur, car on peut conclure le vrai par un raisonnement faux. On distingue le paralogisme du *sophisme* (v. ce m.), qui n'est pas une méprise involontaire, mais un paralogisme habilement présenté, et destiné à faire illusion. Kant appelle *paralogisme transcendental*, celui des paralogismes *de la raison pure* qui concerne le sujet pensant. Il consiste à conclure de l'unité du *moi-sujet*, considéré comme un par rapport à la multitude de ses modifications ou de ses objets, à l'unité du *moi-substance*, considéré comme un absolument, c'est-à-dire comme *simple*.

Paramètre.

Ligne invariable, qui sert à construire toutes les courbes d'une même famille.

Paramnésie.

Fausse mémoire, phénomène nouveau pour lequel on fait, à tort, le jugement d'antériorité. La paramnésie consiste à croire qu'on reconnaît ce qu'en réalité on voit pour la première fois.

Parasitisme.

Le sens de ce mot est mal fixé. Les biologistes ont

une tendance à le restreindre et par suite à le préciser : un parasite est un vivant qui utilise, pour sa nutrition, des aliments déjà absorbés, digérés ou même assimilés par un autre vivant. On distingue les plantes parasites, comme le gui, dont les radicules s'implantent dans le bois d'un arbre et puisent la sève élaborée par cet arbre, des plantes *épiphytes*, qui s'installent sur un autre végétal sans se nourrir de sa substance. On distingue aussi le parasitisme du *prédatisme* ; les ténias sont parasites, car ils se nourrissent des aliments digérés par leur hôte, si bien qu'ils n'ont plus eux-mêmes d'appareil digestif ; mais les insectes qui piquent d'autres animaux pour se nourrir de leur sang sont prédateurs et non parasites. Il faut réagir contre la tendance de certains sociologues à généraliser la notion de parasitisme pour l'introduire en sociologie ; tout être qui vit et prospère aux dépens d'autrui serait pour eux un parasite ; les sinécures, la simple concurrence économique, seraient des faits de parasitisme.

Le mutualisme (v. ce m.) n'est pas l'opposé du parasitisme, c'est un parasitisme réciproque.

Parcimonie (Loi de).

Voir *Action (Principe de moindre)*. Selon Kant, ce principe, que *la nature prend le plus court chemin*, est une partie du principe de la finalité de la nature ; c'est un principe tout subjectif, qu'on doit formuler ainsi : Il faut expliquer les choses par les voies les plus simples. On peut y rattacher la maxime : *Entia non sunt præter necessitatem multiplicanda.*

Paresseux (Raisonnement).

On appelle souvent raisonnement paresseux ou philosophie paresseuse, l'explication d'un fait par quelque vertu cachée, quelque puissance capable de le produire, ce qui dispense de chercher la loi et la *vera causa* : l'opium fait dormir parce qu'il y a en lui une *vertu dormitive*.

Le sens propre du sophisme paresseux, λόγος ἀργός, se rapporte au problème du libre-arbitre. Le fatalisme, ou bien un déterminisme qui ne tiendrait pas compte du rôle des motifs, rend l'effort impossible par la croyance qu'il est inutile. « Il ne faut pas être quiétiste, ni attendre ridiculement à bras croisés ce que Dieu fera, selon ce sophisme que les anciens appelaient λόγον ἀργόν, la raison paresseuse » (Leibnitz).

Parlementaires (Sophismes).

Bentham appelle ainsi certains sophismes qui sont d'un usage fréquent dans les débats du parlement ; ce sont les sophismes d'*autorité*, de *péril*, de *dilation* et de *confusion*.

Parole intérieure.

La pensée s'accompagne toujours, ou presque toujours, des images verbales propres à l'exprimer, mais, par un phénomène d'inhibition, ces images ne déterminent pas de mouvements vocaux, quand ces mouvements seraient une perte d'effort ou de temps. Cette série d'images verbales est la parole intérieure.

A parte rei.

Voir *Universaux*.

Particulier.

S'oppose à *universel* (v. ce m.). Qui convient à certaines personnes ou à certaines choses. Il ne faut pas confondre particulier avec *spécial* ni avec *singulier* ou *individuel* (v. ces m.). Il y aurait même avantage, pour la clarté du langage philosophique, à éviter d'opposer *particulier* à *général* (v. ce m.).

Jugements particuliers, qui s'expriment par des *propositions particulières*. — Un jugement est particulier quand l'attribut est affirmé ou nié d'une partie *indéterminée* de l'extension du sujet. Il faut remarquer que le sujet d'une proposition particulière ne peut pas être un terme singulier, car, dans ce cas, la proposition est nécessairement universelle; le sujet d'une proposition particulière est un terme général *pris particulièrement* (v. *Universel* et *Quantité des propositions*).

Cas particulier. — Un cas particulier est une proposition spéciale ou singulière, contenue dans une proposition générale. Il serait peut-être préférable de dire cas spécial, ou cas singulier, le mot particulier s'opposant plus correctement à *universel* qu'à *général*.

Pris particulièrement, se dit d'un terme qui est entendu selon une partie de son extension. Sont pris particulièrement : 1° le sujet d'une proposition particulière; 2° l'attribut d'une proposition affirmative (à moins qu'elle ne soit une définition).

Parti-totale.

Dans la doctrine de la *quantification du prédicat* (Hamilton), les propositions parti-totales sont celles dans lesquelles le sujet est pris particulièrement, l'attribut pris universellement. Il y en a deux, l'affirmative et la négative. La parti-totale négative répond à la particulière négative de la logique traditionnelle. Hamilton la désigne, conformément à la tradition, par la lettre O. La lettre grecque ι désigne la parti-totale affirmative :

$$O \quad qq\ A \neq \text{tout B.}$$
$$\iota \quad qq\ A = \text{tout B.}$$

Parti-partielle.

Dans la doctrine de la *quantification du prédicat* (Hamilton), les propositions parti-partielles sont celles dans lesquelles le sujet et l'attribut sont pris particulièrement l'un et l'autre. Il y en a deux, l'affirmative et la négative. La parti-partielle affirmative répond à la particulière affirmative de la logique traditionnelle. Hamilton la désigne, conformément à la tradition, par la lettre I. La lettre grecque ω désigne la parti-partielle négative.

$$I \quad qq\ A = qq\ B.$$
$$\omega \quad qq\ A \neq qq\ B.$$

Partition.

Acte de diviser un tout (*totum*) en parties *intégrantes* (v. ce m.), c'est-à-dire réellement séparables ; la *division* consiste à diviser un genre (*omne*) en ses inférieurs (v. ce m.).

Passif, passivité.

Voir *Actif, Activité*.

Passion.

Opposé à *action* (v. ce m.). — La *passion* est une catégorie d'Aristote, et, dans le langage scolastique, ce mot ne s'emploie guère autrement ; mais dans la langue vulgaire, il a été employé pour désigner certains phénomènes affectifs, et les psychologues ont emprunté ce nouveau sens. Descartes cherche à concilier les deux significations : parmi nos « pensées », les unes sont les actions, les autres les passions de l'âme ; les actions de l'âme sont ses volontés, ses passions sont « toutes les sortes de perceptions ou connaissances qui se trouvent en nous, à cause que souvent ce n'est pas notre âme qui les fait telles qu'elles sont, et que toujours elle les reçoit des choses qui sont représentées par elles ». Puis, de restriction en restriction, il en arrive à ne nommer proprement passions que les *inclinations*, telles que l'admiration, l'amour et la haine, le désir, la crainte, etc. — On ne donne plus le nom de passions à toutes les inclinations. Pour Maine de Biran, la passion est l'émotion continue ou répétée, le désir changé en habitude. Le plaisir et la douleur sont des émotions passagères; la joie et la tristesse, qui sont des états permanents, ou au moins prolongés, sont des passions; le désir est une inclination passagère; l'amour, inclination prolongée, qui se manifeste par une série de désirs, et qu'on pourrait définir une tendance à désirer un objet, est une passion. Maine de Biran cherche encore à concilier les deux significations du mot : cette continuité de l'émotion ou de l'inclination fait de l'être qui l'éprouve un « *automate sentant*, toujours mû par des ressorts étrangers qui se tendent ou se relâchent sans sa participation; il a perdu sa liberté, sa force propre et constitutive... S'il lui reste encore quelque sentiment confus de personnalité, c'est pour s'apercevoir qu'il est le jouet d'une nécessité aveugle. » — Aujourd'hui, on appelle *passion* un état spécial et anormal de la sensibilité; on le dit ordinairement caractérisé par la *rupture de l'équilibre* mental, et on considère la *colère* comme le type de toutes les passions; il faut y joindre, pour respecter autant que possible le sens usuel du mot, les états qui sont la constitution d'un équilibre mental nouveau et anormal; l'*avarice* en est le type. Il y a donc deux sortes de passions : les unes sont aiguës, se manifestent par accès, et sont des variétés de la colère; les autres sont chroniques et semblent toutes se constituer par un mécanisme analogue à celui de l'avarice.

Pathologie.

Science des maladies. La pathologie est une partie de la physiologie, car les fonctions normales et les altérations qu'elles peuvent subir sont régies par les mêmes lois. Mais on oppose souvent *physiologique* à *pathologique*, dans le même sens que *normal* et *anormal*.

Les psychologues ont parfois nommé *pathologie* la partie de la psychologie qui traite des sensations et des sentiments de l'homme : « J'appelle *pathologie* l'étude des sensations, des affections, des passions, et de leurs effets sur le bonheur » (Dumont de Genève.) Kant appelle *pathologiques* tous les phénomènes affectifs, et il distingue l'*amour pathologique* du prochain, qui est un sentiment, de l'*amour moral* du prochain, qui est la volonté désintéressée de lui faire du bien.

Pâtir.

Catégorie d'Aristote. Voir *Agir*.

Péché.

Dans la morale théologique, la loi morale est l'expression de la volonté de Dieu ; elle est respectable et obligatoire parce que c'est Dieu qui l'impose ; tout devoir est donc un devoir envers Dieu, et toute faute est une offense à Dieu. La faute ainsi considérée prend le nom de péché.

Pédagogie.

Science et art de l'éducation et de l'enseignement.

Peine.

Opposée à *plaisir*, la peine se dit plutôt de la douleur morale, qui n'est pas localisée en une région déterminée du corps.

Opposé à *récompense* (v. ce m.), le mot *peine* désigne surtout la sanction *légale*; le mot *châtiment* est plus général.

Penchant.

On divise souvent les *inclinations personnelles* en *appétits*, qui ont pour objet le bien du corps, et en *penchants*, qui n'ont pas pour objet, ou du moins pour objet immédiat, le bien du corps. La faim est un appétit, l'ambition est un penchant.

Pensée.

Terme très général qui désigne tous les faits *intellectuels* (v. ce m.). Pour Descartes et dans la langue du XVIIe siècle, il était encore plus général, et désignait tous les faits psychologiques qui, en tant qu'on en a conscience, sont en effet des faits intellectuels.

Percept.

Mot nouveau, formé par analogie avec *concept*. Il diffère de *perception* en ce qu'il signifie le résultat de l'acte, tandis que perception signifie l'acte de percevoir.

Perception.

Le phénomène psychologique provoqué par l'excitation d'un organe des sens a un double caractère : il est à la fois affectif et intellectuel. En tant qu'il est affectif, on l'appelle *sensation*; en tant qu'il est intellectuel, on l'appelle *perception*. Les degrés de la sensation consistent en ce qu'elle est plus ou moins *intense*; les degrés de la perception en ce qu'elle est plus ou moins *nette*. Perception et sensation ne sont pas deux phénomènes, mais deux aspects d'un même phénomène; et ce phénomène est, par l'un de ses aspect, la racine de toute la sensibilité, et par l'autre la racine de toute l'intelligence. — Souvent, cependant, on appelle sensation le phénomène tout entier : la sensation est alors une manière d'être affecté, et la connaissance ou conscience qu'on est affecté d'une certaine manière. On appelle alors perception la sensation accompagnée du jugement d'extériorité ; c'est-à-dire que perception signifie *perception extérieure* (v. *Extérieur*). Tel est le langage de Reid et des Écossais. — Pour Maine de Biran, la perception est la *sensation attentive*. Le double caractère, affectif et « intuitif » ou représentatif, existe déjà dans la sensation aussi bien que dans la perception, mais dans la perception, l'organe étant plus actif, et le moi attentif, la représentation devient distincte, et l'objet se pose en face du sujet qui fait effort. Dans tous les cas, la perception suppose la sensation, et elle est un phénomène intellectuel, tandis que celle-ci est un phénomène affectif. Les nuances que nous venons d'exposer tiennent à ce que la conscience (v. ce m.) est entendue différemment. Pour les uns, elle est un phénomène intellectuel, une connaissance; la conscience, s'ajoutant à la modification affective, c'est la perception. Pour les autres, elle se confond avec le phénomène psychologique : sentir, c'est avoir conscience de quelque modification; dès lors, ce qui s'ajoute à la sensation pour en faire la perception, doit être autre chose que la conscience, par exemple le jugement d'extériorité, ou l'effort d'attention du sujet.

On pourrait convenir de fixer le sens des mots de la manière suivante. La *perception* est la simple conscience que nous prenons de notre sensation, c'est la sensation sous son aspect cognitif ou représentatif; la *perception externe*, c'est la connaissance d'un objet, c'est-à-dire notre propre sensation devenue, par le jugement d'extériorité, une qualité d'un objet extérieur. Ainsi, pour employer la comparaison de Condillac, quand la statue est affectée par suite de l'excitation de son sens olfactif, elle éprouve une *sensation*; en même temps elle se connaît elle-même comme modifiée d'une certaine manière, et se dit : *je suis odeur de rose*; c'est une *perception*; enfin elle objective cette perception, et se dit : *je perçois l'odeur d'une rose*; c'est la *perception extérieure*.

Remarquons qu'on appelle perception tantôt la *faculté* de percevoir, tantôt l'*acte* de percevoir, tantôt la *connaissance* qui résulte de cet acte (v. *Percept*).

Par opposition à *perception externe*, on dit quelquefois *perception interne* dans le sens de *conscience* (v. ce m.).

Descartes désigne par le mot *perception* tout phénomène intellectuel, et l'oppose à *volition*, qui signifie tout acte de volonté ou de désir. Perceptions et volitions sont pour lui les deux espèces de *pensées*, mot qui embrasse, dans sa langue, tout ce que nous appelons *faits de conscience*.

Leibnitz appelle *perception* toute modification de la monade, et l'oppose : 1° à l'*appétition* (v. ce m.), qui est la tendance, la force interne dont les perceptions sont les effets ; 2° à l'*aperception* (v. ce m.), qui consiste à prendre conscience des perceptions. Leibnitz définit la perception : « l'acte qui enveloppe une multitude dans l'unité ». (*Monadol.*, 14.)

Perceptions acquises (v. ce m.), *perceptions naturelles.* — On appelle *perceptions naturelles* d'un sens les connaissances qui résultent directement de l'activité de l'organe propre de ce sens ; ainsi la couleur est une perception naturelle de la vue, parce qu'elle résulte directement de l'excitation de la rétine. On appelle *perceptions acquises* d'un sens les connaissances que les perceptions naturelles de ce sens suggèrent, par un processus souvent fort compliqué, et qui résultent de l'*éducation* de ce sens (v. *Éducation des sens*). Les perceptions acquises ne sont pas à proprement parler des perceptions, mais des jugements, des interprétations. Ainsi nous *jugeons* de la *distance* et du *relief* des objets d'après le clair-obscur, la perspective, les changements d'aspect correspondant aux mouvements, la convergence des deux axes oculaires, et surtout la non-coïncidence des deux images rétiniennes (v. *binoculaire*).

Perceptions sourdes, obscures, inaperçues, petites perceptions, expressions de Leibnitz. Voir *Subconscient*.

Perceptionnisme.

Doctrine de la perception immédiate du monde extérieur.

Perdurabilité.

Qualité de ce qui dure ; c'est, selon Kant, un des éléments constituants de l'idée de substance.

Perfection.

Parmi les attributs d'un sujet quelconque, ceux-là sont des perfections qui peuvent être à un degré tel que rien au delà ne se puisse concevoir. Ainsi le nombre et la figure ne sont pas des perfections, car on peut toujours concevoir un nombre plus grand, une figure plus grande. La science, la puissance sont des perfections. Un être peut avoir quelque perfection, une perfection limitée ; perfection ne signifie pas suprême perfection. La perfection est ce qui comporte soit l'absolu, soit l'infini, ce qui, de sa nature, est positif, et n'est pas constitué par quelque privation ou limitation. Rien n'est si imparfait qu'on ne puisse concevoir quelque chose de moins parfait ; mais on ne peut pas dire que rien n'est si parfait qu'on ne puisse concevoir quelque chose de plus parfait. Ce qui comporte l'*indéfini*, mais non l'*infini*, n'est pas une perfection.

Période, périodique.

1° On appelle *période* la durée comprise entre deux limites définies ; en général, ces deux limites sont le commencement et la fin d'une série d'événements qui forme un tout.

2° Sens étymologique (περί, ὁδός) : changement tel que l'état du système redevienne identique à ce qu'il était antérieurement, en sorte que, les mêmes effets se produisant sous l'action des mêmes causes, un changement identique au premier recommence, et ainsi de suite : fraction périodique, mouvement périodique, fièvre périodique, etc.

Périphérie.

Surface extérieure d'un corps solide. Dans un corps organisé, surface tégumentaire ; — d'où *nerfs périphériques*, ceux qui aboutissent aux téguments et aux organes qui en dépendent, glandes, poils, organes des sens externes. *Bout périphérique* d'un nerf coupé, par opposition à son *bout central*. *Sensations périphériques*, celles qui viennent d'excitants extérieurs à l'organisme, par opposition aux sensations *internes*, dues à des excitants intra-organiques. Un phénomène nerveux, une lésion, par exemple, est dit périphérique, tant qu'il a son siège en un point quelconque de la voie de conductibilité qui va de l'organe externe au noyau de substance grise contenu dans l'encéphale.

Permanent.

La quantité *permanente* (dans la philosophie scolastique) est l'espace, par opposition à la quantité *successive*, le temps, le mouvement ; l'une et l'autre sont des quantités *continues* ou *concrètes* et s'opposent à la quantité *discrète*, le nombre.

Personnalité.

Qualité de ce qui est une *personne*. La personnalité suppose l'*individualité*, mais elle est quelque chose de plus ; cette unité organique qui constitue l'individu (v. ce m.), et qui n'est que la solidarité de ses parties, devient une unité absolue, une individualité parfaite dans l'être qui a un *moi*. La conscience est le premier élément constitutif de la personnalité. L'indépendance de ce moi, son initiative, sa liberté en font une personne plus achevée encore.

Dédoublement de la personnalité. — L'identité du moi suppose que les souvenirs forment tous ensemble une même série ; dans certains états pathologiques, les souvenirs se groupent en deux séries indépendantes, de sorte qu'il y a deux *moi*, deux personnes distinctes pour un seul et même organisme. Ces phénomènes semblent rentrer dans le groupe des *amnésies* (v. ce m.).

Pessimisme.

La langue vulgaire a abusé de ce mot, et l'emploie pour désigner une tendance à voir les choses en noir. Au sens précis, il signifie une doctrine morale concluant que la vie étant irrémédiablement mauvaise, tous les actes qui tendent à l'améliorer ne servent qu'à conserver et augmenter le mal ; le véritable devoir de l'homme est donc de tendre à la disparition de l'humanité : le célibat et le suicide sont les conclusions de cette doctrine.

Pétition de principe.

Argument dans lequel on prend pour principe ce qui est en question, de sorte que la conséquence est la répétition implicite ou explicite du principe. C'est revenir au point de départ, *petere principium*. Pour que l'argument soit spécieux, il faut que l'identité du principe et de la conséquence ne soit pas manifeste, ce qui a lieu s'ils sont exprimés en langage différent, ou si l'un ou l'autre est une proposition confuse, obscure ou ambiguë.

Phénomène (τὸ φαινόμενον, ce qui se manifeste).

On appelle *phénomène* tout ce qui est susceptible d'être observé. — On étend souvent le sens du mot à tout ce qui a lieu, à tout ce qui se passe, même à ce qui est inobservable ; on dit, par exemple : *phénomènes psychologiques inconscients*. *Phénomène* serait ainsi synonyme de *fait*. Il vaut mieux employer le mot *fait* quand il s'agit de ce qui est inobservable : les vibrations de l'éther sont des faits, non des phénomènes.

On ne donne pas le nom de phénomènes aux forces, puissances naturelles, propriétés, facultés, mais seulement à leurs effets sensibles ou conscients. La gravitation n'est pas un phénomène, la chute d'un corps en est un. La causalité n'est pas un phénomène, une cause en est un, car c'est le fait observable qui est la condition d'un autre fait observable.

Le concret seul est observable ; on peut pourtant

donner le nom de phénomène à quelque chose d'abstrait ; car nous n'observons jamais le concret qu'à un point de vue déterminé : la vitesse d'un mouvement, ou sa direction, par exemple.

Notre faculté de connaître les phénomènes s'appelle *expérience*. Elle se divise elle-même en deux facultés : les sens ou expérience externe, la conscience ou expérience interne. Il y a donc deux sortes de phénomènes, les phénomènes *sensibles* et les phénomènes *conscients*.

Phénoménisme.

Doctrine qui n'admet d'autre réalité que les phénomènes, c'est-à-dire qui élimine l'idée de substance. La *substance*, c'est-à-dire le *sujet* dont le phénomène est l'attribut, n'est elle-même qu'un agrégat de phénomènes, auquel on ajoute un attribut de plus ; tout est phénomène, attribut, qualité ; rien n'est absolument sujet. Ainsi quand je dis : *Cette table est noire*, je n'attribue pas la qualité *noire* à la substance *table*, j'ajoute la qualité *noire* au groupe de qualités déjà formé dans mon esprit, groupe désigné par le mot *table*. Le sujet pensant n'est lui-même que la série des états de conscience antérieurs à laquelle on ajoute l'état de conscience présent.

Philodoxie.

« Convertir la philosophie en philodoxie » (Kant). La philodoxie consiste à s'intéresser aux idées, aux discussions, en se désintéressant de la vérité. C'est une sorte de dilettantisme philosophique ; on l'appelle aussi *esthétisme*.

Philologie.

Voir *Linguistique*.

Philosophie.

Chaque système philosophique étant une manière différente de comprendre la philosophie, son rapport avec les sciences, et son rapport avec la vie, il est impossible de donner de ce mot une définition unique qui convienne à tous. Pour les uns, la philosophie n'est que l'ensemble de toutes les sciences, considérées non dans le détail des vérités que chacune enseigne, mais dans leur coordination et leur synthèse. Plus spécialement, c'est l'étude des principes généraux que les sciences supposent, des conclusions générales qui en résultent ; il y a ainsi une philosophie de chaque science, et une *philosophie générale*. — Mais les sciences ne sont pas assez avancées pour que leurs principes généraux soient manifestes, pour que leurs conclusions dernières puissent être déduites avec certitude ; dans ce travail de coordination et de synthèse, l'hypothèse a nécessairement une grande place ; le philosophe se propose de construire un système cohérent en lui-même et qui s'accorde avec tous les faits connus, mais dont la vérification est présentement, sinon définitivement, impossible. C'est ce qui distingue la philosophie de la science. Celle-ci est la région explorée qu'on peut avec assurance marquer sur la carte par un tracé continu ; celle-là est la région entrevue qu'on trace provisoirement en traits pointillés. Tous les grands philosophes, Platon, Aristote, Descartes, Leibnitz, Kant, ont été des savants, dont la curiosité encyclopédique n'a pas consenti à se spécialiser. Ils ont cherché à enchâsser leur savoir positif dans un système d'ensemble, et c'est en quoi ils sont philosophes.

Si le philosophe ne se contente pas de ce qu'il sait de science positive, ne se borne pas à attendre patiemment les découvertes ultérieures, c'est qu'il éprouve le besoin de se faire une opinion générale et cohérente sur les problèmes pratiques. La morale est, au fond, le but de toute philosophie, et les systèmes même où elle semble tenir peu de place, comme ceux de Descartes et d'Auguste Comte, tendent à déterminer la signification de la vie humaine, et le rôle de l'homme dans la nature. Descartes cherche à « marcher avec assurance en cette vie ». Le positivisme ne serait pas une philosophie, s'il se bornait à rassembler toutes les vérités acquises à la science positive; il prétend trouver dans la science positive seule la solution des problèmes les plus généraux qui intéressent la conscience humaine. Enseigner à l'homme l'usage qu'il doit faire de la vie, en des principes pratiques généraux fondés sur la totalité du savoir acquis et sur les hypothèses qu'il est raisonnable d'y ajouter, tel paraît être l'objet de la philosophie.

Phosphène.

On appelle *phosphène* la sensation lumineuse produite par une pression sur le globe de l'œil.

Phototropisme.

Propriété de certains organes végétaux de se diriger vers la lumière (phototropisme positif) ou de s'en éloigner (phototropisme négatif).

Photesthésique.

On appelle éléments photesthésiques de la rétine ceux dont l'excitation provoque les sensations de lumière et de couleurs; ce sont les *bâtonnets* et les *cônes*. On dit aussi *photosensible*.

Photisme.

Fausse sensation visuelle, image hallucinatoire de la vue, se produisant sans excitation périphérique de l'organe visuel. Le cas le plus curieux est l'*audition colorée*.

Phrénologie.

Gall a nommé ainsi un art de découvrir le caractère par l'inspection de la forme du crâne. Il suppose : 1° que chaque aptitude intellectuelle et morale est un tout distinct et indépendant ; 2° que chaque aptitude est logée dans une région de l'écorce cérébrale ; 3° que le degré de cette aptitude répond au volume de la région correspondante ; 4° que le volume relatif des diverses régions du cerveau peut être apprécié extérieurement à l'inspection du crâne. Autant de suppositions devenues aujourd'hui insoutenables.

Phylogénie (φῦλον, tribu, race).

Évolution par laquelle s'est formée une espèce biologique. La phylogénie est la généalogie des espèces ; elle a pour objet de rattacher les espèces présentes aux espèces paléontologiques.

Physico-théologique (Preuve).

Preuve de l'existence de Dieu par les causes finales.

Physiologie.

Science des *fonctions* des êtres vivants (v. *Pathologie*).

Physique

Substantif féminin. — Chez les anciens, la physique est la science de la nature en général. Ce sens s'est conservé jusqu'à Descartes, et même plus tard encore. Les traités de physique des xvii° et xviii° siècles contiennent un chapitre intitulé *Physique du corps humain* ; c'est que le mécanisme cartésien, qui réduit tous les faits de la vie organique à des mouvements, ne fournit aucun fondement à une distinction de la physique et de la physiologie. Il y a encore une *physique biologique*, étude des phénomènes vitaux qui s'expliquent par les lois de la physique; elle est distincte de la *physiologie*, qui est l'étude des *fonctions*, et a pour but, par conséquent, de découvrir des relations de finalité, ce qui suppose des principes et une manière de raisonner que la physique ne connaît pas (Voir *Fonction et Finalité*, dans la *Revue philosophique* de mai-juin 1899).

La distinction de la physique et de la chimie consiste en ce que la première étudie une à une chaque propriété de la matière, partout où elle se rencontre; la seconde étudie une à une chaque espèce de matière, avec toutes ses propriétés. Il est à remarquer que cette distinction ne correspond pas à celle du phénomène physique et du phénomène chimique.

Substantif masculin. — On oppose le *physique* au *moral* : le physique est l'ensemble des phénomènes qui appartiennent au corps; le moral est l'ensemble des phénomènes psychologiques.

Plaisir.

Comme toutes les données immédiates de la conscience, le plaisir ne se définit pas; le seul moyen de le connaître est de l'éprouver. Les théories du plaisir et de la douleur ne conduisent pas à les définir, mais à déterminer dans quelles conditions ils se produisent.

Plastide.

Élément des tissus vivants, cellule.

Plastidules.

Éléments plus petits que la cellule, ayant déjà, outre leurs propriétés physico-chimiques, des propriétés vitales (Haeckel).

Plexus.

Les nerfs rachidiens, après leur sortie des trous de conjugaison, s'anastomosent et se divisent, formant des réseaux compliqués qu'on appelle des *plexus*.

Ploutocratie.

État d'une société dans laquelle les personnes les plus riches exercent effectivement, quoique d'une manière indirecte, le pouvoir politique.

Pneumatique, Pneumatologique.

Doctrine concernant la nature des êtres spirituels.

Polysyllogisme.

Argument composé de plusieurs syllogismes liés entre eux, la conclusion de l'un servant de prémisse à un autre.

Positif.

1° Opposé à *négatif*. — Un terme *positif* exprime une qualité (savant), un terme *négatif* exprime l'absence d'une qualité (ignorant). Selon les Cartésiens, le Fini est une idée négative, car la limite est une négation; l'Indéfini est aussi une idée négative, car c'est l'idée d'une limite qu'on peut toujours reculer; mais l'Infini est une idée positive, car c'est la négation de la limite, c'est-à-dire la négation d'une négation. « Le temps, dit Fénelon, est la négation d'une chose réelle et souverainement positive, qui est la permanence de l'être. »

2° Opposé à *naturel*. — Le *droit positif*, les *lois positives*, sont le droit écrit, les lois établies, par opposition au droit naturel, aux lois naturelles, choses indépendantes de la volonté des hommes et fondées dans la raison ou dans la nature. « Vous parlez aussi d'une philosophie positive, écrit Krug à V. Cousin. Qu'est-ce que cela? Je ne connais que deux sciences positives, la théologie et la jurisprudence, dont l'une dépend de la sainte Écriture, l'autre de la Législation civile. Toutes les autres sciences sont purement naturelles, c'est-à-dire indépendantes de toute autorité extérieure. »

3° *Positif* signifie qui est établi d'une manière indiscutable. La science positive est la science toujours vérifiable, et s'oppose aux systèmes métaphysiques qui contiennent des hypothèses plus ou moins arbitraires. La philosophie positive est celle qui prétend trouver dans la seule science positive la solution des problèmes philosophiques, quitte à rejeter comme insolubles ceux qui dépassent la compétence de la science positive.

Positivisme.

Nom donné à la *Philosophie positive* d'A. Comte (v. *Positif*, 3°). On a souvent étendu le sens de ce mot à des philosophies fort différentes, mais qui s'efforcent également de bannir la métaphysique. On dit le *positivisme anglais* (Stuart Mill), le positivisme de Taine, etc.

Possibilité.

L'une des *catégories* de Kant. L'idée de *possibilité* s'oppose à celles de *réalité* et de *nécessité*. Les jugements qui expriment la possibilité s'appellent *problématiques*.

Possible.

La *possibilité logique* ou *de droit* est l'absence de contradiction intrinsèque; elle s'identifie avec la *con-*

cevabilité. La *possibilité physique* ou *de fait* suppose la possibilité logique, et de plus l'existence de toutes les conditions extrinsèques. Deux êtres ou deux faits, dont chacun est possible séparément, c'est-à-dire deux êtres ou deux faits logiquement possibles, peuvent n'être pas *compossibles*, possibles simultanément, possibles en fait, car l'un peut exclure l'autre. Tout ce qui est possible logiquement n'est pas réel, mais tout ce qui est possible physiquement est réel, car ce qui n'est pas réel, c'est ce dont les conditions ne sont pas complètement réalisées. Il y a toujours une raison de la non-existence, aussi bien que de l'existence.

Post hoc, ergo propter hoc.

Voir *Cause*.

Post-prédicaments.

Aristote avait d'abord dressé une liste de dix prédicaments ou catégories. Dans la suite il en trouva cinq autres, qu'il ajouta à la liste; on les appelle post-prédicaments. Ce sont : *L'opposition*, la *priorité*, la *simultanéité*, le *mouvement*, la *possession*.

Postulat.

Un postulat est une proposition qui n'est pas évidente par elle-même, qu'on ne peut pas démontrer, et que pourtant on prend pour accordée, parce qu'on peut en déduire indéfiniment des conséquences sans arriver jamais à une impossibilité. Un postulat est donc une hypothèse vérifiée par ses conséquences. Tels sont le postulat d'Euclide, en géométrie; — le principe du déterminisme, dans les sciences inductives. Si le principe des parallèles était faux, il serait étonnant que les géomètres ne fussent jamais conduits à une conséquence absurde ou contraire aux faits; — si le principe du déterminisme était faux, il n'y aurait pas de lois naturelles. — On peut cependant admettre qu'il y a plusieurs géométries possibles et que l'une d'entre elles est déterminée par le postulat d'Euclide, — qu'il y a plusieurs conceptions possibles de la nature, et que l'une d'entre elles est déterminée par le postulat du déterminisme.

Postulats de la pensée empirique. — Kant appelle ainsi les trois principes suivants : 1° Ce qui s'accorde avec les conditions formelles de l'expérience est *possible*; — 2° Ce qui s'accorde avec les conditions matérielles de l'expérience est *réel*; — 3° Les phénomènes sont liés les uns aux autres d'une manière continue et *nécessaire*. Ces postulats sont les conditions sous lesquelles l'esprit peut penser les objets de l'expérience.

Potentiel.

Voir *Actuel* et *Énergie*.

Pragmatique.

En l'absence de raisons suffisantes d'affirmer ou de nier, il peut y avoir des motifs de choisir une croyance, parce que les actions de la vie ne souffrent souvent aucun délai, et que la nécessité d'agir entraîne celle de prendre parti. Cette nécessité d'agir peut se rapporter soit à l'*utilité*, soit à la *moralité*. Kant appelle *foi pragmatique* une croyance que l'on admet accidentellement comme servant de fondement aux moyens d'une fin déterminée, et *foi pratique* ou *foi morale* une croyance que l'on admet parce qu'elle est postulée par la loi morale (Dieu, la vie future).

Pratique.

S'oppose à *théorique* ou à *spéculatif*. La théorie n'a d'autre fin que le vrai, la pratique a pour fin l'action, et par suite le bien. Kant distingue deux sens du mot pratique : 1° ce qui est pratique au point de vue des *concepts de la nature*, ce qui concerne l'application de la science, l'action exercée par l'homme sur les choses, grâce à la connaissance qu'il a des choses : c'est ce qu'il appelle *techniquement pratique* ; — 2° ce qui est pratique au point de vue du *concept de la liberté*, c'est-à-dire ce qui concerne la moralité : c'est ce qu'il appelle *moralement pratique*. Sous ces mêmes expressions *philosophie théorique* et *philosophie pratique*, on a pu entendre deux choses tout à fait différentes : d'une part l'art opposé à la science, la *technique* ou *technologie* ; d'autre part l'action morale, le bien, opposé à la connaissance et au vrai.

L'opposition de la pratique et de la théorie ne saurait être poussée jusqu'à la contradiction. Il ne faut pas dire qu'une chose peut être vraie en théorie et fausse en pratique; car une théorie à laquelle la pratique donne tort, est une théorie fausse. Il ne faut pas non plus confondre la *pratique*, qui est l'action raisonnée, l'application de la théorie, avec l'*empirisme*, c'est-à-dire l'emploi de moyens qui ont antérieurement réussi, sans qu'on sache pourquoi ni comment. L'empirisme est uniforme, la pratique se plie à la diversité des circonstances.

Précision.

La *précision* n'est pas l'*exactitude*. Une connaissance exacte est une connaissance absolument rigoureuse, telle la connaissance mathématique; une connaissance précise est une connaissance aussi rigoureuse que possible. Une observation astronomique, une mesure dans une expérience de physique peuvent être précises, mais non exactes. La précision est un très haut degré d'approximation. — Le mot *précision*, terme scolastique aujourd'hui inusité dans ce sens, signifiait l'opération de l'esprit par laquelle on exclut d'un sujet tout attribut autre que celui ou ceux que l'on veut considérer : par exemple, ne considérer dans les corps que les propriétés géométriques. Port-Royal en fait un synonyme d'*abstraction*.

Prédestination.

Si tout est en la puissance de Dieu, si tout est prévu éternellement par lui, les actions des hommes sont voulues et prévues par Dieu avant d'être accomplies, d'où il suit que tel homme est prédestiné à être vertueux, et par suite sauvé, tel autre à être vicieux, et par suite damné. Telle est la doctrine théologique de la *prédestination*. On dit aussi *prédéterminisme*.

Prédicables (*prædicabilia*).

Tout ce qui peut être attribué à un sujet est un *prédicable*; les prédicables sont les *universaux* (v. ce m.) ou notions générales. Kant appelle prédicables des concepts purs de l'entendement qui ne sont pas primitifs comme les catégories ou prédicaments, mais dérivés des catégories. Ainsi *force*, *action*, *passion* sont des prédicables dérivés de la catégorie de *causalité*.

Prédicament.

Transcription latine du grec κατηγορία. Voir *Catégorie*.

Prédicat.

Le terme qui, dans le jugement, est affirmé ou nié du sujet. Voir *Attribut*.

Préétablie (Harmonie).

Voir *Harmonie*.

Préformation.

Mot de Leibnitz. Acte initial du Créateur, par lequel il organise le premier état de l'univers, dont le développement ultérieur est dès lors complètement déterminé. « Je n'admets le surnaturel que dans le commencement des choses, à l'égard de la première formation. »

Préhistoire.

Histoire de la période de l'humanité antérieure aux plus anciennes traditions, et sur laquelle on ne peut être renseigné que par des vestiges fossiles.

Premier.

Qui ne suppose ou n'admet aucun antécédent. *Cause première*, celle qui n'est pas l'effet d'une cause antérieure ; *principes premiers*, ceux qui ne se déduisent d'aucun autre principe ; *notions*, *vérités premières*, etc. On distingue ce qui est *chronologiquement* premier, c'est-à-dire dans l'ordre du temps, et ce qui est *logiquement* premier, c'est-à-dire dans l'ordre de la relation de principe à conséquence. On appelle aussi logiquement premier ce qui est premier dans l'ordre de l'être, c'est-à-dire l'être dont tous les autres dépendent. On devrait dire *ontologiquement* premier. Voir *Antérieur*.

Qualités premières, v. *Primaires*.

La *philosophie première* d'Aristote est la recherche de ce qui est premier en quelque ordre de connaissance que ce soit. C'est ce qu'on a nommé ensuite *métaphysique* (v. ce m.).

Prémisses.

Dans un syllogisme, les deux propositions qui contiennent le moyen terme et dont la conclusion résulte sont dites *prémisses*.

Prémotion physique.

Terme de théologie. Dans certains cas (grâce, dons surnaturels) Dieu agit immédiatement, physiquement, pour déterminer certains actes de l'homme, sans le concours de la volonté de celui-ci.

Prescience.

Attribut de Dieu, connaissance de l'avenir. Dieu, étant intemporel, n'a pas à proprement parler de prescience, il a l'*omniscience*.

Présence (Tables de).

Dans Bacon; v. *Tables*.

Présentation.

Le mot allemand *Vorstellung* a été traduit par *représentation*; quelques psychologues préfèrent employer le mot *présentation* pour exprimer tout état de conscience dans lequel un objet est présent à l'esprit, et *représentation* pour le cas où un objet qui a été déjà présent à l'esprit est rappelé avec ou sans reconnaissance; la représentation est donc une nouvelle présentation d'un même objet.

Présentationisme réel.

Nom donné par Hamilton à la doctrine de la perception immédiate des qualités premières de la matière. Il l'appelle aussi *réalisme naturel*.

Primaires ou premières (Qualités).

Les qualités primaires des corps sont celles sans lesquelles les corps ne peuvent se concevoir : la *figure* et la *résistance* ; les qualités *secondes* ou *secondaires* sont celles qu'on peut supprimer, au moins par abstraction, sans supprimer en même temps la notion même du corps : la couleur, la saveur, l'odeur, la température, etc. Selon Locke et les Écossais, les qualités primaires sont réellement dans les corps telles que nous les percevons, tandis que les qualités secondaires sont des sensations, qui n'existent que dans l'esprit qui les perçoit. Ce qui leur correspond dans les corps, ce sont des modes de la figure, du mouvement, de la résistance, modes par lesquels les corps agissent sur nos organes pour déterminer en nous ces sensations.

Principe (*principium*, commencement).

Se dit de tout ce qui est premier, soit absolument, soit relativement, dans l'ordre chronologique, logique, ou ontologique. Le sens original : premier dans l'ordre du temps, a presque entièrement disparu ; on dit origine ou commencement.

Dans l'ordre logique, un principe est une proposition d'où l'on tire d'autres propositions. Principe s'oppose alors à conséquence. Par suite, on nomme principe une proposition très générale, parce que diverses propositions spéciales peuvent s'en déduire. On nomme aussi principe tout précepte pratique d'un caractère général, parce que la manière d'agir dans chaque cas spécial s'en tire comme conséquence. Un principe est premier à l'égard des conséquences qu'on en tire, mais il peut être lui-même une conséquence, et même l'aboutissant d'une longue suite de conséquences. Ainsi, les préceptes qui sont les principes des raisonnements pratiques peuvent être le point d'arrivée de longs raisonnements théoriques. Pour exprimer qu'un principe n'est pas lui-même une conséquence, on dit qu'il est un *principe premier*.

Dans l'ordre ontologique, un principe est un élément,

absolument ou relativement simple, qui entre dans un composé, — ou bien l'être qui tient d'autres êtres sous sa dépendance, et sans lequel ils ne seraient pas, — ou bien la force, la puissance à laquelle on attribue certains effets. *Principe* est donc un mot très général qui réunit les sens d'*élément*, de *condition* et de *cause*.

Les *principes immédiats*, en chimie organique, sont les substances les plus simples que l'on puisse tirer des corps organisés sans avoir recours à l'analyse chimique. Les *principes actifs* sont des corps chimiquement définis auxquels certains produits naturels doivent leurs propriétés médicales. Ainsi la quinine est le principe actif du quinquina.

Privation (στέρησις).

Attribut ou qualité qui consiste en l'absence ou la limitation d'un attribut positif : mortel, faillible, le doute, etc. La privation, dit Aristote, est une cause négative, qui agit par son absence même.

Probabilisme.

Doctrine d'après laquelle il n'y a pas de certitude absolue, mais seulement des opinions plus *probables*, c'est-à-dire plus vraisemblables que d'autres. La logique n'aurait plus alors pour but de discerner le vrai du faux, mais de mesurer ou d'apprécier les chances de vérité des idées.

Probabilité.

Le *probable* est un *possible* qui a plus de chances d'être que de ne pas être. Dans le *calcul des probabilités*, le sens du mot est différent; ce calcul serait mieux nommé *mesure des possibilités*. La probabilité est le rapport du nombre des possibles d'une espèce déterminée au nombre des possibles d'un genre qui comprend cette espèce.

Procès.

Mot autrefois employé là où on dit aujourd'hui *processus* (v. ce m.).

Procession.

Dans la métaphysique alexandrine, la *procession* est l'acte éternel par lequel les trois hypostases divines s'engendrent l'une l'autre, et l'acte éternel par lequel Dieu engendre le monde. Ce mot a passé dans le Symbole de Nicée : le Saint-Esprit qui *procède* du Père et du Fils.

Processus.

Série de phénomènes successifs formant un tout qu'on peut considérer à part.

Processus in infinitum opposé à *regressus in infinitum*, progrès à l'infini, régression à l'infini.

Prochain.

La cause *prochaine* est celle qui précède immédiatement l'effet, l'effet *prochain* est celui qui suit immédiatement la cause. Le *genre prochain* est le genre le plus petit en extension dans lequel soit contenue une espèce. — En morale, le *prochain* désigne les personnes que notre conduite peut intéresser, et envers qui nous avons des devoirs, tandis que nous n'en avons pas envers les personnes si éloignées de nous dans le temps ou dans l'espace, qu'il nous est impossible de prévoir quels effets nos actes pourraient avoir sur elles.

Propédeutique.

Ensemble de connaissances qu'il est bon d'acquérir avant de procéder à l'étude d'une science : la logique spéciale à une science déterminée est la *propédeutique* de cette science.

Proportion, proportionnel.

Une proportion est l'égalité de deux rapports mathématiques. Il ne faut pas dire que deux grandeurs sont proportionnelles quand elles augmentent ensemble ou diminuent ensemble, mais seulement quand leurs variations sont telles que leur rapport reste constant; quand les variations ne sont pas mesurées et que la relation mathématique qui les régit n'est pas connue, il faut se servir d'une expression plus générale, et dire que ces deux grandeurs sont *fonction* l'une de l'autre.

Proposition.

Une proposition est l'énoncé d'un jugement. Le jugement est un phénomène intellectuel, la proposition est le phénomène linguistique qui l'exprime. — On appelle spécialement proposition l'assertion proposée qu'il s'agit de démontrer.

Propre (τὸ ἴδιον).

Caractère qui appartient à une espèce ou à un individu, et ne se rencontre dans aucune autre espèce ou individu du même genre. Le *propre* suffit donc à caractériser une espèce. Cependant on le distingue de la *différence*. La différence est un caractère à la fois propre et essentiel. Un caractère essentiel est d'abord un caractère permanent, tandis que le propre peut être accidentel et passager : ainsi *rire* est le propre de l'homme, mais n'en est pas l'essence, car l'homme est encore homme quand il ne rit pas. En outre, le caractère essentiel est fondamental, tandis que le propre peut être dérivé : la propriété du carré de l'hypoténuse est dérivée de la propriété essentielle par laquelle on définit le triangle.

On dit que la définition doit être *propre*, c'est-à-dire convenir au seul défini.

Sensibles propres, opposé à *sensibles communs*, v. *Sensible*.

Propriété.

Sens primitif : qualité *propre* à une espèce (v. *Propre*.) On nommait d'abord *propriétés* surtout les qualités qui, ne se rencontrant pas dans les autres espèces du même genre, n'étaient cependant ni permanentes ni essentielles : *rire* est une propriété de l'homme. Ces qualités ne se manifestent que par intervalles; mais il y a dans l'être une aptitude permanente à les manifester : l'homme, même quand il ne rit pas actuellement, est capable de rire. De là vient le second sens du mot *propriété* : aptitude à manifester certains phénomènes. Et le mot s'emploie, d'une manière abusive, mais consacrée par l'usage, même si ces phénomènes n'ont rien de propre, de distinctif, de caractéristique : ainsi on dit que le fer a la propriété d'augmenter de volume en s'échauffant. Il faut dire *propriété caractéristique*, là où il aurait suffi de dire *propriété* ou *caractère* (v. ce m.).

Prosyllogisme.

Syllogisme qui sert à prouver l'une des prémisses d'un autre syllogisme.

Protensif.

Qui a une grandeur dans le temps, — de même que *extensif* signifie qui a une grandeur dans l'espace. Le mot *protensif*, peu usité, ne s'emploie guère que dans des phrases où il s'oppose à *extensif* ou à *intensif*.

Providence (de *providentia*, prévoyance).

C'est la sagesse et la bonté de Dieu se manifestant dans le détail du monde.

Provoqué (Somnambulisme).

Voir *Somnambulisme*.

Prudence (*prudentia*, σωφροσύνη).

L'une des quatre vertus *cardinales* (v. ce m.) des anciens. C'est la sagesse, la science, la connaissance de la vérité, qui est la condition du bien agir. Plusieurs écoles de l'antiquité font de la science non seulement une condition de la vertu, mais une vertu, et la vertu suprême.

Pseudo-sensation.

Phénomène qui a tous les caractères subjectifs de la sensation, et qui, en réalité, est une image, car il se produit en l'absence d'un excitant périphérique approprié. Ainsi dans l'audition colorée, la couleur est une pseudo-sensation. — Au fond, une pseudo-sensation ne se distingue guère d'une hallucination. Cependant l'halluciné croit percevoir; il juge que sa perception correspond à un objet réel. Tandis qu'une pseudo-sensation peut n'être pas considérée comme une sensation vraie; le sujet sait bien que les sons qu'il entend ne sont pas colorés. On dit aussi *fausse sensation*.

Psittacisme.

Leibnitz a nommé ainsi un nominalisme (v. ce m.) excessif, qui, réduisant les idées générales aux mots qui les expriment, ne laisserait subsister aucune différence entre le langage d'un homme et celui d'un perroquet (*psittacus*). Le nominalisme raisonnable n'est pas un psittacisme, car il fait consister la signification du nom général en un nombre indéfini d'images qui peuvent être évoquées par ce nom. Mais il est vrai qu'il y a un psittacisme réel, et qu'il est d'une importance considérable, car nous pensons à l'aide de *signes* qui sont le plus souvent des *substituts* (v. ces m.), sans que les images qui constituent la signification de ces signes soient actuellement évoquées.

Psychiatrie.

Médecine des maladies mentales.

Psychique.

Synonyme de *mental* ou de *psychologique*.

Psychologie.

Littéralement *science de l'âme*. Mais l'âme, considérée en elle-même, n'est pas objet de science; la psychologie a pour objet les *faits psychologiques* (v. ce m.), c'est-à-dire les faits de conscience, les faits du *moi*, et les lois qui les régissent. C'est une science d'observation, et, dans la mesure du possible, une science expérimentale.

On appelle *psychologie rationnelle* moins une partie de la psychologie, qu'une façon spéciale d'entendre le problème psychologique et de le résoudre. C'est la recherche des éléments de la pensée qui ne peuvent s'expliquer par l'expérience, et dont l'ensemble constitue la *raison* (v. ce m.). Ces éléments ne sont pas des faits, des événements de la vie intérieure; ils sont la nature même de l'esprit : la psychologie rationnelle prétend donc que, par la conscience, nous connaissons plus que des faits, que nous saisissons en nous-mêmes, dans sa nature et son essence, une réalité véritable, ou bien que l'analyse des faits révèle qu'ils sont composés de deux sortes d'éléments, des *données*, qui sont la *matière* de la connaissance, et des *formes a priori* qu'aucune expérience n'a pu donner, et que c'est là le point de départ et le fondement de toute métaphysique. La psychologie qui se borne à étudier les *faits* psychologiques et leurs lois, est parfois nommée *psychologie empirique*.

Psychologie comparée.

L'observation intérieure n'est applicable qu'à la psychologie de l'homme et de l'homme adulte et civilisé. C'est seulement par comparaison qu'on peut arriver à quelque connaissance de la nature psychologique de l'animal, du sauvage, de l'enfant, de l'ignorant, du malade. Dans les autres sciences *comparées*, l'anatomie comparée, par exemple, les êtres que l'on compare sont connus au même titre les uns que les autres, et par les mêmes méthodes; s'il s'agit, par exemple, de savoir comment la clavicule se modifie chez les vertébrés suivant que les membres antérieurs sont des organes de préhension, de locomotion terrestre, ou de locomotion aérienne, c'est toujours par la dissection et l'inspection directe que l'on connaît la conformation des diverses clavicules. En psychologie comparée, au contraire, les faits ne sont connus que par interprétation. La psychologie comparée suppose établies les relations que présentent les faits psychologiques constatés par réflexion, — c'est-à-dire les faits psychologiques *du psychologue*, — avec, d'une part, les structures organiques qui leur correspondent, d'autre part les actes extérieurs qu'ils déterminent; puis des différences observées entre ces structures et ces actes chez le psychologue et les structures et actes correspondants chez d'autres êtres, elle conclut les différences psychologiques.

Mais la psychologie du psychologue, c'est-à-dire la connaissance de soi-même, n'est pas une science, car il n'y a pas de science de l'individu. Il en résulte que la psychologie comparée, qui seule est générale, est toute la science psychologique, et qu'il n'y en a pas d'autre.

Psychométrie.

Études expérimentales ayant pour but de mesurer les phénomènes psychologiques.

Psychologiques (Faits).

Les phénomènes peuvent tous se ranger en deux grandes classes. Les uns sont connus par l'intermédiaire des organes des sens, ce sont les faits *sensibles*; les autres sont connus sans aucun intermédiaire, et cette connaissance immédiate s'appelle *conscience*. Les phénomènes psychologiques sont les phénomènes conscients. — En outre, tout fait psychologique apparaît à celui qui l'éprouve comme une manière d'être ou d'agir de lui-même, tandis que les faits connus par l'intermédiaire des sens paraissent à l'observateur être des manières d'être ou d'agir de quelque chose de distinct de lui-même : les faits psychologiques sont les phénomènes du moi, les faits sensibles sont les phénomènes du non-moi.

Cette seconde distinction est le fondement de la première, car c'est parce que certains phénomènes sont miens que je n'ai besoin d'aucun intermédiaire pour les connaître, et c'est parce que certains phénomènes ne sont pas miens que je ne puis les connaître que par l'intermédiaire des sens. De plus elle est la seule satisfaisante, car les données des sens sont des modifications du moi, et comme telles des phénomènes psychologiques; la statue de Condillac se connaît elle-même comme odeur de rose, avant d'avoir l'idée d'une rose distincte d'elle-même dont l'odeur serait une qualité. Les phénomènes sensibles ne cessent d'être des phénomènes psychologiques qu'en vertu du *jugement d'extériorité* (v. ce m.), du jugement qui les détache du moi pour les attribuer à quelque non-moi. En réalité, tous les phénomènes sont psychologiques; mais les uns ne peuvent jamais être considérés que comme des affections ou des opérations du moi, les autres deviennent des qualités de choses extérieures au moi. Dans ce dernier cas, le fait peut être envisagé à deux points de vue différents. La couleur rouge est un phénomène psychologique en tant que sensation visuelle; elle est un phénomène sensible en tant que propriété physique d'un corps capable d'agir d'une manière déterminée sur l'organe visuel.

Cette manière de définir les faits psychologiques, par la conscience et l'attribution au moi, rend assez difficiles à comprendre les faits *psychologiques inconscients*; il semble qu'il y ait contradiction dans les termes. Les *faits* psychologiques inconscients ne sont pas des *phénomènes*, puisqu'ils ne sont ni sensibles, ni conscients. On peut cependant concevoir qu'il se passe en nous quelque chose qui échappe à notre conscience, et qui soit de même nature que ce dont nous avons conscience, que la conscience est un caractère qui s'ajoute aux affections et opérations du moi, mais qui peut y manquer. Il y a, dans le fait conscient, un double phénomène : une modification du moi, et l'acte par lequel le moi en prend connaissance; il n'y a pas de raison pour que le premier ne puisse pas être sans le second.

Psycho-pathologie.

Science des maladies mentales. Elle ne se confond pas avec la *psychiatrie*, qui n'est pas seulement la connaissance de ces maladies et de leurs signes, mais l'art de les soigner et de les guérir quand il est possible.

Psycho-physique.

Fechner a désigné par ce mot l'étude expérimentale des rapports entre les phénomènes psychologiques et les phénomènes physiologiques, rapports étudiés autant que possible par des procédés de mesure. La *loi psychophysique*, ou loi de Fechner, est la suivante : Les sensations varient comme le logarithme des excitations; ou bien : L'intensité de la sensation croît selon une progression arithmétique, quand l'intensité de l'excitation croît selon une progression géométrique. Le terme de psycho-physique ne désigne plus aujourd'hui que les travaux de Fechner; il a été abandonné pour celui de *psychologie physiologique*, puis pour celui de *psychologie expérimentale*.

Psychose.

Maladie mentale, caractérisée par des troubles psychiques, sans qu'on connaisse de lésion organique correspondante.

Puissance.

Opposée à l'*acte* (v. ce m.), terme d'Aristote. L'opposition de la puissance et de l'acte n'est pas seulement celle du possible et du réel; la puissance existe, le possible n'existe pas. La puissance, c'est l'être en tant qu'il n'est pas encore parvenu à son achèvement, qu'il n'a pas reçu toutes les déterminations ou *formes* qu'il comporte : la doctrine de la puissance et de l'acte consiste à admettre la réalité de l'indéterminé. La puissance est le pouvoir de devenir les contraires; en elle les déterminations contraires se confondent; elles se distinguent et s'excluent dans l'acte.

Pyrrhonisme.

Voir *Scepticisme.*

Punctum cæcum.

Papille, ou *tache aveugle.* Voir *Papille.*

Punctum proximum, remotum.

Le *punctum remotum* est la distance d'où les rayons lumineux doivent venir pour former leur foyer conjugué sur la rétine, sans le secours de l'accommodation (v. ce m.). Dans l'emmétropie, il est à l'infini, ou ce qui revient sensiblement au même, à plus de 15 mètres; dans la myopie, il est plus rapproché; dans l'hypermétropie, il est plus loin que l'infini, c'est-à-dire que l'accommodation est déjà nécessaire pour que les rayons venus de l'infini fassent leur foyer sur la rétine. Il y a, dans ce cas, un *punctum remotum* virtuel en arrière de la rétine. — Le *punctum proximum* est le point correspondant au maximum de l'accommodation.

Pur.

Qui ne contient pas d'éléments étrangers : l'esprit *pur*, c'est la nature spirituelle non alliée à la nature corporelle; les mathématiques *pures* sont les mathématiques tout abstraites, considérées en dehors de toute application à des données empiriques; la métaphysique *pure* est constituée par des raisonnements entièrement à priori, sans aucun recours à la science expérimentale. Par suite, *pur* signifie exempt de tout élément *empirique* : les *intuitions pures*, opposées aux intuitions empiriques, sont, dans Kant, l'espace et le temps sans aucun contenu; les *concepts purs* sont les concepts qui ne dérivent pas de l'expérience ; l'*entendement pur*, la *raison pure* sont l'entendement, la raison considérés en eux-mêmes, abstraction faite de leur application aux objets de l'expérience. — La *raison pure* s'oppose aussi à la *raison pratique* ; c'est la faculté de connaître par des principes *a priori*, considérée au point de vue spéculatif, sans s'occuper de la faculté pratique que déterminent ces mêmes principes.

Q

Quadrivium.

L'arithmétique, la géométrie, la musique et l'astronomie, c'est-à-dire la division néo-pythagoricienne des mathématiques conservée par Boèce et Marcianus Capella, composent au moyen âge le quadrivium, qui forme avec le *trivium* les sept arts libéraux.

Qualitatif.

Qui est de l'ordre de la *qualité* : différence qualitative, changement qualitatif.

Qualité.

Tout ce qui est manière d'être, par opposition à l'être. La qualité ne peut exister que dans un sujet ; elle est un attribut ou une épithète ; elle n'est pas un sujet. La qualité s'oppose aussi à la *quantité* ; deux choses sont différentes en qualité quand leur différence ne se réduit pas à un rapport de plus ou de moins.

La *qualité* des propositions est la propriété qu'elles ont d'être affirmatives ou négatives.

Quand, quando (τό πότε).

Catégorie d'Aristote : c'est le *temps*.

Quantification du prédicat.

La logique formelle des Scolastiques n'admettait que deux sortes de propositions à l'égard de la quantité, les universelles et les particulières, suivant que le sujet est pris universellement ou particulièrement. Suivant Hamilton, on peut aussi considérer la quantité du prédicat; quand aucun signe verbal ne spécifie la quantité du prédicat, on admet qu'il est pris universellement dans les propositions négatives, particulièrement dans les affirmatives. Mais on peut toujours quantifier le prédicat, et on le fait quelquefois, par exemple dans les définitions. Les définitions sont des propositions universelles affirmatives dont l'attribut est pris dans toute son extension, ce qui fait qu'elles peuvent être converties simplement. Par la quantification du prédicat, toutes les propositions sont convertibles simplement, et la copule peut être remplacée par le signe $=$. Il y a ainsi quatre formes de propositions à l'égard de la qualité :

Toto-totales	tout A est tout B nul A n'est nul B	α E
Toto-partielles	tout A est quelque B nul A n'est quelque B	A η
Parti-totales	quelque A est tout B quelque A n'est nul B	ι O
Parti-partielles	quelque A est quelque B quelque A n'est pas quelque B	I ω

La quantification du prédicat serait, d'après Hamilton, à la fois un complément et une simplification de la logique formelle des Scolastiques. Mais elle rend la théorie du syllogisme encore plus artificielle et plus éloignée des opérations réellement accomplies par l'esprit qui raisonne. Le jugement exprime un rapport d'attribution et non d'égalité, un rapport de qualité à sujet, non un rapport de quantité. Une proposition quantifiée est une proposition *composée* (v. ce m.) qui équivaut à deux propositions.

Quantitatif.

Qui est de l'ordre de la *quantité* : différence quantitative, changement quantitatif.

Quantité.

La définition courante : *Tout ce qui est susceptible d'augmentation ou de diminution*, est inexacte, car une sensation, un désir, seraient des quantités, attendu qu'ils peuvent croître ou décroître. La quantité est *la possibilité du plus ou du moins* ; une chose n'est quantité qu'à ce point de vue. La sensation est quantité en tant qu'elle ne diffère d'une autre sensation qu'en plus ou en moins ; elle est qualité en tant qu'elle diffère d'une autre sensation autrement que par le plus ou le moins. On a tort de dire que l'espace et le temps sont des quantités. L'espace est qualitativement distinct de ce qui n'est pas lui, par exemple du temps. Mais l'espace et le temps, étant *homogènes*, peuvent plus aisément que toute autre chose être considérés sous le rapport de la quantité : l'espace est la seule chose directement mesurable ; le temps se mesure au moyen du mouvement uniforme, c'est-à-dire au moyen de l'espace. En un mot, l'espace, et ensuite le temps, sont les choses auxquelles la quantité s'applique le plus aisément; mais ils ne sont pas en eux-mêmes des quantités.

On distingue la quantité *discrète*, qui est le *nombre*, et la quantité *continue*. Celle-ci, selon la logique traditionnelle, se divise en deux espèces : le continu *successif* (le temps), et le continu *permanent*, ou *coexistant* (l'espace). Outre que le temps et l'espace, ainsi qu'il vient d'être dit, ne sont pas par eux-mêmes des quantités, il faut remarquer que dans une équation telle que $y = (f) x$, je n'ai pas besoin de considérer les deux variables x et y comme représentant des espaces ou des temps, pour considérer leurs variations comme continues ; il suffit de considérer chacune d'elles comme susceptible d'un accroissement infiniment petit (ou d'une diminution). Nous dirons donc que la quantité discrète, c'est la quantité mesurée au moyen d'unités *finies*, en sorte que l'on passe brusquement et sans transition d'une unité à la suivante, tandis que la quantité continue est la quantité mesurée au moyen d'unités *infiniment petites*.

On appelle *quantité des propositions* la propriété qu'elles ont d'être *universelles* ou *particulières* (v. ces mots). Ne pas confondre la quantité des propositions avec leur *extension* (v. ce m.).

On appelle *quantité des termes* la propriété qu'ils ont d'être *pris universellement* (sujet d'une universelle ou attribut d'une négative) ou *particulièrement* (sujet d'une particulière ou attribut d'une affirmative). Ne pas confondre la quantité des termes avec leur *extension* ; ne pas dire, par exemple, *terme particulier, terme général* au lieu de terme *pris particulièrement, pris universellement. Terme particulier* est un non-sens (v. *Particulier*).

Quiddité.

Ce qui répond à la question *Quid ?* Qu'est-ce que c'est ? c'est-à-dire l'*essence*, ce qu'exprime la *définition essentielle*. Ce latin barbare (*quidditas*) a été forgé pour traduire l'expression d'Aristote τὸ τί ἦν εἶναι. Aristote construit le verbe εἶναι avec un datif : τὸ εἶναι ἀνθρώπῳ, l'être pour l'homme, le fait d'être homme ;

on peut donc poser la question τί ἐστὶ τὸ εἶναι ἀνθρώπῳ ; qu'est-ce que c'est que d'être homme? Et Aristote met cette question à l'imparfait : τί ἦν εἶναι ἀνθρώπῳ ; pour indiquer qu'il ne s'agit pas de ce que l'homme est présentement, par accident, mais de ce qu'il est d'une manière permanente, de ce qu'il était destiné à être, de ce qu'il était déjà en puissance avant d'être en acte. L'article neutre placé devant cette interrogation, τὸ τί ἦν εἶναι, signifie ce qui répond à une telle interrogation, c'est-à-dire l'essence, ce qui fait qu'un homme est homme.

Quiétisme.

Sorte de mysticisme théologique, exposé par Mme Guyon dans le livre de la *Fréquente Communion*, et adopté par Fénelon, qui dut se rétracter publiquement devant les injonctions de Bossuet. Le quiétisme fait consister la perfection morale et la piété dans une pure contemplation, qui rend inutiles tous les actes religieux et même toute vie active. On a étendu le mot de quiétisme à tout mysticisme analogue.

Quintessence.

Les anciens admettaient quatre éléments, dont la combinaison produit tous les corps du monde terrestre : l'eau, la terre, l'air et le feu. Quelques-uns admirent que les corps célestes ne sont faits d'aucune de ces quatre substances, mais d'une cinquième, inconnue au monde terrestre, et qui n'a pas de nom ; ils l'appelèrent la *cinquième* essence, ou *quintessence*. Dans la chimie du moyen âge, *abstraire la quintessence* d'un corps, c'est en tirer, par distillation ou par quelque autre procédé, la substance la plus subtile, où certaines propriétés remarquables se rencontrent au plus haut degré. Au figuré : abuser de la subtilité.

R

Raison.

Faculté de distinguer le vrai du faux. La vérité est indépendante de l'esprit qui la connaît; elle est la même pour tous les esprits. Pour qu'il y ait une vérité, il faut qu'il y ait quelque chose de commun à tous les esprits, qu'ils jugent d'après les mêmes lois. Ce fond commun à toute intelligence, par quoi il peut y avoir une vérité et une science, c'est la *Raison*. — Dire en quoi consiste la Raison, ce serait faire une *théorie de la connaissance* (v. ce m.) et partant toute une philosophie. La Raison n'est pas toute l'intelligence, ni même la faculté de raisonner, mais l'ensemble des principes qui dirigent le raisonnement. Ces principes sont, avant tout : le *principe de contradiction*, condition de possibilité de toute pensée; c'est parce que deux contradictoires ne peuvent être ni toutes deux vraies ni toutes deux fausses, c'est parce que l'esprit ne peut affirmer et nier à la fois la même chose, que la nécessité s'impose de choisir entre l'affirmation et la négation, et qu'il y a du vrai et du faux; — ensuite le *principe de nécessité*, souvent appelé principe de causalité (v. ce m.). L'esprit peut bien concevoir le contingent, mais il ne saurait s'en contenter. La raison n'est satisfaite que quand elle se représente les choses sous la forme de la nécessité. Le principe de contradiction est la condition de toute *concevabilité*, le principe de nécessité est la condition de toute *intelligibilité* (v. ces m.). — On attribue aussi à la raison certaines *idées* ou *notions premières*, ou *formes a priori* de la connaissance, ou *catégories*, infini, absolu, unité, pluralité, identité, différence, etc. L'origine de ces idées a donné lieu à de longues controverses.

Kant distingue la *Raison* de l'*Entendement pur*. L'entendement pur est l'ensemble des concepts et principes *a priori* sans lesquels la pensée est impossible. La raison est une faculté active qui, à l'aide de ces concepts et de ces principes, ordonne les objets de la connaissance. Il distingue aussi la *Raison spéculative*, c'est-à-dire la Raison en tant qu'elle a pour fin le *vrai*, et la *Raison pratique*, c'est-à-dire la Raison en tant qu'elle a pour fin le Bien et la moralité. — *Raison pure*, v. *Pur*.

Principe de raison suffisante. — Leibnitz réunit en ce principe le *principe de causalité* et le *principe du meilleur*. Pour qu'une chose soit, il faut d'abord qu'elle soit *possible* (v. ce m.); il faut ensuite qu'elle fasse partie du système de possibles qui entre tous est le meilleur.

Être de raison, v. *Être* et *Néant*.

Raisonnement.

L'acte de l'esprit qui aperçoit une relation de principe à conséquence entre une proposition et une ou plusieurs autres, c'est-à-dire qui juge que cette proposition est nécessairement vraie si les autres le sont.

Rationalisme.

Au XVII° siècle ce mot ne s'emploie guère que pour désigner la doctrine d'après laquelle les problèmes généraux qui intéressent la conscience humaine peuvent être résolus par la raison, sans le secours d'une révélation surnaturelle. — Il désigne aussi la négation de toute révélation surnaturelle.

On l'emploie souvent pour désigner la doctrine de l'innéité des principes logiques, celle qui admet une raison irréductible à l'expérience. Dans ce cas il s'oppose à *empirisme*. Le rationalisme, admettant que nos connaissances ont deux sources indépendantes, pourrait être défini la doctrine d'après laquelle l'accord de la raison et de l'expérience, la possibilité de plier les données de celle-ci aux exigences de celle-là, ne peut s'expliquer que par une harmonie préétablie.

Rationnel.

Ne doit pas être confondu avec raisonnable. Est raisonnable ce qui est conforme à la raison ; est rationnel ce qui fait partie des notions et des principes dont se compose la raison.

in Re.

En réalité, opposé à *in abstracto*. — *Universalia in re*, formule du *nominalisme* : les Universaux, c'est-à-dire les idées générales, n'existent que dans les choses concrètes et individuelles, par opposition à *Universalia a parte rei*, formule du *réalisme* : les Universaux existent par eux-mêmes, indépendamment des sujets concrets et individuels dont ils sont les modèles.

Réaction.

1° Action opposée à une première action. Quand un corps agit sur un autre corps, le second exerce sur le premier une *réaction* qui est égale et opposée ; c'est ce qu'on appelle, en dynamique, le principe de Newton. — 2° Action qui se produit en réponse à une première action. Voir *Irritabilité*.

Réaliser.

1° Rendre réel ce qui n'est encore que conçu. Dieu conçoit tous les mondes possibles et réalise le meilleur, selon Leibnitz. — 2° Considérer à tort comme une chose réelle ce qui n'est qu'une idée abstraite : réaliser un concept. (Les Anglais disent *realize* dans un autre sens : parvenir à se faire une image nette d'une chose, se la représenter aussi bien que si on la voyait. Réaliser une idée abstraite se dit en anglais *reify*.)

Réalisme.

S'oppose : 1° à *Nominalisme*, doctrine d'après laquelle les *Universaux* ou idées générales existent réellement en dehors des choses individuelles, comme prototypes ou modèles éternels dont ces choses sont des imitations temporaires.

2° à *Idéalisme* : *a*) en esthétique : le réalisme fait consister la beauté dans la reproduction exacte du réel, même en ce qu'il a de laid et parfois de repoussant.

b) dans la théorie de la connaissance : le réalisme consiste à dire que notre connaissance saisit des réalités véritables; — α) s'il s'agit de la perception, il y a perception immédiate du monde extérieur comme tel. C'est ce qu'Hamilton appelle Réalisme naturel : « Les qualités premières sont aperçues telles qu'elles sont dans les corps » (v. *Primaires*); — β) s'il s'agit de la connaissance rationnelle, il y a une intuition intellectuelle de l'Absolu; — γ) qu'il s'agisse de la connaissance sensible ou rationnelle, il y a une garantie de la valeur objective de la connaissance : véracité divine (Descartes), vision en Dieu (Malebranche), unité de Dieu (Spinoza), harmonie préétablie (Leibnitz).

c) en ontologie : le monde extérieur existe réellement, soit tel que nous le percevons, soit comme cause de nos sensations.

Réalité.

1° Le *réel* s'oppose au *possible*. Réalité, possibilité, nécessité sont, selon Kant, les trois termes de la catégorie de la Modalité. — 2° La *réalité* s'oppose à l'*apparence*. La substance est, dans certaines écoles, appelée la réalité, tandis que le phénomène est l'apparence; la réalité est ce qui est au delà ou au-dessous des phénomènes, ce qui se cache sous eux ou se révèle par eux. A quoi le phénoménisme répond qu'il n'y a pas d'autre réalité que le phénomène lui-même.

Récept.

Mot formé, comme *percept*, par analogie avec *concept*; il signifie ce que l'esprit reçoit du dehors, ce qui est *donnée* de la connaissance.

Rayon visuel.

Il n'y a pas de rayon visuel ; il y a des rayons *lumineux*, émanant de chaque point de l'objet visible et se réfractant à travers l'appareil optique de l'œil. Le rayon visuel est une ligne géométrique, qui joint un point de l'objet au point de la rétine où se fait l'image de ce point.

Réceptivité.

Faculté de recevoir des impressions. La réceptivité est une espèce de la passivité, c'est l'aptitude d'un être à éprouver des modifications *qualitatives* produites en lui par une force extérieure à lui. Réceptivité s'oppose à *spontanéité*.

Recherche (Méthodes de).

Par opposition aux méthodes de démonstration ou d'exposition. Les premières sont analytiques, car on doit nécessairement prendre pour point de départ l'inconnu dont on cherche les conditions (v. *Analyse*);

les secondes peuvent être analytiques ou synthétiques, suivant qu'on part des principes pour en tirer des conséquences, ou qu'on fait, en éliminant les tâtonnements, le récit des procédés par lesquels le savant est arrivé lui-même à la découverte.

Réciproque.

Deux propositions hypothétiques sont réciproques quand l'hypothèse de l'une est la conséquence de l'autre, et quand la conséquence de la première est l'hypothèse de la seconde. Ne pas confondre la proposition réciproque avec la proposition *inverse* (v. ce m.). La définition doit être réciproque, c'est-à-dire convenir *omni et soli definito*; elle doit pouvoir être formulée en deux propositions réciproques : Si une figure est un triangle, c'est un polygone de trois côtés; — Si une figure est un polygone de trois côtés, c'est un triangle.

Réciprocité ou Communauté.

L'un des termes de la catégorie de la Relation (Kant). Voir *Communauté*.

Reçognition.

La *recognition* diffère de la *reconnaissance*. La reconnaissance du souvenir consiste à juger qu'un état de conscience présent est le retour d'un état antérieur. La recognition consiste à juger qu'un objet perçu est de telle nature connue, à reconnaître dans une figure donnée un triangle, dans une perception visuelle la couleur rouge, dans un groupe de deux sons l'intervalle d'octave, etc.

Récompense.

Voir *Mérite*.

Reconnaissance (du souvenir).

Voir *Antériorité (Jugement d')*. — Fausse reconnaissance, v. *Paramnésie*.

Récurrence.

En biologie, retour d'une espèce ou d'un organe à son type antérieur. Voir *Régression*.

Réduplicatives (Propositions).

Sorte de propositions *causales* (v. ce m.), où un terme est répété avec l'expression *en tant que* : La philosophie première a pour objet l'être en tant qu'être. Ces propositions sont causales parce qu'on veut dire que c'est *parce que* l'être est considéré en tant qu'être qu'il est l'objet de l'ontologie.

Réel.

Le *réel*, c'est ce qui est, même sans être connu ; il ne faut donc pas le confondre avec le *vrai*.

Réfléchissant (Jugement).

Opposé au jugement *déterminant* (v. ce m.).

Réflexe.

Acte réflexe ou simplement *réflexe*. — Lorsqu'une excitation transmise à un centre nerveux secondaire (ganglion) détermine une réaction, sans le concours de l'écorce cérébrale, et par suite sans l'intermédiaire d'aucun phénomène conscient, c'est un acte réflexe.

La plupart des fonctions du système nerveux sont des réflexes. Dans certains réflexes, le centre nerveux principal ne prend aucune part au phénomène : ainsi le contact des matières contenues dans l'intestin excite la muqueuse, et détermine la contraction des fibres musculaires, produisant ainsi les mouvements péristaltiques. Le plus souvent, le centre nerveux secondaire est en relation avec le centre principal, qui exerce sur lui une action d'inhibition et par suite de régulation. Ainsi, quand les voies de transmission sont coupées entre le centre principal et le centre secondaire, les réflexes sont exagérés, c'est-à-dire que la réponse à l'excitation est plus rapide et plus intense.

Réflexion.

La *conscience attentive*. La réflexion est le sujet s'observant lui-même. Locke a pris ce mot dans le sens plus général de conscience ; c'est la connaissance dans laquelle le sujet connaissant et l'objet connu sont une seule et même personne, connaissance qui s'exprime par le verbe réfléchi : je me connais.

Regrès, Régression.

Le regrès est le contraire du progrès. Dans l'évolution, le progrès d'un organe, d'un individu, d'une espèce, d'une société, est le passage à un état plus *différencié*, plus *concentré*; mais il y a aussi des faits de regrès, c'est-à-dire de retour d'un organe, d'un individu, d'une espèce, d'une société à un état antérieur, ancestral, moins différencié et moins concentré. La régression d'un organe est un arrêt de développement. Ainsi la glande pinéale, qui est chez certains vertébrés inférieurs (lézards) un œil complet, avec son cristallin et sa cornée, sa rétine, son nerf optique, et son centre nerveux, et qui, aux temps paléontologiques, chez les ancêtres des vertébrés actuels, fut sans doute un œil complet, n'est plus chez les vertébrés supérieurs qu'une petite masse de substance cérébrale. La régression d'un individu est la dégénérescence. La régression d'une espèce est le retour à une organisation moins complexe, à une vie plus diffuse. Mais il n'est pas prouvé que la *décadence* d'une société ou d'un organe social soit un retour, même partiel et irrégulier, à un état antérieur.

Relatif.

Opposé à *absolu* : qui consiste en une relation, ou qui n'existe qu'en vertu d'une relation (v. *Absolu*).

Relatives (Propositions).

Sorte de propositions composées exprimant une comparaison ou une proportion : Là où est votre trésor, là aussi sera votre cœur; — Tel père, tel fils ; — On est estimé à proportion de ce qu'on possède.

Relation.

Catégorie d'Aristote, τὸ πρός τι. — Catégorie de Kant. La Relation est la propriété qu'ont les jugements d'être *catégoriques*, *hypothétiques* ou *disjonctifs* (v. ces m.). La possibilité de ces trois sortes de jugements suppose les relations fondamentales de substance à qualité, de principe à conséquence, et d'action réciproque : substance, causalité, communauté sont les trois termes de la catégorie de Relation.

Relativisme.

Forme de la doctrine de la relativité de la connaissance : *Toute connaissance est la connaissance d'une relation.*

Relativité de la connaissance.

La doctrine de la relativité de la connaissance se compose de deux thèses : 1° Toute connaissance est la connaissance d'une relation : nous ne pouvons connaître aucune chose *en soi*, c'est-à-dire indépendamment de toute relation avec autre chose (relativisme). — 2° Toute connaissance est relative à l'esprit qui connaît : nous ne pouvons connaître aucune chose *en soi*, c'est-à-dire indépendamment de notre faculté de connaître ; nous ne connaissons des choses que ce qu'elles sont pour nous (subjectivisme).

Rémanent.

Après un contact prolongé d'un corps avec la peau, une sensation subsiste quand le contact a cessé. Cette sensation, dite *rémanente*, est analogue aux *images consécutives* de la vue.

Réminiscence.

Condillac et Maine de Biran appellent *réminiscence* la *reconnaissance* du souvenir (v. *Antériorité*). Maine de Biran distingue deux éléments dans la réminiscence : le premier consiste à reconnaître l'identité du moi, le second à reconnaître les modifications qui s'y répètent. — Aujourd'hui, au contraire, on appelle *réminiscence* un état de conscience qui est le retour d'un état antérieur, mais qui n'est pas *reconnu* et paraît nouveau. La réminiscence s'oppose au souvenir, qui est caractérisé par le jugement d'*antériorité*.

Représentatif.

1° Qui présente la distinction d'un sujet et d'un objet : ainsi la sensation est *affective*, la perception est *représentative*. Les sensations de la vue et de l'ouïe sont plus représentatives, celles du goût et de l'odorat sont plus affectives. — 2° Qui concerne le retour plus ou moins affaibli d'une perception en l'absence de la chose perçue. On dit l'*imagination représentative*, par opposition à l'imagination créatrice. — 3° Qui se substitue à un phénomène et en tient lieu. Ainsi Stuart Mill dit que nos images visuelles de l'étendue sont devenues représentatives des séries de sensations musculaires par lesquelles nous connaissons d'abord les grandeurs étendues, et qu'à force de les représenter, elles ont effacé toute conscience distincte de ces sensations musculaires (v. *Substitut*). — 4° La doctrine de la *perception représentative* s'oppose à celle de la perception immédiate du monde extérieur comme tel.

Représentation.

1° Traduction de l'allemand *Vorstellung*, qui a le sens que Descartes attachait au mot *objet* : ce qui est dans l'esprit à titre d'objet pensé. On a fait remarquer qu'il vaudrait mieux dire *présentation*, qui traduit exactement *Vorstellung*, et ne suggère pas l'idée que ce qui est dans l'esprit à titre d'objet pensé est l'image ou la copie de l'objet extérieur à l'esprit (voir le sens équivoque du mot *Objet*). — 2° Nouvelle présentation, retour, sous la forme d'image, d'une perception antérieure. — 3° Image ou perception qui se substitue à une autre image ou perception et en tient lieu (v. *Substitut*).

Résidus (Méthode des).

Lorsque deux groupes de phénomènes sont successifs ou concomitants, de telle sorte qu'on ait des raisons de supposer que l'un d'eux détermine l'autre, si l'on peut établir exactement en quoi tous les éléments du premier, sauf un, contribuent à déterminer le second, et s'il reste dans le second un *résidu* non expliqué, ce qu'il y a d'inconnu dans le conséquent peut être attribué à ce qu'il y a d'inconnu dans l'antécédent. Ex. : Les propriétés physiques de l'azote atmosphérique obtenu par élimination de l'oxygène, du gaz carbonique, et de la vapeur d'eau, ne sont pas identiques à celles de l'azote obtenu par décomposition des composés nitreux ou ammoniacaux. Ce qu'il y a d'inconnu, d'inexpliqué dans les propriétés de l'azote atmosphérique doit s'expliquer par la présence dans cet azote d'un autre corps inconnu jusqu'ici. C'est ainsi que Rayleigh et Ramsay ont découvert l'*argon*, puis l'*hélium*.

Résistance.

Ne pas confondre la résistance des corps avec l'*impénétrabilité* (v. ce m.). La résistance est une force qui a une grandeur finie, qui est par conséquent *relative*; l'impénétrabilité est l'impossibilité *absolue* que deux corps occupent le même espace. La résistance est une propriété empirique, elle se constate et se mesure; l'impénétrabilité est une condition *a priori* du concept de matière. — La résistance a été considérée comme une qualité primaire de la matière, c'est-à-dire que nous aurions une perception immédiate d'une qualité des corps telle qu'elle est dans les corps. Mais nous n'avons conscience que de l'effort que nous faisons pour vaincre la résistance des corps : la résistance nous est connue par les sensations cinesthésiques, qui ne sont que des modifications de nous-mêmes comme les autres sensations. (Voir *Antitypie*.)

Résolution.

Fait par lequel un tout se résout en ses éléments, — une difficulté se débrouille, — un problème reçoit la réponse convenable. — En psychologie, la *résolution* est l'acte qui termine la *délibération*; on l'appelle aussi décision, détermination ou choix. Une délibération est à la fois un *examen*, qui se termine par un *choix*, et un *combat*, qui se termine par un *triomphe*. L'examen est purement intellectuel; il est constitué par l'ensemble des *motifs*; le choix qui le termine est un *jugement*, le jugement que tel parti est le meilleur. Mais il ne suffit pas qu'un parti soit jugé le meilleur pour qu'il soit voulu. Le phénomène spéculatif se double d'un phénomène dynamique; l'examen des motifs se combine avec le conflit des mobiles; ce qui termine la délibération, c'est un acte plus encore qu'un jugement. Le mot *choix* n'exprime que l'aspect intellectuel du phénomène; le mot *résolution* exprime le fait tout entier.

Responsabilité morale.

Qualité de l'être qui est capable de mériter et de démériter. (v. *Mérite*.) Un être est responsable quand il doit répondre de ses actes, quand il est légitime de s'en prendre à lui, s'ils sont mauvais. La responsabilité semble présupposer le libre arbitre. Un être dont les actions sont nécessaires peut être considéré comme l'instrument des forces qui le déterminent, et ses actes ne lui sont pas plus imputables qu'un meurtre n'est imputable au couteau ou à la fiole de poison. La responsabilité remonte nécessairement de cause seconde en cause seconde, et ne s'arrête qu'à une cause première, par exemple un acte libre.

Cependant le déterminisme n'exclut pas toute notion de responsabilité. Le couteau, le poison, les instruments mécaniques de l'acte ne sont pas responsables, parce que l'approbation et la réprobation, l'éloge et le blâme, la sympathie et l'antipathie, la peine et la récompense et, en général, tous les systèmes de sanction, n'ont aucun sens à leur égard. Mais l'agent qui *délibère* peut être dit responsable, en ce sens que sa conduite peut être modifiée par l'introduction dans ses délibérations de motifs et de mobiles nouveaux. Le fou n'est pas responsable d'un crime, la peine ne saurait lui être légitimement appliquée, car la crainte de la sanction légale n'a pas son effet naturel sur les délibérations d'un fou, et elle n'empêche pas de devenir fou. L'homme passionné est moins responsable que l'homme qui est de sang-froid, parce qu'il délibère moins, et que la passion peut altérer, dans ses délibérations, l'influence des sanctions ordinaires. Le criminel ivre est responsable; sans doute la sanction n'a plus son effet naturel sur les délibérations de l'homme ivre, mais elle peut empêcher de s'enivrer. La volonté de l'être doué d'intelligence et de sentiment, alors même qu'elle ne serait pas libre, alors même qu'elle ne serait pas cause première, est le lieu où une multitude de forces et d'influences, de toute sorte et de toute origine, convergent en l'unité d'une personne consciente, pour diverger ensuite de nouveau dans toutes les directions sous la forme d'actes intentionnels. Il faut faire remonter la responsabilité jusqu'à cette délibération consciente, et il est inutile de la faire remonter au delà, parce que c'est là précisément que l'action des sanctions peut s'exercer.

On oppose la responsabilité morale à la responsabilité *civile*, terme de jurisprudence.

Ressemblance (Association par — ou loi de).

Un état de conscience tend à rappeler un autre état de conscience qui lui ressemble, ex. : le son de voix d'une personne fait songer à une autre personne qui a le même son de voix. Le trait de ressemblance peut d'ailleurs être un détail insignifiant.

L'association par ressemblance se ramène à l'association par contiguïté. Les deux états de conscience ne sauraient être identiques, car on ne s'apercevrait pas du passage de l'un à l'autre ; ils ont donc des éléments différents et une partie commune. Or c'est par simultanéité ou par succession immédiate que dans chacun d'eux les éléments différents sont associés à la partie commune.

Réviviscence.

En psychologie, on appelle *réviviscence* la tendance d'un état de conscience à renaître. La réviviscence d'un état de conscience est d'autant plus grande qu'il a été plus intense, soit par lui-même, soit à cause de l'attention dont il a été l'objet ; elle est d'autant plus grande qu'il a été plus fréquent ; elle diminue avec le temps. La réviviscence peut être augmentée ou diminuée par diverses causes qui agissent sur l'état du cerveau. Il ne faut pas confondre la *réviviscence* avec l'*association*. Tout état de conscience passé à une certaine tendance à renaître ; il ne renaît en effet que grâce à une association.

S

Sage, sagesse.

La sagesse ou prudence, *sapientia* ou *prudentia*, σωφροσύνη, est l'une des quatre vertus cardinales des anciens ; c'est le savoir considéré comme dirigeant l'action. Pour les modernes, la sagesse est l'art d'ordonner sa vie d'une manière raisonnable. Les *impératifs* qui ont pour fin le *bonheur* ne sont pas *catégoriques*, car il n'est pas obligatoire d'être heureux, mais *hypothétiques* : Si tu veux être heureux, fais ceci, évite cela. Ils ne sont pas *problématiques*, mais *assertoriques*, car le bonheur n'est pas seulement une fin qu'on peut se proposer, c'est une fin qu'en fait on se propose toujours. Ces impératifs n'ont pas le caractère impérieux des commandements moraux, car le bonheur est chose personnelle, que chacun entend à sa manière, et pour laquelle on ne saurait formuler de règles absolues. Les préceptes qui ont pour fin le bonheur sont donc les *conseils de la sagesse*. L'utilitarisme identifie la morale avec les conseils de la sagesse; dans la philosophie de Kant, ils seraient l'objet d'un art distinct.

Sainteté.

La sainteté est la condition d'une volonté absolument libre, jointe à une raison parfaite. Une telle volonté, sans y être aucunement contrainte, agirait toujours conformément à la loi, par la perfection même de sa nature. La sainteté est différente de la moralité qui consiste à agir conformément à la loi, en vertu d'un effort et d'une lutte contre la nature.

Sanction.

On appelle sanction un système de récompenses et de châtiments. On distingue : 1° la *sanction naturelle*, l'ensemble des conséquences heureuses et malheureuses qui résultent du vice et de la vertu : ainsi l'intempérance a pour châtiment la maladie qui en est la conséquence, l'oisiveté a pour châtiment l'ennui. Cette sanction se confond avec l'hygiène, non seulement physiologique, mais aussi intellectuelle et morale; — 2° la *sanction légale*, l'ensemble des peines prévues par la loi, auxquelles il faut joindre les récompenses officielles, titres honorifiques, etc.; — 3° la *sanction de l'opinion*, l'éloge et le blâme, la bonne et la mauvaise réputation, la gloire et le mépris; — 4° la *sanction de la conscience* ou sanction *intérieure*, satisfaction morale et remords ; — 5° la *sanction de la vie future*, peines et récompenses réparties par la justice divine dans une autre vie.

Scepticisme (de σκέπτομαι, j'examine.)

Le scepticisme consiste à ne jamais conclure l'examen par une affirmation ni une négation, à demeurer dans le doute, non sur une question déterminée, mais sur toutes choses. Le scepticisme conteste la possibilité de la connaissance et de la science. Il n'y a plus aujourd'hui de sceptiques ; la science est évidemment possible puisqu'elle est. Tous les arguments des sceptiques tendaient à contester la possibilité de la connaissance de l'absolu ; la doctrine de la relativité de la connaissance, en montrant que la science n'exige pas la connaissance de l'absolu, a supprimé le problème du scepticisme.

Le scepticisme, à vrai dire, n'a jamais été une doctrine, mais une attitude philosophique, et cette attitude était plutôt le fait d'une tournure d'esprit et d'un caractère que d'arguments systématiques. Cet esprit d'incrédulité, ce goût de l'incertitude, cette tendance à se complaire dans le doute se rencontrent encore, et l'on donne parfois le nom de sceptiques à des penseurs contemporains qui ne contestent pas le théorème du carré de l'hypoténuse ni les lois de la chute des corps.

Il ne faut pas confondre le « doute méthodique » avec celui des sceptiques « qui ne doutent que pour douter, et affectent d'être toujours irrésolus » (Descartes).

Schématique.

Une figure schématique est une figure qui ne représente pas les faits tels qu'ils sont, mais qui, pour donner une image plus simple et plus claire de certaines relations, élimine tout le reste, et exprime ce qu'elle représente d'une manière conventionnelle.

Schématisme (Kant).

Les catégories de l'entendement pur n'expriment que les formes *pures* des jugements, elles ne sont pas par elles-mêmes applicables aux données de l'expérience. C'est par l'intermédiaire des *intuitions pures* (espace, temps) que les catégories s'appliquent aux intuitions empiriques. Le donné est une multiplicité et une diversité indéterminées. Il ne peut recevoir, par exemple, la forme de l'*un*, du *plusieurs* et du *tout* qu'en s'ordonnant dans l'espace et dans le temps. Ce qui est donné, c'est *du* phénomène ; pour concevoir *un* phénomène, il faut délimiter une certaine étendue ou une certaine durée que ce phénomène remplit; le multiple, c'est l'unité répétée ; le tout est une unité formée d'une multiplicité. — La relation de principe à conséquence, ou de dépendance logique, transportée dans l'ordre du temps devient la relation d'antécédent nécessaire à conséquent, c'est-à-dire la relation de causalité. Si l'on a pu parler de causalité intemporelle, par exemple de l'acte par lequel Dieu crée le monde ou le conserve, une telle causalité est inapplicable à l'expérience. — La relation logique d'attribut à sujet devient, en s'unissant à l'idée de temps, la relation de permanence à changement, c'est-à-dire de substance à phénomène. Si cette relation peut être conçue comme concernant des objets en dehors de l'idée de temps, par exemple dans la théorie des attributs de Dieu, ces objets n'appartiennent à aucune expérience possible. En un mot, les concepts purs doivent se combiner avec les intuitions pures, pour se rapporter aux objets de l'intuition empirique.

Schème.

D'une manière générale, un schème est une représentation figurée de ce qui, de sa nature, est sans figure.

Dans la philosophie de Kant, les schèmes sont la combinaison des concepts purs avec les intuitions pures (v. *Schématisme*).

Science.

Une science est un *système de vérités générales*. Une science ne se compose que de propositions vraies. Cependant des vraisemblances, des probabilités, des hypothèses peuvent être reçues provisoirement par le savant, pourvu qu'il fasse les réserves nécessaires et ne confonde pas ce qui est démontré et ce qui ne l'est pas. En second lieu, les vérités scientifiques sont générales, car il n'y a pas de science de l'individuel. Enfin toute vérité générale est science, mais des vérités ne forment une science que si elles forment un *système* et se rapportent à un même objet. L'objet d'une science n'est pas concret, mais abstrait ; ce n'est ni un être, ni une espèce d'êtres, mais un point de vue auquel on considère tout ce qui peut être considéré à ce point de vue.

« La science » est l'ensemble de toutes les sciences. On oppose parfois la science à la *philosophie* (v. ce m.), et la *science positive*, c'est-à-dire toujours vérifiable, à la *métaphysique* (v. ce m.). On oppose aussi la science à l'*art* (v. *Technique*). Les arts sont des applications des sciences, mais non des sciences appliquées ; les sciences *pures* ont pour objet des lois, c'est-à-dire l'ordre abstrait des phénomènes ; les sciences *appliquées* rendent compte de l'ordre concret des phénomènes par les lois des sciences pures ; les unes et les autres sont les sciences *théoriques*. Les sciences *pratiques* ou *arts* ne contiennent aucune vérité qui leur soit propre : un art est un ensemble de connaissances théoriques qu'on réunit parce qu'elles peuvent toutes concourir à diriger une même espèce d'entreprises pratiques. Ainsi l'agriculture est l'ensemble de toutes les connaissances (chimiques, botaniques, économiques, etc.) qui peuvent être utiles pour obtenir de la terre le rendement maximum.

Scolastique.

La philosophie scolastique est la philosophie du moyen âge, et spécialement cette philosophie, tirée d'Aristote, qui finit par triompher, et reçut sa forme définitive avec saint Thomas d'Aquin. On dit aussi la *Philosophie de l'École*, ou simplement l'*École*.

Scotome (σκότος, obscurité).

Lacune du champ visuel due à une altération d'une région plus ou moins étendue de la rétine.

Secondaires (Qualités).

Ou qualités *secondes* de la matière. Ce sont des qualités inconnues en elles-mêmes par lesquelles les corps déterminent en nous des sensations qui ne leur ressemblent pas : ainsi la sensation d'odeur ne ressemble pas à la qualité du corps odorant, la sensation de son ne ressemble pas à la vibration du corps sonore, la sensation de couleur ne ressemble pas à l'onde qui la produit. (Voir *Primaires*.)

Seconde (Cause).

Cause qui est elle-même l'effet d'une autre cause.

Secondes intentions.

Voir *Intention*.

Secondo-primaires (Qualités).

Classe créée par Hamilton, intermédiaire entre les qualités primaires et les qualités secondaires. Les qualités primaires sont, pour lui, les propriétés géométriques des corps ; elles sont perçues immédiatement. Les qualités secondo-primaires sont les propriétés mécaniques (*résistance* et *masse*) ; elles sont connues à la fois médiatement comme causes de sensations, et immédiatement comme objets de perception.

Sélection.

La sélection est un artifice par lequel les agriculteurs et les éleveurs perfectionnent et varient les races végétales et animales; ils éliminent les individus qui répondent imparfaitement à leurs fins, et réservent pour la reproduction ceux qui présentent au plus haut degré le caractère qu'ils veulent fixer ou conserver. Darwin a montré qu'il existe une *sélection naturelle*, analogue à la sélection artificielle. Les individus qui présentent au plus haut degré les caractères les plus favorables à la conservation et à la multiplication de l'espèce sont seuls ou presque seuls à la perpétuer, les autres sont éliminés par la *concurrence vitale*. — La *sélection sexuelle* est un cas spécial de la sélection naturelle : les êtres sexués ont des préférences pour certains caractères de l'autre sexe ; et ceux qui présentent au plus haut degré ces caractères concourent seuls ou concourent davantage à la reproduction.

Semblable.

En géométrie les figures *semblables* sont celles dont les éléments présentent les mêmes relations de position, et les mêmes grandeurs relatives, mais non les mêmes grandeurs absolues. — En général, deux choses sont semblables quand elles ont des caractères identiques, et d'autres différents.

Semetipsisme.

Quelquefois employé pour *solipsisme* (v. ce m.).

Sens.

Un sens est la faculté d'éprouver une certaine classe de sensations, ou la faculté de connaître une certaine classe de phénomènes sensibles. Le sens ne se confond ni avec la sensation (il est la faculté, elle est le phénomène), ni avec l'organe, dont le langage vulgaire même le distingue (vue, œil, — ouïe, oreille, etc), ni avec l'acte de percevoir (vue, vision, — ouïe, audition, etc.). — Comme les facultés ne sont pas des réalités, il est oiseux de compter les sens; on peut en compter autant que d'organes, mais on peut aussi admettre des sens multiples; on peut dire, par exemple, que le toucher est un sens, ou qu'il est plusieurs sens : tact, sens thermique, etc. En un mot, il faut énumérer, décrire et classer les sensations, non les sens.

Sens intime. — La conscience est souvent appelée *sens intime*, et opposée aux *sens externes*.

Sens commun, v. *Commun.*

Bon sens. — Descartes prend cette expression comme synonyme de Raison. L'usage lui attribue plutôt la signification de rectitude du jugement, spécialement du jugement spontané.

Sens musculaire, v. *Musculaires (Sensations).*

Sens cinesthésique ou *kinesthésique,* v. *Cinesthésique.*

Sens thermique, faculté d'éprouver des sensations de chaud et de froid.

Sens de l'équilibre, v. *Équilibre.*

Sens vital, ou *sens organique*. — On a parfois nommé ainsi la faculté d'éprouver des sensations dans les organes viscéraux. Voir *Sensations internes*.

Sens interstitiel. — Gerdy fait un sens spécial de la faculté de ressentir, dans l'intimité des tissus, des sensations dues à l'ingestion ou l'injection de substances étrangères, alcool, café, médicaments.

Sixième sens. — Les *cinq sens* traditionnels n'épuisent pas la totalité de nos sensations ; divers psychologues ont nommé sixième sens tantôt le sens musculaire ou le sens cinesthésique, tantôt le sens « vital ».

Sensation.

Phénomène *psychologique* provoqué par l'excitation d'un organe des sens. Les diverses acceptions du mot sensation dépendent de l'analyse plus ou moins détaillée que l'on fait de ce phénomène, car il désigne tantôt le phénomène total, tantôt un de ses éléments ; et dans ce dernier cas, la signification en est plus ou moins restreinte, suivant qu'on a poussé plus ou moins loin la décomposition. En tout cas, la sensation est toujours le *premier* phénomène psychologique qui suit le processus organique. Ainsi : 1° la sensation peut être envisagée comme un phénomène mixte, à la fois affectif et intellectuel : modification du sujet, et connaissance d'un objet ; 2° on en restreint ordinairement le sens en l'opposant à *perception* (v. ce m.) ; c'est le phénomène affectif distingué du phénomène cognitif.

La distinction entre *sentir* et *percevoir* est purement abstraite. On ne peut percevoir sans sentir, car la perception n'est que la conscience que nous prenons de notre modification affective. Si l'on peut sentir sans percevoir, une telle sensation est inconnue de nous, inconsciente. Toutes les sensations que nous pouvons observer sont donc en même temps des perceptions. Sensation et perception ne sont pas deux phénomènes, mais deux caractères — affectif et cognitif — d'un même phénomène, qui est à la fois la racine de l'intelligence et celle de la sensibilité. Mais pour n'être pas séparables, ces deux caractères n'en sont pas moins distincts. Ainsi la sensation est plus ou moins *vive*, elle a des degrés d'*intensité* ; la perception est plus ou moins *nette*, elle a des degrés de *perfection*.

On dit quelquefois que la sensation et la perception varient en raison inverse l'une de l'autre. C'est évidemment faux : on ne peut soutenir que la perception la plus nette correspond à la sensation la plus faible. L'intensité de la sensation et la netteté de la perception croissent ensemble à partir du *seuil*; puis la perception passe par un *optimum*, par exemple l'intensité lumineuse la plus favorable pour voir distinctement ; après quoi la netteté de la perception diminue, tandis que l'intensité de la sensation continue à croître.

Sensations internes, celles qui sont rapportées à quelque région de l'intérieur de l'organisme : la faim, la soif, les douleurs de tête, de dents, les névralgies, les crampes, etc.

Sensations périphériques, celles qui proviennent d'un organe situé à la périphérie, dans les téguments. Ce sont toutes les espèces de sensations tactiles, les sensations visuelles, auditives, olfactives, gustatives. La distinction des sensations internes et périphériques est profonde, car les organes périphériques des sens sont d'origine ectodermique, et n'entrent en connexion avec leur conducteur nerveux qu'à une période avancée de leur développement. Les sensations internes n'ont pas d'organes spéciaux aussi complexes et aussi différenciés. Les sensations internes sont parfois appelées phénomènes *sensitifs*, tandis que les sensations périphériques sont appelées phénomènes *sensoriels*.

Les *sensations subjectives* sont bien des sensations et non des images, car elles proviennent d'une excitation des nerfs afférents, mais cette excitation n'est pas due à l'excitant normal du sens intéressé. Les *phosphènes* (v. ce m.) sont des sensations subjectives. Il en est de même des illusions des amputés (v. ce m.).

Sensible.

Qui peut être perçu par les sens. Les choses sensibles sont tout ce qui est objet de perception. Les phénomènes sensibles s'opposent aux faits de conscience (v. *Psychologique*). La scolastique distinguait des *sensibles propres*, phénomènes qui ne peuvent être perçus que par un seul sens, comme la couleur, le son, et des *sensibles communs*, qui peuvent être perçus par plusieurs sens, toutes les déterminations de l'étendue, la figure et le mouvement. Les *sensibles par accident* sont des sensations évoquées par d'autres sensations. Voir *Acquises* (*Perceptions*).

On dit *sensiblement vrai*, *sensiblement exact* de ce qui, sans être rigoureux, a une approximation telle que l'erreur, si elle existe, est assez petite pour échapper aux sens.

Sensibilité.

La faculté de *sentir*. On oppose la *sensibilité* à l'*intelligence*, mais cette distinction est loin d'être toujours observée; on attribue à la sensibilité des faits qui ne sont pas purement *affectifs*, et même des faits où l'élément intellectuel est prédominant. Par les mots *sensibilité* et *sentir*, on désigne trois classes de phénomènes très différents : 1° les manières d'être affecté, les *sensations*; 2° des phénomènes très complexes, dans lesquels entrent des éléments intellectuels, et qui appartiennent à l'activité plutôt qu'à la passivité, les *tendances, appétits, inclinations, passions*; 3° le *plaisir* et la *douleur*. — On dit couramment sensibilité dans le sens de faculté non seulement d'éprouver des *sensations*, mais encore de *percevoir*, et même de discerner, de distinguer ; on dit que la sensibilité peut être plus ou moins *fine*, selon qu'elle est capable de reconnaître des différences plus ou moins petites, soi qualitatives, soit quantitatives ; on a même essayé de mesurer, par la méthode des cas vrais et faux, la *finesse de la sensibilité*. Il vaudrait mieux, dans ce cas, éviter le mot de sensibilité, et employer celui de perception, ou mieux de *discrimination*.

La *sensibilité générale* est la faculté d'éprouver des sensations *internes* (v. *Sensation*) ; la sensibilité *spéciale* est la faculté d'éprouver des sensations *périphériques*. Cependant quelques auteurs semblent ranger le toucher dans la sensibilité générale.

Sensitif.

Qui appartient à la sensibilité, et surtout à la *sensibilité générale*. — Le *faisceau sensitif* est un cordon de substance blanche qu'on a pu suivre dans la moelle, puis dans le bulbe, dans les pédoncules cérébraux, dans la capsule interne, et qui s'épanouit dans la couronne rayonnante jusqu'à l'écorce des hémisphères. Il conduit à l'écorce cérébrale les impressions périphériques amenées à la moelle par les *racines postérieures* ou sensitives des nerfs rachidiens.

Sensoriel.

Qui appartient à la *sensibilité spéciale*.

Sensorium commune.

Ou simplement *sensorium* : l'organe unique où toutes les sensations aboutissent, et grâce auquel elles peuvent être toutes des sensations d'un même sujet. Le sensorium n'est pas le cerveau tout entier, mais l'*écorce cérébrale*.

Sensualisme.

Doctrine d'après laquelle les sens sont la source unique de toutes nos connaissances. Sensualisme s'oppose parfois à *rationalisme*, doctrine qui considère la raison comme irréductible à l'expérience. Il est plus précis d'opposer dans le même sens les mots *empirisme* et *nativisme*. — *Sensualisme* s'oppose aussi à *empirisme* : Locke fait dériver toutes nos connaissances de l'expérience soit *interne* (les sens), soit *externe* (la réflexion ou conscience); c'est l'*empirisme*. Condillac, remarquant que les faits de l'expérience interne ou réflexion sont ou des sensations ou des idées qui résultent d'une élaboration des sensations, conclut qu'il n'y a, en somme, qu'une seule source de nos connaissances, la sensation : c'est le *sensualisme*. On appelle aussi sensualisme la doctrine d'après laquelle les sens sont non seulement les seules sources de nos connaissances, mais les seuls juges de leur valeur, d'où la conception sensualiste de la logique et de la science.

Sentiment.

Mot très vague et dont le sens a beaucoup varié. Descartes appelle *sentiments* ce que nous nommons *sensations* : « tous les sentiments, comme la douleur, le chatouillement, la lumière, les couleurs, les sons, les odeurs, le goût, la chaleur, la dureté et toutes les autres qualités qui ne tombent que sous le sens de l'attouchement. » (*Princ.*, I, 48.) La colère, l'amour, la joie, la tristesse, sont, dans son langage, non des sentiments, mais des *émotions* ou des *passions*. — Aujourd'hui on appelle *sentiments* les phénomènes affectifs, émotions ou inclinations, qui ne sont pas rapportés à une région déterminée de l'organisme.

Série biologique.

En anatomie, en physiologie comparées, on cherche à découvrir l'évolution d'un organe ou d'une fonction en les considérant dans une série d'espèces choisies de manière à former une sorte de gradation, des êtres *inférieurs* aux êtres *supérieurs* et à l'homme. Les êtres inférieurs offrent des formes moins différenciées, plus voisines des formes originelles. Cette vue n'est soutenable qu'en gros ; les espèces présentement vivantes sont les aboutissants de séries divergentes. Ce n'est pas la comparaison d'espèces contemporaines qui peut présenter une véritable série biologique. La série s'est déroulée dans le temps, et c'est dans le passé qu'il faudrait chercher les organismes inférieurs. Cependant il est vrai que l'évolution d'un organe a pu s'arrêter à un certain stade dans une espèce, et se continuer au delà dans une autre.

Services.

Tous les phénomènes économiques, et il faut ajouter tous les phénomènes sociaux, sont des *services*, ou au contraire des actes nocifs, souvent appelés phénomènes *anti-sociaux*. La sociologie a pour objet les diverses manières dont les hommes se procurent les services des autres hommes, ou, plus généralement, dont les vivants se procurent les services d'autres vivants. Tous les faits sociaux sont donc compris dans le tableau suivant :

Services.
- Gratuits.
  - Contrainte.
  - Influence.
    - Expression.
    - Suggestion.
    - Intimidation.
    - Séduction.
- Réciproques.
- Échangés.
  - Échange du travail.
    - Esclavage.
    - Domesticité.
    - Travail à temps.
    - Travail à la tâche ou à la pièce.
  - Échange des produits.

Seuil.

On appelle *seuil* le minimum d'excitation nécessaire pour produire une sensation. Il ne s'agit pas de la durée minima de l'excitation, ni, pour les perceptions de la vue et du toucher, de l'étendue minima de l'objet (*minimum sensibile*), mais de l'*intensité* minima de l'excitation qui produit une sensation.

Seuil de la conscience. — Selon Hamilton, les « mouvements de l'esprit » doivent atteindre un certain degré d'intensité pour être conscients. Ainsi un sentiment trop faible reste inaperçu, soit qu'il demeure à l'état de sentiment inconscient (ainsi un cours d'eau souterrain ne devient visible que quand il coule assez d'eau pour mouiller la surface du sol), soit que la cause qui le produit ne le fasse commencer que quand elle peut lui donner le minimum d'intensité que la conscience exige (ainsi, pour qu'un vase déborde, il faut d'abord y verser assez d'eau pour le remplir). On peut se demander si le seuil de la conscience n'est pas tout autre chose qu'une simple affaire de degré. Il semble, en effet, que la conscience accompagne l'activité à laquelle elle est nécessaire, et tend à disparaître quand elle est inutile. Elle est nécessaire à toute fonction qui exige un discernement, un jugement, une raison, en un mot une coordination nouvelle ; elle disparaît quand cette coordination est devenue un automatisme organique. Il faudrait donc introduire, dans l'étude du seuil de la conscience, outre les considérations d'intensité, celles de *finalité*.

Signe.

Un signe est un phénomène sensible associé à un autre phénomène et destiné à l'évoquer. Quand la même association existe dans des esprits différents, le signe peut servir à la communication de la pensée. Un langage est un système de signes.

Simple.

Propositions simples, celles qui n'ont qu'un sujet et qu'un attribut. Simple s'oppose ici à *composé*, mais non à *complexe*; aux propositions *complexes* on oppose les propositions *incomplexes*. — *Conversion simple*, v. Conversion. — *Syllogismes simples*, s'oppose à *syllogismes conjonctifs*. Un syllogisme peut être à la fois *simple* et *complexe*. Au lieu de ces expressions, on dit aujourd'hui syllogismes *catégoriques*, *hypothétiques*, *copulatifs* et *disjonctifs*. — En général, simple signifie *indivisible* : La monade, dit Leibnitz, est une substance simple, c'est-à-dire sans parties ; il faut nécessairement qu'il y ait des simples, puisqu'il y a des composés. La *simplicité* du moi consiste en ce qu'il est impossible de le concevoir divisé ou multiple. La simplicité est un attribut ontologique du moi considéré comme substance ; au contraire, l'*unité* du moi consiste en ce que la multitude de ses affections et de ses objets est rapportée à un seul sujet ; l'unité, notion corrélative de multitude, est un caractère du *moi-sujet*.

Singulier.

On appelle *idée* ou *notion singulière, terme singulier*, une idée qui représente, un terme qui désigne un sujet unique, individuel ou considéré comme tel. Tels sont l'idée du moi, tous les noms propres, Jules César, Rome, le Mont-Blanc, et aussi les noms communs dont l'extension est réduite à un seul sujet par une expression déterminative : le livre que voici, le soldat n° 10. Un terme singulier ne peut pas être sujet d'une proposition particulière ; toute proposition dont le sujet est un terme singulier est nécessairement universelle. Il faut donc bien se garder de confondre *singulier* et *général*, qui se disent de l'*extension des termes*, avec *universel* et *particulier*, qui se disent de la *quantité des propositions*. — Une *proposition singulière* est une proposition qui a pour sujet un terme singulier. Les propositions sont *générales*, *spéciales* ou *singulières*, et ceci est leur *extension*. Elles sont, en outre, *universelles* ou *particulières*, et ceci est leur *quantité*. Il importe de ne pas confondre leur quantité avec leur extension, car, notamment, toute proposition singulière est universelle.

Situation (*situs*, κεῖμαι).

Une des catégories d'Aristote : être assis, debout, couché.

Social (Phénomène).

Le *social* s'oppose à l'*individuel* ; le phénomène social est donc tout phénomène qui consiste en une relation entre des individus. [Quelques sociologues donnent de ce mot une définition plus étroite : le phénomène social est, selon M. E. Durkheim, tout phénomène qui consiste en une contrainte ou une influence exercée sur l'individu par le milieu social, c'est-à-dire l'ensemble des autres individus.] Les relations entre des personnes sont soit des *services*, soit au contraire des actes nocifs, lesquels sont parfois appelés phénomènes *anti-sociaux*. — En un sens plus spécial, *social* s'oppose à *politique* ; ce qui est politique, c'est tout ce qui se rapporte à la souveraineté ; ce qui est social, c'est ce qui se rapporte à la constitution de la société.

Socialisation du travail.

Organisation du travail par la loi, d'après des principes de justice et d'égalité. — Socialisation de la propriété : organisation qui mette les objets de consommation à la disposition de ceux qui en ont besoin, les instruments de travail en la possession des travailleurs. Les écoles socialistes n'entendent pas toutes que cette organisation entraîne la suppression de toute propriété individuelle.

Socialisme.

La définition du socialisme doit être vague pour respecter la diversité des écoles et le manque de précision des doctrines. Le socialisme est une doctrine qui tend à réorganiser la constitution de la société, et notamment sa constitution économique, pour la rendre conforme (ou plus conforme) à un idéal de justice.

Sociologie.

Mot forgé par A. Comte : science des phénomènes sociaux.

Solidarité.

Deux choses sont solidaires quand l'une n'est pas indépendante de ce qui affecte l'autre. Deux personnes sont solidaires quand ce que l'une fait ou éprouve retentit en l'autre. La *sympathie* est un exemple de solidarité. L'*hérédité* est la solidarité des générations successives.

Solide.

En géométrie, figure à trois dimensions. Dans Locke, Berkeley, Hume, Reid, *solidité* est synonyme d'*impénétrabilité*.

Solipsisme (*solus ipse*).

Je ne connais le monde extérieur que par les modifications qu'il produit en moi par les sens ; je ne connais que moi et mes propres modifications; et la difficulté de prouver aucune autre existence conduit à examiner l'hypothèse que je suis le seul être et que l'univers n'est rien autre que l'ensemble de mes représentations actuelles et possibles. Cette étrange attitude est le *solipsisme* (v. *Idéalisme*).

Sommeil provoqué.

Voir *Hypnotisme*.

Somnambulisme.

État pathologique, dans lequel le sujet exécute beaucoup d'actes semblables à ceux d'une personne éveillée, mais qui a commencé par un sommeil et se termine par un réveil, après lequel tout souvenir de ce qui s'est passé dans l'intervalle est aboli. Il y a un somnambulisme *spontané* et un somnambulisme *provoqué*. Quand le sujet est en *léthargie*, une légère friction sur le sommet de la tête le met en somnambulisme provoqué : il ouvre les yeux, parle, agit, comme s'il était éveillé; mais il est alors éminemment *suggestible*.

Sophisme.

Le sophisme est un argument spécieux et captieux, un paralogisme dont le défaut est plus ou moins habilement dissimulé. Le sophisme entraîne l'idée d'une certaine adresse à faire illusion, et, sinon l'intention formelle de tromper, du moins un plus grand souci de convaincre que de dire vrai.

Sorite.

Le sens de ce mot a beaucoup varié. Le sorite est primitivement l'*argument du tas* (σῶρος, tas). Si on enlève un grain de blé à un tas de blé, disait Zénon d'Élée, il reste encore un tas de blé; si on enlève encore un grain de blé, il reste encore un tas de blé; et ainsi de suite. Si donc on enlève successivement tous les grains de blé d'un tas de blé, il reste toujours un tas de blé. On faisait le même raisonnement en ajoutant au lieu de retrancher; un grain de blé n'est pas un tas, deux grains de blé ne sont pas un tas, et ainsi de suite : on ne saurait dire à quel moment l'addition d'un grain constitue un tas. Pareillement on démontrait qu'en enlevant successivement tous les cheveux de la tête d'un homme, on ne le rendrait pas chauve : il est impossible, en effet, de dire à partir de quel moment il y a calvitie. Ce raisonnement peut être fait à propos de tout ce qui présente une transition graduelle ou continue. Aussi, lorsque plus tard, le nom de sorite fut appliqué à tous les syllogismes composés indistinctement, on appela *gradation* le sophisme pour lequel le nom de sorite avait été inventé.

Le sorite fut un des arguments favoris des Académiciens et des sceptiques grecs. Ils soutenaient l'impossibilité de discerner le vrai du faux, en montrant que tous les *critères* invoqués par les dogmatiques comportaient du plus ou du moins, et qu'ainsi on passait insensiblement de la plus parfaite évidence à la plus grande incertitude.

On appelle aujourd'hui *sorite*, non un paralogisme, mais un argument valable, qui est un syllogisme composé, formé d'une série de propositions telle que l'attribut de chacune soit toujours le sujet de la suivante; la conclusion a pour sujet le sujet de la première, et pour attribut l'attribut de la dernière. Exemple : A est B, B est C, C est D, donc A est D. L'homme est un mammifère, les mammifères sont des vertébrés, les vertébrés sont des animaux, donc l'homme est un animal.

Le sorite semble être un syllogisme qui a plusieurs moyens termes et plusieurs mineures. On montre, en logique, que le sorite peut toujours se décomposer en plusieurs syllogismes simples, la conclusion de l'un servant de prémisse au suivant.

Souvenir.

Retour d'un état de conscience, qui est *jugé antérieur*. Le jugement d'antériorité (v. ce m.) est essentiel au souvenir; le retour d'un état antérieur qui n'est pas jugé antérieur est une *réminiscence*, non un souvenir (v. *Réminiscence* et *Mémoire*).

Spécial.

Qui appartient à une *espèce* : 1° *terme spécial*, corrélatif de terme général, celui qui exprime une espèce, par rapport à un autre qui exprime un genre; — 2° *proposition spéciale*, relativement à une autre, celle qui exprime une propriété d'une espèce. Exemple : Proposition générale : la somme des angles d'un polygone de n côtés est égale à $2(n-2)$ angles droits.
Proposition spéciale : la somme des angles d'un triangle est égale à deux angles droits.

Spécieux.

Un argument spécieux est un argument qui fait illusion, qui paraît concluant et ne l'est pas.

Spécificité.

Qualité de ce qui est *spécifique*.

Spécifique.

Se dit de ce qui constitue une espèce réellement distincte. Ainsi on peut se demander si la faim, la soif, les sensations musculaires et articulaires sont des sensations spécifiques, c'est-à-dire irréductibles à d'autres sensations. — *Différence spécifique*, v. *Différence*.

Spéculaire.

Écriture spéculaire, allant de gauche à droite, comme celle qu'on lit par réflexion dans un miroir (v. *Transfert*).

Spéculatif.

Qui concerne exclusivement les opérations logiques de la pensée. La raison *spéculative*, l'usage *spéculatif* de la raison, c'est la raison en tant qu'elle a pour fin le vrai; la raison *pratique*, ou l'usage *pratique* de la raison, c'est la raison en tant qu'elle fournit les principes de l'action, et a pour fin le bien.

Spiritualisme.

Doctrine qui admet l'existence de *substances immatérielles* (l'âme, Dieu), c'est-à-dire qui ne tombent pas sous les sens, et n'ont ni figure, ni grandeur, ni situation, ni mouvement. Le spiritualisme dualiste, celui de Descartes, admet deux sortes de substances, les unes matérielles, les autres spirituelles; le spiritualisme de Leibnitz et celui de Berkeley n'admettent que des substances spirituelles.

Spontané.

S'oppose à *réceptif*. La sensation est une réceptivité, l'entendement est, selon Kant, « la spontanéité de la connaissance, ou la faculté que nous avons de produire nous-mêmes des représentations ». « L'habitude, dit M. Ravaisson, diminue la réceptivité et augmente la spontanéité. » Mais *spontané* ne veut pas dire *libre*. Les actes habituels ou instinctifs sont spontanés comme les actes volontaires. — *Spontané* s'oppose aussi à *provoqué* : somnambulisme spontané, celui où le sujet tombe de lui-même ; somnambulisme provoqué, celui qu'un expérimentateur détermine par des manœuvres appropriées. L'observation est l'étude d'un phénomène spontané, l'expérience est l'étude d'un phénomène provoqué.

Statique.

La partie de la mécanique qui traite des conditions de l'équilibre.

Stéréognostique (Sens).

Le sens des directions dans l'espace. Les canaux semi-circulaires, qui sont au nombre de trois, disposés en trois plans perpendiculaires, sont supposés être l'organe du sens stéréognostique. Cependant ce sens pourrait bien se confondre avec le sens musculaire et articulaire. Il y a des cas où la perte de la sensibilité profonde, avec conservation de la sensibilité cutanée, est accompagnée de la perte de la notion des attitudes et du sens stéréognostique (Déjerine).

Stimulus.

Agent produisant l'excitation d'une cellule, d'un tissu ou d'un organe (v. *Irritabilité*).

Subalternes.

Deux propositions qui ont même sujet et même attribut sont subalternes quand elles diffèrent en quantité, mais non en qualité. De la vérité de l'universelle, on conclut la vérité de la particulière, mais non réciproquement. Inversement, de la fausseté de la particulière on conclut la fausseté de l'universelle, mais non réciproquement. Ces deux formes de raisonnement sont les types les plus simples et le principe de tous les raisonnements *a fortiori*, le premier de la *preuve a fortiori*, le second de la *réfutation a fortiori*.

Subconscient.

Phénomènes dont nous n'avons qu'une faible conscience, ceux que Leibnitz appelle perceptions *obscures*, ou perceptions *sourdes*, ou *petites* perceptions. Les adversaires des phénomènes psychologiques *inconscients* admettent l'existence de phénomènes subconscients, et ils ajoutent qu'on ne saurait en exagérer l'importance. Ils pensent que le subconscient échappe aux difficultés que soulève l'inconscient. — On dit quelquefois qu'il y a des *infiniment petits de conscience*, expression fort inexacte, car un infiniment petit ne peut pas être donné.

Subcontraires.

Deux propositions qui ont même sujet et même attribut sont dites *subcontraires* quand, étant toutes deux particulières, l'une est affirmative, l'autre négative. I et O sont subcontraires. Deux subcontraires peuvent être toutes deux vraies, mais non pas toutes deux fausses.

Sub-cortical.

Phénomène nerveux localisé dans les voies de transmission afférentes qui relient la substance corticale du cerveau avec les noyaux gris de la base du cerveau. Une lésion subcorticale empêche la transmission nerveuse afférente de parvenir à l'écorce cérébrale, et par conséquent, de déterminer une sensation consciente, mais elle ne l'empêche pas de parvenir aux centres nerveux secondaires, et de déterminer une réaction réflexe. Voir *Trans-cortial*.

Subjectif.

Qui appartient au sujet. Ce mot n'a été introduit qu'après que le sujet a été opposé à l'objet comme le moi au non-moi. Subjectif signifie donc qui appartient au *moi*. Les phénomènes subjectifs sont les faits de conscience. La méthode subjective, en psychologie, est la méthode introspective. Voir *Objet*.

Subjectivisme.

Doctrine d'après laquelle toute connaissance est relative à l'esprit qui connaît; nous ne connaissons donc aucunement ce qu'est la chose *en soi*, nous ne connaissons des choses que la manière dont elles nous affectent.

Subsomption.

Jugement qui fait rentrer un individu dans un genre, ou un cas individuel dans une loi.

Substance.

Ce mot, qui traduit ordinairement le mot grec οὐσία, a été formé pour transcrire le mot ὑποκείμενον, *quod substat*, ce qui est sous les phénomènes, ce à quoi on attribue les phénomènes ou qualités. La substance est ce qui est un, tandis que les qualités sont multiples : une certaine couleur, une certaine mollesse, une certaine température, etc., sont des qualités d'une seule chose, la cire; c'est aussi ce qui est permanent quand les qualités changent : cette cire peut s'échauffer et fondre, se refroidir et redevenir solide, c'est toujours la même cire.

Spinoza définit la substance ce qui *est par soi, et est conçu par soi*. Cette définition en contient deux : ce qui pour *être* n'a pas besoin d'être en autre chose, et ce qui pour *être conçu* n'a pas besoin d'être attribué à autre chose. Il y a là une confusion de l'objectif et du subjectif, qui est essentielle à la philosophie de Spinoza et à toute ontologie. — Descartes signale aussi deux sens du mot substance; il le définit : « Une chose qui existe en telle façon qu'elle n'a besoin que de soi-même pour exister. En quoi il peut y avoir de l'obscurité touchant l'explication de ce mot : *n'avoir besoin que de soi-même*; car, à proprement parler, il n'y a aucune chose créée qui puisse exister un seul moment sans être soutenue et conservée par la puissance de Dieu. C'est pourquoi on a raison dans l'école de dire que le nom de substance n'est pas *univoque* au regard de Dieu et des créatures, c'est-à-dire qu'il n'y a aucune signification de ce mot que nous concevions distinctement laquelle convienne en même sens à lui et à elles; mais, parce qu'entre les choses créées, quelques-unes sont de telle nature qu'elles ne peuvent exister sans quelques autres, nous les distinguons d'avec celles qui n'ont besoin que du concours ordinaire de Dieu, en nommant celles-ci des substances, et celles-là des qualités ou des attributs de ces substances. » (*Princ.*, I, 5.) En d'autres termes, on peut entendre par substance ce qui est *par soi*, et ce qui est *en soi*. Si on adopte la première définition, il ne peut y avoir qu'une seule substance, et on est conduit au monisme de Spinoza. Si on définit la substance la *chose en soi*, elle ne signifie plus l'être *indépendant*, mais ce qui supporte les attributs ou qualités. — Le phénoménisme est la doctrine qui élimine l'idée de substance, et considère le *sujet* auquel on attribue une qualité comme étant lui-même un groupe, un assemblage d'autres qualités.

Substantialisme.

Comme *Réalisme* (v. ce m.).

Hamilton ramène à deux classes toutes les doctrines sur le monde extérieur : 1° Réalisme ou substantialisme; 2° Nihilisme ou non-substiantialisme.

Substitut.

Un substitut est un signe avec lequel on peut faire diverses opérations mentales sans avoir besoin de penser actuellement à la chose signifiée. Ainsi, dans le calcul algébrique, on ne se préoccupe pas des quantités dont les lettres sont les substituts. Taine a montré que les mots sont des substituts, qu'ils représentent des images ou des groupes d'images *possibles*, qui ne sont pas toutes actuellement évoquées.

Subsumer.

Voir *Subsomption*.

Suggestion.

Ce phénomène, qui se rencontre au plus haut degré dans le somnambulisme provoqué, consiste en ce qu'un acte intérieur (croyance) ou extérieur (mouvement) est déterminé d'une manière irrésistible par une idée ou une image, et se produit automatiquement sous l'empire de cette idée ou de cette image. Le sujet fait alors ce qu'on lui dit de faire, croit ce qu'on lui dit de croire, sent ce qu'on lui dit de sentir. L'acte suggéré peut être exécuté à une époque fixée, et même après le réveil. Bien que le sujet n'ait pas souvenir de ce qui s'est passé pendant l'état de somnambulisme, il exécute néanmoins les ordres qui lui ont été donnés pendant cet état. Il ne paraît pas d'ailleurs se rendre compte de ce qu'il fait, et ne connaît ses propres actes que parce qu'il constate qu'il les accomplit, comme il observerait les actes d'un autre. La suggestion peut se produire à l'état de veille chez les hystériques. Elle peut même se produire chez les sujets sains, mais comme elle n'y a plus le caractère d'un automatisme irrésistible, le mot perd ici son sens rigoureux.

Sujet (τὸ ὑποκείμενον).

Ce à quoi on attribue les qualités.

Dans la proposition, dans le jugement, le sujet est ce dont on affirme ou nie, par opposition à l'attribut ou prédicat, ce que l'on affirme ou nie. — Par suite ce qui ne peut être que sujet d'une proposition, ce qui n'est pas attribut ou qualité, l'être un et permanent, dont les qualités sont multiples et changeantes. — A partir de Kant, le sujet signifie le moi, un et identique, opposé soit à la multiplicité et à la mutabilité de ses modes ou affections, soit à l'objet de la pensée. Kant distingue le *moi sujet*, qui ne se conçoit que par opposition à ses modifications ou à ses objets, du moi substance ou chose en soi, noumène, qui aurait pour attributs l'unité et l'identité, conçues absolument, et non par opposition à une multiplicité et une mutabilité corrélatives. — Sur les équivoques du mot sujet, v. *Objet*.

On appelle *sujet* la personne ou l'animal sur lequel on fait des expériences physiologiques ou psychologiques.

Surdité.

Absence du sens de l'ouïe. La surdité *périphérique* est due à une lésion des organes contenus dans l'épaisseur du rocher, ou à une lésion du nerf auditif. La surdité *centrale* ou *corticale* ou *psychique* est due à une lésion de l'écorce cérébrale. La surdité *verbale* est un état où le patient perçoit le son des mots, mais n'en comprend plus la signification. La surdité *musicale* est l'état des personnes qui, tout en percevant les sons musicaux, ne savent pas en apprécier les intervalles.

Survivance.

On appelle ainsi la réapparition d'un caractère ancestral qui avait disparu chez les espèces ou dans les générations intermédiaires. Voir *Atavisme*.

Syllogisme.

Le syllogisme est le raisonnement déductif. Si, dans un raisonnement, rien n'est sous-entendu, rien d'inutile n'est exprimé, si les divers arguments dont il peut être composé sont distingués les uns des autres, chacun de ces arguments est formé de trois propositions dont l'une est nécessairement vraie si les autres le sont : c'est ce qu'on nomme *syllogisme*. Toutefois la déduction ne se ramène peut-être pas dans tous les cas aux formes du syllogisme qu'Aristote a décrites ; il faudrait dire alors que le syllogisme est l'espèce de déduction qui se fonde sur les rapports d'inclusion et d'exclusion des termes.

Sympathie.

La sympathie est cette loi de la sensibilité que l'interprétation des signes des émotions et des sentiments consiste à les éprouver soi-même à quelque degré.

Syncrétisme.

Fusion en une doctrine unique de plusieurs doctrines différentes.

Syndérèse.

Terme scolastique qui signifie conscience (en morale). L'origine en est inconnue. Selon Uberweg, il proviendrait d'une faute de copie dans un texte de saint Jérôme, où il faudrait lire συνείδησις. Selon d'autres, qui écrivent *syntérèse*, il faudrait lire, dans le même texte, συντήρησις. Melanchthon, entre autres, lisait ainsi : « Synteresis significat *conservationem notitiæ legis quæ nobiscum nascitur.* »

Syndrome.

Phénomène pathologique qui accompagne diverses maladies sans être par lui-même une maladie. La fièvre est un syndrome. La douleur, dans les maladies, est toujours un syndrome.

Synergie.

Deux forces concourantes sont synergiques quand le moment de leur résultante est égal à la somme des moments des composantes ; elles sont *antagonistes* quand le moment de la résultante est égal à la différence des moments des composantes. — On emploie souvent les mots antagonisme et synergie en parlant de forces qui ne peuvent pas se mesurer et dont les effets ne sont pas des mouvements, par exemple les *mobiles* dans la délibération. Des forces sont alors synergiques quand leurs effets s'ajoutent, antagonistes quand ils se retranchent.

Synthèse.

1° Opposé à *analyse* (v. ce m.).
2° Opposé à *thèse* et à *antithèse* (v. *Thèse.*)

Système.

Un système est un objet dont les parties sont solidaires et forment un tout unique : un système de points, dont les situations relatives sont données, un système de forces, par exemple le système planétaire, etc. — Un système de genres et d'espèces est le résultat d'une classification. On dit déterminer la *position systématique* d'une espèce animale ou végétale. — Un système d'organes est l'ensemble de tous les éléments *de même nature* qui se rencontrent dans un vivant : système nerveux, système vasculaire, système osseux, etc. Un *appareil*, au contraire, est un ensemble d'organes de nature différente concourant à une même fonction : l'appareil digestif, respiratoire, urinaire, etc. — Un système philosophique est un ensemble complexe d'idées coordonnées et ramenées à un petit nombre de principes, et s'étendant à tous les problèmes philosophiques. — On oppose quelquefois *système* à *théorie*. Un système est un ensemble de conceptions cohérentes, mais non vérifiées, ou même condamnées par l'expérience; une théorie est un ensemble doctrinal confirmé par les faits, ou du moins cadrant assez bien avec les faits connus pour être provisoirement admis.

T

Table rase.

Les anciens appelaient *tabula rasa* une planchette de bois bien rabotée sur laquelle on peignait ou écrivait. Les mots *table rase* équivaudraient donc, en langage moderne, à *page blanche*, page sur laquelle il n'y a rien d'écrit, mais qui est toute prête pour recevoir des caractères. Locke, reprenant cette expression scolastique, dit que l'esprit de l'enfant naissant est une *table rase*, c'est-à-dire qu'il n'y a pas d'idées innées, et que tout ce qui est dans l'esprit y a été apporté par l'expérience.

Tables de Bacon.

1. Table de *Présence*. « Pour connaitre une *nature* donnée, il faut d'abord faire comparaitre devant l'intelligence tous les cas connus qui concordent à l'égard de cette même nature, bien qu'ils soient d'ailleurs très différents. » (*Nov. Org.*, Aphor. II, 11.) Soit à découvrir la « forme du chaud ». Bacon donne comme exemple une table de tous les cas connus où l'on observe de la chaleur, les rayons du soleil, la foudre, le feu, les eaux minérales chaudes, les corps frottés énergiquement, le foin mis en meules avant d'être sec, le fer dissous dans l'eau forte, la chaleur animale, etc. « Hanc *Tabulam Essentiæ et Præsentiæ* appellare consuevimus. »

La table de présence devient, dans la Logique de Stuart Mill la *Méthode de concordance*.

2. Table d'*Absence*. « En second lieu, il faut faire comparaitre devant l'Intelligence les cas où la nature donnée fait défaut... Mais cette recherche serait indéfinie. La négation doit donc ici être subordonnée à l'affirmation; et l'absence ne doit être considérée que dans les sujets analogues à ceux où la nature donnée est présente. Hanc *Tabulam Declinationis, sive Absentiæ in proximo* appellare consuevimus. » *Ibid.* 12. Exemple : La lumière de la lune et des étoiles est sans chaleur, etc.

La table d'absence correspond à la *Méthode de différence* de Stuart Mill.

3. Table des *Degrés* ou de *Comparaison*. « En troisième lieu, il faut faire comparaitre devant l'intelligence les cas dans lesquels la nature dont on s'enquiert présente du plus et du moins, soit que l'on en compare la croissance ou la décroissance dans le même sujet, soit qu'on en compare les degrés dans des sujets différents... Hanc *Tabulam Graduum sive Tabulam comparativæ* appellare consuevimus. » (*Ibid.*, 13.)

La table des degrés correspond à la *Méthode des Variations concomitantes* de Stuart Mill.

Tact, sensations tactiles.

Le toucher est un sens complexe, dont on a dû distraire les sensations *cinesthésiques* (v. ce m.), qui sont musculaires ou articulaires, et n'ont pas leur siège dans la peau. Il faut aussi faire un sens spécial des sensations de froid et de chaud (v. *Thermique*). Restent les sensations tactiles proprement dites, celles qui sont produites par le contact d'un corps avec la peau; elles sont encore très variées et mal connues. Sans parler de sensations très complexes, comme le *chatouillement*, qui semblent être quelque chose de plus que des sensations (mouvements réflexes des muscles cutanés, phénomènes d'attente, de crainte, etc.), il est probable que les sensations de contact et celles de pression sont entièrement différentes, non seulement pour le sujet qui les éprouve, mais aussi par les organes anatomiques qui les transmettent. — Gerdy appelle *tact général* le sens du toucher tel qu'il s'exerce sur les plaies, où il donne « des impressions de douleur et des impressions vagues du contact des corps étrangers, qui ne peuvent en faire connaître les propriétés tactiles proprement dites ». Ces sensations si peu représentatives sont dues à la destruction des organes terminaux sensitifs.

Technique.

Une connaissance technique est une connaissance qui n'est pas considérée au point de vue de sa valeur logique, car la preuve en est supposée faite, mais au point de vue de son application à quelque fin pratique. — La *technique* d'une science est l'art de faire les opérations manuelles que ses méthodes exigent; la *méthode*, au contraire, est un ensemble d'opérations logiques.

Technologie.

Système de connaissances techniques, empruntées à des sciences diverses, et liées entre elles non par leur dépendance logique ou leurs rapports systématiques, mais par l'unité de la fin à laquelle elles concourent. L'agriculture est une technologie. Technologie est synonyme d'*art* et de *science pratique*.

Téléologie.

Partie de la philosophie qui s'occupe des causes finales. (Voir *Finalité*.)

Téléologique.

Qui concerne les causes finales. La preuve téléologique ou physico-téléologique de l'existence de Dieu est la preuve par les causes finales.

Télépathie.

Faits, fort contestables, de communication des idées et des sentiments à *distance*, c'est-à-dire sans le secours d'aucun signe sensible.

Témoignage.

Le savant est contraint d'admettre sur le témoignage d'autrui les faits qu'il ne peut personnellement observer; il doit donc faire la *critique des témoignages*, c'est-à-dire déterminer dans quelle mesure ils sont dignes de foi. La critique des témoignages est donc une partie de la logique, un complément nécessaire de la méthode d'observation. Elle a une importance capitale pour l'historien, mais il n'est pas exact de la confondre avec la méthode de l'histoire.

Tempérament.

Temperare signifie proprement mélanger; le tempérament, dans la médecine du moyen âge, était le mélange propre à chaque individu (v. *Idiosyncrasie*) des quatre humeurs principales, le sang, le phlegme, la bile, et l'atrabile; d'où quatre tempéraments extrêmes, sanguin, phlegmatique, bilieux, atrabilaire (ou mélancolique). Aujourd'hui, on appelle tempérament l'ensemble de dispositions organiques qui constitue chaque nature individuelle. Le caractère est, dans l'ordre des dispositions intellectuelles et morales, l'analogue du tempérament.

Tempérance.

L'une des quatre vertus cardinales des anciens. Elle consiste surtout dans l'attitude extérieure de l'homme de bien, et répond assez à ce que nous appelons *dignité*.

Temps.

Voir *Durée*.

Tendance.

Voir *Inclination*.

Tératologie (de τέρας, monstre).

Science des altérations congénitales de la structure des êtres vivants. Les irrégularités de la nature vivante obéissent à des lois: Geoffroy Saint-Hilaire a montré qu'elles proviennent d'un *arrêt de développement*, et consistent en ce qu'un organe ou une partie d'organe est resté à un stade quelconque de l'état embryonnaire. En vertu du principe de Haeckel, que l'évolution ontogénique reproduit l'évolution phylogénique, toute monstruosité peut être considérée comme une survivance, et de fait, presque toujours, ce qui est anormal dans une espèce, existe normalement dans une autre.

Terme.

1° Fin, limite, borne. — 2° Le sujet et l'attribut d'une proposition ou d'un jugement se nomment *termes*, et ce mot se dit soit des *notions* qui composent le jugement, soit des *noms* qui les expriment dans la proposition. On distingue des termes concrets et abstraits; généraux, spéciaux, singuliers; individuels et collectifs; positifs et négatifs (v. ces m.). — *Grand terme*. Dans un syllogisme, le grand terme est l'attribut de la conclusion, non pas que ce terme, comme on le croit souvent, soit toujours le plus grand en extension, mais parce qu'il en est ainsi dans la première figure, qu'on prend ordinairement comme exemple. — *Petit terme*, le sujet de la conclusion. — *Moyen terme*, le terme commun aux deux prémisses.

Théisme.

Si l'on tient à faire une distinction entre théisme et déisme, on pourra admettre que l'un et l'autre signifient croyance à l'existence d'un Dieu, et que déisme indiquerait de plus une croyance purement philosophique, indépendante de toute religion révélée. Un des maîtres de Voltaire avait, dit-on, prédit qu'il serait *le coryphée du déisme*.

Théocratie.

État d'une société dans laquelle le pouvoir politique est confondu avec l'autorité sacerdotale.

Théodicée.

Mot créé par Leibnitz; il signifie pour lui plaidoyer en faveur de Dieu, traité écrit pour réfuter l'objection tirée de l'existence du mal. — Depuis, dans la philosophie universitaire française, organisée sous l'inspiration de V. Cousin, la théodicée a été la partie de la métaphysique qui traite des preuves de l'existence de Dieu et de ses attributs.

Théologie.

Doctrine de l'existence, de la nature et des attributs de Dieu. On distingue la *théologie naturelle* ou *rationnelle*, qui est une partie de la métaphysique, et ne fait usage que du raisonnement, et la *théologie révélée*.

Théorétique.

Qui concerne la théorie, qui se borne à la théorie, et ne se rapporte pas à la pratique. La *vertu théorétique* d'Aristote consiste dans la connaissance et la contemplation de la vérité, par opposition aux vertus *pratiques*, qui consistent dans l'action; la première est la fin de l'homme en tant qu'être raisonnable, ζῶον λογικόν; les secondes sont la fin de l'homme en tant que citoyen, ζῶον πολιτικόν. — Le *théorétique* se rapporte à la théorie, le *théorique* fait partie de la théorie.

Théorie (θεωρία, contemplation).

Ensemble de raisonnements formant un tout, et aboutissant à rendre intelligible une difficulté. On oppose la connaissance théorique à la connaissance *empirique*, — on oppose aussi la théorie à la *pratique* (v. ces m.).

Thérapeutique.

Partie de la médecine qui concerne les soins et remèdes à donner aux malades.

Thermiques (Sensations).

Parmi les sensations de la peau, les sensations de chaud et de froid sont spécifiquement distinctes des autres. Il y a donc lieu de démembrer le sens du toucher, et d'en distraire le *sens thermique*, pour lequel d'ailleurs on a reconnu des terminaisons nerveuses spéciales.

Thèse.

Proposition que l'on démontre ou que l'on défend contre un adversaire. — On oppose souvent *thèse* à *antithèse* : ce sont deux propositions qui sont, ou semblent être contradictoires, et en faveur desquelles on peut produire des raisons. Cette opposition est ce que Kant appelle une *antinomie* (v. ce m.). Parfois la thèse et l'antithèse cessent de paraître contradictoires quand on se place à un point de vue plus élevé qui embrasse et limite l'une et l'autre; la conciliation de la thèse et de l'antithèse s'appelle *synthèse*.

Tolérance.

Le sens spécial de ce mot est relativement récent. Dans la langue des théologiens, il signifie l'indulgence à l'égard des écarts de doctrine ou des infractions à la discipline de l'Église. Ainsi le mariage des prêtres est toléré dans l'Église d'Orient. Les Molinistes et les Jésuites représentent, au XVII° siècle, le parti de la tolérance, que les Jansénistes et Bossuet condamnent avec sévérité. — Au XVIII° siècle, Voltaire et les philosophes appellent tolérance une aménité, une politesse de formes qui rendent possible la vie sociale en dépit des différences d'opinions. — Aujourd'hui, la tolérance consiste, non à renoncer à ses convictions ou à s'abstenir de les manifester, de les défendre et de les répandre, mais à s'interdire tous moyens violents, injurieux ou dolosifs, en un mot à proposer ses opinions sans jamais chercher à les imposer.

Topique.

Dans l'ancienne logique, la *Topique* était l'étude des *lieux communs*, c'est-à-dire l'exposé méthodique de toutes les questions qu'on peut se poser sur chaque chose. C'était donc l'art de trouver des arguments.

Toto-partielle.

Dans la doctrine de la *quantification du prédicat* (Hamilton), les propositions toto-partielles sont celles dans lesquelles le sujet est pris universellement, l'attribut pris particulièrement. Il y en a deux, l'affirmative et la négative. La toto-partielle affirmative répond à toutes les propositions universelles affirmatives de la logique traditionnelle qui ne sont pas des définitions. Hamilton la désigne, conformément à la tradition, par la lettre A. La lettre grecque η désigne les toto-partielles négatives.

$$A \quad \text{Tout } A = qqB.$$
$$\eta \quad \text{Tout } A \neq qqB.$$

Toto-totale.

Dans la doctrine de la *quantification du prédicat* (Hamilton), les propositions toto-totales sont celles dans lesquelles le sujet et l'attribut sont pris universellement l'un et l'autre. Il y en a deux, l'affirmative et la négative. La toto-totale négative répond à l'universelle négative de la logique traditionnelle. Hamilton la désigne, conformément à la tradition, par la lettre E. La lettre grecque α désigne la toto-totale affirmative :

E Tout A $\neq$ tout B.
α Tout A $=$ tout B.

Dans la toto-totale affirmative, le sujet et l'attribut ont même extension et même compréhension. Les définitions sont donc des toto-totales affirmatives. Une proposition toto-totale affirmative équivaut à deux propositions en A de la logique traditionnelle, lesquelles sont réciproques : Tout A est B; Tout B est A :

Tout triangle est un polygone de 3 côtés.
Tout polygone de 3 côtés est un triangle.

Toucher

Le sens du toucher est un ensemble très complexe et très mal connu de sens différents. Il faut en distraire la sensibilité générale, les sens musculaire et articulaire, qui sont des formes de la sensibilité profonde. La sensibilité cutanée elle-même comprend les sensations thermiques, très différentes des sensations tactiles. Parmi celles-ci, il faut encore distinguer le contact et la pression, etc. Le *toucher passif* a lieu quand un corps extérieur est mis au contact de la peau du sujet immobile; le toucher actif est accompagné de mouvements par lesquels le sujet parcourt la surface des objets qu'il veut connaître.

Tourbillons.

Hypothèse de Descartes pour expliquer le mouvement. Descartes identifie la matière avec l'étendue; par suite il ne saurait admettre qu'il y ait de l'étendue sans matière, du vide, ni qu'il y ait plus de matière en un lieu qu'en un autre d'égale grandeur. Il est impossible qu'un corps se meuve en laissant un vide derrière lui, ni sans déloger le corps qui est devant lui. Tout mouvement fait donc partie d'un circuit fermé.

Traditionalisme.

Doctrine sociologique d'après laquelle un droit, un régime politique, un état social, n'étant jamais fondé, en théorie, que sur une tradition, et non sur des principes abstraits, ne doit jamais être sacrifié, en pratique, pour établir un autre état de choses d'après des vues doctrinales.

Transcendant.

Opposé à *immanent* (v. ce m.). — Les Scolastiques appelaient transcendantes des notions, telles que l'être, l'unité, qui s'appliquent à tout, et qui ne sont pas, à proprement parler, des genres. On dirait aujourd'hui notions *universelles*.

Transcendental.

Mot de Kant. « J'appelle transcendental le principe qui représente la condition générale *a priori* sous laquelle seule les choses peuvent devenir des objets de notre connaissance en général ». (*Crit. du jugement*, Introd., V.) Ainsi les *intuitions pures* (espace et temps), les *catégories*, les *principes de l'entendement*, les *idées transcendentales* fournissent *a priori* les formes dans lesquelles s'ordonnent les données empiriques de la connaissance, formes sans lesquelles ces données ne pourraient pas être pensées.

Trans-cortical.

Phénomène nerveux localisé dans les voies de transmission efférente qui partent de l'écorce cérébrale.

Une lésion trans-corticale empêche la transmission nerveuse efférente de parvenir aux organes moteurs : le phénomène psychologique conscient ne détermine plus les mouvements appropriés.

Transfert.

Si on approche un aimant d'un sujet en état de somnambulisme provoqué, toute la moitié gauche du corps prend les attitudes ou exécute les actes qui étaient le fait de la moitié droite, et réciproquement. Si le bras droit est contracturé, on le voit retomber le long du corps, tandis que le bras gauche prend la position et la rigidité qu'avait le bras droit ; si le sujet écrit, il se met à écrire de la main gauche, et l'écriture est spéculaire (v. ce m.).

Transformisme.

Doctrine d'après laquelle l'espèce biologique n'est pas fixe, mais dérive d'espèces antérieures, ordinairement disparues. Voir *Évolutionisme*.

Transitif.

La causalité *transitive* est celle d'un être qui produit un effet dans un autre être. Elle s'oppose à la causalité *immanente* (v. ce m.), par laquelle un être produit des effets en lui-même. La monadologie de Leibnitz nie toute causalité transitive, excepté celle de Dieu créant les monades. Dans la métaphysique panthéiste, l'action de Dieu sur le monde est immanente ; elle est transitive dans toute doctrine qui admet un Dieu transcendant.

Trivium.

Les sept *arts libéraux* étaient divisés au moyen âge en deux groupes : le *trivium* et le *quadrivium*. Le trivium comprenait la grammaire, la rhétorique et la logique.

Tropes.

Les *tropes* sont les *attitudes* que peut prendre le sceptique en présence du dogmatique. Pyrrhon en comptait dix. Agrippa les réduit à cinq : πέντε τρόποι τῆς ἐποχῆς. 1° Le dogmatique ne peut affirmer aucun principe qu'on ne puisse contester ; c'est la *contradiction*, τρόπος ἀπὸ διαφωνίας. 2° Pour démontrer son principe, il cherchera à le déduire d'un autre principe, celui-ci d'un autre, et ainsi de suite ; c'est la régression à l'infini, τρόπος εἰς ἄπειρον ἀποβάλλων. 3° Prétendra-t-il avoir trouvé un principe évident par lui-même ? On lui répondra qu'évident veut dire qui paraît vrai, qui est vrai pour un esprit, mais non vrai absolument ; c'est la relativité, τρόπος ἀπὸ τοῦ πρός τι. 4° Si son savoir se fonde sur un principe qu'il ne prouve pas, il est *hypothétique*, τρόπος ὑποθετικός. 5° S'il veut prouver la valeur de la raison, il tombe dans le cercle vicieux ou *diallèle* (v. ce m.), τρόπος διάλληλος.

Type.

Un *type* est un individu d'un genre, dans lequel les caractères du genre sont nets et frappants, tandis que les caractères spéciaux ou individuels sont moyens, peu saillants et n'attirent pas l'attention. Le type est donc un cas privilégié, particulièrement favorable à l'étude du genre.

U

Unicité.

Qualité de ce qui est *unique*; l'*unité* est la qualité de ce qui est *un*. Le monothéisme est la doctrine de l'unicité de Dieu, le Spinozisme est la doctrine de l'unicité de la substance.

Ultime.

Au delà de quoi on ne peut pas remonter, irréductible. Ultime, qui signifie dernier, est souvent synonyme de *premier*.

Unité.

Qualité de ce qui est *un*. L'unité est corrélative de la multiplicité et ne se conçoit qu'en opposition avec elle : ainsi le *moi* est *un* par opposition à la multitude de ses affections. L'*unité* n'est pas l'*unicité*, qui est la négation du multiple. — L'unité n'est pas non plus la *simplicité*, qualité de ce qui est indivisible. — L'unité, en un autre sens, est l'élément du nombre.

Universaux (*Universalia* de la scolastique).

Ce sont les *idées générales*. Un terme général peut être considéré soit au point de vue de son *extension*, c'est-à-dire des objets individuels auxquels il s'*étend*, soit au point de vue de sa *compréhension*, c'est-à-dire des qualités ou attributs qu'il *comprend*. Au premier point de vue, on distingue parmi les universaux les *genres* et les *espèces*; au second point de vue, la *différence*, le *propre* et l'*accident* (v. ces m.). Le *genre*, l'*espèce*, la *différence*, le *propre* et l'*accident* sont les *cinq universaux*.

Universel.

Qui s'étend à tout l'Univers : l'ordre universel, la cause universelle, la nécessité universelle; — qui appartient à tous les hommes : le consentement universel (v. *Consentement*); — qui ne souffre point d'exception : les lois de la nature sont universelles, la loi morale est universelle.

Les *Idées* ou *Notions universelles*, les *Principes universels*, dont l'ensemble est la Raison (v. ce m.), sont ainsi nommés parce que : 1º ils sont communs à toutes les intelligences; 2º ils s'appliquent à tout ce que l'esprit humain peut connaître.

L'Universel s'oppose au *Particulier* (v. ce m.).

Jugements universels, qui s'expriment par des *propositions universelles*. — Un jugement est universel quand l'attribut est affirmé ou nié de toute l'extension du sujet; particulier, quand l'attribut est affirmé ou nié d'une partie *indéterminée* de l'extension du sujet. On se méprend assez souvent dans la définition et dans l'emploi de ces mots. Il est tout à fait incorrect de dire qu'une proposition est universelle quand le sujet est universel, ce qui ne signifie rien, — ou quand le sujet est général, ce qui est faux; en effet, toute proposition dont le sujet est un terme singulier est nécessairement universelle, puisque ce sujet singulier, qui désigne un individu, c'est-à-dire quelque chose qui est indivis, ou qu'on suppose tel, ne peut pas être pris dans une partie de son extension. Pareillement, il ne faut pas dire qu'une proposition est particulière quand le sujet est particulier. — Il n'est pas inexact de dire qu'une proposition est universelle ou particulière selon que le sujet est *pris universellement* ou *pris particulièrement* (v. plus bas).

La propriété qu'ont les jugements d'être universels ou particuliers s'appelle *Quantité*; le même mot s'applique aux propositions. Il faut bien retenir que les termes qui s'opposent sont *universel* et *particulier* et ne pas les confondre avec *général*, *spécial* et *singulier* (v. ces m.).

Pris universellement, se dit d'un terme qui est entendu selon toute son extension. Quand le *sujet* d'une proposition, soit affirmative, soit négative, est pris universellement, la proposition est universelle. L'attribut d'une proposition affirmative est pris selon toute sa compréhension, mais non pas selon toute son extension (à moins que l'extension de l'attribut ne soit précisément égale à celle du sujet, ce qui est le cas de la *définition*). Ainsi *Tout rectangle est un parallélogramme* signifie que tout rectangle a *toutes les propriétés* (compréhension) du parallélogramme, et que tout rectangle est *au nombre* (extension) des parallélogrammes. — L'attribut d'une proposition négative peut être pris selon une partie de sa compréhension, mais il est pris selon toute son extension. Ainsi *Les baleines ne sont pas des poissons* ne veut pas dire que les baleines n'ont *aucune* des qualités (compréh.) des poissons, mais qu'elles ne sont aucune espèce du genre poisson (ext.). — Il en résulte qu'un terme est pris universellement, quand il est sujet d'une proposition universelle, ou attribut d'une proposition négative (v. *Quantification du prédicat*).

Univoque.

Un attribut est *univoque* quand il peut s'appliquer dans le même sens à plusieurs sujets. Il est *équivoque* quand il peut s'appliquer en plusieurs sens à un même sujet.

Utilitarisme.

On donne ce nom à des doctrines morales modernes, et non à la doctrine épicurienne, à laquelle elles ressemblent beaucoup. La *morale utilitaire* définit le bien par l'*utile*. Mais l'*utile* ne saurait être une fin par soi, un bien par soi, car il est essentiellement le moyen d'une fin bonne. Cette fin, c'est, pour les utilitaires, le *bonheur de l'agent*. Les principes de la morale utilitaire, comme de la morale d'Épicure, sont donc : 1° qu'il n'y a pas d'autre bien ni d'autre mal que ceux que l'on ressent, le plaisir et la douleur; 2° que l'agent n'a pas à rechercher d'autre bien ni à fuir d'autre mal que son bien et son mal. Les utilitaires repoussent comme chimériques l'idée d'un bien moral indépendant du plaisir, et l'idée d'une obligation morale indépendante de l'intérêt. Comme Épicure, ils font de la *vertu*, ou plutôt de la *sagesse*, un art savant de prévoir les conséquences agréables ou pénibles de chaque action, de les apprécier et, s'il est possible, de les mesurer, de faire la somme algébrique des plaisirs et des peines qui en résultent, et de choisir les actes qui réalisent pour l'agent la plus grande somme de plaisir et la moindre somme de douleur. Comme Épicure encore, les Utilitaires s'efforcent d'établir qu'il n'y a pas conflit, mais accord entre l'intérêt individuel et l'intérêt général, et que la recherche du bonheur individuel conduit à des préceptes pratiques analogues à ceux que l'on déduit du principe de l'obligation. L'utilitarisme est donc un *hédonisme* savant. Il n'est pas, en général, un *eudémonisme*, car il fait du bonheur la fin même des actions humaines, tandis que l'eudémonisme consiste à considérer le bonheur comme un sentiment qui accompagne le bien, mais ne le constitue pas. Cependant Stuart Mill, en introduisant dans l'Utilitarisme la considération de la *qualité* du plaisir, se rapproche de l'eudémonisme; il y aurait lieu d'examiner s'il ne sacrifie pas par là même les principes fondamentaux de l'utilitarisme; car admettre que les plaisirs diffèrent en qualité aussi bien qu'en quantité, et que le plus grand n'est pas nécessairement le meilleur, c'est admettre un bien autre que le plaisir.

Vacuistes.

Partisans du *vide*.

Variabilité.

Les caractères des êtres vivants sont les uns *fixes*, c'est-à-dire semblables dans tous les individus d'une même espèce (à moins d'*anomalie*; v. ce m.), les autres *variables*, c'est-à-dire susceptibles d'être différents, d'être présents ou absents, chez des individus d'une même espèce. Mais un caractère variable ne varie qu'entre des limites, et, dans ces limites, chaque détermination qualitative et quantitative de ce caractère a un *taux de fréquence*. Une espèce biologique est déterminée non seulement par ses caractères fixes, mais aussi par les limites et le taux de fréquence de ses caractères variables. Toutes ces notions, caractères fixes, limites et taux de fréquence des caractères variables, sont elles-mêmes relatives au temps et doivent être considérées à un moment donné, car elles évoluent lentement. L'existence d'une colonne vertébrale chez l'homme est un caractère fixe; le nombre des vertèbres coccygiennes est un caractère variable; il varie entre des limites, car elles sont au nombre de quatre ou cinq chez l'homme blanc contemporain; et il y a un taux de fréquence, c'est-à-dire que les sujets qui en ont quatre se rencontrent dans une proportion déterminée. Ces limites et cette proportion peuvent être différentes, par exemple, pour l'homme de l'âge de la pierre.

Variable.

Deux quantités x et y sont dites *variables* quand elles sont liées par une équation telle qu'à toute valeur de l'une, dite *variable indépendante*, corresponde une valeur de l'autre, qui est la *variable corrélative*. On dit encore que la seconde est *fonction* de la première. Une équation entre deux variables est l'expression mathématique d'une *loi*.

Variations concomitantes (Méthode des).

Dans la recherche expérimentale d'une loi naturelle, il s'agit de trouver une relation constante entre deux termes dont l'un est connu. La méthode des variations consiste à comparer des cas où le terme connu présente des différences de *degré*, toutes les autres circonstances étant aussi fixes que possible. Il doit y avoir un autre terme qui présente des différences de degré corrélatives de celles du terme connu; c'est le terme cherché.

Variété.

En biologie, on considère comme de même *espèce* tous les individus qui peuvent donner lieu à une reproduction indéfinie, quelles que soient leurs différences. Ces différences constituent des variétés, non des espèces, quand elles ne sont pas un obstacle à la reproduction indéfinie.

Velléité.

Volition faible et imparfaite, qui commence l'acte et ne l'achève pas. L'*hésitation* est une suite de velléités contraires.

Véracité.

Ne pas confondre *véracité*, qualité de la personne qui dit vrai, avec *vérité*, caractère de la proposition ou du jugement. — La doctrine de la *véracité divine* consiste à démontrer la valeur de notre faculté de connaître par la perfection de Dieu. On peut supposer que nous sommes le jouet d'une divinité trompeuse, et que l'évidence n'est pas la marque de la vérité; mais une fois l'existence de Dieu démontrée, l'hypothèse d'une divinité trompeuse se trouve écartée, pour faire place à un Dieu de qui nous tenons tout ce que nous avons de *perfection*, c'est-à-dire de réalité positive; or l'évidence est une perfection; ce sont l'obscurité et la confusion des idées qui sont des imperfections; donc nos idées, en tant qu'elles sont claires et distinctes, viennent de Dieu, et ne sauraient être fausses.

Verbal-typographique (Type).

Type de caractère intellectuel, découvert par M. Ribot, dont la parole ou la pensée inexprimée s'accompagne de l'image des caractères typographiques, si bien qu'il semble au sujet lire dans un imprimé tout ce qu'il dit et presque tout ce qu'il pense.

Verbalisme.

Manière de philosopher dans laquelle on est dupe des mots, et on fait des raisonnements qui ne pourraient subsister avec des conventions verbales différentes.

Verbo-auditif.

Type de caractère intellectuel, chez qui l'image verbale, qui précède l'émission de la parole ou accompagne la pensée inexprimée, est surtout une image auditive.

Verbo-moteur.

Celui chez qui l'image verbale est surtout une image motrice, l'image des sensations qui accompagnent les mouvements vocaux.

Vérité.

Ne pas confondre avec véracité (v. ce m.).
La vérité est souvent définie la *conformité de la pensée avec la réalité*. Mais si la vérité était ainsi entendue, elle serait indémontrable, car nous ne pouvons

avoir une connaissance séparée, d'une part de notre pensée, d'autre part de la réalité, et comparer l'une à l'autre. Les résultats des opérations intellectuelles sont vrais quand on n'est pas conduit, quand on ne risque pas d'être conduit à des contradictions qui obligent à les recommencer. Les opérations intellectuelles sont *correctes* quand elles sont *définitives*. La *fausseté* d'une proposition se reconnaît toujours à ce que, par d'autres raisonnements ou par une expérience nouvelle, on est contraint de nier ce qu'on avait d'abord affirmé, ou d'affirmer ce qu'on avait nié.

Critérium de la vérité. Voir *Critérium.*

Vérités premières, principes indémontrables qui sont les conditions de tout raisonnement.

Vertu.

La vertu est l'*habitude* de bien agir, comme le vice est l'habitude de mal agir. Une bonne action ne suffit pas pour constituer la vertu, de même qu'une hirondelle ne fait pas le printemps (Aristote), mais une bonne action laisse après elle une disposition à bien agir une autre fois, le premier effort rend le second plus facile, et la vertu est cette disposition permanente acquise. — Kant oppose la *Vertu* et le *Droit*; la vertu est l'ensemble des actions *moralement* bonnes, ou subjectivement conformes à la loi; le droit est l'ensemble des actions *légalement* bonnes, ou objectivement conformes à la loi (v. *Légalité*). — Vertu *théorétique* et vertus *pratiques* (Aristote). Voir *Théorétique.*

Vice.

Voir *Vertu.*

Vide.

Le vide est l'espace privé de matière, l'espace pur; le vide s'oppose au *plein*, c'est-à-dire à l'espace occupé par une substance impénétrable. Un *concept vide* est un concept sans *matière*, c'est-à-dire une forme *a priori* sans contenu empirique.

Virtualité.

Ce mot est quelquefois pris dans le sens de puissance, force, pouvoir capable de produire certains effets, mais ne les produisant pas actuellement. « Tout ce qui est, a une certaine virtualité, une certaine puissance causatrice. » (*Dictionnaire* de Franck, au mot *Cause*.) — Ordinairement il signifie : qualité de ce qui est *virtuel* (v. ce m.).

Virtuel.

Opposé à *actuel*, et quelquefois à *réel*; ce qui est en puissance, c'est-à-dire ce qui se manifestera dès que surviendra une certaine circonstance. Le virtuel est donc ce dont toutes les conditions sont réunies, à l'exception d'une seule, ou de quelques-unes.

Vision.

Acte du sens visuel.
On apelle *vision indirecte* la vision par une partie de la rétine autre que la tache jaune. Quand on *fixe* un point avec un seul œil, tous les autres points du champ visuel sont perçus par vision indirecte.

Visuel (Rayon).

Voir *Rayon*.

Vital.

Qui se rapporte à la vie : phénomène *vital*.
Le *sens vital* est la faculté d'éprouver des *sensations internes* (v. *Sensation*). — Le *principe vital* est une force

ou un être actif résidant dans l'organisme, analogue à l'âme, mais distinct d'elle, que certains physiologistes ont cru nécessaire pour expliquer les phénomènes de la vie.

Vitalisme.

Doctrine du principe vital (v. ce m.).

Volition.

Chaque acte de la volonté est une *volition*. — Dans Descartes, volition signifie tout acte de volonté ou de désir, et s'oppose à *perception*, qui signifie tout phénomène intellectuel. Ces deux sortes de phénomènes sont réunis sous le nom générique de *pensée*.

Volonté.

Faculté de vouloir. La distinction de la volonté et du désir est fort délicate (v. *Désir*).

Vrai, faux.

Voir *Vérité*.
Méthode des cas vrais et faux. — En psychométrie, cette méthode sert à mesurer le *pouvoir de discrimination*. Soient deux excitations de même nature, mais de quantité différentes, par exemple deux poids un peu différents qu'aucun signe extérieur ne permet de reconnaître. Le sujet est invité à désigner le plus grand, et cela à plusieurs reprises. Il ne se trompera jamais si la différence est considérable; mais si elle est petite, on obtiendra une proportion déterminée de cas vrais, faux et douteux. Si le nombre des observations est assez grand, le rapport du nombre des cas vrais au nombre total des cas est la mesure du pouvoir

de discrimination du sujet pour les deux grandeurs données.

Vue.

Faculté de percevoir des sensations de lumière et de couleur.

Z

Zététique (ζήτησις, recherche).

Nom donné quelquefois au scepticisme, parce qu'il consiste à chercher et examiner toujours sans jamais conclure.

Librairie Armand Colin, 5, rue de Mézières, Paris.

La Nouvelle Monadologie, par MM. Ch. Renouvier, membre de l'Institut, et L. Prat : La Monade. — La composition des Monades. L'organisation. — L'Esprit. — La Passion. — La Volonté. — Les Sociétés. — La Justice. Un vol. in-8°, de 546 pages, broché . . . . 12 »

Ouvrage couronné par l'Académie des Sciences morales et politiques (Prix Estrade-Delcros).

Ce livre est un résumé des principales théories qui constituent le corps de doctrine du criticisme français. Il porte sur les plus hautes questions philosophiques, et les relie toutes en une vaste conception de l'ordre du monde et de la destinée humaine.

Après avoir défini la vie universelle et ses conditions, après avoir étudié la question du bonheur, montré l'erreur psychologique et le cercle vicieux du socialisme, et dévoilé le faux idéal qui a égaré tant de penseurs et de philosophes de l'histoire, le problème du mal s'est imposé aux auteurs. Ils l'ont franchement abordé comme le seul qui puisse donner à la philosophie le caractère pratique et moral qui a été le sien à toutes les époques où elle a exercé sur la société une influence réelle. Il les a conduits à une hypothèse cosmogonique et eschatologique, hardie sans doute mais rationnelle, et qu'une méthode scientifique sérieuse ne saurait démentir en aucun point.

Victor Hugo, le Philosophe, par M. Ch. Renouvier. Un volume in-18 jésus, broché... 3 50

Victor Hugo, le Poète, par M. Ch. Renouvier. Un volume in-18 jésus, broché 3 50

Librairie Armand Colin, 5, rue de Mézières, Paris.

Psychologie de la Femme, par M. Henri Marion, professeur à la Faculté des lettres de Paris : La femme dans le passé. — Les données physiologiques. — La petite fille. — La femme : sensibilité générale; tendances égoïstes; sympathie et sociabilité. — Les sentiments supérieurs. — L'intelligence de la femme; sa volonté. — La destinée de la femme; des améliorations que comporte sa condition. — La question des droits de la femme; des droits politiques. Un volume in-18 jésus, broché. 3 50

On sait avec quelle sincérité et quelle générosité de sentiments, quelle délicatesse pénétrante, quelle riche information Henri Marion avait abordé à la Sorbonne ce grand sujet de la psychologie de la femme et de l'éducation des filles; par la parole et par la plume il a fait beaucoup pour que ces questions, d'une si haute portée sociale, fussent étudiées dans l'esprit le plus libre et le plus largement humain. On trouvera dans ce volume, dégagées de tout jargon technique et mises en pleine lumière, les données psychologiques qui doivent servir de base à toute conception du rôle de la femme dans la famille et dans la société, et à l'éducation qui seule peut lui donner à elle-même la conscience claire de ce rôle. C'est dire que cet ouvrage n'est pas destiné seulement aux moralistes et aux pédagogues de profession, mais qu'il s'adresse à tous les lecteurs cultivés.

Leçons de Psychologie appliquée à l'Éducation, par M. Henri Marion. Un volume in-18 jésus, broché. 4 50

Leçons de Morale, par M. Henri Marion. Un volume in-18 jésus, broché. . . . . 4 »

Librairie Armand Colin, 5, rue de Mézières, Paris.

Histoire de la Langue et de la Littérature française, des Origines à 1900, ornée de planches hors texte en noir et *en couleur*, publiée sous la direction de M. L. PETIT DE JULLEVILLE, professeur à la Faculté des lettres de l'Université de Paris :

TOME I.	Moyen âge. Des Origines à 1500 (*1re partie*). 1 vol. in-8, broché	20 fr.
TOME II.	Moyen âge. Des Origines à 1500 (*2e partie*).	20 fr.
TOME III.	Seizième siècle.	20 fr.
TOME IV.	Dix-septième siècle (*1re partie*, 1601-1660).	20 fr.
TOME V.	Dix-septième siècle (*2e partie*, 1661-1700).	20 fr.
TOME VI.	Dix-huitième siècle.	20 fr.
TOME VII.	Dix-neuvième siècle (*Période romantique*, 1800-1850).	20 fr.
TOME VIII.	Dix-neuvième siècle (*Période contemporaine*, 1850-1900).	20 fr.

Chaque volume, avec demi-reliure, doré en tête, 25 fr.

« Avec ce 8e volume s'achève le monument que M. Petit de Julleville avait entrepris d'édifier. Nous avons enfin, grâce à lui, un complet inventaire de nos richesses littéraires. Il faut remercier ses collaborateurs dont la réunion forme une collection de talents telle qu'on n'en avait jamais su rassembler. Il faut surtout le remercier lui-même, qui a choisi les travailleurs et distribué le travail. Il faut surtout l'admirer beaucoup de l'énergie, de l'activité, de l'adroite obstination qui lui ont permis de conduire à son terme en quatre ou cinq années, sans un arrêt, sans un retard, une aussi colossale entreprise. »

(GUSTAVE LANSON. — *Revue Universitaire.*)

« Je n'hésite pas à déclarer ce grand ouvrage un chef-d'œuvre et à le recommander de la manière la plus pressante à tous les amis de la littérature française et surtout à toutes les grandes bibliothèques publiques. Chez nos voisins, ce n'est pas un scandale qu'un ouvrage scientifique s'applique à être une œuvre d'art. Nous avons en Allemagne des œuvres aussi considérables; mais je ne connais pas un seul ouvrage allemand du même genre qui unisse, dans les mêmes proportions le savoir scientifique et l'art de la composition. »

(EDOUARD ENGEL. — *Literatur und Unterhaltungs Blatt.*)

Librairie Armand Colin, 5, rue de Mézières, Paris.

Histoire générale du IVᵉ siècle à nos jours, publiée sous la direction de MM. Ernest Lavisse, de l'Académie française, professeur à l'Université de Paris, et Alfred Rambaud, sénateur, membre de l'Institut, professeur à l'Université de Paris :

TOME I. — **Les Origines (395-1095).** Un vol. in-8, broché. 16 fr.
TOME II. — **L'Europe féodale; les Croisades (1095-1270).** 16 fr.
TOME III. — **Formation des grands États (1270-1492).** 16 fr.
TOME IV. — **Renaissance et Réforme; les nouveaux mondes (1492-1559).** 16 fr.
TOME V. — **Les Guerres de religion (1559-1648).** 16 fr.
TOME VI. — **Louis XIV (1643-1715).** 16 fr.
TOME VII. — **Le XVIIIᵉ siècle (1715-1788).** 16 fr.
TOME VIII. — **La Révolution française (1789-1799).** 16 fr.
TOME IX. — **Napoléon (1800-1815).** 16 fr.
TOME X. — **Les Monarchies constitutionnelles (1815-1847).** 16 fr.
TOME XI. — **Révolutions et Guerres nationales (1848-1870).** 16 fr.
TOME XII. — **Le Monde contemporain (1870-1900).** 16 fr.

Chaque volume, avec demi-reliure, doré en tête, **20 fr.**

Cette *Histoire générale* se distingue de tous les ouvrages similaires par la manière dont elle a été exécutée. Pour la première fois, chaque période est traitée par un spécialiste qui l'avait étudiée à fond auparavant et n'avait plus qu'à condenser les résultats de ses études antérieures; et pourtant ces résumés forment véritablement un tout; chaque volume, œuvre d'une dizaine d'auteurs, est bien coordonné, suivant un plan très logique. Cette histoire universelle présente le double avantage d'être une histoire suivie, par périodes chronologiques, et d'être l'œuvre d'hommes qui sont des garants sûrs de son exactitude scientifique. Elle est, dès à présent, le livre de chevet des professeurs et des étudiants d'histoire. Son succès dans l'enseignement est tout à fait incontestable. Nous voudrions aussi qu'elle fût entre les mains de tous ceux qui pensent et écrivent. Un tel ouvrage doit trouver des lecteurs de toute catégorie.

(*Revue critique d'Histoire et de Littérature.*)

Librairie Armand Colin, 5, rue de Mézières, Paris.

Le Corps et l'Ame de l'Enfant, par

M. le Dr MAURICE DE FLEURY. Un vol. in-18 jésus, broché **3 50**

Relié toile, **4 50**

« Après un préambule où il montre quel rôle l'hygiène générale et la médecine bien comprise du système nerveux devraient jouer dans « l'élevage » corporel et intellectuel de nos enfants, le Dr M. de Fleury étudie successivement et d'une façon très précise la question des exercices physiques, celle de l'alimentation, celles du bain, du vêtement, de la chambre à coucher, du sommeil, de l'emploi des vacances. La seconde partie du volume est moins spéciale, mais elle est peut-être plus attrayante encore : on y aimera toute une série d'études sur les divers caractères de l'enfant et sur l'hygiène particulière qui peut convenir à chacun. Ce livre est un de ceux que tout le monde peut lire, et il est écrit d'un style où rien ne rebute, avec une grâce familière, un joli bonheur de mots vivants et expressifs. »   (*Revue de Paris.*)

L'Art d'écrire enseigné en vingt leçons, par

M. ANTOINE ALBALAT. 1 vol. in-18 jésus, broché. **3 50**

Le don d'écrire. — Les manuels de littérature. — De la lecture. — Du style. — L'originalité du style. — La concision du style. — L'harmonie du style. — L'harmonie des phrases. — L'invention. — La disposition. — L'élocution. — Procédés des refontes. — De la narration. — De la description. — L'observation directe. — L'observation indirecte. — Les images. — La création des images. — Du dialogue. — Le style épistolaire.

Démontrer en quoi consistent les procédés, décomposer les différents éléments du métier littéraire, donner à chacun les moyens d'étendre et d'augmenter ses propres dispositions; en un mot, enseigner à écrire à ceux qui ne le savent pas, mais qui ont ce qu'il faut pour l'apprendre, tel est le but de ce livre d'une conception tout originale et qui n'a rien de commun avec les anciens « manuels de littérature ».

N° 311bis.

www.ingramcontent.com/pod-product-compliance
Lightning Source LLC
Chambersburg PA
CBHW060623250426
43670CB00056B/672